MARGARET MITCHELL

ANNE EDWARDS

MARGARET MITCHELL

BIOGRAPHIE

Traduit de l'américain
par Iawa Tate

PIERRE BELFOND
216, boulevard Saint-Germain
75007 PARIS

Ce livre a été publié sous le titre original
THE ROAD TO TARA
par Hodder and Stoughton, Londres

Si vous souhaitez recevoir notre catalogue
et être tenu au courant de nos publications,
envoyez vos nom et adresse, en citant ce livre,
aux Éditions Pierre Belfond,
216, bd Saint-Germain, 75343 Paris Cedex 07.
Et, pour le Canada, à
Edipresse Inc., 945, avenue Beaumont,
Montréal, Québec, H3N 1W3.

ISBN 2.7144.2602.8

à S. C.

PRÉFACE

Je n'ai jamais rencontré Margaret Mitchell. Cependant, après avoir exploré, pendant près de dix ans, sa vie dans les moindres détails et disséqué son unique chef-d'œuvre, il me semble la connaître aussi bien, sinon mieux que n'ont pu le faire ses meilleurs amis. Rien de moins brutal, de moins spontané que mon immersion dans l'intimité de la romancière. En fait, mon intérêt s'éveilla et s'affirma peu à peu, au gré d'un enchaînement de circonstances si étrange que l'on peut se demander après coup s'il n'était pas le fait du destin.

Dix ans auparavant, j'avais entrepris d'écrire la biographie de Vivien Leigh, actrice britannique de théâtre et de cinéma à laquelle le grand écran donna sans doute son plus beau rôle en lui permettant d'être l'interprète de Scarlett O'Hara, héroïne d'*Autant en emporte le vent*. Pour les besoins de ce travail, je me rendis à Atlanta, capitale de la Géorgie, où le producteur David O. Selznick avait organisé la première de son film en décembre 1939. Je ne voulais épargner aucun effort afin de donner de l'événement le compte rendu le plus fidèle et le plus vivant. Il me fallait décrire Atlanta, telle qu'elle se présentait en ce temps-là, évoquer l'ambiance qui était la sienne, à jamais perdue, car plus qu'aucune autre ville américaine de cette importance la capitale de la Géorgie a subi depuis lors de profonds bouleversements. Je devais donc retrouver les témoins de la soirée de gala, interroger tous ceux qui avaient participé à la préparation de cet événement.

Je ne fus pas longue à me rendre compte de la place bien particulière qu'occupait *Autant en emporte le vent*, sous sa forme romanesque ou cinématographique, dans le cœur et l'esprit des habitants d'Atlanta, pour ne rien dire de Margaret Mitchell, l'auteur du livre. Même Thomas Wolfe ne jouissait pas d'une semblable popularité auprès de ses concitoyens d'Asheville, Caroline du Nord, sa ville natale, si exactement décrite dans *Look Homeward, Angel*. Je me fis de nouveaux amis au cours de ce bref séjour à Atlanta. A peine rentrée chez moi, je leur écrivis pour les solliciter à nouveau. Il ne s'agissait plus, cette fois, d'obtenir de nouvelles précisions sur le déroulement de la première du film, mais bien de satisfaire ma curiosité naissante au sujet de Margaret Mitchell. Une aura de mystère et de mélancolie enveloppait l'existence de la romancière, disparue prématurément. A mon insu, j'étais déjà sous le charme.

Un matin, alors que j'étais en train de corriger les épreuves de la biographie de Vivien Leigh, je reçus un coup de fil de mon agent. Il m'apprit que Richard Zanuck et David Brown, producteurs de films tels que *The Sting* [1] et *Jaws* [2], venaient d'acquérir les droits d'adaptation d'une suite d'*Autant en emporte le vent*. Le roman, bien sûr, n'existait pas encore. Les producteurs étaient à la recherche d'un écrivain capable de franchir cette première étape. Me sentais-je de taille à relever le défi ? Je m'étais fait projeter le film à différentes reprises, afin de pouvoir étudier tout à loisir l'interprétation de Miss Leigh. Je gardais donc bien présentes à l'esprit les péripéties de l'action ainsi que l'évolution de tous les personnages. Il fut entendu que je rencontrerais David Brown à New York. Quelques jours plus tard, je prenais l'avion pour la Californie où je devais avoir un entretien avec Richard Zanuck. A la fin de la semaine, j'étais engagée pour écrire la suite d'*Autant en emporte le vent*, à laquelle on devait donner le titre de *Tara*. Si mon manuscrit était accepté, le roman ferait l'objet d'une adaptation.

Cet été-là, en compagnie de mon mari, je parcourus le Sud. Puis je m'installai pour quelque temps à Atlanta. Je passais chaque jour de longues heures dans les bibliothèques qu'avait fréquentées Margaret Mitchell quarante ans plus tôt, lorsqu'elle s'adonnait avec passion à son immense travail de documentation. Je fis même la connaissance d'un archiviste qui l'avait aidée dans ses recherches. Je ne cessais du reste de rencontrer des hommes et des femmes que leurs activités professionnelles avaient mis en contact avec elle. La plupart avaient une anecdote à raconter sur la lente et difficile gestation d'*Autant en emporte le vent*, ou sur l'existence paisible que la romancière avait menée avec son époux, John Marsh. Au terme de mon séjour, les noms des proches et des amis de Margaret Mitchell m'étaient

---

1. Titre français, *L'Arnaque*, réalisé en 1973 par George Roy Hill (N.d.T.).
2. Titre français, *Les Dents de la mer*, réalisé en 1975 par Steven Spielberg (N.d.T.).

devenus familiers ; j'avais eu la chance d'être présentée à nombre d'entre eux. Sans le savoir, j'avais posé les jalons de la biographie que je devais écrire quelques années plus tard.

A l'automne de 1978, le manuscrit intitulé *Tara : la suite d'« Autant en emporte le vent »*, était accepté par Richard Zanuck et David Brown. James Goldman fut choisi pour écrire le scénario. A l'heure où j'écris ces lignes, malheureusement, le film est toujours à l'état de projet. Je commençai la biographie de Sonia, comtesse Tolstoï. Dans le courant de l'hiver 1979, j'allai rendre visite à mes nouveaux amis d'Atlanta. Ce fut alors que je pris la décision d'écrire le récit de la vie de Margaret Mitchell.

On avait fait une telle publicité autour de la destruction des brouillons d'*Autant en emporte le vent* et de la correspondance de son auteur que je craignais de ne pas être en mesure de faire un travail fouillé, faute de documents. Margaret Mitchell, par bonheur, était une infatigable épistolière. Elle n'écrivit pas moins de vingt mille réponses à ses admirateurs (le mot *fan* lui était antipathique), dans lesquelles, sur un ton volontiers familier ou polémique, elle fait la lumière sur tel ou tel aspect de son livre et s'étend longuement sur certains sujets qui lui tiennent à cœur. On ne saurait fixer les limites de sa correspondance personnelle. Quand un ami lui écrivait, elle répondait souvent dans les plus brefs délais. A l'époque de la publication du roman, la plupart de ses lettres étaient tapées en double exemplaire. Ce furent ces copies carbone, ainsi que les lettres reçues de ses amis, que la secrétaire de Margaret Mitchell, aidée dans cette tâche par le concierge de l'immeuble, livra aux flammes de la chaudière, obéissant aux directives de John Marsh et de Stephens Mitchell, frère de la romancière. Une circulaire fut donc envoyée à toutes les personnes avec lesquelles elle avait entretenu une correspondance suivie, pour leur demander d'exaucer le souhait de « Peggy » touchant à la destruction de tous ses papiers personnels, les lettres en particulier. Si telle était vraiment sa volonté, Margaret Mitchell omet pourtant d'y faire allusion dans le testament qu'elle rédigea de sa main, neuf mois avant sa mort accidentelle.

Au fil des ans me furent communiquées des lettres et d'autres pièces en quantité suffisante pour me convaincre que les amis de la romancière, dans leur majorité, n'avaient pas tenu compte de la circulaire. Consciente du prix qu'atteindraient un jour ces témoignages d'amitié, Margaret Mitchell avait même adressé à Edwin Granberry, professeur de littérature au Rollins College, la prière expresse de ne jamais jeter ou brûler ses lettres, car elles constituaient son « legs », précisait-elle. Sans doute la valeur marchande des documents, dont bien peu furent vendus, n'est-elle pas la raison principale qui poussa nombre de ses correspondants à conserver ceux-ci. La romancière se perpétuait dans ses lettres qui toutes avaient les qualités de l'entretien le plus drôle ou le plus fervent. Elle écrivait à ses amis de la même façon qu'elle aurait engagé avec eux une conversation. Le style était toujours spontané, chaleureux, intense. Quand Margaret Mitchell prenait la parole, il n'était pas de sujet insignifiant, et son auditoire demeurait suspendu à ses lèvres.

Certaines personnes, dont l'amitié fut pour elle déterminante, ont bien voulu me faire la confidence de leurs souvenirs et me donner accès à tous les documents, lettres et photographies en leur possession. Je leur suis infiniment redevable de la patience exceptionnelle et de l'ardeur avec lesquelles ils se sont évertués à faire revivre les moments passés en compagnie de la romancière, acceptant d'accueillir sa biographe et de lui accorder gracieusement d'interminables interviews, mettant tout leur zèle à débusquer les faits et les détails qui contribueraient à la véracité du portrait, quand ils n'avaient pas l'obligeance d'assumer l'effort supplémentaire que représentait l'examen méthodique de leur collection personnelle.

Mon travail était déjà bien avancé lorsqu'une découverte inespérée vint à point nommé lui donner un second souffle. Considérées comme perdues, les archives des Éditions Macmillan concernant *Autant en emporte le vent* furent retrouvées dans les entrepôts de la New York Public Library, situés sur les quais. Une centaine d'enveloppes de papier bulle étaient empilées dans quatre grands cartons. Elles contenaient les annotations et commentaires de John Marsh, les corrections faites par Peggy, les lettres que lui avait adressées l'éditeur, les « mémos » échangés entre les différents collaborateurs et services de Macmillan à propos du livre, les dossiers du service de presse et de publicité. Non seulement ces matériaux n'avaient jamais été classés mais, aucune mesure de conservation n'ayant été prise, les documents les plus fragiles — télégrammes, coupures de presse, doubles sur papier pelure — se trouvaient dans un état de détérioration qui les rendait presque inutilisables. Par chance, le reste était intact.

Parmi toutes les personnes dont le concours me fut indispensable pour donner à cette biographie son caractère d'authenticité, il s'en trouve huit auxquelles j'adresse des remerciements particuliers : Frances Marsh Zane et C. Rollin Zane ; Augusta Dearborn Edwards, l'amie de toujours de Peggy Mitchell ; Richard Harwell, éditeur de

Margaret Mitchell's « Gone with the Wind » Letters 1936-1949 ;
Andrew Sparks de l'*Atlanta Journal and Constitution* ; Olive Ann
Sparks ; Franklin Garrett, historien, ancien président de la Société
historique d'Atlanta. Frances Marsh Zane mérite toute ma reconnaissance pour m'avoir donné l'autorisation d'insérer dans cet ouvrage
plusieurs photographies ainsi que les lettres de John Marsh. Je sais
gré également à Stephens Mitchell, sans lequel il ne m'aurait pas été
possible de citer certains extraits de lettres provenant des Archives
Margaret Mitchell de l'université de Géorgie.

J'exprime ma gratitude à George Walsh, collaborateur de Macmillan ; sans son aide, l'inestimable contenu des quatre cartons achève-
rait peut-être de se décomposer dans l'entrepôt du bord de l'eau. Je
témoigne aussi toute ma reconnaissance à Jeremiah Kaplan, vice-
président des Éditions Macmillan : à John Stinson, du département
des Livres rares et des Manuscrits de la New York Public Library ;
à J. Larry Gulley, du département des Livres rares et des Manuscrits
de l'université de Géorgie, sans oublier Raleigh Bryans et Yolande
Gwin de l'*Atlanta Journal and Constitution*.

Enfin, je rends grâce à tous ceux dont le concours me fut précieux :
le révérend D. L. Blacksheet (Église baptiste de Mt. Pleasant, Atlanta),
le professeur Harold Blodgett, Philip Bolton, Miss Billie Bozone
(bibliothécaire, Smith College), Chris Bready, Mary Hellen Brooks,
Katharine Brown, Russell A. Browne (bibliothécaire, Dalton Jr. College), Erskine Caldwell, John K. Cameron, Mr. Colquitt Carter, Mary
Civille (*Atlanta Constitution*), D. Louise Cook, Bill Corley, Malcom
Cowley, Scott M. Cutlep (doyen, université de Géorgie), le regretté
Frank Daniel, Howard Dietz, Lucinda Dietz, Thomas F. Dietz, P.K.
Dixon, Mrs. Margaret Gaydos, David Hammond, Diane Haskell
(bibliothèque de Newbury), Larry Hughes (directeur de la publicité
aux Éditions Macmillan), Diane C. Hunter (chef du service de documentation, *Atlanta Journal and Constitution*), Herbert Johnson
(conservateur des bibliothèques, Emory University), Dorothy Kasica
(Amicale des anciennes élèves du Smith College), Maureen J. Kelly
(bureau des archives de l'Amicale des anciens de Harvard), le sénateur Edward M. Kennedy, Helen Lane, Estelle Lantzy (bibliothèque
de Jonesboro, comté de Clayton), Sue Lindsley, Dr Edwin Lochridge,
Jr., Mrs. Helen Turman Markey, Mrs. Lethea Turman Lochridge,
Linda Mathews (collections particulières, Emory University),
Mrs. Colyne Cooper Miller, Fred B. Moore, Kathleen Morehouse,
Fanny Neville-Rolse (Sotheby Parke Bernet), David M. Pelham,

Deborrah Perry (bibliothèque publique d'Atlanta), Miriam E. Phelps (documentaliste, *Publishers Weekly*), Anne A. Salter (archiviste adjointe, Société historique d'Atlanta), Mrs. Janice Sikes (collections particulières, bibliothèque publique d'Atlanta), Mrs. Patsy Slappey, M. M. « Mugsy » Smith, Jeff Stafford (collections particulières, université de Géorgie), Marguerite Steedman, Mrs. Carlotta Tait, James Taylor (Livres rares et Manuscrits, université de Géorgie), Lloyd Terrell, Mary B. Trott (archiviste, Smith College), Samuel Y. Tupper, Jr., Mrs. Marshall J. Wellborn, Robert Willingham (collections particulières, université de Géorgie), Patsy Wiggans (archiviste, Société historique d'Atlanta), Hershel Williams, Mrs. Margie Williams (bibliothécaire, bibliothèque Margaret-Mitchell, Fayetteville, Géorgie), J. Travis Wolfe, Mrs. Yates-Edwards (bibliothèque publique d'Atlanta), Maurice C. York (conservateur, département des Manuscrits, bibliothèque J.Y. Joyner), Lydia Zelaya (Macmillan), Edwin A. Zelnicker, Jr. Que soient également remerciés ceux qui me donnèrent l'autorisation de reproduire certaines photographies, lettres ou citations, et donc voici la liste : Macmillan, Inc., l'université de Géorgie, la Société historique d'Atlanta, William Morrow & Company, Inc., l'*Atlanta Journal and Constitution*, Sue Lindsley, Edwin Granberry, Richard Harwell, le regretté Finis Farr.

Je reste l'obligée de Chester Kerr, mon éditeur, de mon agent, Mitchell Douglas, de Mary Gable, directrice de collection et guide éclairé, de Katrina Kenison enfin, pour l'admirable travail de correction qu'elle effectua sur mon texte. Je n'oublie pas davantage le concours efficace que m'apporta Rosalie Berman dans le travail de recherches préliminaires ni la diligence de Barbara Mitchell et de Barbara Howland, auxquelles revint la tâche ingrate de retaper le manuscrit.

Plus qu'aucun autre, Stephen Citron, mon mari, m'apporta son soutien sans faille à toutes les étapes de l'œuvre. Au détriment de sa propre carrière de musicien, il m'accompagna à Atlanta et dans toutes les villes du Sud où me conduisit mon enquête. Il prit le temps d'en lire les versions successives et me prodigua jusqu'au bout critiques et encouragements. Ce livre lui est dédié, avec toute mon affection et ma reconnaissance.

Tara était-il toujours debout ? Le domaine n'avait-il pas été emporté, lui aussi, par le grand vent qui avait secoué toute la Géorgie ? Elle fouetta le cheval épuisé pour lui faire presser le pas. Les roues avaient du jeu ; la carriole était comme ivre et s'enfuyait, sinuante, secouant ses passagères.

Autant en emporte le vent

Peggy Mitchell Marsh

CHAPITRE PREMIER

Par un matin d'avril éblouissant, le train en provenance de Charleston entra en gare d'Atlanta. Harold Latham en descendit. Vice-président des Éditions Macmillan, où il occupait aussi les fonctions de directeur littéraire, Mr. Latham n'éprouvait, concernant le succès de sa mission, qu'un optimisme modéré. Il se fraya un chemin à travers la cohue et fit halte sur le parvis tout inondé de soleil. Derrière les lunettes, ses yeux myopes clignotaient dans la lumière brutale. Malgré un embonpoint porté avec ostentation, Mr. Latham affichait un certain souci d'élégance, manifeste dans l'angle osé du canotier et le monogramme bien visible sur la serviette de cuir. Il arrivait plus tôt que prévu et ne pouvait donc s'en prendre qu'à lui-même si aucun représentant de Macmillan n'était venu le chercher. Un taxi le déposa devant le Georgian Terrace Hotel de Peachtree Street. Non sans impatience, il apprit que la suite réservée n'était pas encore prête. Plutôt que d'attendre, il partit se promener le nez au vent.

Ses espoirs furent déçus. Atlanta semblait dépourvue du caractère sudiste qui faisait tout le charme des autres cités qu'il avait eu l'occasion de visiter au cours de ce voyage. On se serait cru au Nord, dans n'importe quelle agglomération de moyenne importance. Latham ne vit partout que les plus tristes exemples de l'architecture victorienne. Même Peachtree Street, pourtant située au cœur du quartier le plus cossu, n'avait rien d'un verger, en dépit de son nom, et ne pouvait guère se prévaloir que de ses antiques magnolias dont le sombre feuillage vernissé évoquait le Sud mythique et les fastes d'antan.

Notre éditeur ne savait pas grand-chose de l'histoire d'Atlanta, si ce n'était que la ville, presque entièrement détruite par l'armée de Sherman en 1864, avait toujours été une gare terminus.

Terminus, tel était d'ailleurs le nom d'Atlanta, en 1840. Elle acquit bien vite la réputation d'être le rendez-vous des « prospecteurs » en tout genre, car une bonne partie de sa population se composait d'agents commerciaux ou d'hommes d'affaires fébriles, venus du Nord pour chercher les moyens d'étendre au Sud le champ de leurs activités. Les vieilles familles géorgiennes avaient su diversifier leurs sources de profit : immobilier, investissements massifs dans les productions locales (Coca-Cola), tout en utilisant au mieux la situation géographique exceptionnelle de leur capitale, véritable carrefour commercial. Victime d'une croissance trop rapide, Atlanta n'avait pas eu le temps de trouver un style adapté à ses nouvelles ambitions.

Latham était venu de New York en éclaireur. Il était à l'affût de bons manuscrits. En 1935, dans un pays miné par la crise, l'édition, dont les chiffres de vente avaient triplé depuis 1929, semblait un îlot de prospérité. Plus que jamais la lecture satisfaisait au moindre coût un besoin d'évasion que beaucoup ressentaient profondément. Pour satisfaire à la demande, les éditeurs avaient dû dépêcher des représentants outre-Atlantique, avec mission de débaucher les auteurs britanniques. En 1934, coup de théâtre. *Lamb in His Bosom*, premier roman de Caroline Miller, écrivain sudiste, obtenait un formidable succès de librairie et remportait le prix Pulitzer. Ce triomphe devait-il être interprété comme le signe avant-coureur d'un nouvel engouement ? Harold Latham le pressentit et s'en fut trouver George Brett, président de Macmillan. Le Sud, expliqua-t-il, pouvait se révéler plus riche en nouveaux talents qu'on ne l'avait imaginé. Il souhaitait s'en rendre compte par lui-même et proposa de partir en reconnaissance.

Depuis un demi-siècle, les écrivains sudistes avaient contribué à figer le passé dans une légende dorée. Pour reprendre le mot d'un historien, « les grandes demeures devenaient colossales, les jolies femmes sublimes, les hommes d'honneur des parangons de vertu, et la joyeuse négritude accédait à l'euphorie ». La crise avait porté un coup fatal à cette belle unanimité et la nouvelle génération faisait entendre quelques voix discordantes. Certains, comme Erskine Caldwell, ne se privaient pas de montrer le pays natal sous son aspect le plus féroce et le plus grossier. Harold Latham tenait en médiocre estime l'auteur de *La Route au tabac*, mais l'enthousiasme du public pour son œuvre iconoclaste le confortait dans son jugement. Quelle que soit la forme littéraire adoptée, le Sud n'avait pas fini de fasciner les lecteurs américains.

A son arrivée à Atlanta cependant, il avait presque abandonné tout espoir de découvrir le nouveau Caldwell ou la Caroline Miller de demain. Richmond, Charlotte et Charleston, ses étapes précédentes, n'avaient livré qu'une moisson décevante. Aucun manuscrit ne méritait d'être publié. De retour à l'hôtel, il prit contact avec le bureau local de Macmillan. Il s'entendit répondre que l'on n'avait rien de bien exaltant à lui présenter. Néanmoins, toutes les dispositions avaient été prises pour lui ménager des entretiens avec autant d'écrivains débutants qu'il lui serait loisible d'en rencontrer pendant son bref séjour de quarante-huit heures.

Découragé, il décida d'appeler une de ses collaboratrices de New York, Lois Dwight Cole, ancienne responsable de l'antenne de Macmillan à Atlanta, qu'elle avait quittée deux ans auparavant. Avait-elle conservé le souvenir d'un seul écrivain encore méconnu qui fût riche de promesses ?

Lois eut un instant d'hésitation.

« Peggy Mitchell Marsh, dit-elle enfin. Elle travaille depuis des années sur le même manuscrit. Il serait question de la guerre civile et de la Reconstruction, mais je ne l'ai pas lu, pas une ligne. Du reste, personne n'a eu cet honneur, à l'exception de John Marsh, son époux. »

Lois s'employa ensuite à mettre Latham en garde. Peggy, en effet, était un écrivain de l'espèce la plus singulière. Dans la mesure où il lui était indifférent d'être publiée, la curiosité de l'émissaire de Macmillan lui semblerait peut-être inopportune. Quelques mois auparavant, agissant de sa propre initiative, Lois avait repris contact avec Peggy Marsh. Était-elle enfin disposée à montrer son texte ? La jeune femme avait non seulement repoussé cette suggestion, mais confirmé son intention de laisser le manuscrit dans un tiroir et prié qu'il ne fût jamais fait mention de son existence auprès d'un tiers. Lois ne pouvait, sans malaise, trahir l'engagement pris mais, se fiant à son intuition, elle fondait les plus grandes espérances sur le travail de Peggy.

« Si son écriture est aussi efficace que son éloquence, alors le bouquin devrait tenir ses lecteurs en haleine », expliqua-t-elle.

Pour entrer en contact avec Mrs. Marsh, le plus judicieux serait de passer par le truchement d'une amie, Medora Field Perkerson. Dix ans auparavant, Peggy avait collaboré à l'*Atlanta Journal Magazine*, dont elle avait été l'une des gloires et dont le rédacteur en chef n'était autre que l'époux de Medora, Angus Perkerson. Heureuse coïncidence, celui-ci se proposait justement d'organiser un déjeuner en l'honneur des Éditions Macmillan et de leur envoyé spécial. Saisissant la chance qui s'offrait, Latham téléphona à Mrs. Perkerson. Sans faire mystère de ses arrière-pensées, il exprima le désir de rencontrer Peggy Marsh, insistant pour qu'elle fût conviée au fameux déjeuner.

La Dépression n'avait pas épargné Atlanta. Comme partout ailleurs, le désenchantement était à l'ordre du jour ; pourtant le cornouiller de Druid Hills resplendissait et Peggy Mitchell avait quitté la table d'excellente humeur. Installée au volant de sa vieille Chevrolet verte, elle conduisit Latham à l'extérieur de la ville pour lui faire admirer le monument inachevé aux morts de la guerre, trois gigantesques statues équestres de soldats Confédérés qui devaient être sculptées dans le flanc de Stone Mountain. L'héroïsme des Confédérés constituait l'un de ses sujets favoris ; Peggy était là-dessus intarissable.

Ce voyage était le premier que Latham effectuait dans le Sud. Jusqu'à présent, les femmes les plus séduisantes qu'il avait rencontrées appartenaient plutôt à la catégorie des fleurs de serre, tout le contraire de son guide improvisé. Cette petite créature exubérante, fière de son casque de cheveux auburn et d'un nez fripon constellé de taches de son qui la rajeunissaient encore, était d'une autre trempe. Tout son être tenait pour ainsi dire dans ses yeux, d'un bleu immense où rôdait beaucoup d'effronterie. Immobile, bien d'aplomb sur ses jambes, le lutin espiègle se métamorphosait soudain : Peggy semblait prendre racine. Latham fut tenté d'attribuer cette fixité intermittente aux souliers orthopédiques qu'il n'avait pas remarqués tout d'abord. Quoi qu'il en soit, contrastant avec sa fougue et son aspect juvénile, l'impression de force étrange qui émanait de ce bout de femme ajoutait encore à son charme. La coupe de cheveux audacieuse, le naturel et la liberté des façons, tout concourait à lui donner un air d'adolescente. Interrogé, au terme de leur première rencontre, Harold Latham lui aurait donné à peine vingt ans.

A vrai dire, Peggy attachait beaucoup de prix à ses allures émancipées. Elle se considérait volontiers comme une « enfant du jazz, semblable à toutes les filles d'aujourd'hui, hardies, intrépides, qui coupent leurs cheveux sans se laisser impressionner par les menaces des prédicateurs, pendaison ou flammes éternelles ». Les fulminations des bigots étaient certes demeurées sans effet sur elle. Peggy avait alors trente-cinq ans ; sa grâce délurée, son franc-parler n'avaient pas fini de séduire tous ceux qui l'approchaient. En moins d'une heure, elle avait fait la conquête de Harold Latham.

La Chevrolet glissait le long des ruelles familières. Peggy était à son affaire. Un heureux concours de circonstances, croyait-elle, l'amenait à faire les honneurs d'Atlanta et de ses environs à ce sympathique éditeur new-yorkais. Peggy aimait sa ville, elle s'y sentait comme un poisson dans l'eau. Medora l'avait appelée dans la matinée. Retenu par une obligation de dernière minute, Angus avait dû décommander le déjeuner officiel au *Journal*, et voilà qu'elle se retrouvait avec leur hôte sur les bras. Peggy aurait-elle la gentillesse de joindre ses efforts aux siens afin de lui tenir compagnie ?

Si elle s'était fait tirer l'oreille, Mrs. Marsh ne regrettait plus de s'être laissé convaincre.

Elle était encore loin de se douter des véritables intentions de Latham. Puis, au cours du repas, l'énigme du manuscrit fut mise sur le tapis. La rumeur, affirma l'éditeur, lui avait appris qu'elle travaillait sur un roman. Accepterait-elle de lui faire lire quelques pages ?

« On vous aura menti », répondit tranquillement Peggy. « Je n'ai rien à vous montrer. »

On discuta des auteurs à la mode. Une réelle affinité littéraire se fit jour entre les goûts de Latham et ceux de la jeune femme. En échange d'une modeste commission, elle accepta de pister les textes prometteurs pour le compte de Macmillan.

Latham ne se laissa pas rebuter par l'obstination de Peggy à refuser d'admettre l'existence du manuscrit. Il n'avait pas été sans remarquer l'intonation fausse de la voix, le regard détourné. En dépit de toute son assurance, Peggy Marsh répugnait à proférer des mensonges. D'un autre côté, Lois Cole ne s'était pas trompée en affirmant qu'elle était une conteuse-née. Consciente de ce talent, elle prenait même grand plaisir à captiver son auditoire. Elle avait l'élocution précise, le débit rapide et très maîtrisé. Sa voix fluide déroulait le récit avec adresse, au rythme légèrement cadencé que lui imposait l'accent du Sud. De l'humour, Peggy Marsh en avait à revendre. Sur le ton de la plaisanterie, elle évoqua quelques souvenirs de sa courte carrière de journaliste. Ainsi le jour où, ficelée à une sellette, suspendue dans le vide au niveau du sixième étage d'un immeuble, elle avait voulu se faire une idée des sensations éprouvées par le sculpteur qui avait façonné la tête d'un soldat dans le flanc de Stone Mountain. Plus Latham l'écoutait, plus il lui tardait de vérifier, d'un œil professionnel, si la conteuse était aussi un écrivain.

Une fois dans la voiture, au risque de provoquer sa mauvaise humeur, il l'entreprit à nouveau sur le sujet du manuscrit.

« Loin de moi le désir de vous forcer la main, pourtant Lois Cole affirme que votre manuscrit existe bel et bien et je serais enchanté de pouvoir en prendre connaissance. »

Un instant, sourcils froncés, elle le dévisagea. Enfin, elle mit le contact. La Chevrolet démarra.

« J'ai longtemps travaillé sur un roman, il est vrai, reconnut-elle. Mais votre démarche est prématurée. Le texte n'est pas prêt.

— Dites-moi au moins de quoi il s'agit.

— Il s'agit du Sud, bien sûr.

— Le Sud, genre *La Route au tabac* ? Combien y a-t-il de tordus et de galvaudeux dans votre histoire ?

— Aucun, mais elle ne manque pas de va-t-en-guerre irréductibles qui refusent d'admettre la défaite.

— Pourquoi ne pas avoir présenté ce travail à un éditeur ? »

Peggy poussa un léger soupir.

« Je vous l'ai dit, le livre est loin d'être terminé. Ensuite, le succès ne serait pas du tout assuré. Certains aspects du récit prendraient le public à rebrousse-poil, tel l'amour obstiné de l'héroïne pour un homme marié. Enfin, cela manque singulièrement de jurons. En cherchant bien, vous devriez pouvoir en trouver quatre, et pas plus d'une obscénité. »

Latham sourit.

« Laquelle ? Ne me laissez pas sur ma faim. »

La jeune femme lui rendit son sourire.

« Nous en reparlerons au moment opportun, voulez-vous ?

— Me croyez-vous incapable de discerner les qualités d'un manuscrit inachevé ?

— J'ai dit à Lois ce qu'il en était. Dès qu'il sera en état d'être lu, Macmillan en aura la primeur. »

Le lendemain fut un jour d'une pureté exceptionnelle. Il y avait dans l'air une suggestion d'été. Fidèle à la promesse qu'elle avait faite à Latham et à Medora de battre le rappel de tous les gentils barbouilleurs de sa connaissance et de les amener au Georgia Writer's Club, Peggy passa la matinée au téléphone. En début d'après-midi, comme elle devait l'écrire par la suite, ayant « entassé son chargement » dans la voiture, elle le déballa devant le Writer's Club, où toute la tribu des jeunes espoirs jouirait du privilège insigne « de rencontrer un grand éditeur autour d'une tasse de thé ».

A cette occasion, pour la troisième fois, Harold Latham revint à la charge. Peggy manifesta une impatience mesurée.

« Je vous le répète, dans sa forme actuelle, le roman est à peine plus qu'un brouillon.

— Pardonnez ma perplexité. Votre manuscrit, estimez-vous, est illisible et, cependant, vos amies se répandent en louanges sur votre talent d'écrivain. Comment expliquez-vous cette contradiction ?

« — N'insistez pas, je vous en prie. »

Le soir léger descendait ; Peggy ramena tout son monde. Sur le chemin du retour, un des jeunes gens serrés sur la banquette arrière lui demanda si elle envisageait de jamais mettre un point final à son roman. Une autre question fusa. Dans la mesure où Latham l'avait chargée de la responsabilité de moissonner des textes, pourquoi renâclait-elle à proposer le sien ?

Au cours de ses quatre années de collaboration à l'*Atlanta Journal*, sa plume avait fait merveille et Peggy s'était taillé une solide réputation de « femme de lettres ». Dix ans plus tard, son prestige était intact. Les auteurs balbutiants la considéraient toujours comme une autorité dont l'avis méritait d'être sollicité. Parmi les passagers se trouvait une jeune fille qui peu de temps auparavant lui soumettait encore ses essais et quémandait ses critiques.

« Quelle cachottière tu fais ! dit-elle. Ainsi, tu travaillais sur quelque chose depuis des années, et personne n'en savait rien. Pourquoi t'entêtes-tu à garder le manuscrit pour toi ?

— Je le montrerai quand il me donnera toute satisfaction, voilà tout.

— C'est étrange, reprit la jeune fille. Jamais je ne t'aurais crue capable de t'atteler à une œuvre d'aussi longue haleine. »

A ces mots, Peggy Mitchell sentit la moutarde lui monter au nez. Cette gamine, que savait-elle de sa vie, de ses aspirations secrètes, du tumulte qui l'habitait, des épreuves qu'elle avait traversées ? Mise au fait, la pauvre petite en serait demeurée bouche bée. Elle imagina la scène et l'humour eut vite raison de sa mauvaise humeur. Elle éclata d'un grand rire et, par inadvertance, appuya sur la pédale du frein. La voiture s'arrêta dans une embardée.

« Nous y voilà ! s'exclama la péronnelle, à peine remise de son émotion. Il te manque le sérieux nécessaire pour écrire un roman qui tienne vraiment la route. »

Qu'elle l'admît ou non, Peggy fut piquée de cette boutade. Une fois chez elle, sans perdre un instant, elle mit tout sens dessus dessous pour retrouver les épaisses enveloppes de papier bulle contenant les deux mille pages du manuscrit auquel elle avait consacré des efforts irréguliers depuis 1926. Il était 18 heures passées. Latham devait prendre le train dans la soirée.

Le manuscrit avait été dispersé, les enveloppes rangées ici ou là, au gré de la fantaisie de l'auteur ou de la place disponible. Quand elle eut reconstitué le tout, il lui revint en mémoire que le premier

chapitre faisait cruellement défaut ou, plutôt, qu'il y avait pléthore
de premiers chapitres : pas moins de soixante moutures, toutes exé-
crables. Choisissant une des moins mauvaises, elle s'installa devant
sa machine et rédigea une nouvelle version qu'elle fit commencer à
la page trois. L'amorce d'un livre est trop décisive pour être écrite
à chaud, en état de fébrilité. En conséquence, elle joignit un mot afin
de préciser qu'un nouveau début serait proposé ultérieurement. Il manquait de nombreux chapitres de liaison et ce texte plein de lacunes
ne pouvait être lu en continuité. De l'aveu de Peggy elle-même, plus
que les différentes parties d'un manuscrit, les enveloppes contenaient
les « fragments » d'une œuvre en gestation. D'autres notes furent
intercalées, piètre artifice pour remédier à la confusion du récit.

Quand elle se trouva dans le hall du prestigieux Georgian Terrace
Hotel, à ce moment-là seulement, elle prit conscience du négligé de
sa mise. « J'étais tête nue, les cheveux en bataille, de la poussière partout, dira-t-elle plus tard, et pour comble de malheur, mes bas hâti-
vement remontés tire-bouchonnaient sur les chevilles... » Elle avait
laissé les enveloppes dans la voiture. Après avoir appelé l'éditeur depuis
la réception pour l'informer de sa présence et, sans plus de précision,
le prier de descendre, elle retourna les chercher. Quand Latham sortit de l'ascenseur, il découvrit le spectacle cocasse qu'offrait cette petite
bonne femme ployant sous le poids d'une pile énorme et vacillante.
Elle n'avait pas fait dix pas dans le vestibule que les chasseurs se pré-
cipitaient pour ramasser les enveloppes échappées de ses bras.

S'il avait du mal à conserver son sérieux, Latham n'en laissa rien
paraître. Il accueillit la jeune femme avec courtoisie et feignit de ne
rien remarquer de saugrenu dans son aspect ou son comportement.

Peggy gagna un canapé sur lequel elle laissa choir les enveloppes
pêle-mêle. Enfin, elle s'assit et croisa les jambes avec beaucoup de
dignité. « Je ne les oublierai jamais, devait confier Latham à un ami,
elle, si chétive, et cette montagne d'enveloppes, le manuscrit le plus
colossal que j'eusse jamais vu. »

« Que m'apportez-vous là ? demanda-t-il sur le ton de l'innocence.
Auriez-vous changé d'avis au sujet de votre roman ? »

Peggy sauta sur ses pieds.

« Vous le vouliez, n'est-ce pas ? Il est à vous. Mais vous êtes prévenu, le texte est incomplet et je n'ai jamais trouvé le temps de le
corriger. »

Les magasins étaient fermés et l'éditeur n'avait plus de place dans
ses bagages. Un chasseur lui vendit une méchante valise de carton

bouilli dans laquelle la jeune femme l'aida à ranger les enveloppes. Sur l'une de celles-ci, Latham remarqua un titre manuscrit : « En route vers Tara. »

« Tara ? s'étonna-t-il.

Tara, expliqua Peggy, était le nom du domaine familial de l'héroïne, sa terre natale. Le livre se souvient de ces hommes et de ces femmes qui ont trouvé en eux les ressources nécessaires pour survivre aux atrocités de la guerre, puis qui, retroussant leurs manches, ont reconstruit le pays malgré l'anéantissement du système économique et social. Chez nous, un mot désigne ces qualités de courage et d'endurance. On les appelle la ''débrouille''.

— En somme, vous avez écrit un roman sur la guerre ?

— J'ai écrit un roman sur la débrouille. En ce temps-là, certains sudistes étaient doués pour ça et d'autres pas. C'est ce que j'ai voulu montrer. »

Elle prit congé de l'éditeur. Non sans peine, celui-ci boucla la valise. Le gigantisme de l'œuvre lui inspirait les plus sombres pressentiments. Déçu, il s'en voulait déjà d'avoir fondé tant d'espoirs sur une inconnue. En fait de chef-d'œuvre, il n'avait sans doute hérité que d'une fresque assommante sur fond de guerre civile. Il attendit d'être installé dans le train qui l'emportait vers La Nouvelle-Orléans pour ouvrir la première enveloppe. Ses craintes empirèrent. De toute sa carrière, il n'avait eu entre les mains de manuscrit plus mal fichu. L'ordre des chapitres n'était pas respecté ; il n'était pas rare de trouver dans une enveloppe deux ou même trois versions d'un même passage. Certains feuillets devenaient illisibles à force de ratures, de gribouillis, de flèches en tout sens, et les insertions étaient griffonnées au verso. Harold Latham définissait son métier comme une longue et systématique curiosité. S'étant appuyé à l'aise contre le dossier vert et moelleux de la banquette, il se mit au travail pour de bon.

Comme le seraient par la suite des millions de lecteurs à travers le monde, dès les premières pages, il fut envoûté.

CHAPITRE II

Comparée à ses voisines centenaires, telles que Savannah ou Augusta, Atlanta, âgée d'à peine cinquante-cinq ans, faisait figure de cité nouvelle lorsque Margaret Munnerlyn Mitchell y vint au monde, le 8 novembre 1900, jour de la réélection à la présidence de William McKinley. La famille était arrivée en Géorgie en ordre dispersé. La branche maternelle, d'origine française, avait émigré en Amérique vers 1685, après les troubles religieux consécutifs à la révocation de l'édit de Nantes. Au lendemain de la guerre d'Indépendance, elle s'installait en Géorgie. Les ancêtres paternels venaient d'Écosse, dont ils avaient été chassés par l'échec de la révolte Stuart. La Caroline du Nord les accueillit tout d'abord, puis la Géorgie, où ils s'établirent à la veille de la guerre d'Indépendance. L'enfance de Margaret fut bercée par les sagas familiales et l'épopée géorgienne, le long cheminement du territoire vers la constitution d'un État moderne dont la capitale lui devint plus chère qu'une cité des Mille et Une Nuits.

Elle naquit au numéro 296 de Cain Street, domicile de sa grand-mère maternelle. Par miracle, la maison avait survécu à la folle nuit du 15 novembre 1864, au cours de laquelle Atlanta fut ravagée par un incendie allumé sur les ordres du général William Tecumseh Sherman, prélude à la triomphale et dévastatrice marche vers la mer que devait entreprendre l'armée de l'Union.

Assise sur le porche en compagnie de sa petite-fille, grand-maman Stephens lui montrait pour la centième fois l'endroit où courait jadis une tranchée ouverte par les Confédérés. Quelquefois, visitée par l'inspiration, elle évoquait la « nuit de cauchemar pendant laquelle la ville n'était plus qu'un brasier sous un ciel rouge de fin du monde ». A l'aube, là où s'étaient élevées les orgueilleuses demeures, le dépôt de chemin de fer, le quartier des affaires, il ne restait que décombres fumants.

Annie Stephens cohabitait avec sa fille Maybelle, son gendre, Eugene Muse Mitchell, et leurs deux enfants, Stephens Alexander et Margaret. En 1863, toute jeune mariée, Annie avait quitté la plantation de ses parents, non loin de Jonesboro, dans le comté de Clayton, pour venir à Atlanta, berceau de son époux alors sous les drapeaux. Natif du comté de Tipperary, en Irlande, qu'il avait quitté à l'adolescence, Philip Fitzgerald, son père, se trouvait alors à la tête d'une plantation de deux mille trois cents acres et de trente-cinq esclaves. Son épouse, Eleanor McGhan Fitzgerald, avait veillé à ce que chacun d'eux fût baptisé et reçût des rudiments d'instruction religieuse. Fervents catholiques, les Fitzgerald avaient souffert à Clayton de l'hostilité d'une population en majorité protestante. L'ambition de Philip, son énergie farouche et ses qualités de tribun avaient triomphé de toutes les résistances. Il avait été élu sénateur de l'État.

D'emblée, Annie s'était sentie chez elle dans sa ville d'adoption. Séduite par le dynamisme d'une agglomération à peine sortie de terre, elle entendait bien prendre une part active à son développement. Après l'incendie, la population terrifiée avait quitté en masse cette « sauvagerie abandonnée de Dieu » qu'était devenue Atlanta, amoncelant à bord de chariots non bâchés les maigres biens qu'elle avait pu sauver. Des fosses communes furent creusées à la va-vite pour enterrer les corps des milliers de soldats, tandis que les carcasses pourrissantes des chevaux et des mulets jonchaient les champs de bataille aux portes de la ville martyre. Sur les quatre mille bâtiments qu'avait comptés Atlanta, quatre cents tenaient encore debout, en triste état pour la plupart.

Annie et James Stephens furent au nombre de ceux qui refusèrent l'exode. Le couple avait déjà six filles à élever ; il lui restait assez d'énergie pour aider leur ville à renaître de ses cendres.

A la naissance de Margaret, le grand-père, épicier en gros et spéculateur immobilier, était décédé depuis quatre ans. Sa veuve en avait cinquante-six. Selon le témoignage de leur petite-fille, Annie Stephens était une forte tête, une personne d'exception à laquelle ne manquait ni le cœur, ni le courage, consciente au plus haut point de ses responsabilités de femme et de citoyenne. « Elle était capable d'affronter le conseil municipal au grand complet, se rappelait Margaret, et, foudroyant de quelques tirades assassines les discussions oiseuses, l'ergotage vain et puéril dont ils étaient coutumiers, de réduire ces notables penauds à de dérisoires ombres en paletot. » Solidaire de ses contemporaines les plus actives et les plus lucides, sans le recours

du droit de vote, encore interdit aux femmes, la grand-mère Stephens
fut de celles qui firent malgré tout progresser la législation. Maybelle
avait hérité de son tempérament de fer et de feu. Margaret n'avait
pas deux ans lorsqu'il devint évident que la mère et la grand-mère,
aussi intransigeantes l'une que l'autre, ne pouvaient vivre sous le même
toit.

Les Mitchell et leurs enfants emménagèrent à deux pas, dans un
pavillon dont Mrs. Stephens était propriétaire. Un an plus tard, satisfait de la bonne marche de son cabinet juridique, Eugene fit l'acquisition d'un manoir victorien de deux étages, au 187, Jackson Street.
A l'abri derrière sa grande pelouse plantée de chênes majestueux, la
belle demeure était surtout un labyrinthe traversé par les courants d'air.
Jackson Street appartenait à l'un des plus anciens quartiers de la ville ;
depuis la limite septentrionale de la propriété, on voyait encore les
tranchées dans lesquelles s'étaient abrités les Confédérés pendant la
bataille d'Atlanta.

Dans la plus austère tradition de la famille Stephens qui confiait
l'éducation de ses filles à des institutions religieuses, la mère de Margaret s'était vu reléguer au Canada, dans un couvent ultra-conservateur
où, disait-elle, « la vie s'était résolument arrêtée au XVIe siècle ».
Maybelle ne perdait pas un pouce de sa taille minuscule. Cette délicate figurine, couronnée d'une flamboyante chevelure indisciplinée,
n'était pas de celles qui se laissent marcher sur les pieds. Personne,
dans la famille, ne se serait risqué à lui contester son rôle prépondérant, pas même sa mère qui traitait avec elle d'égale à égale. Maybelle était aussi la présidente d'un mouvement féministe parmi les plus
actifs d'Atlanta. Les réunions avaient souvent lieu chez les Mitchell,
dans le grand salon. Debout sur sa chaise, la présidente prononçait
de longues diatribes, dans un style digne des plus farouches prédicateurs. Elle n'avait jamais de mots assez violents pour fustiger les per-
sécutions dont les femmes étaient victimes. Attirés par ces éclats, les
enfants quittaient parfois leur chambre en catimini. Blottis l'un contre l'autre en haut des marches, bouche bée, ils observaient la scène.

Chaque jour que Dieu faisait, Margaret allait au lit à 18 heures.
Un grand événement fut l'occasion d'une première entorse à ce
régime : le meeting monstre organisé en l'honneur du passage à
Atlanta de la célèbre Carrie Chapman Catt, présidente de la National American Suffrage Association. Maybelle, naturellement, était
au comble de l'impatience. Le matin tant attendu arriva enfin. Elle
se préparait à partir quand la nounou de Margaret fut prise d'une

défaillance. Que faire ? Sans hésiter, Maybelle ceignit la taille menue de sa fille d'un calicot exigeant « le droit de vote pour les femmes », lui agita l'index sous le nez en la menaçant des pires châtiments au cas où elle ferait des siennes, et les voilà parties toutes les deux pour le lieu du rassemblement. Assise à la tribune, presque entièrement dissimulée par les verres et les pichets d'eau, Margaret se fit plus petite encore. Mais quand vint le tour de Maybelle de prendre la parole, sa fille oublia toute confusion et se redressa peu à peu, subjuguée par l'éloquence maternelle.

Eugene Mitchell éprouvait pour son épouse un respect nuancé d'incompréhension. En association avec son frère, il dirigeait un cabinet juridique prospère spécialisé dans les affaires immobilières et commerciales, toutes activités considérées avec une condescendance à peine dissimulée par Maybelle qui aurait souhaité le voir embrasser une carrière d'une autre envergure.

Catholique modéré, Eugene était loin de partager le zèle religieux de la jeune femme et n'appréciait qu'à demi sa véhémence de suffragette ; pourtant un même attachement aux vertus familiales, fait de constance et de dévouement, une semblable dévotion pour leur ville et le Sud en général, constituaient le ciment d'une union solide. Le père de Margaret était un érudit, et l'histoire d'Atlanta n'avait guère de secret pour lui. S'il trouvait dans la lecture ses plus grandes félicités, il était aussi un homme d'affaires avisé dont les compétences juridiques s'employaient aussi bien à faire fructifier son petit capital qu'à résoudre de délicates transactions. Manifestant en toutes circonstances une hardiesse qui la portait au-delà de ses forces, Maybelle garda peut-être toute sa vie la nostalgie d'une existence aventureuse ; Eugene, pour sa part, était le dernier à vouloir s'exposer à des risques inutiles.

Dès l'instant où la famille se fut installée à Jackson Street, une vie nouvelle commença pour Margaret, plus stricte que par le passé, du fait que la bienveillance de la grand-mère ne s'y exerçait plus. Maybelle avait la main leste et ne tolérait aucun écart. Stephens, tignasse blonde et nez en pied de marmite, était petit pour son âge. De cinq ans sa cadette, Margaret n'aurait reculé devant aucun exploit pour attirer son attention et mériter son estime, comme celui de grimper au sommet de l'arbre le plus haut du jardin ou de passer par le chas d'une aiguille.

Elle avait beaucoup d'affection pour son père qu'elle souffrait de voir si peu. Eugene était un homme au doux parler ; Margaret aimait le regard intense de ses yeux sombres et ses moustaches en croc dont il tortillait le bout et qui chatouillaient les joues de la fillette quand il la serrait contre lui pour le rituel baiser du soir. Président de la Young Men's Library Association, il siégera, de 1900 à 1905, au conseil d'administration de la bibliothèque Carnegie, fondée depuis peu. Il occupait ses loisirs à chercher des livres d'histoire qu'il achetait pour alimenter le département géorgien de la bibliothèque.

La population d'Atlanta avait triplé depuis vingt ans pour atteindre quatre-vingt-dix mille habitants à l'orée du siècle. Presque entièrement reconstruite, la capitale de l'État semblait née d'hier. De grands terrains vagues séparaient Jackson Hill, le quartier des Mitchell, du nouveau centre des affaires, étincelant de témérité avec sa banque toute neuve et les immeubles résolument modernes des compagnies d'assurances.

Entre les propriétés de Jackson Street, non loin de leur domicile, s'intercalait un pré dans lequel les Mitchell faisaient paître une vache et le cheval de Stephens, un poney de race texane, cadeau de sa mère pour son huitième anniversaire. « Tout homme qui n'est pas un bon cavalier à l'âge de dix ans est mal parti dans l'existence », affirmait Maybelle.

La petite sœur était malade de jalousie. A trois ans, elle n'avait pas le droit de s'approcher de cette fringante monture, encore moins celui de se faire hisser sur son dos. A l'occasion des leçons d'équitation, quand Stephens et ses camarades faisaient des allées et venues devant la maison, la pauvre Margaret demeurait confinée sur la véranda. Un jour de grand vent, après plusieurs heures passées ainsi à se morfondre dans son rôle de spectatrice, elle se sentit transie et rentra en toute hâte pour aller se réchauffer sur la grille d'un conduit de chaleur. Par malheur, à l'insu de tous, le feu s'était déclaré dans la cave. Une soudaine rafale provoqua un appel d'air ; les flammes s'engouffrèrent dans le conduit, une bouffée brûlante s'échappa de l'ouverture. Les hurlements de la fillette alertèrent la maisonnée. Accourue la première, Maybelle se saisit de sa fille et vivement l'enveloppa dans une couverture. Tandis que les domestiques noyaient le foyer d'incendie sous les seaux d'eau, elle fit atteler le buggy et prit à toute vitesse la direction de l'hôpital. Les brûlures aux jambes étaient sérieuses et, sans la présence d'esprit de sa mère, les séquelles auraient pu lui gâcher le reste de son existence ; de cet accident, elle ne conserva en fait que quelques cicatrices.

Pendant des semaines, Maybelle et Annie se relayèrent au chevet de la petite. Pour la distraire de son ennui, la grand-mère lui contait des anecdotes sur sa propre enfance. Quand elle fut autorisée à se lever, Maybelle l'affubla de vieux pantalons de son frère afin de dissimuler ses jambes encore bandées. Une fois les pansements ôtés, cette habitude vestimentaire lui resta, « par précaution contre un accident possible », disait sa mère. L'accoutrement lui valut d'être tenue à l'écart par les autres gamines du voisinage et de recevoir le sobriquet de « Jimmy », en raison d'une ressemblance avec un jeune héros de bande dessinée. En revanche, l'équipe des garçons la tolérait plus volontiers qu'autrefois. Ainsi, même la maladie pouvait avoir des conséquences heureuses et toute singularité présentait parfois de sérieux avantages. Margaret ne devait jamais oublier cette leçon.

Le 26 avril, alors jour férié, donnait lieu à de grandes cérémonies : Atlanta commémorait ses morts. Margaret avait quatre ans lorsque, pour la première fois, elle assista au défilé en compagnie de son frère. Dressée sur la pointe des pieds, elle allongeait le cou et se montrait curieuse de tout. Bientôt, lasse de poser des questions auxquelles il n'était répondu que par des réprimandes ou des admonestations, l'enfant se tint coite et s'efforça de ne rien perdre du spectacle. Il ne s'agissait pas d'une fête ordinaire ; de cela, tout au moins, elle eut vite fait de prendre conscience.

La Géorgie tout entière semblait s'être donné rendez-vous dans les rues de la capitale. « On croyait assister à l'un de ces rendez-vous tribaux venu du fond des âges, se remémore Stephens. Tous étaient venus, depuis les vieillards tremblants sur leur canne jusqu'aux enfants dans les landaus. Massés le long de Peachtree Street, ils attendaient. Quelle gravité cependant ! Aucun rire, aucune acclamation ne fusait de cette foule immense. Il n'y avait même pas le traditionnel lâcher de ballons. »

Comme chaque année, un orchestre jouant les marches Confédérées ouvrait le défilé, suivi des régiments d'artillerie, tous les hommes assis sur les caissons, le regard clos, les bras croisés. Ce fut au tour de la cavalerie et de l'infanterie. « Hello, Bill ! », « Hello, Joe ! » criait-on sur leur passage. Puis l'orchestre se tut et la foule fit silence tandis que les soldats défilaient en colonne par trois sous la forêt des drapeaux rouges rehaussés des treize étoiles blanches. Les vétérans fermaient la marche, avec fierté et nostalgie, aussi impressionnants que s'ils avaient été des fantômes. Ceux-ci s'étaient vraiment battus pour la cause et les gorges se serraient à la vue des rescapés d'une défaite si absolue. On était en 1904 ; quarante ans avaient passé, pourtant le cœur d'Atlanta battait toujours pour la Confédération.

Après le défilé, Maybelle prit les deux petits par la main et les conduisit jusqu'au bureau de poste sur lequel flottait le pavillon des États-Unis, le seul de toute la ville, la bannière étoilée comme on l'appelait, si différente du drapeau rouge des Confédérés. Cramponnée de toutes ses forces à ses enfants, la jeune femme demeura longtemps la tête baissée. Margaret et Stephens en eurent la révélation ce jour-là : le Sud était une terre occupée, ses habitants un peuple vaincu. Aussi longtemps qu'ils vécurent, cette conviction leur demeura chevillée au corps.

Ce fut ainsi qu'une guerre vieille de près d'un demi-siècle servit de toile de fond aux premières années de la vie de Margaret Mitchell. Les noms des grandes batailles lui furent inculqués en même temps que les lettres de l'alphabet, et la petite s'endormait au rythme fougueux des chants de la guerre civile. Longtemps après que Maybelle eut quitté la chambre sans oublier d'éteindre la lampe à gaz, les mots s'attardaient dans le noir et se prolongeaient dans l'imagination de la fillette où vacillaient des images de tragédies et de chagrin.

> Dans ce petit coin de terre entouré d'un mur blanc
> Où gisent les morts et les mourants...
> Transpercés par les baïonnettes, criblés de balles ou d'éclats d'obus,
> Jadis naquit ma bien-aimée...

Le dimanche après-midi, parée de ses plus beaux atours (une robe confectionnée par la grand-mère, le plus souvent), Margaret allait rendre visite à quelques parents du troisième âge. Sage et docile, elle écoutait le récit de la bataille de Gettysburg ou de la campagne du Vallon. Parfois, pour la récompenser de son mutisme studieux, un vétéran compatissant lui présentait sa tête chenue et l'invitait à tâter du bout des doigts les deux cavités de son crâne, souvenirs d'une balle qui était entrée puis ressortie.

Certains jours, soulevée de terre sans ménagements, elle se retrouvait blottie au creux d'un giron inhospitalier. Après lui avoir postillonné au visage quelque inepte compliment selon lequel elle ne ressemblait ni à Dieu, ni à Diable, on oubliait purement et simplement son existence. Jusqu'au soir, sans se lasser, dans la ferveur et l'allégresse, l'assistance reconstituait les péripéties de la guerre. Cette petite fille sensible poussait donc l'obéissance jusqu'à se transformer en bibelot ; respectueuse des souvenirs évoqués, redoutant par-dessus tout les représailles maternelles, elle voyageait sans broncher « des genoux osseux des messieurs à ceux des vieilles dames, larges et gainés de taffetas glissant, en passant par des haltes plus douces et plus appréciées, toutes fleuries de mousseline ».

« Les messieurs qui avaient servi dans la cavalerie étaient de loin les plus pénibles », avouera-t-elle. « Dans le feu d'improvisations frénétiques, nourries de réminiscences, ils ne tenaient plus en place et leurs genoux tressautant et bondissant me tiraient de ma somnolence. »

Rien ne lui fut épargné au cours de ces réunions dominicales, ni la description des blessures, ni celle des soins rudimentaires. Toutes les dames s'étaient engagées comme infirmières et, quatre décennies plus tard, les survivantes n'avaient pas oublié la puanteur de la gangrène et les mesures auxquelles on avait dû se résoudre quand les médicaments étaient venus à manquer sous l'effet du blocus, puis la nourriture et les vêtements, qu'il avait alors fallu importer au prix fort.

L'incendie d'Atlanta, les scènes de pillage et l'exode sur les routes de Macon, les trains pris d'assaut, le calvaire du grand-père Mitchell qui malgré ses blessures s'était traîné sur près de soixante kilomètres après la bataille de Sharpsburg, les nouveaux sacrifices imposés par la Reconstruction... l'enfant prenait note de tout et les paroles des anciens faisaient après coup grand bruit dans sa mémoire. Il n'y avait qu'un sujet tabou, la défaite.

On lui serinait à plaisir les raisons de l'importance stratégique d'Atlanta pour l'avenir de la Confédération. Fière du passé héroïque de sa ville, Margaret était friande de toutes les histoires la concernant. A cinq ans, elle connaissait par cœur le nom des industries de guerre qui s'étaient implantées dans la capitale et pouvait en débiter la liste sans reprendre son souffle : « Manufactures d'armes, fabriques d'ogives, tanneries et selleries, usines de construction et de réparation de pièces d'artillerie, industries mécaniques (plaques de blindage pour la marine de guerre, rails de chemin de fer...), ateliers de confection de casquettes et d'uniformes... » Margaret s'était octroyé le titre de narratrice en chef et la petite bande des garçons composait son auditoire privilégié. Elle se faisait une joyeuse obligation de leur rappeler comment Atlanta, longtemps située en dehors de la zone des combats, avait servi de centre hospitalier accueillant les malades, les blessés, les estropiés venus de tous les fronts. Elle livrait sans sourciller les détails les plus rebutants, tant il est vrai que la litanie des horreurs de la guerre lui était aussi familière que pour d'autres enfants *Les Aventures de Huckleberry Finn.* Un dimanche, les anciens la prièrent de réciter la ballade intitulée *I'm a Good Old Rebel and That's What I Am*[1]. Elle s'exécuta de fort bonne grâce.

Atlanta avait su se montrer à la hauteur des besoins de la Confédération. Très tôt, l'enfant s'était prise à considérer sa mère comme un exemple édifiant, un modèle inaccessible qu'Eugene Mitchell, le premier, plaçait sur un piédestal ; en revanche, dès son plus jeune âge, elle sentit les affinités mystérieuses qui l'unissaient à cette ville dont l'histoire cruelle devait influencer sa personnalité tout entière.

---

1. « Je suis un fieffé rebelle, et pas grand-chose d'autre. »

CHAPITRE III

Pour ses cinq ans, son père lui offrit un petit cheval rouan. Bien droite sur sa selle, les étriers longs comme il sied à une cavalière de grande classe, on la vit bientôt aller et venir le long de la rue pavée de neuf.

Malgré les protestations de Maybelle qui trouvait ces hardiesses un peu prématurées pour une débutante, Eugene disposa quelques barres de saut dans le pré. Le cheval refusa tout net le premier obstacle. Dépitée, Margaret renonça.

En revanche, elle allait chaque après-midi faire une longue promenade sous la protection d'un vétéran pas ordinaire qu'elle devait affubler du surnom gentiment moqueur de « Joyeux Drille ». Il portait de longs cheveux gris, une barbiche arrogante et baisait la main des petites filles. Sa galanterie avait fait la conquête de Margaret. Ils chevauchaient quelque temps de concert ; invariablement, au détour d'une route de campagne poudreuse, son mentor retrouvait un ou deux compères du même acabit, et la petite troupe formait le rang.

Pas un jour ne se passait sans qu'une querelle n'éclatât au sujet de tel ou tel épisode de la guerre. Pas le moins du monde impressionnée, Margaret adorait la compagnie de ces vieux soldats forts en gueule. Nul traitement de faveur ne lui était réservé sous prétexte de son jeune âge. On attendait d'elle qu'elle se comportât en bleusaille disciplinée, capable de se faire obéir de sa monture et de suivre en silence. Les oreilles à peine écorchées par le rude langage de ses compagnons, Margaret mettait son point d'honneur à ne pas les décevoir. « Si j'avais voulu intervenir, il m'aurait fallu crier pour me faire entendre par-dessus leurs chamailleries », confessa-t-elle par la suite. Ces balades étaient pour elle un bonheur de tous les instants. Ce fut un drame lorsqu'elle dut les abandonner pour commencer sa scolarité.

De retour à la maison, à l'issue de la première journée de classe, elle proclama sa haine de l'arithmétique et sa détermination de ne plus remettre les pieds à l'école. Fidèle à ses principes d'éducation, Maybelle commença par lui infliger une solide correction, après quoi la petite reçut l'ordre de grimper dans l'élégant cabriolet familial. Sa mère prit les rênes. Conduite de main de maître, la voiture fila à un train d'enfer sur la route de Jonesboro, le long de la voie ferrée. Le soleil oblique allongeait sur la chaussée les ombres des vieux chênes rabougris. Agrippée des deux mains à son siège, Margaret jetait sur sa mère des regards angoissés. Murée dans un silence farouche, les yeux noirs de furie, Maybelle semblait la proie d'une profonde émotion. Enfin, elle consentit à ralentir l'allure du cheval.

« Regarde, dit-elle, montrant à sa fille les grandes bâtisses délabrées, de part et d'autre de la route. Dans le temps, ces ruines étaient de saines et solides demeures, habitées par les propriétaires de plantations florissantes. Certaines, dévastées par la guerre, ne se sont jamais relevées ; d'autres n'ont pas survécu à la débâcle économique. Vois-tu ces fantômes de domaines ? Vois-tu cette ferme abandonnée ? Le jour où la maison fut détruite, ses occupants ont tout perdu. Puisse cette tragédie te servir de leçon ! Avant qu'il ne s'écroule sur eux, le monde dans lequel vivaient nos parents leur semblait inébranlable, comme le tien te paraît l'être aujourd'hui. Nul ne peut prévoir ce que l'avenir lui réserve. Aide-toi et le ciel t'aidera, est-il écrit, mais comment affronter l'inconnu quand on ne sait ni lire, ni écrire, ni compter, ni rien faire de ses dix doigts ? Hors l'instruction, il n'est point de salut ! s'écria Maybelle d'une voix exaltée. Malheur à la femme inculte qui se trouve privée de ressources, car l'ignorance est un gouffre sans lumière. Tes connaissances pratiques et ta richesse intellectuelle sont les seuls biens sur lesquels tu pourras compter toute ta vie. Dès demain, tu retourneras à l'école, conclut-elle, et tu vaincras l'arithmétique ! »

Les vacances d'été se passaient le plus souvent au Rural Home de Jonesboro, dans la ferme des tantes Fitzgerald, Sis et Mamie, toutes deux célibataires. Margaret avait un faible pour Sis, toujours séduisante avec ses boucles grises, ses yeux limpides et ses éclats de rire. Entre autres qualités, tante Sis savait mieux que personne narrer les histoires de son jeune temps. Ardente catholique comme tous les Fitzgerald, elle revenait à satiété sur le préjudice honteux causé à « notre sainte Église », depuis l'installation des premiers colons en Géorgie. Avec une retenue pleine de dignité, elle décrivait le passage de l'armée nordiste à travers Jonesboro, la violence, la peur, les scènes de pillage. Si la maison avait été épargnée, il n'était rien resté de la ferme. A soixante-cinq ans, « Philip Fitzgerald avait rassemblé les vestiges de son domaine et tenté de reconstituer sa fortune. Il n'avait plus d'esclaves, plus guère d'argent, et la faim régnait dans le pays. Pour le soutenir dans ses efforts lui demeuraient trois filles ainsi qu'une épouse affligée... ».

Tante Sis se faisait plus explicite :

« Les gens se rangeaient alors en deux catégories : il y avait ceux qui pliaient comme le blé et ceux qui pliaient comme le sarrasin. Quand se lève un vent violent, les tiges de blé mûr se couchent pour ne jamais se relever. Le sarrasin, au contraire, fait le dos rond sous le passage des rafales puis, le calme revenu, se redresse, plus fier que jamais. »

Les Fitzgerald avaient reçu en partage cette force innée, cet instinct de survie qui faisait l'orgueil de Maybelle. Ils avaient tout surmonté, ils étaient sortis grandis de l'épreuve.

Assise aux pieds de sa tante, la fillette écoutait sans se lasser. Elle se représentait la petite ville saisie d'épouvante, parcourue par les troupes yankees, les esclaves libérés, les soldats vaincus livrés à eux-mêmes, transformés en étranges fuyards. Tante Sis était formelle :

« Nul ne sait comment les choses auraient tourné pour nous si Annie, ta grand-mère, n'avait eu la bonne idée de nous rendre visite depuis Atlanta. Annie était de nous toutes la plus intrépide. Elle a eu l'aplomb de traverser le camp des fédéraux, droit jusqu'au quartier général de Wilson. Bravement, elle a exigé que notre domicile fût placé sous protection militaire. La requête fut accordée. »

La famille Fitzgerald se trouvait rassemblée sur la table en acajou de la bibliothèque dans laquelle on n'entrait presque jamais. Disposés en bon ordre, morts et vivants souriaient sur des photos plus ou moins jaunissantes. Margaret fit ainsi la connaissance de l'arrière-grand-père Philip, robuste Irlandais, et de son épouse, Eleanor McGhan, toute blonde et gracile. L'oncle James, le frère de Philip, était là aussi, et l'arrière-petite-nièce n'ignorait pas que ce vaillant maître d'école avait rencontré force difficultés pour avoir voulu transmettre à ses élèves l'ardeur de ses convictions catholiques. Maybelle figurait dans cet ensemble sous les traits d'une charmante adolescente, pas encore la jeune fille qui plus tard passerait ses vacances au Rural Home comme ses propres enfants devaient le faire bien des années après. Elle était légère comme une plume. Philip la soulevait de terre et la hissait sur l'encolure de son cheval où elle se cramponnait à la crinière, plus morte que vive. Ils parcouraient ainsi les alentours, au grand scandale des voisins, d'autant plus réprobateurs que le vent soulevait la courte jupe de la jeune fille.

La propriété des Fitzgerald était bien modeste, comparée à certaines plantations des environs. Stately Oaks, sur Atlanta Public Road par exemple, avait été réquisitionnée par les fédéraux qui avaient bivouaqué sur ses terres. Patriote entre toutes, la belle Johnson House, si imposante avec son portique soutenu par huit colonnes, avait d'abord servi de dépôt de vivres aux Confédérés avant d'être aménagée en hôpital. Warren House, en revanche, avait abrité l'état-major du 52e d'infanterie de l'Illinois. Circonstance aggravante, l'armée de Sherman l'avait curieusement épargnée. Après la guerre, convaincu de collaboration avec l'ennemi, le vieux Warren avait dû quitter la ville. Quarante ans après, la rancune était intacte, et le déshonneur de cette famille évoqué d'une voix inflexible.

Margaret avait adopté la Crawford House, conquise par la véranda profonde, la grâce des six colonnes doriques dont les fûts cannelés supportaient le grand balcon du second étage. On menait grand train dans ce décor fastueux et tout semblait prétexte à réceptions et barbecues. Margaret se prenait à rêver. C'était ainsi qu'elle imaginait les riches heures du temps jadis, dans le comté de Clayton.

Jonesboro était une importante gare de jonction au début des années 1860. Sherman en était bien conscient lorsqu'il modifia ses plans. En effet, arrêtée dans son élan par la résistance opiniâtre de Hood, la campagne d'Atlanta traînait en longueur et le général nordiste s'impatientait. Il déplaça le gros de son armée vers le sud afin de barrer les routes empruntées par les convois de ravitaillement et de couper les vivres à l'ennemi, puis remonta vers le nord jusqu'à Jonesboro avec l'intention de détruire les voies ferrées avant de lancer l'assaut final sur Atlanta. Le mercredi 31 août 1864, au matin, le général Hardee, commandant la garnison de Jonesboro, reçut l'ordre de « tenir coûte que coûte ». Le soir même, la ville défaite gisait sous ses ruines. Selon les estimations des témoins, « les morts étaient empilés comme le sont les rondins dans la pineraie, cela sur plusieurs centaines de mètres en amont du tribunal, jusqu'aux rails de chemin de fer dont il ne restait qu'un amas de ferraille ». Après la bataille, la ferme des Fitzgerald dressait sa carcasse vide au milieu des champs dévastés. Les esclaves avaient fui, le bétail s'était échappé. Un pillage sélectif avait dépouillé la maison de tous les objets de valeur, pourtant les lourds rideaux noirs d'Eleanor pendaient toujours aux fenêtres comme un défi, et les menues possessions auxquelles elle tenait, telle sa croix

en or, avaient été enterrées sous la porcherie, dans une vieille boîte
à thé. Margaret n'avait que trop entendu le récit du sac de Jonesboro. Vingt ans plus tard, elle n'avait oublié ni les péripéties de cette
agonie, ni le nombre des victimes, ni les détails poignants dont ses
tantes émaillaient leurs souvenirs.

L'économie du Sud reposait alors sur le coton. Dans les plaines
vallonnées du comté de Clayton, au nord de la Géorgie, on le cultivait encore lorsque la jeune Margaret allait passer ses vacances dans
la ferme familiale. Ne disait-on pas de l'argile géorgienne, « ruisseaux
de sang après l'orage, poussière de brique quand vient la sécheresse »,
qu'elle était la meilleure terre à coton du monde ? A dix ans, Margaret caressa de vagues chimères de vie aux champs. Au cours de l'été
1911, contre l'avis des membres de sa famille, elle décida de rester
au Rural Home aussi longtemps qu'il le faudrait et de participer à
la cueillette. Travail détestable, cruel, harassant s'il en est, la petite
devait s'en apercevoir à ses dépens. Elle refusa de capituler et peina
jusqu'au bout sous un soleil à rissoler les pierres, le dos rompu, les
mains écorchées. Les effets de cette douloureuse expérience furent
déterminants pour son avenir. Elle tint bon, sans doute, mais ses fantasmes bucoliques se dissipèrent à jamais, et le coude à coude frater-
nel avec les journaliers de couleur lui avait dessillé les yeux sur un
autre point : le Sud, décidément, n'avait pas gagné la guerre. Cette
révélation l'atteignit en plein cœur.

Margaret avait dix ans ; elle n'était plus tout à fait une petite fille.
Ses cheveux roux avaient pris une sombre nuance cuivrée. Ses yeux
bleus promenaient sur le monde un regard d'audace et de franche
gaieté, sa mince frimousse exprimait la vie la plus intense. Il y avait
déjà comme un charme qui l'accompagnait partout. Pétulante comme
une poulette, l'enfant parlait à tort et à travers, toujours enjouée,
sans se formaliser quand ses parents, fatigués de son bavardage, la
traitaient de « moulin à paroles », du nom du mensuel auquel elle
s'était abonnée avec son argent de poche. Elle n'aurait pu mieux choisir, disait-on, les yeux au ciel. Encouragée par les attraits naissants
de sa fille, Maybelle décida néanmoins d'adoucir sa garde-robe, où
la jupe retrouva ses droits, et de corriger son allure trop délurée en
l'inscrivant à différents cours de danse. Peine perdue, Margaret devait
conserver longtemps sa démarche de petite baroudeuse, capable de
grimper aux arbres aussi vite que le premier garnement et de crier
aussi fort lorsqu'elle assistait à un match de base-ball. Elle fut d'ail-

leurs admise dans l'équipe des garçons du quartier en qualité de lanceuse, poste qu'elle occupa jusqu'à l'âge de quatorze ans.

Depuis l'angle nord-est de la propriété, on découvrait Atlanta dans presque toute son étendue. Là s'élevait un pin d'une taille impressionnante et très ancien, si ancien en vérité qu'il avait dû être le témoin de la guerre d'Indépendance. A la fourche de ce géant, le frère et la sœur avaient construit une plate-forme à laquelle étaient adaptées une corde et sa poulie, et au bout de la corde un panier, qui permettait de hisser les infortunés chats de la maison.

Tout garçon manqué qu'elle pût être, Margaret n'en était pas moins une petite personne romanesque, un tantinet fleur bleue, comme le sont souvent les fillettes de cet âge. Quand le mauvais temps la tenait claquemurée, elle se faisait une raison et lisait des heures d'affilée. Non point, comme l'aurait souhaité sa mère, « les grands classiques, les chefs-d'œuvre gravés dans l'éternité », mais des contes de fées, de tendres fariboles victoriennes empruntées à la bibliothèque Carnegie où son père la conduisait parfois. Puisant l'inspiration dans ces lectures, Margaret s'était mise à écrire. Elle utilisait des petites feuilles volantes, soigneusement réglées au crayon et reliées à l'aide de fils de coton de couleurs vives. Intitulée « La belle et le chevalier », l'une de ces historiettes s'achevait en apothéose par le triomphe du bien sur le mal. La belle accordait sa main au preux chevalier après que celui-ci eut transpercé de sa lance « son vil et brutal » ennemi.

Cette veine sentimentale s'épuisa vite lorsque Margaret se prit de passion pour les romans d'aventures, la série des *Rover Boys*, en particulier, dont elle entreprit de faire la collection. Stephens eut beau la mettre en garde contre la pauvreté des intrigues, presque identiques d'un livre sur l'autre, et la médiocrité du style. Sans se démonter, elle répondait qu'un auteur pouvait se permettre de bâcler l'écriture s'il savait où il allait et qu'une bonne histoire pouvait être accommodée à toutes les sauces. Indifférente aux sarcasmes de son frère, elle concocta de courts récits mettant aux prises brigands et malandrins, vrais gibiers de potence, et jeunes héroïnes (toutes prénommées Margaret) qui leur donnaient bien du fil à retordre. L'écriture était tremblée, l'orthographe approximative, mais les supports s'étaient améliorés : la fillette se servait désormais de cahiers d'école, ensuite serrés dans les vieilles boîtes à gâteaux en fer-blanc.

L'un de ces récits, « Les vaillants petits pionniers », rédigé en janvier 1911, d'une main plus ferme, se terminait ainsi :

Margaret fut éveillée en pleine nuit par des cris d'effroi, des hurlements, auxquels se mêlaient des clameurs de défi en provenance de la garnison. Elle s'habilla en toute hâte et voulut se précipiter dehors ; le spectacle qui s'offrit à sa vue la cloua sur place. Le sol était jonché de morts et de blessés, l'air s'enfumait d'un âcre brouillard, et de tous côtés les balles sifflaient. Au petit jour, la situation se révéla dans toute son horreur. Selon leur tactique habituelle, les Apaches tournaient autour du fort de toute la vitesse de leurs chevaux. De temps à autre, plus audacieux, l'un d'eux sautait à terre et tentait d'escalader le mur de retranchement, mais c'était seulement pour être abattu ou repoussé par les héroïques défenseurs dont les rangs se clairsemaient inexorablement.

Quel sort l'avenir réservait-il à la pauvre Margaret ? On n'en saura rien, pourtant celle qui écrivait ces lignes savait déjà tenir son lecteur en haleine.

Pour le plus vif plaisir de son frère et de ses cousins, elle imaginait aussi de savoureuses histoires de fantômes et des petites comédies, prétextes à déguisement puisqu'elles étaient interprétées dans le salon suivant les directives de l'auteur qui distribuait les rôles et s'adjugeait souvent celui du personnage principal. Le caractère violent des intrigues faisait mauvaise impression sur les parents. Suffragette intransigeante, Maybelle n'en demeurait pas moins l'héritière de traditions sévères et conservait bien des préjugés. Chez les Mitchell, *Tom Jones* et *Don Juan* étaient mis à l'index. Néanmoins, l'éducation d'une jeune fille moderne comportait l'étude des grands textes de la littérature, « à condition que les vices et débordements décrits, comme la séduction de la jeune Emily dans *David Copperfield*, fussent admissibles par toutes les sensibilités », rapportait Stephens. Avant qu'elle n'eût douze ans, corrompue par son père qui lui versait des pots-de-vin de cinq, dix et quinze cents, Margaret s'était laissé convaincre d'ingurgiter Sir Walter Scott et Charles Dickens. Pour ce qui était de Tolstoï, Thackeray ou Jane Austen, plutôt se faire « arracher la tête » que de s'attaquer à ceux-là.

Ce jour-là, Maybelle avait dû s'absenter, laissant les enfants aux soins d'Eugene. Margaret avait eu l'idée d'adapter pour le petit théâtre du salon un roman de Thomas Dixon, *The Traitor*, promis du reste à une haute destinée. David W. Griffith, en effet, devait s'en inspirer, ainsi que d'une autre œuvre du même auteur, *The Clansmen*, pour écrire le scénario de *Birth of a Nation*. Eugene n'était pas encore rentré du bureau quand le spectacle fut monté. En guise de chasuble, les jeunes membres du Ku Klux Klan s'étaient affublés des chemises paternelles dont les pans avaient été coupés au niveau des mollets.

Margaret s'était résignée à tenir le rôle de Steve, car aucun des garçons de la troupe n'avait consenti à incarner un personnage qui se donnait le ridicule d'embrasser une fille. Bien des années après, la jeune femme écrivit à Thomas Dixon :

L'unique représentation de *The Traitor* fut ponctuée d'incidents. Sitôt après l'acte II, mes acteurs se mirent en grève, exigeant une augmentation de leur cachet du simple au double, dix cents au lieu de cinq. Plus tard, alors qu'on était sur le point de me passer la corde au cou, mes deux bourreaux furent pris d'un besoin pressant et me laissèrent en plan. Ils tardaient à revenir et l'assistance riait sous cape. J'étais morte de confusion. Enfin, mes parents rentrèrent à la maison. Quand ils surent de quoi il retournait, ils me passèrent un joli savon. On me fit un exposé complet sur la violation des droits d'auteur. Longtemps, je me suis demandé avec inquiétude si vous n'alliez pas vous décider à me traîner en justice...

D'une manière générale, sa mère considérait d'un œil maussade ces balbutiements d'écrivain. Pour Maybelle, qui trouvait à se délasser dans la résolution d'équations trigonométriques comme d'autres dans les ouvrages de dentelle, le progrès restait le maître mot et c'était aux sciences qu'elle demandait de comprendre le monde, l'existence et la vie. Les mignardises auxquelles sa fille consacrait un temps précieux, qu'elle aurait mieux employé à l'étude des mathématiques, voire du latin, lui semblaient surtout propres à encourager la paresse intellectuelle. Transportée d'admiration devant les exploits d'une Marie Curie, Maybelle ne s'était jamais pardonné de n'avoir pas poursuivi ses études et regrettait en silence l'abandon d'une vocation très tôt ressentie. Margaret n'avait que trop conscience des espoirs dont elle était l'objet et ne souhaitait rien de moins que de donner toute satisfaction à sa mère. Aussi se gardait-elle de reconnaître en public le plaisir que lui procuraient ses petits travaux d'écriture. A l'inévitable question : « Et toi, que veux-tu faire plus tard ? », invariablement elle répondait : « Je serai médecin. »

Cette noble ambition, si franchement proclamée, mettait un peu de baume dans le cœur de Maybelle. Elle ne se fâchait pas trop lorsque sa fille renâclait à se rendre à l'église ou à dire ses prières, fermant les yeux sur ces manifestations d'insensibilité religieuse qu'elle imputait à l'« esprit scientifique » de Margaret. La carrière de celle-ci était toute tracée : tu iras loin, ma fille, tu seras l'une des premières femmes de ce pays à exercer la médecine à un haut niveau.

En dépit de certaines identités de vue, les rapports entre la fillette et sa mère manquaient d'intimité. Margaret, si communicative, si expansive, devenait secrète et impénétrable pour tout ce qui la concernait. Un jour, exaspérée d'être tenue à distance, Maybelle l'accusa d'avoir hérité ce tempérament cachottier d'un oncle du côté de son père, lequel était capable de faire un détour de plus de un kilomètre dans le seul but de tromper ses voisins sur sa véritable destination.

Le quartier de Jackson Hill, tout plaisant qu'il fût, était loin d'atteindre à la distinction de Peachtree Street. En 1911, Eugene Mitchell était un personnage important, président du barreau d'Atlanta et du Comité pour l'éducation. Il ne pouvait faire moins que d'installer les siens dans un environnement plus prestigieux. Maybelle accepta d'emblée, rien n'était trop beau pour sa petite famille. On fit l'acquisition d'un beau terrain, situé dans la partie la plus élégante de la rue convoitée.

En vue de l'aménagement dans un logement de grand standing, Eugene estima judicieux de troquer les petits chevaux des enfants contre une monture plus flatteuse, un vrai pur-sang qui portait sans s'émouvoir le nom glorieux du coursier d'Alexandre le Grand. Bucéphale, donc, était un colosse noir que Margaret, toujours aussi passionnée d'équitation, accueillit avec enthousiasme. En l'espace de quelques jours, ils devinrent les meilleurs amis du monde et la fillette avait hâte de le conduire à l'extérieur de la ville où elle pouvait enfin lui laisser la bride sur le cou. Stephens, de son côté, s'était découvert d'autres intérêts et lui abandonnait volontiers la jouissance presque exclusive de ce nouveau jouet. Au cours des premières semaines, Margaret effectua de folles randonnées à travers les collines. On la voyait revenir, éreintée, folle de joie, criant à tue-tête alors qu'elle passait à fond de train devant la maison, petite sylphide droite comme un i, et Bucéphale semblait un mastodonte chevauché par une puce.

Il faisait ce jour-là un soleil radieux. Stephens et ses cousins s'étaient postés au détour de la rue pour admirer son arrivée.

« Vous n'avez encore rien vu ! lança-t-elle. Attention au virage ! »

Elle éperonna, tira sur la rêne et fit volter son cheval. Un antérieur se déroba, Bucéphale s'écroula sur sa cavalière hurlante. Accourus, les jeunes gens la trouvèrent sans connaissance. Elle gisait sur le côté gauche et sa jambe couverte de sang semblait gravement meurtrie. Bucéphale, effrayé, s'était enfui au galop.

CHAPITRE IV

Les supplications de Margaret restèrent sans effet. Le cheval fut vendu pendant sa convalescence qui devait se prolonger plusieurs mois. La détresse de la fillette fut à son comble lorsque les médecins lui annoncèrent qu'il n'était plus question pour elle de pouvoir monter à nouveau. Après les interventions chirurgicales qu'elle avait subies à la jambe, il fallait faire une croix sur l'équitation.

Elle se sentit gagner par un sentiment de solitude et d'impuissance. Stephens était à l'école du matin au soir, Maybelle passait le plus clair de son temps à l'extérieur où l'appelaient ses activités militantes. Comment tromper le cafard ? Encouragée par sa mère, Margaret résolut d'explorer les ressources de la grande bibliothèque familiale.

De gros volumes reliés plein cuir garnissaient les rayonnages. Byron, Burns, Scott, Thackeray, Dickens, Tolstoï... côtoyaient des essais sur la guerre de Sécession. Maybelle revint à la charge avec *Guerre et Paix*. Margaret fit l'effort de le commencer et renonça bien vite. « Des monuments d'ennui, de lugubres mélis-mélos, sans grâce et sans lumière, ainsi m'apparaissaient alors les œuvres de Tolstoï et celles des autres Russes », confessera-t-elle par la suite. Toutefois, elle n'osait faire part à quiconque d'une opinion si tranchée. Lui demandait-on si elle avait lu *Guerre et Paix*, elle mentait effrontément et dissertait avec aisance sur ce roman dont elle n'avait pas dépassé le premier chapitre.

La cicatrisation de ses blessures fut plus rapide que ne l'avaient prédit les médecins. Elle devait pourtant conserver toute sa vie une légère claudication. S'il lui était encore interdit de pratiquer des exercices physiques trop violents, la danse était recommandée, pour fortifier les muscles. Margaret reprit ses cours.

La construction du domicile de Peachtree Street était loin d'être achevée. Pour la plus grande joie de Margaret, Eugene leur proposa d'aller passer une partie de l'été à New York.

En juin, on se rendit à Savannah pour embarquer sur un bateau à vapeur. Soulagée de constater qu'elle ne souffrait pas du mal de mer, Margaret passait les jours à se promener de long en large sur le pont en compagnie de son père. Le soir, quand l'orchestre jouait *Dream of Heaven Waltz*, elle dansait dans les bras d'Eugene ou de Stephens sous le regard attendri de sa mère. Elle boitait à peine et Maybelle avait toutes les raisons de penser que la petite était en passe de devenir une vraie jeune fille.

La « ville des villes », sa splendeur et son grouillement énorme lui donnèrent le vertige. Mais la fascination ne l'empêchait pas d'éprouver gêne ou colère lorsque de parfaits inconnus se permettaient, dans les magasins ou les salles de restaurant, des commentaires désinvoltes sur son accent « pittoresque ». Les Mitchell ne manquèrent ni de rendre visite à la sœur de Maybelle, Edyth Ney Morris, qui habitait Greenwich, dans le Connecticut, ni de prendre le bateau fluvial pour faire dans la journée l'aller retour d'Albany. Après quoi, au grand scandale de Margaret, la mère et la fille furent expédiées dans une ferme du New Jersey afin d'y suivre on ne savait quel régime lacté tandis que les hommes de la famille restaient à New York. Fastidieuse s'il en fut, la cure se révéla efficace. Quand Margaret rentra à Atlanta au mois d'août, elle était fraîche et rose, en pleine forme pour affronter le déménagement.

Peachtree Street affichait des prétentions, mais sa chaussée, comme celle de bon nombre d'autres rues, était encore de terre battue. La nouvelle demeure, très vaste, méritait presque le nom de gentilhommière. Avec son grand porche flanqué de hautes colonnes doriques, elle était une merveille de style classique renaissant, semblable à certaines propriétés dont les ruines se dressaient encore au milieu des plantations abandonnées, dans le comté de Clayton. Partisans de l'architecture nouvelle, les riverains de Peachtree Street ne faisaient pas mystère du dédain narquois que leur inspirait cette pâtisserie d'un autre âge. C'était une chose d'habiter un édifice néo-classique datant du siècle dernier, une autre de se faire construire un fac-similé.

Ses parents avaient voulu rendre hommage au passé mais, si louable que fût l'intention, le résultat consternait Margaret. Plantée sur son bout de terrain, l'imposante structure semblait étrangère à son environnement, comme la fillette redoutait de s'y sentir elle-même. Ce paysage tiré à quatre épingles ne lui disait rien qui vaille, en dépit des bosquets qui rompaient l'alignement sage des jardins. Petite consolation, un parc déployait ses frondaisons juste en face de la maison... A Peachtree Street, elle en avait l'intuition, rien ne serait jamais plus comme avant, et ce changement ne présageait rien de bon.

Au-dedans, la maison était plus impressionnante encore. La dimension des pièces, vastes comme des temples, les cheminées de marbre, l'escalier monumental sur lequel une princesse aurait été la bienvenue, tout contribuait à la solennité d'un décor peu conforme aux goûts d'un garçon manqué habitué aux cavalcades ponctuées de claquements de portes. Après un premier contact avec les enfants du voisinage, Margaret restait dans l'expectative. Ils étaient charmants, bien sûr, mais fallait-il attendre d'eux quelque sympathie pour une drôlesse de douze ans qui adorait porter culotte et ne dédaignait pas de patauger dans la boue ?

A quartier nouveau, école nouvelle. La Tenth Street School parut à l'enfant à la mesure de sa maison à colonnades, c'est-à-dire gigantesque. Elle ne s'y fit guère d'amies. On la trouvait cocasse, on riait de ses bons mots, mais nul ne l'invitait ni ne se rendait à son domicile. Quant à Stephens, charmant jeune homme de dix-sept ans toujours entre deux idylles, il préparait son entrée à l'université. Ce grand frère avait toujours occupé une place de choix dans le cœur de Margaret, et voilà qu'il la traitait avec une condescendance lointaine. Décidément, les premiers mois suivant l'installation à Peachtree Street furent parmi les plus misérables de son existence.

Le nouveau train de vie exigeait une domesticité plus nombreuse et plus stylée. Les uniformes firent leur apparition, et les attitudes compassées remplacèrent la bonhomie dont tout le monde s'accommodait à Jackson Hill. En outre, l'entretien de la maison, le personnel, toutes ces dépenses supplémentaires mettaient à mal le budget du ménage. Chauffage réduit pendant les mois d'hiver, mondanités espacées, discussions soulevées autour de tout nouvel achat... on était entré dans l'ère des restrictions et Margaret dut se rendre à l'évidence : son père n'était pas millionnaire, il y avait des limites à sa prodigalité. Même l'infatigable Maybelle semblait subir le contrecoup de ce changement. Son activité militante ne s'en ressentait pas, toutefois les réunions n'avaient plus lieu à la maison.

Margaret ne parvenait pas à se sentir chez elle entre les murs de la grande maison. Elle trouvait refuge dans le jardin, à l'endroit où les troènes délimitaient un enclos circulaire qu'elle appelait son « anneau magique ». C'était là, à l'abri des regards, qu'elle avait pris l'habitude de travailler. Assise en tailleur, elle couvrait les pages de ses carnets de récits d'aventures exotiques.

Au dos de l'un de ces opuscules, sous la rubrique « Lieux », elle avait dressé une liste de décors possibles : « Afrique, Alaska, Chine, Égypte, les Enfers, Mexico, la Russie, la Turquie, l'Amérique du Sud, Paris ». A côté, on trouve une liste de thèmes envisagés : « escroquerie, guerre civile, contrebande, naufrage, révolte des Cipayes, aristocratie ». Quelques titres donnent une idée de l'inspiration qui était alors la sienne : « Phil Kelly, détective », « Tragédie noire », « Le cow-boy », « Mon harem et moi », « La chute de Roger Rover ».

Les vacances de Pâques arrivèrent. Maybelle monta dans la voiture à cheval et pria sa fille de l'accompagner pendant la tournée qu'elle se proposait d'effectuer dans l'arrière-pays pour informer de ses droits une population féminine pauvre et arriérée, surtout composée de femmes et de filles de petits fermiers et de métayers. Maybelle espérait ainsi provoquer une prise de conscience. Elle dut déchanter. Pas plus la grande misère des paysannes géorgiennes que les discours chaleureux de sa mère n'allumèrent la plus infime étincelle de « solidarité féminine » dans l'esprit de Margaret dont l'intérêt ne s'éveillait que pour demander des explications sur telle ou telle ruine incendiée, abandonnée par ses habitants lorsque Sherman, brûlant tout sur son passage, avait marché sur Savannah. Le fait est que Maybelle trouvait, pour s'adresser à ces malheureuses, un ton de connivence et de vérité, ce qu'elle n'avait jamais su faire avec sa propre fille. En définitive, le voyage ne contribua guère à les rapprocher.

Le 4 août 1914, l'Amérique stupéfaite apprenait que l'Europe était à feu et à sang. Aucun événement n'avait suscité d'émotion plus considérable depuis l'attaque de Fort Sumter [1]. A treize ans, Margaret avait assez lu et entendu de descriptions sur la guerre et son cortège d'atrocités pour prendre toute la mesure de la tragédie qui frappait le Vieux Continent. La question de l'attitude des États-Unis était au centre des conversations. Les Mitchell et leurs amis étaient tous partisans de l'intervention. Dans la famille, on se faisait gloire d'avoir participé à tous les conflits, depuis la guerre d'Indépendance jusqu'à la guerre de Sécession, en passant par la guerre de 1812, la guerre contre les Séminoles et celle contre le Mexique. Seule la guerre contre l'Espagne, « querelle de basse-cour, en mettant les choses au mieux »,

---

1. Le 12 avril 1861, l'armée sudiste bombarda Fort Sumter, une des citadelles protégeant le port de Charleston, Caroline du Sud. Ainsi commença la guerre de Sécession (N.d.T.).

n'avait pas mérité que l'on versât son sang pour elle. Stephens était prêt à accomplir son devoir, et sa mère se tenait à ses côtés, résolue malgré son inquiétude. La seule idée que son frère pût être amené à participer à la boucherie dont tout le monde parlait épouvantait Margaret. A l'automne 1914, elle avait le cœur lourd quand arriva la rentrée des classes.

Ayant achevé, sans éclat particulier, son premier cycle, elle poursuivait ses études dans un nouvel établissement, Le Washington Seminary, une institution fondée par deux petites nièces de George Washington. Margaret s'y rendit en traînant les pieds, sachant qu'elle devait s'estimer heureuse d'être la première femme de la lignée des Fitzgerald à échapper au couvent et que cette école pour jeunes filles rangées devait être considérée comme un moindre mal malgré sa discipline austère.

Il se trouva bien quelques camarades de classe pour admirer l'intrépidité de cette minuscule adolescente qui nageait à la perfection et, passant outre aux injonctions des médecins, pratiquait l'équitation comme personne. Margaret était un boute-en-train, toujours prête à participer aux excursions, sac au dos et souliers de marche aux pieds, jamais à court d'idées lorsqu'il s'agissait d'imaginer de nouvelles distractions. Si ses boutades et facéties étaient diversement appréciées, du moins ne passaient-elles pas inaperçues. Elles circulaient, et leur diffusion contribuait à façonner une popularité à double tranchant. Le mélange de candeur et d'audace garçonnière composait une personnalité singulière qui déconcertait la plupart. La preuve en est qu'elle ne fut jamais conviée à participer à aucun cercle d'élèves. Elle fréquentait toujours ses anciens copains de Jackson Hill, les seules personnes en compagnie desquelles l'adolescente pouvait échanger, dans une langue affranchie, des propos libres de préjugés, aux antipodes du « papotage de filles » dont on la tenait écartée.

Dans un mémoire demeuré inédit, Stephens écrira : « Ma sœur se fit des ennemis au Washington Seminary ; elle en conçut beaucoup d'amertume. Du reste, le souvenir de certaines hostilités manifestées à son égard devait la poursuivre toute sa vie. Margaret a toujours conservé le ressentiment des vexations subies. Elle n'oubliait rien ni personne. »

Pour sa part, une ancienne condisciple qui s'était sans doute exposée à la rancune de Margaret affirmera : « Elle voulait tout dominer, tout régenter. Si on l'avait laissée faire, elle aurait mené les gens à la baguette. » En somme, Margaret était perçue comme une originale avec laquelle on évitait de frayer.

Le Washington Seminary était installé dans une majestueuse demeure à colonnades entourée d'un parc. Derrière l'édifice le plus ancien, réservé aux pensionnaires, on avait construit une annexe moderne où se trouvaient les salles de classe. L'établissement était situé à deux pas du domicile des Mitchell, aussi arrivait-il que certaines camarades, voisines de Margaret, fissent halte chez elle sur le trajet de retour. Consciente des difficultés d'intégration que rencontrait sa fille, Maybelle se félicitait la première de ces visites. Enfourchant son sujet favori, elle oubliait parfois son rôle de « mère respectable » pour se lancer dans de fâcheuses interventions sur les droits de la femme, fort préjudiciables à la réputation de Margaret.

Mrs. Eva Paisley, le professeur le mieux disposé à l'égard de celle-ci, enseignait la littérature dans une longue salle insalubre, logée dans les sous-sols de l'école. Elle avait vite discerné les facilités d'écriture de son élève et lui prodiguait ses encouragements sous la forme d'acerbes remarques à l'encre rouge dans les marges de ses dissertations : « La cohésion, Margaret ! », « Attention à l'équilibre de la phrase ! », « Quel charabia ! », « Restons simple ! ». Au grand désarroi de la jeune fille, Mrs. Paisley n'hésitait pas à faire devant tout le monde la lecture de certaines de ses œuvres. « Écoute et corrige-toi ! » ordonnait-elle. « Pour apprendre à écrire, apprends d'abord à écouter. »

Margaret confiait peu de chose à sa mère, ses espérances littéraires moins encore que le reste. Jamais elle ne lui montrait le résultat de ses efforts. Longtemps elle avait tenu un journal ; au cours de sa première année au Washington Seminary, elle prit la décision d'écrire un roman. Les cours terminés, elle rentrait en toute hâte et, bouclée dans sa chambre, se mettait au travail sur « La bande des quatre ». Quatre jeunes filles, amies inséparables, se livraient à des fredaines dans un pensionnat. Sur la deuxième page de couverture, Margaret écrivit ce verdict sévère : « Il y a deux sortes d'écrivains, les vrais et les imposteurs. Les vrais écrivains insufflent la vie à leurs personnages ; les autres ne produisent que des pantins, dont ils tirent les ficelles. Je ne serai jamais un véritable écrivain. »

Ce gros labeur, quatre cents pages divisées en quatorze chapitres, se présentait comme un pot-pourri des fantasmes de l'auteur. Dans l'un des épisodes, une certaine Margaret, ci-devant chef de bande, sauvait de la ruine la famille d'un être cher en détruisant des documents compromettants. Plus loin, le pensionnat était ravagé par un incendie ; sans perdre son sang-froid, l'héroïne conduisait ses camarades en lieu sûr. Margaret mena le projet à son terme, mais ses illusions ne devaient pas survivre à l'étape cruciale de la relecture. « Je n'aurais donc écrit qu'un tissu de médiocres mensonges », dira-t-elle.

Convaincue de ne pas avoir l'étoffe d'une véritable romancière, la jeune fille reporta toute son énergie créatrice sur le club d'art dramatique de l'école, au point d'en devenir la cheville ouvrière, à la fois vedette, principale pourvoyeuse de textes et secrétaire. Les doutes qu'elle entretenait désormais sur son talent ne l'empêchaient pas de continuer à écrire des nouvelles dont l'une eut l'honneur d'être intégrée au livre annuel de l'établissement, signé du pseudonyme de Peggy Mitchell qu'elle avait adopté.

« A l'affût derrière un bosquet d'épineux, serrant contre elle le fusil de son père, Peggy surveillait les déplacements des hommes d'Alvarado autour de la maison... » Ainsi commençait ce court récit, exaltant le courage d'une jeune fille, seule survivante du massacre de sa famille perpétré par un bandit mexicain. Décidée à se venger, Peggy finira par affronter le desperado. « ... L'aube était encore indécise. Alvarado se hâtait, bouclant son ceinturon. Il tira une bouffée de sa cigarette avant d'en jeter le mégot. Peggy épaula lentement et mit l'homme en joue. Tout en le suivant dans son viseur, elle ne ressentait qu'une froide résolution. Le contact de l'acier lui faisait du bien. Cette fois, elle ne pouvait pas le manquer... elle ne devait surtout pas. Alvarado ignorait encore qu'il avait fumé sa dernière cigarette. »

Refusé par la rédactrice en chef, le texte fut sauvé *in extremis* par une intervention de Mrs. Paisley qui supervisait la publication. Prise à l'automne 1916, une photo montre vingt-deux adhérentes du club d'art dramatique, prenant la pose autour d'un coupé Ford. Le dernier membre, juché sur le toit de l'auto, n'est autre que Margaret Mitchell.

Le 6 avril 1917, les États-Unis déclaraient la guerre à l'Allemagne. Les Alliés avaient subi des pertes très lourdes et leurs positions étaient partout battues en brèche. Avec un nombre impressionnant de navires ennemis coulés, l'Allemagne semblait s'être assuré la maîtrise des mers ; quant aux forces britanniques, dont les vivres s'épuisaient, elles ne pouvaient espérer tenir plus de quelques semaines encore. Diplômé de l'université de Géorgie depuis 1915, Stephens poursuivait des études de droit à Harvard. Il s'empressa de rentrer à Atlanta et fut parmi les premiers engagés de sa classe d'âge. On l'envoya à l'école des officiers de Fort McPherson, entre Oakland City et East Point.

Cette même année, dans l'émotion de l'entrée en guerre, tout à l'effervescence de la conscription, Atlanta fut la victime d'une catastrophe qui raviva les souvenirs d'un certain été 1864, de funeste mémoire. Au matin du 21 mai 1917, après un mois de canicule, un vent venu du sud, sec et chaud, souffla sur la ville. A 12 h 46, les quatre systèmes d'alarme de la caserne des pompiers se déclenchaient. Le feu avait pris dans le grenier d'un ancien lazaret réservé aux Noirs, où depuis longtemps le Grady Hospital entreposait ses réserves. Le danger, tout d'abord, ne parut pas bien grand. Le matériel le plus perfectionné se trouvant déjà sur les lieux d'un autre sinistre, on dépêcha un vieux véhicule dont le tuyau de pompe était défectueux. Le temps qu'une seconde voiture arrivât en renfort, l'incendie ne pouvait plus être maîtrisé. Il se propageait comme une traînée de poudre vers le nord, en direction du quartier résidentiel de Jackson Hill, prenant d'assaut la rue voisine de celle dans laquelle avaient habité les Mitchell et menaçant la maison de la grand-mère. Moins d'une heure plus tard, tout le secteur était la proie des flammes. Le ciel rougeoyait, comme dans les récits si souvent entendus par Margaret, et l'air saturé de fumée prenait à la gorge.

Sur les trottoirs et dans les rues embouteillées, entre les voitures chargées à la hâte s'accumulait un désordre de meubles hétéroclites, pianos, malles, cages à oiseaux... Certaines familles, affolées, s'enfuyaient en hurlant, trébuchaient sur ce capharnaüm et ne faisaient qu'ajouter à la pagaille. Le cœur serré d'angoisse, on chercha partout la grand-mère Stephens, pour la trouver saine et sauve dans le centre-ville où elle avait eu la bonne idée d'aller faire des courses peu de temps avant que l'incendie ne se déclarât. Annie Fitzgerald Stephens avait tout perdu. Il ne restait rien de sa maison qui avait pourtant survécu au grand brasier allumé par le général Sherman. Le vent ne faiblissait pas, le feu ne cessait de gagner du terrain, il fallut en arriver à des mesures extrêmes. Les pompiers firent sauter au TNT les bâtiments encore intacts qui se trouvaient sur le trajet des flammes, dans l'espoir que l'incendie s'éteindrait, faute de combustible. Ces détonations assourdissantes achevèrent de semer la panique, en pure perte puisque le feu franchit allégrement les espaces ainsi dégagés et prit de l'extension à l'est et à l'ouest, dévorant des rues entières. Brusquement, le miracle se produisit : le vent tourna, l'incendie s'épuisa peu à peu.

L'auditorium municipal avait été transformé en centre d'abri et de secours. Margaret s'y précipita comme tant d'autres, dans l'intention de se rendre utile. Elle fut accueillie par les lamentations des enfants égarés. Dans le désordre général, ils pleuraient et appelaient leurs parents. Le long d'un mur de l'immense local avaient été regroupés en vrac des petits fragments d'existences, meubles, effets personnels, tout un bric-à-brac sauvé des flammes. A côté, dans une fourrière de fortune, chats et chiens donnaient de la voix. Les blessés légers étaient soignés sur place, les autres, allongés sur des civières, étaient évacués vers les hôpitaux situés hors de la zone sinistrée. Margaret fut le témoin de scènes affreuses. Elle voulut aider à panser les blessés et se vit confier la charge de réconforter les tout-petits et d'organiser un bureau des enfants perdus. Vêtue de son uniforme, les cheveux ramenés en couettes, la collégienne sauta sur une table.

« Par ici, la marmaille ! » claironna-t-elle.

A force de s'époumoner, elle attira l'attention des intéressés. Il se forma autour d'elle un groupe dépenaillé, renfrogné, larmoyant. A chacun elle demandait son nom ; après l'avoir crié bien fort à la cantonade, elle hissait le gamin sur la table, où ses parents pourraient l'apercevoir.

Stupéfaite, elle vit arriver son propre frère, venu prêter main-forte aux sauveteurs en compagnie d'un groupe d'élèves officiers. Tard dans la nuit, l'incendie fut circonscrit, puis maté. Les dégâts étaient considérables. Le feu semblait s'être acharné sur le patrimoine des Mitchell ; l'ancienne maison de Jackson Hill était détruite, ainsi que onze autres logements, tous propriétés de la grand-mère (les loyers perçus constituaient son unique source de revenus). Cependant, les membres de la famille étaient tous indemnes et l'on aurait eu mauvaise grâce de se plaindre.

Longtemps des fumerolles continuèrent d'empanacher les ruines. Ici et là, le feu couvait toujours sous la cendre et des pans de mur s'effondraient soudain dans un jaillissement d'étincelles. Quand les derniers foyers furent éteints, on dressa le bilan de la catastrophe : trois cents acres transformés en un désert noir et froid, deux mille maisons détruites, des dizaines de milliers de sans-abri. Par chance, si le nombre des blessés était important, on ne déplorait aucun mort. Bien des jours s'écoulèrent avant que la municipalité ne fût en mesure de reloger les sinistrés. Des centaines d'entre eux prirent possession des parcs et des terrains inoccupés.

Atlanta se releva vite de son malheur. La période se prêtait mal au relâchement moral. Le pays avait une guerre sur les bras et même les malheureux, ruinés, sans asile, ne perdirent pas de temps à s'api-

toyer sur leur sort. Fort McPherson ne suffisant plus à l'accueil et
à la formation des conscrits, Camp Gordon ouvrit bientôt ses portes, non loin de là. Meute grondante et amoureuse de la vie, tous ces
jeunes gens se préparaient à aller au front. Atlanta leur fit fête. Les
sous-officiers étaient souvent des étudiants ou des diplômés de fraîche date. Margaret n'eut guère de difficulté à convaincre ses parents
que le devoir de toute jeune fille était de « veiller au bien-être des
futurs héros de la nation ».

La maison ne manquait pas de chambres ; les copains de Stephens
prirent l'habitude de venir passer la fin de la semaine derrière la blanche colonnade de Peachtree Street. Margaret était traitée avec toute
l'affection due à une sœur cadette, trop jeune pour le flirt, mais susceptible de recevoir certaines confidences. En septembre, elle reprit
les cours, tout à ses rêveries romantiques et tragiques, mais le cœur
serré à la pensée de ce qui attendait son frère et tous les charmants
garçons auxquels elle s'était habituée. Les terribles récits de son
enfance hantaient son sommeil. Toute sa vie elle devait connaître les
longues insomnies et les cauchemars qui commencèrent de l'habiter
cette année-là. Pour la première fois, songeant aux vétérans qui lui
avaient tenu compagnie quelques années auparavant, elle les imagina
sous les traits d'adolescents auxquels la guerre avait tout pris.

CHAPITRE V

Au mois de juin de l'année suivante, Margaret apprit à conduire la Hanson six places achetée par son père, la seule automobile fabriquée à Atlanta. Le samedi matin, de bonne heure, elle filait en direction de l'une des garnisons, ramassait autant de jeunes officiers que la spacieuse limousine pouvait en contenir (jusqu'à neuf, s'ils avaient la silhouette élancée) et reprenait le chemin de la maison. L'ancienne gamine mal fagotée avait subi une éblouissante métamorphose. Les cheveux courts et souples, simplement retenus par un ruban, mettaient en valeur le teint de lys et de rose, les yeux hardis. Des faveurs d'organdi, des bouffettes de soie, disposées à bon escient, rehaussaient les sages décolletés. Pour ajouter à son charme, cette beauté miniature était intelligente comme le diable. Elle avait du brio, de l'abattage, on faisait cercle autour d'elle. Stephens ira jusqu'à dire : « Aucune fille n'avait autant de succès auprès des officiers. Elle était devenue leur petite mascotte. »

Dans l'ombre profonde du porche, traversée par les effluves de verveine, Margaret s'initia aux délices du marivaudage. Chastes galanteries qui ne toléraient pas même un baiser, ainsi qu'elle le confiera à ses amies. Maybelle lui avait maintes fois notifié que le mariage précoce constituait l'unique remède à la curiosité sexuelle. Margaret n'était pas prête à s'engager de la sorte. La menace du grand voyage par-delà les mers était sans cesse suspendue sur la tête des jeunes gens et tout le monde s'ingéniait à leur faire oublier la sordide et violente réalité à laquelle ils seraient bientôt confrontés. Les Mitchell offraient barbecues et pique-niques. On dansait sur la terrasse fleurie du Capital City Club ou dans les gracieux jardins du Piedmont Driving Club. « Toute ma solde de cadet était dépensée en bagatelles », se rappellera Stephens. « Maman m'y encourageait. Soyez heureux, disait-elle. La jeunesse a besoin de s'étourdir jusqu'au vertige et de s'enivrer de plaisirs. Profitez-en, ta sœur et toi. Une guerre passera sur ce bonheur. Faites provision de souvenirs. »

Margaret suivit le conseil à la lettre. Au cours d'une mondanité, elle fit la connaissance du lieutenant Clifford West Henry, de New York, qui se trouvait en garnison à Camp Gordon. Comble d'exotisme, ce long jeune homme blond était un pur Yankee, frais émoulu de Harvard. Margaret ne se lassait pas de l'écouter réciter des vers ou citer Shakespeare. Les mauvaises langues le trouvaient un peu trop indolent et d'une personnalité trop effacée pour soutenir la comparaison avec celle de son ardente cavalière. A tous ces détracteurs, si avides de chercher les défauts du cher Clifford, Margaret répondait qu'il éprouvait pour elle un sentiment sincère, contrairement à beaucoup d'autres.

Le lieutenant Henry était un cavalier accompli. Lorsqu'il évoluait sous les lambris du Capital City Club aux accents délicats de *Poor Butterfly*, le couple était le point de mire de tous les regards. La jeune fille avait en outre découvert chez ce modèle de perfection une qualité singulière : il savait écouter. Elle en profitait pour lui confier ses projets d'avenir. La médecine, bien sûr, mais pas seulement car, séduite par ses récentes lectures des œuvres de Freud, Margaret avait décidé de se spécialiser dans la recherche psychiatrique. Clifford acquiesçait à tout. Les nuits capiteuses, la musique, la terrasse romantique, cette frêle jeune fille entre ses bras... il était sous le charme. Seule ombre au tableau, l'essaim des sous-officiers qui sans gêne aucune gravitait autour de sa belle. Le lieutenant mit fin à cette pénible promiscuité en offrant très officiellement à Margaret une somptueuse bague en or, gravée au chiffre de la famille Henry. Conquise, la jeune fille céda au plaisir de s'abandonner à cet amour partagé. En août, Clifford fut informé de son transfert imminent et de son prochain départ pour l'Europe. Ce soir-là, dans l'ombre complice de la véranda, les jeunes gens se promirent l'un à l'autre. Dix jours plus tard, Stephens Mitchell et Clifford Henry se trouvaient tous deux à bord des transports de troupes voguant en direction des côtes françaises.

Diplômée du Washington Seminary depuis le mois de juin, Margaret s'était inscrite au Smith College de Northampton, Massachusetts. Différentes raisons expliquaient le choix de cet établissement. Son excellente renommée, tout d'abord ; ensuite, ses positions claires et réitérées en faveur des droits des femmes (cet argument avait emporté l'adhésion de Maybelle) ; la proximité de Greenwich, où résidait tante Edyth, enfin. Le Connecticut, fief des Henry, n'était pas bien loin, sans doute Margaret y avait-elle songé. Une fois terminées ses études secondaires, elle envisageait toujours de faire sa médecine. A ses parents, aux quelques amies fidèles du Washington Seminary, elle avait fait la confidence de ses plus secrètes ambitions. Margaret voulait se rendre à Vienne afin d'y recevoir l'enseignement du fondateur de la psychanalyse, puis rentrer aux États-Unis, pour y ouvrir son propre cabinet. Où cela ? A Atlanta, selon toute probabilité. Maybelle ne pouvait que se réjouir de ces vertueuses dispositions.

La rentrée était encore loin. Margaret trompait l'attente et son vague à l'âme en écrivant de longues missives à Clifford, excellents prétextes pour exposer ses projets personnels. Aucune allusion n'était faite au mariage, à la future vie en commun. Après la guerre, le jeune homme prévoyait d'achever ses études de droit et de s'associer aux affaires immobilières de son père. Comment concilier cette carrière toute tracée avec les intentions avouées de Margaret de devenir une disciple de Freud ayant pignon sur rue à Atlanta, voilà ce dont il n'était jamais question...

Après une série de revers écrasants infligés aux Alliés dans les mois de juin et de juillet 1918, le triomphe de l'Allemagne semblait acquis. Mais la seconde bataille de la Marne fournit l'occasion de reprendre l'offensive et, en l'espace de trois jours, le rapport de force fut inversé. Le 10 août, le général Pershing arracha au haut commandement allié l'autonomie du corps expéditionnaire américain. Dans l'intervalle, Français et Anglais avaient effectué plusieurs percées et s'étaient même aventurés très loin derrière les lignes allemandes. Cette fois, la victoire avait définitivement changé de camp, et des rumeurs persistantes laissaient prévoir l'ouverture prochaine des négociations de paix.

Rassérénées par ces nouvelles encourageantes, Maybelle et Margaret Mitchell décidèrent de s'offrir deux semaines de vacances à New York avant que la jeune fille ne rejoigne le Smith College. Elles firent la visite des monuments et des musées et passèrent beaucoup de temps dans les magasins afin de constituer le trousseau de Margaret. Tout allait pour le mieux entre la mère et la fille dont les sentiments se trouvaient presque en harmonie. Un jour, elles prirent le train de Greenwich pour rendre visite à tante Edyth. En face d'elles était assis un voyageur dont l'allure et le visage ne leur étaient pas complètement étrangers.

Margaret narre l'aventure dans une lettre adressée à son père et à sa grand-mère.

Il nous observait avec une attention soutenue que notre accent du Sud ne pouvait seul justifier. Je décidai de le mettre à l'épreuve. Ôtant mon gant, j'exhibai la bague de Clifford ; mine de rien, je la passai à un autre doigt. Ses yeux s'étaient éclairés à la vue du bijou. Souriante, je le regardai bien en face. Il se leva d'un bond et s'inclina.

« N'êtes-vous pas Miss Mitchell ? » murmura-t-il.

Et moi, comme si nous étions de vieilles connaissances : « Le papa de Clifford ! »

Je ne m'étais pas trompée. Le hasard nous avait bel et bien mises en présence de Mr. Henry. La discussion s'est engagée sur-le-champ. Autant le dire tout de suite, ce monsieur me plaît beaucoup. Maman semble être du même avis. C'est un homme charmant, doté d'un sens de l'humour discret et d'une volonté plus affirmée que celle de son fils. Il est très fier de celui-ci, bien qu'il fasse de son mieux pour n'en rien laisser paraître. Il a eu la délicatesse de me faire lire quelques lettres de Clifford qu'il garde toujours sur lui.

Mr. Henry les invita pour le mercredi suivant. On déjeunerait au Waldorf avec Mrs. Henry, puis l'on irait au spectacle en matinée.

Quelle coïncidence, malgré tout, poursuivait Margaret. Clifford avait dû lui montrer des photos de moi, d'horribles instantanés, et notre accent lui avait mis la puce à l'oreille, mais sans la bague, je ne sais s'il nous aurait adressé la parole. Je compte sur toi pour me réexpédier au plus vite tout courrier qui me parviendrait d'Europe. P.S. Ne jette pas les lettres que je t'envoie, s'il te plaît. Garde-les dans quelque fond de tiroir.

Eugene Mitchell n'était qu'à demi satisfait de l'engouement de sa fille pour Clifford Henry. Il écrivit à son épouse pour lui faire part de ses réserves et la dissuader de favoriser des relations trop suivies avec les Henry. Leur fille risquerait de se trouver à son insu prisonnière d'une situation dont elle aurait toutes les peines du monde à se dépêtrer si elle venait à se raviser. Après tout, Margaret n'avait encore que dix-sept ans.

La réponse de Maybelle se voulait apaisante.

Mon ami, as-tu complètement oublié ta propre jeunesse pour te mettre ainsi martel en tête au sujet d'une amourette ? Autant que je puis en juger, les Henry sont une famille honorable et cultivée, jouissant d'une excellente réputation. Si leur fortune n'est pas considérable, elle paraît sûre, tout au moins. Cela dit, le garçon fait la guerre en Europe, qui sait s'il en reviendra ? A quoi bon se tracasser dès à présent sur l'issue d'une aventure qui restera sans lendemain, à quatre-vingt-dix chances sur cent ? Sais-tu combien de jeunes filles ont défilé dans la vie de Stephens depuis qu'il est en âge de s'intéresser à elles ? Plutôt que de sermonner nos enfants, laissons-les se brûler un peu. A l'occasion d'une prochaine rencontre, je prierai les parents de Clifford de ne pas ébruiter cette affaire afin de laisser à nos tourtereaux toute latitude de changer d'avis. Margaret elle-même ne se fait pas trop d'illusions sur la constance d'un cœur de dix-sept ans. Rassure-toi donc, il n'arrivera rien d'irréparable.

Pas plus le Connecticut que les amis de tante Edyth ne devaient faire sur la jeune fille une impression très favorable. Voici ce qu'elle écrivait à son père :

Un pays barbare, le mot n'est pas trop fort ! Je ne voudrais pas y vivre, quand même Rockerfellow (*sic*) m'offrirait son empire. Je ne puis me faire à cette atmosphère guindée, et ces gens qui, dès l'abord, vous toisent du haut de leurs principes, me donneraient plutôt envie de fuir. A quoi pensent-ils ? A l'argent. L'argent, l'argent ! Il est leur idole, l'étalon invariable sur lequel se fonde pour eux la valeur de tout et de tous. Comme si on ne devait pas juger les gens uniquement pour ce qu'ils sont ! Il me plaît, à moi, d'aimer les culs-terreux et les fauchés, du moment qu'ils sont sympathiques, ne l'ai-je pas toujours dit ? Je comprends à présent pourquoi les Yankees nous apprécient autant, nous autres Sudistes. Les filles d'ici sont des amazones, des viragos capables de mener leur barque sans l'aide de personne, mais il leur manque l'essentiel, la finesse de la taille et de l'esprit. Le patriotisme est la grande affaire du moment. Toutes ces dames se promènent dans les salons, revêtues de l'uniforme de futiles organisations (la Croix-Rouge n'est pas en cause, naturellement), et donnent surtout l'impression de brasser de l'air en pure perte. L'autre jour, j'étais invitée à déjeuner chez les Smith (le père, Alfred Smith, membre d'une mission diplomatique, se trouve en Espagne). Quelle maison magnifique ! Et le parc... gageons que huit jardiniers ne sont pas de trop pour veiller sur tous ces hectares. Le repas nous fut servi par deux domestiques de race blanche. L'entretien d'une demeure aussi vaste doit exiger un personnel nombreux, tu l'imagines. A ce propos, en furetant de droite et de gauche, j'en ai appris de belles. Sais-tu que le dernier des gâte-sauce se fait ses quarante-cinq dollars par mois ? Dans la famille, aucun des fils n'est en âge d'aller sous les drapeaux, aussi la guerre les touche-t-elle de loin. La fille aînée m'a vendu pour cinquante cents un insigne de la Croix-Rouge. Ils appellent ça le patriotisme, quand le salaire mensuel d'une bonne inutile leur permettrait d'acheter un Bon de la liberté ! C'est scandaleux, n'est-ce pas, mais le moyen de dire le fond de sa pensée ? Le Nord, espérons-le, me réserve de plus agréables surprises. Quelle misère, si j'allais me sentir aussi mal à l'aise dans le lieu où je vais passer neuf longs mois. Je ferai de mon mieux pour m'y habituer. Northampton, après tout, n'est pas Greenwich. Peut-être y sait-on que le compte en banque ne fait pas l'homme.

Le déjeuner au Waldorf, comme le spectacle de variétés auquel on se rendit ensuite, donna satisfaction à tout le monde. Margaret fut séduite par Mrs. Henry, presque autant qu'elle l'avait été par Mr. Henry. Les parents et leur jeune invitée communiaient dans la pensée constante de l'absent dont le nom venait sur toutes les lèvres. « Clifford se serait amusé comme un fou », disait-on, ou encore : « Dès son retour, nous organiserons une autre sortie. »

Le dimanche suivant, à la première heure, la mère et la fille prenaient le train de Northampton. Compte tenu de l'effectif très important de la classe de première année, sept cent soixante-quinze élèves, on n'avait jamais vu cela dans les annales du collège, l'excédent dut être réparti à proximité du campus, en fonction des capacités d'accueil de vieux bâtiments aménagés en dortoirs. Margaret se trouva logée dans celui de Ten Henshaw Street, placé sous l'autorité de Mrs. Pearson, digne incarnation de toutes les vertus de la Nouvelle-Angleterre. Maybelle lui accorda une confiance immédiate. Après avoir aidé sa fille à s'installer, elle rentra à New York par le train du soir. Pour la première fois de sa vie, Margaret était loin des siens.

Smith n'était certes pas le « repaire de fossiles » redouté. Bien que les élèves y fussent infiniment plus évoluées que celles du Washington Seminary d'Atlanta, Margaret n'en rencontra pas moins d'énormes difficultés d'adaptation. Ses nouvelles compagnes, issues pour certaines des familles les plus influentes et les plus aisées de la côte Est, avaient déjà couru le monde et lu les auteurs qui comptaient. Ces demoiselles sophistiquées jouaient au bridge, émaillaient avec nonchalance leur anglais fluide de locutions françaises et leur garde-robe était du dernier chic. Margaret faisait figure de provinciale mal dégrossie. Elle n'avait jamais quitté les États-Unis ; quant au français, elle le connaissait juste assez pour déchiffrer un livre facile. Dans sa classe, les élèves originaires des États du Sud ne formaient qu'une minorité. Les autres ne se privaient pas de brocarder son accent et sa simplicité. Même sa petite stature n'était pas épargnée.

Margaret avait donc toutes les raisons de se sentir mal aimée et tenue à l'écart lorsque enfin lui fut échue une compagne de chambre sympathique et dégourdie, Ginny Morris. Cette grande fille blonde était un peu la coqueluche de la promotion et ses qualités d'initiative lui conféraient un rôle d'animatrice. Cette popularité ne manqua pas de rejaillir sur Margaret qui se lia bientôt d'amitié avec d'autres élèves, telles que Sophie Henker, passionnée de chevaux elle aussi ; Madeleine Baxter, *alias* Red, en raison de sa foisonnante chevelure rousse (elle partagea pendant quelque temps la chambre de Margaret) ; Helen Atkinson, bien décidée à devenir professeur. Toutes étaient sensibles au charme énigmatique, follement romanesque, qui émanait de Margaret. N'était-elle pas fiancée avec un séduisant officier, actuellement au front, qui lui écrivait plusieurs fois par semaine ? Au collège, on ne l'appelait plus que Peggy, le nom dont elle se servait désormais en toutes circonstances, sauf s'il s'agissait de signer les lettres destinées à Clifford ou à ses parents.

Sur quantité de sujets abordés avec aisance par ses nouvelles amies, la politique, l'économie, la marche du monde, la musique ou les beauxarts, elle restait fort discrète, déployant en d'autres occasions provocations narquoises ou malice stratégique, et se réservant le droit de faire étalage de son érudition dès lors qu'il était question de la guerre civile. Voici ce qu'en témoigne Ginny Morris :

Nous étions très impressionnées par l'abondance du courrier qui lui parvenait d'Europe, et l'humour tellement irlandais qu'elle manifestait en maintes circonstances ne laissait pas d'intriguer chez cette petite personne native du Sud profond. Elle nous en imposait aussi par sa désinvolture affichée envers le règlement du pensionnat. Plus d'une, parmi nous, enviait son habileté à fumer et louait son audace, quand le seul fait d'être trouvée avec un paquet de cigarettes entre les mains pouvait constituer un motif d'expulsion.

Nous adorions le cinéma, au point de sécher des cours pour ne pas rater la sortie du dernier film avec Charlie Ray, Norma Talmadge ou Wallace Reid. Chaque semaine, un soir était réservé au théâtre. On se faisait un devoir d'aller applaudir l'étoile de la troupe locale, l'irrésistible William Powell, qui sut donner le meilleur de lui-même dans un poignant petit mélo intitulé par nos soins « *Captain Jenks*[1] *of the Norse Marines* ».

Le soir venu, personne ne songeait à travailler. Nous tenions plutôt dans la chambre des meetings secrets dont Peggy était l'orateur de choc. Quand le ton se faisait plus grave, on pouvait être sûr qu'elle ne résisterait pas au plaisir de nous infliger un cours magistral sur la guerre civile... En un tour de main, elle ficelait un résumé magnifiquement succinct de la seconde bataille de Bull Run, avec une ardeur égale à celle que d'autres mettaient

---

1. Approximativement, « Capitaine La Déglingue » (N.d.T.).

à décrire une levée au bridge. Peggy vouait un culte au général Robert E. Lee, ni plus ni moins que s'il avait été une vedette de cinéma, et quand elle entrait dans une colère noire, au point de me traiter de « sale Yankee », le Nord n'avait qu'à bien se tenir !

Début octobre, alors que les pensionnaires de Ten Hen (sobriquet tout trouvé dont ses occupantes gratifiaient la vénérable demeure) commençaient à s'installer dans leurs habitudes, une épidémie de grippe espagnole balaya la Nouvelle-Angleterre, continuant sa progression vers l'ouest. Ce mal d'origine mystérieuse laissait les médecins désemparés ; les malades tombaient comme des mouches. Un décret fédéral ordonna la fermeture des établissements scolaires. Au Smith College, les cours furent suspendus et les pensionnaires soumises à une stricte quarantaine. Tous les rassemblements, dans le cadre d'activités culturelles ou sportives, se virent interdits ; les jeunes filles n'avaient plus le droit d'aller à Northampton, ni même celui de se rendre visite d'un bâtiment à l'autre. Seules étaient autorisées les promenades par petits groupes dans le bois jouxtant la propriété.

Trois semaines plus tard, la grande peur refluait. La quarantaine fut levée. Les lettres de Clifford étaient toujours parvenues à destination avec un bon mois de retard, mais voici qu'elles n'arrivaient plus. La dernière, datée du 11 septembre, portait le cachet de la poste de Saint-Mihiel. Margaret ne dissimulait pas son anxiété. Avec beaucoup de ménagements, Ginny lui communiqua la nouvelle. A l'aube du 12 septembre, sous le couvert d'un épais brouillard, dix divisions américaines et trois divisions françaises avaient donné l'assaut à Saint-Mihiel, où les Allemands étaient retranchés. On s'était battu pendant deux jours, au terme desquels l'ennemi avait dû abandonner ses positions. La victoire alliée, chèrement acquise, avait fait près de huit mille victimes.

Un coup de fil à Mr. et Mrs. Henry accrut l'inquiétude de Margaret. Comme elle, ils étaient sans nouvelles de Clifford. L'attente pénible des uns et des autres devait être de courte durée. Les parents reçurent un télégramme, les informant que leur fils avait été grièvement blessé au cours de la bataille de Saint-Mihiel. Les affrontements avaient dégénéré en corps à corps et le lieutenant avait dû relever son capitaine, mis hors de combat. L'aviation allemande avait pilonné le secteur. Clifford avait eu l'abdomen déchiqueté par des éclats de bombe et sa jambe avait été sectionnée. Décoré de la croix de guerre sur son lit d'hôpital, il s'était éteint dans la matinée du 16 octobre.

Margaret fut anéantie. Clifford Henry devait rester la grande passion de sa vie, affirmera Stephens. Il est permis de faire quelques réserves. La jeune fille, il est vrai, conserva longtemps d'affectueuses
relations avec les parents de son fiancé. On peut toutefois se demander si Margaret, éblouie par ce prince d'ivoire et d'or, maître en rêveries savantes, expert en civilités, ne poursuivait pas une chimère de
perfection plutôt que d'éprouver un amour véritable. Sous bien des
aspects, l'homme qu'elle croyait aimer demeurait pour elle un étranger. Les amis de Clifford devinaient, acceptaient son homosexualité
latente. Margaret eût-elle été prête à faire de même ?

Le programme scolaire chargé et l'intimité croissante avec les autres
pensionnaires de Ten Hen firent diversion à son deuil. On défilait dans
la chambre pour admirer la collection de photos dédicacées que lui
avaient données les jeunes officiers auxquels elle s'était liée à Atlanta.
Red Baxter, une de ses plus proches compagnes, n'a pas oublié combien « Peg » adorait réciter des vers, ne fût-ce qu'en souvenir du pauvre Clifford. Le « sauna poétique » devint un divertissement très prisé.
« Entassées dans les deux baignoires du premier, nous clamions des
sonnets à tue-tête et barbotions dans l'eau bouillante. Nous sortions
de là les oreilles rompues et rouges comme des écrevisses. »

Une autre camarade, Doris James, se souvient avec précision de
la visite que Calvin Coolidge, alors gouverneur du Massachusetts,
effectua à Ten Hen pour saluer Mr. et Mrs. Pearson, les propriétaires, qu'il connaissait de longue date. Northampton, en effet, était
le berceau de la famille Coolidge.

Un soir, Peg et moi nous présentâmes à la porte du salon pour demander
la permission d'aller au cinéma. Mr. Pearson et Mr. Coolidge se trouvaient
là en grande conversation. Mr. Pearson s'éclipsa afin de conférer avec son
épouse, nous laissant seules en compagnie du grand homme.

« Quelle soirée magnifique », murmura Peggy. (Il faisait un temps épou-
vantable.)

Mr. Coolidge réfléchit un instant.

« Si vous sortez, n'oubliez pas, surtout, de prendre vos caoutchoucs »,
dit-il enfin.

Enhardie par ce premier échange, Peggy prit son courage à deux mains.

« Quoi de neuf à Boston ? » demanda-t-elle crânement.

Un silence absorbé accueillit sa question. Nous attendions quelque commentaire pénétrant sur les affaires du monde. Mr. Coolidge branla du chef.

« A votre place, je vous assure, je me garderais d'oublier mes caoutchoucs. »

Il s'écoula plusieurs minutes interminables avant que Mrs. Pearson ne fît son apparition. Le gouverneur lui décocha un sourire aimable.

« J'ai conseillé aux petites de ne pas sortir sans leurs caoutchoucs, annonça-t-il.

— Puissent ces fortes paroles rester gravées dans ma mémoire ! » s'exprima Peggy, la porte à peine refermée.

Elle boudait toutes les disciplines, à l'exception de la dissertation anglaise, où ses demi-succès ne suffisaient pas à compenser les médiocres résultats obtenus par ailleurs. A ses yeux, du reste, le professeur d'anglais était loin d'avoir la finesse d'esprit et la perspicacité de Mrs. Paisley. Après avoir lu une de ses compositions qu'elle considérait comme bâclée, ce distingué monsieur, très enthousiaste, la traita de « génie en culottes courtes », compliment qui ne contribua guère à le rehausser dans l'estime de son élève. Margaret perdit toute confiance en ses capacités d'appréciation. Elle était entrée dans une période d'incertitude ; l'autocritique systématique à laquelle elle se livrait, la conviction que tout éloge était immérité, trahissaient le doute profond qu'elle entretenait concernant son talent. Les mauvaises notes qu'elle obtenait partout ailleurs corroboraient ce jugement sévère. Préparées de longue date à affronter l'excellent niveau de Smith, ses compagnes n'avaient pas besoin de fournir un gros effort pour faire face aux exigences du programme. Il n'en était pas de même pour Margaret qui risquait le renvoi pur et simple si ses résultats ne s'amélioraient pas. Au cours des mois qui suivirent la mort de Clifford Henry, elle s'appliqua à l'étude avec un zèle inhabituel.

Il était convenu qu'elle passerait les fêtes de Noël au collège, comme beaucoup d'autres pensionnaires. Atlanta était bien loin et l'aller retour en train aurait pris un temps considérable. En outre, mal remis d'une attaque de grippe espagnole, son père prolongeait sa convalescence. A Ten Hen, seule Ginny Morris, la préférée, manquait à l'appel. Il était prévu quantité de réjouissances dont la plupart faisaient la part belle aux officiers d'une unité de l'Air Force en garnison non loin de là. Rentrés au pays après l'armistice, ils attendaient leur démobilisation.

Il neigeait à gros flocons pour le bal du samedi soir. Dans l'après-midi, contrainte de remplacer sans préparation une compagne défaillante, Margaret avait dû pousser la chansonnette au Glee Club, corvée dont elle s'acquitta de mauvaise grâce, on s'en doutera, sachant qu'elle avait, comme sa mère, la voix aussi fausse que possible. A son retour, elle trouva Ten Hen en effervescence. Les robes, commandées à New York ou Springfield depuis des semaines, n'avaient pas été livrées. Les escarpins étaient trop petits ou trop grands. L'humidité faisait s'effondrer les mises en plis et, dans leur frénésie à s'épiler les sourcils, les jeunes filles « achevaient, par leurs cris, de transformer le dortoir en volière », selon le témoignage sans complaisance de Margaret. Les cartons des couturiers arrivèrent au dernier moment. « Elles se pavanaient et prenaient le ciel à témoin de leur infortune : ''N'ai-je pas l'air du diable en calèche ?'' »

La jeune fille ne devait pas conserver de son cavalier d'un soir un souvenir impérissable. « Un désastre de la tête aux pieds », écrivit-elle le lendemain à son amie Ginny. « Ses longs silences étaient une bénédiction. C'est bien simple, je suis entrée dans la salle de bal pimpante comme un brin de muguet. Le lendemain, exténuée, j'étais comme la vivante incarnation d'une vie ratée. »

Stephens, qui s'était fort bien comporté au front, rentra chez lui sans une égratignure. A son arrivée à Atlanta, peu après le nouvel an, il trouva son père rétabli. Maybelle, en revanche, était au plus bas. Pendant deux semaines, avec une admirable persévérance, elle s'était acharnée à combattre la maladie. En vain. Personne n'avait osé avertir la jeune fille et celle-ci ne savait rien de l'état de sa mère. Le 22 janvier, Eugene se résigna à lui écrire. Le lendemain, incapable de prendre elle-même la plume, Maybelle dictait à Stephens une lettre destinée à Margaret. La mère et la fille ne devaient jamais se revoir.

Le 23 janvier 1919

Ma chère enfant,
Depuis ce matin, je n'ai cessé de penser à toi. Hier, n'écoutant que son courage, ton père a décidé de rompre la conspiration du silence pour te dire ce qu'il en était de ma santé. Sans doute, il ne mâche pas ses mots et, brossant de la situation le tableau le plus sombre, laisse-t-il entendre que je suis à l'article de la mort. Il a peur et pèche par excès de pessimisme, espérons-le. Je souffre de pneumonie. Un seul poumon est atteint, mais cette sale grippe complique tout. D'autres, plus mal en point, se sont tirés d'affaire. Ainsi de Mrs. Riley, dont les deux poumons étaient pris et qui trotte aujourd'hui comme un lapin. Tout espoir n'est donc pas perdu. Si je devais vous quitter, cependant, peut-être le moment n'est-il pas si mal choisi. Du moins suis-je assurée de ne pas laisser un trop mauvais souvenir.
J'aurais volontiers vécu quelques années de plus, j'en conviens, pourtant,

s'il le faut, je partirai sans amertume, comme il se doit quand l'existence vous a comblé de ses bienfaits. Ne t'étonne pas. Une enfance heureuse, l'époux de mon choix, deux enfants qui ont su payer mon affection de retour, que demander de plus ? Je puis être fière de moi si j'ai contribué à vous mettre sur le chemin de l'honnêteté, de la force, de la prospérité. Je compte bientôt pouvoir te donner quelques conseils de vive voix. Dans le cas où ce bonheur nous serait refusé, je te mets en garde dès à présent contre la plus grave erreur que puisse commettre une fille de ta trempe. Tu te dois d'abord à toi-même, puis à ton mari, à tes enfants. Le surcroît d'énergie, dépense-le sans compter pour les autres, mais n'oublie jamais d'accorder la priorité à ta famille. La tendresse que te porte ton père ne doit nullement te dissuader de fonder un foyer si le cœur t'en dit. Eugene a mené sa vie à sa guise, rien ne doit t'empêcher d'en faire autant. Toi et ton frère, vous m'avez témoigné un amour infini. Cette évidence contient tout, exprime tout, et les commentaires sont superflus. Prends soin de ton père dans ses vieux jours, comme j'ai pris soin de ma mère en veillant toujours à ce qu'aucune contrainte n'empiète sur ta liberté. Adieu, ma chérie. A bientôt. Sinon, il ne me déplaît pas de laisser à ma fille l'image d'une mère plaisante, cheminant avec elle à travers les rues de New York.

Le jour où fut postée cette lettre, Margaret reçut un télégramme. Sa mère était entrée dans le coma, son retour à Atlanta ne pouvait plus être différé.

La jeune fille partit le soir même. Ginny et Mrs. Pearson l'accompagnèrent à la gare au milieu des bourrasques de neige. Voyage interminable. Plus elle approchait de sa destination, plus grandissait en elle le pressentiment que tout était fini, qu'elle arrivait trop tard. Stephens, qu'elle n'avait pas revu depuis son départ pour la France, était venu l'attendre. Au premier coup d'œil, elle saisit sur le visage bouleversé de son frère la confirmation de ses craintes. Margaret fit face. Cependant, malgré les avertissements de Stephens, elle n'était pas préparée au spectacle de l'effondrement paternel. Un être à vau-l'eau l'accueillit dans le vestibule de la maison, un pauvre homme dont les vêtements délabrés s'accordaient à sa physionomie défaite. Plus pénible encore, il montrait un air égaré et les balbutiements échappés de ses lèvres tremblantes trahissaient son désordre mental. « Ta mère file un mauvais coton », répétait-il sans cesse. Quand la première poignée de terre eut été jetée sur le cercueil, il s'affaissa, sanglotant, dans les bras de ses enfants. Du fond de son désespoir, Eugene Mitchell trouvait enfin la résignation. Il acceptait la mort de sa femme.

Les obsèques furent une épreuve, à tout point de vue. Ulcérés par la négligence que les enfants de Maybelle manifestaient dans l'observance du « strict rituel de la liturgie », certains membres de la famille Fitzgerald quittèrent l'église avant l'éloge funèbre. Cet affront laissa Margaret de glace.

Elle avait bien d'autres soucis avec une maison à tenir et l'inquiétude que lui inspirait son père dont la raison ne cessa de donner des signes de défaillance au cours des semaines suivantes. Peu à peu, au grand soulagement de ses enfants, Eugene parut se ressaisir. Bien qu'il lui arrivât encore de déambuler à travers la grande demeure, il consentit à faire quelques apparitions à son bureau. Il passait le plus clair de son temps dans sa chambre, au lit. Un jour, il fit appeler Margaret.

« Retourne au collège, lui dit-il. A présent qu'il est rendu à la vie civile, ton frère me tiendra compagnie. Plus tard, sans doute, j'aurai besoin de toi. Pour l'instant, ta place est sur les bancs de l'école, où tu dois terminer l'année en cours. »

Le souhait d'Eugene coïncidait avec les dernières volontés de Maybelle. La jeune fille ne pouvait se dérober, elle reprit le chemin du Massachusetts. Mais rien ne devait plus être comme avant et la vie au collège lui sembla avoir perdu beaucoup de son charme.

Plus le temps passe et plus ma mère me manque, écrivait-elle à son père, le 17 février. Encore n'ai-je profité de sa présence que pendant dix-huit ans. J'imagine ce que doivent être la solitude et la peine de celui qui durant vingt-six années a partagé sa vie. Si seulement l'amour d'une fille pouvait compenser tant soit peu cette perte irréparable.

L'ambition maternelle était l'unique raison qui avait incité Margaret à poursuivre des études assurées sans grand enthousiasme. La disparition de Maybelle l'enfermait dans un sérieux dilemme. En fait, la perspective du retour au foyer où elle apporterait le rayonnement d'une présence féminine lui souriait de plus en plus. D'une part, elle avait très envie de dorloter son père et son frère ; d'autre part, accablée sous l'ampleur et la complexité du programme scolaire, elle piétinait et s'attardait dans le peloton de queue. Smith accueillait près de deux mille élèves. Qu'elle fût loin d'être la plus intelligente et la plus douée, voilà qui relevait désormais de la morne évidence. « Plutôt n'être rien que d'être parmi les derniers », écrivit-elle à son frère.

En revanche, son succès auprès des garçons ne se démentait pas. Les photos de jeunes étudiants, toutes barrées de chaleureuses dédicaces, s'étaient substituées à celles des officiers de l'US Army. Si d'aventure le cavalier d'une jeune fille faisait faux bond, on pouvait toujours compter sur Margaret pour lui trouver, au pied levé, un remplaçant très convenable, recruté parmi la fine fleur de Amherst, Dartmouth ou Harvard. De même, elle était la seule à laquelle s'en remettaient les galants lorsqu'il s'agissait de laisser une fenêtre ouverte pour permettre à une autre pensionnaire de Ten Hen de faire le mur après l'extinction des lumières.

Pourtant le prestige dont elle jouissait par ailleurs ne pouvait racheter le sentiment d'infériorité ressenti dans ses études. Les résultats du deuxième trimestre, désastreux dans toutes les disciplines, hormis l'anglais, emportèrent sa décision. Au mois de mai, elle transigea sans trop de difficultés avec sa conscience et, suivant son inclination pour la vie de famille, reprit le train d'Atlanta. Les recommandations de Maybelle sur la nécessité pour une femme de se barder de diplômes étaient oubliées. Margaret mettait ainsi, sans remords, un terme à ses études et choisissait de suivre l'ultime conseil de sa mère : pense d'abord à toi. L'orgueilleuse fille de Maybelle ne pouvait tolérer d'être reléguée au second plan. Faute de pouvoir se distinguer au collège, du moins ferait-elle en sorte d'être la première dans l'affection des siens.

Pendant les dernières semaines passées à Smith, elle entretint des relations suivies avec un étudiant de Amherst originaire du Midwest, Billy Williams. Un jour de pluie battante, assis sur les marches du hangar à bateaux de Smith, tous deux si jeunes, et le cœur un peu serré, ils en vinrent à parler d'avenir. « Quand j'aurai quitté le collège, je me mettrai à écrire pour de bon », déclara-t-elle avec fougue. « J'ai hâte de savoir si j'en suis vraiment capable. » Billy la dévisagea, surpris. Peggy n'avait jamais fait la moindre allusion à cette ambition littéraire exprimée soudain avec tant de véhémence. Aucune de ses amies de Ten Hen ne semblait avoir été mise dans la confidence. Le jeune homme se flattait lui aussi d'avoir devant lui une carrière d'écrivain, aussi la pressa-t-il de questions. Elle ne voulut rien ajouter. Ils rentrèrent bras dessus, bras dessous, sans échanger un mot. Le crépitement de la pluie comblait le silence.

Étrange fille, songea Billy Williams. Il se souvint qu'elle avait dans l'année perdu deux êtres chers et mit ses sautes d'humeur sur le compte du chagrin.

Peggy Mitchell
1919-1925

Elle descendit de la grande automobile noire, celle-là même qui avait transporté un si grand nombre de jeunes officiers, tous avides de rire, de danser et de succomber jusqu'à l'aube aux malignités étincelantes de l'illusion. Margaret se trouvait enfin chez elle. Bessie, la cuisinière, avait dû entendre le bruit du moteur. Elle se tenait sur le porche ensoleillé, plissant les yeux. Le jardinier, Charlie, était accouru, le visage fendu en un large sourire de bienvenue. Il prit les bagages dans le coffre. Une jeune fille menue, ses cheveux crépus maintenus par un bandeau blanc, s'était faufilée dans l'ombre altière de Bessie. Cammie, la soubrette, avait tout juste quinze ans, trois de moins que sa nouvelle maîtresse.

Peggy franchit le seuil. Consciente de son adolescence enfuie et des responsabilités qui lui incombaient désormais, elle considéra toute chose avec un œil neuf. Elle fourra son nez dans les comptes de la maison et découvrit, horrifiée, que les Mitchell n'avaient cessé de vivre au-dessus de leurs moyens. Sa première initiative fut de licencier une bonne partie du personnel embauché par sa mère. Seuls Bessie, Cammie et Charlie furent épargnés par ce coup de balai ; on conserva néanmoins les services bi-hebdomadaires de Carrie Holbrook, la blanchisseuse. A la grande surprise d'Eugene, l'autorité de sa fille était reconnue par tous, puisque l'équipe réduite conserva la même efficacité que l'ancienne.

Peggy le découvrit bien vite : en perdant son épouse, Eugene avait tout perdu. Sa fibre morale brisée, il n'avait plus de goût à rien, et le peu d'ambition que Maybelle lui avait insufflé s'était dilué dans le chagrin. La révélation s'opéra douloureusement dans l'esprit de Margaret. Jamais son père ne reporterait sur elle l'affection qu'il avait éprouvée pour sa femme ; il ne fallait pas davantage attendre de lui qu'il tînt le rôle d'un chef de famille. Maybelle avait été la grande ordonnatrice de leur existence. Personne ne pouvait prendre la relève.

Eugene Mitchell n'avait jamais brillé ni par sa hardiesse ni par sa perspicacité. Le grand-père avait insisté pour que ce rejeton sensible et réfléchi fît son droit. Les volontés de Russell Crawford Mitchell avaient force de loi, le petit s'était incliné. Russell lui-même avait, en Floride, exercé la profession d'avocat avant d'être rayé du barreau pour avoir insulté un représentant de l'État. La famille s'était alors repliée sur Atlanta, où l'entreprise Russell avait rondement développé un petit commerce de bois de charpente.

Étudiant exemplaire de l'université de Géorgie, Eugene se trouva bientôt jeune licencié en droit. Sans autre désir que celui de s'assurer de substantiels revenus, il n'eut rien de plus pressé que de se terrer dans le confortable asile d'un cabinet juridique où il emploierait ses jours à rédiger des testaments, passer au crible des actes de propriété et dresser des hypothèques, toujours plus, toujours mieux, jusqu'à s'installer dans l'assurance que procure une situation bien établie. Peu après son mariage avec Maybelle, la crise de 1893 infligea un démenti cinglant à ce tranquille optimisme. Son affaire périclitait ; sa jeune épouse lui garda longtemps rancune de ne pas avoir osé prendre, à chaud, les risques qu'imposait cette situation critique. « La grande peur de 93, au lieu de lui donner des ailes, signifia pour mon père l'abandon de tout grand dessein et la nécessité de se mettre définitivement à l'abri de semblables revers », témoignera Stephens. A la naissance de Margaret, Eugene ne pouvait se flatter d'avoir regagné une grande partie du terrain perdu ; pourtant, s'ils vécurent dans l'aisance, les Mitchell ne furent jamais riches.

Peu à peu enseveli sous la banalité d'une existence sans péril, Eugene Mitchell devint dans l'âge mûr cet homme austère et studieux, juriste scrupuleux, un peu étranger au monde, à la vie en général, inapte à la fraternité, maladroit dans les effusions. Cette froideur pouvait sembler l'expression d'une terne sagesse. Or celle-ci n'était pas sans remous et n'excluait pas l'insatisfaction, filtrée par un désir immense et passif, ainsi qu'en témoignaient de brèves explosions de joie ou d'humour qui semblaient des échappées de lumière dans cette sombre nature. A la mort de Maybelle, tout son être avait fait silence. Retiré au fond de lui-même, Eugene cultivait sa détresse. Le retour de Peggy ne devait rien changer.

A peine la jeune fille, installée dans ses nouvelles fonctions domestiques, avait-elle inculqué à son entourage une discipline plus rigoureuse, qu'Annie Stephens, flanquée d'une sœur cadette, discrète et célibataire, fit irruption à Peachtree Street avec armes et bagages, autant dire quantité de malles contenant les effets personnels de ces dames, ainsi qu'une ribambelle de cartons à chapeaux, adorables bibis emplumés qui se voulaient de la dernière élégance.

A présent septuagénaire, la grand-mère n'avait rien perdu de sa superbe. L'idée que sa petite-fille pût passer les plus belles années de sa vie à faire l'intendante chez son père lui semblait une indignité contre laquelle elle était résolue à partir en guerre. Elle accusa son gendre de « voler la jeunesse de la petite » et mit tout en œuvre pour ramener celle-ci sur la voie des études. Comprenant l'inanité de ses efforts, elle s'employa à lui enseigner le « goût de la toilette et de la séduction ».

Chaque jour de lessive, cravates, chasubles et jupes de serge disparaissaient de la garde-robe de Peggy. Afin qu'aucune ambiguïté ne subsistât sur ses intentions, grand-maman Stephens engagea une couturière à domicile, au grand scandale de Margaret qui cria à la dissipation. Trois mois plus tard, l'incompatibilité d'humeur menaçant de dégénérer en brouille, la grand-mère et la tante quittèrent la place pour prendre leurs quartiers au Georgia Palace Hotel. Cependant, Annie ne s'était pas dépensée en pure perte. Il suffisait, pour s'en convaincre, de considérer la silhouette affinée de Margaret ; elle avait raccourci ses jupes et ses cheveux, adopté une coiffure plus seyante et fait son choix parmi les modèles proposés par la couturière dont elle avait éliminé, par pur entêtement, les vêtements les plus flatteurs.

Le coût de la vie avait subi une hausse vertigineuse depuis la fin de la guerre. Affolée par une escalade des prix continue et généralisée, la population réclamait à grands cris que le gouvernement mît un terme à l'inflation. Au printemps de l'année 1920, alors qu'aucune mesure d'assainissement n'avait été prise, les consommateurs réagirent en gelant leurs achats. La presse féminine, recommandant à ses lectrices de « faire du neuf avec du vieux », ne fut pas la dernière à participer à cette campagne. La grève des loyers s'étendit afin de protester contre les augmentations abusives pratiquées par des propriétaires indélicats, souvent déboutés de leur plainte devant les tribunaux. La mode était à l'épargne, en toutes matières. Les coquettes rajeunissaient leurs tailleurs de l'an passé et les quotidiens proposaient aux ménagères d'astucieux menus permettant de nourrir pour cinquante cents une famille de cinq personnes. Les vicissitudes de 1893 étaient toujours présentes à l'esprit d'Eugene qui ne pouvait qu'approuver la sévère gestion de sa fille. Sur les conseils de Peggy, et par mesure d'économie, il alla même jusqu'à faire « retourner » l'un de ses complets par un tailleur habile.

Rendue à sa farouche indépendance, la jeune fille ne pouvait se dispenser de prendre en compte les avertissements de sa grand-mère. Elle médita sur sa nouvelle condition et reconnut sans doute la médiocrité des perspectives d'avenir offertes à une jeune fille au foyer. Son père l'encourageait à reprendre le fil de ses relations interrompues, mais ses anciennes camarades ne semblaient guère pressées de renouer avec elle.

Eugene et Stephens insistèrent tant et si bien qu'elle accepta de faire son entrée dans la vie mondaine et sollicita son admission au Club des débutantes. Le 20 janvier 1920, après une attente angoissée, sa candidature fut acceptée pour la saison d'hiver. Stephens se souvient des usages alors en vigueur dans la bonne société blanche d'Atlanta. Chaque famille recevait un numéro, de un à deux cent, correspondant à ses revenus et à son prestige. Les Mitchell se trouvaient à mi-chemin.

Étant donné l'ironie mordante que lui avaient inspirée les amis de tante Edyth, choisis au sein de l'« élite de Greenwich », on peut s'étonner de la complaisance de Peggy à subir ce parcours initiatique, sachant que l'objectif que l'on se proposait d'atteindre était de lui trouver au plus vite un mari.

Furtivement, l'esprit de rébellion suivait son chemin ; il se manifesta de la façon la plus inattendue et la plus violente. Par un terne matin de février, un mois après avoir été promue débutante, elle se rendit à un ranch des environs de Stone Mountain où elle avait l'habitude de louer un pur-sang noir qui ressemblait comme un frère à Bucéphale. Ce jour-là, elle conduisit sa monture hors des pistes cavalières, sur le versant escarpé d'une colline, au milieu d'un fouillis de branches basses. Au faîte de la colline, un mur de pierre traçait les limites de la propriété. Au lieu de rebrousser chemin, Peggy décida de franchir l'obstacle. Il n'y avait guère de recul, l'élan fut un peu court et le cheval manqua son saut. Il s'écroula, écrasant la jeune fille sous son poids. Une heure plus tard, amateurs eux aussi de solitude et de difficultés, d'autres cavaliers s'aventurèrent jusque-là et trouvèrent Peggy à demi consciente, grelottant de froid et de douleur.

La jambe qui avait déjà été mise à mal dut à nouveau être opérée. Cette fois, les menaces des médecins lui intimant l'ordre de « se tenir tranquille pour le restant de ses jours » parurent faire la plus vive impression sur la jeune fille. Le rétablissement fut laborieux. Loin de lui apporter le réconfort voulu, les visites quotidiennes de grand-maman Stephens ne firent que semer le désordre et la zizanie. Peggy s'en remettait de plus en plus à Cammie, horripilante parfois, mais dont elle appréciait la vivacité d'esprit, du soin de faire les courses, tâche que la jeune soubrette noire acceptait de bon cœur, ravie des moments de liberté que lui procurait cette nouvelle responsabilité.

A la belle saison, Peggy était remise sur pied. Un ancien professeur de danse proposa de lui donner quelques leçons. En dépit des progrès accomplis, les médecins demeurèrent inflexibles : la santé primait le souci de plaire et la jeune fille chausserait désormais des souliers plats.

Début juillet, dûment chaperonnée par une charmante jeune fille, elle accepta d'aller camper pour une nuit sur les rives du lac Burton en compagnie d'un jeune interne, le Dr Leslie Morris, et de plusieurs couples. A l'occasion de cette escapade, elle fit la connaissance d'Augusta Dearborn, dont elle fut longtemps l'amie. Augusta habitait Birmingham, elle passait l'été à Atlanta, chez l'une de ses sœurs.

La cheville de Peggy était toujours bandée et le beau Dr Morris veillait sur elle avec beaucoup de sollicitude. Augusta ne fut pas sans remarquer leurs longs apartés. L'attirance était réciproque, estimat-elle. De fait, la jeune fille et le médecin faisaient souvent bande à part. Une communauté d'idées, d'intérêts, se révélait peu à peu, depuis la psychanalyse jusqu'à la poésie, en passant par la sacro-sainte histoire géorgienne. Séduite, Peggy le fut peut-être, mais pas au point de revenir sur sa ferme intention de ne jamais devenir l'épouse d'un médecin.

Peu après leur retour à Atlanta, le Dr Morris l'invita à un bal costumé qui devait avoir lieu à l'East Lake Country Club. Tout d'abord réticente, Peggy succomba aux prières d'Augusta. Elle envisagea de se travestir en une sorte de vagabond sylvestre, réplique de Puck, le lutin mélancolique du *Songe d'une nuit d'été*. Elle opta finalement pour le genre petite fille modèle du temps jadis avec capote de satin et petits pantalons à ruches, sans oublier les anglaises postiches.

Ce fut ainsi affublée qu'elle entra dans la salle de bal au bras du Dr Morris, lui-même sanglé dans un bel uniforme d'officier Confédéré. La guerre civile avait d'ailleurs inspiré le plus grand nombre. Taille de guêpe et corsage avantageux, toutes les dames ne songeaient qu'à être irrésistibles. Malgré l'orgueilleuse prestance de son cavalier, Peggy dut montrer beaucoup d'esprit pour faire oublier l'extravagance et le ridicule de son accoutrement. On aurait dit Sophie Fichini égarée chez les grandes personnes.

La haute et puissante silhouette de Berrien Kinnard Upshaw dominait la troupe des jeunes gens. Pilier de l'équipe de football de l'université de Géorgie, il passait pour un aventurier... Tout entier maître
de lui, de belle apparence avec ses cheveux roux, ses yeux verts, sa
jolie fossette au menton, il portait à merveille le costume de flibus-
tier qu'il s'était choisi. Son attention fut souvent sollicitée par cette
petite créature de pantomime qui prêtait à sourire et s'obstinait à tourner sur la piste. Elle avait du cran. « Red » Upshaw invita Peggy à
danser. Ce couple étrange ne passa pas inaperçu ; son départ prématuré, à la barbe du Dr Morris, donna lieu à bien des commentaires.

Peggy fut conquise sur-le-champ. Quelques jours plus tard, il fut
question d'aller passer des vacances à l'île St. Simon, dans le bungalow de la sœur d'Augusta. Elle accepta d'être de la fête, à condition
que Red Upshaw fût ajouté à la liste des invités.

Augusta désapprouvait le choix de sa nouvelle amie et ne se pri-
vait pas de fustiger ce grand diable mal embouché, tout le contraire
d'un parti convenable, certainement le dernier homme dont le caractère pût s'harmoniser avec celui de Peggy. Red semblait éprouver un
malin plaisir à se montrer détestable. Aggravant son cas, il provo-
quait la fureur d'Augusta en l'appelant « Aggie » et sans gêne aucune
traitait Peggy de « Courtes Pattes ». Elle se récriait contre ces fami-
liarités, mais tous ceux qui les voyaient ensemble flairaient entre eux
une entente tacite. Upshaw était le fils aîné d'une vieille famille géorgienne respectable entre toutes, établie depuis longtemps en Caroline
du Nord. Des rumeurs de scandales, d'autant plus troublantes
qu'aucune précision ne venait les étayer, entachaient ces éléments biographiques rassurants. Il ne déplaisait pas à Peggy de prendre l'opinion en porte à faux. En somme, plus le garçon affichait son insolence
et sa mauvaise conduite, plus il avait le don de la séduire.

Les années vingt confirmèrent le triomphe d'un matérialisme arro-
gant. Plus d'idéologie, plus même de perspectives, ces aspirations d'un
autre âge s'étaient perdues sur les champs de bataille de la Grande
Guerre. Que pensaient-ils ces jeunes gens fraîchement démobilisés,
qui découvraient la vacuité d'un monde pour lequel ils avaient versé
leur sang et perdu tant de camarades ? S'étaient-ils battus simplement
pour qu'il pût se vendre toujours plus de voitures, de machines à laver,
de colifichets ? L'Amérique était entrée dans l'ère de la prohibition.
Les mains qui peu de temps auparavant avaient tenu des fusils ou
lancé des grenades glissaient maintenant dans les poches des flasques

d'alcool clandestin. Poudrées, laquées, coriaces, les femmes travaillaient dur et d'un coup de manivelle savaient lancer le moteur de leur automobile. Malgré la lecture troublante des poèmes d'Edna St. Vincent Millay et les leçons d'impertinence prises chez James Branch Cabell, elles ne perdaient pas de vue l'essentiel, la récente obtention du droit de vote (un an après la mort de Maybelle) — victoire immense, dont les conséquences devaient se faire sentir au plus vite, sur le plan politique et social, au risque de figer l'espace de liberté ainsi conquis et de compromettre le puissant élan d'émancipation. Il fallait guerroyer encore, mais jusqu'où pouvait-on pousser l'affranchissement des mœurs sans aller trop loin ? Cette question n'avait pas fini d'empoisonner les rapports entre hommes et femmes.

En dépit de ses proclamations hardies et de sa volonté d'apparaître comme un modeste porte-drapeau de l'insurrection féminine, Peggy Mitchell semblait réticente lorsqu'il s'agissait d'adapter sa propre vie aux idées nouvelles. Sans se l'avouer peut-être, elle hésitait à secouer le joug des conventions dont elle resterait toujours plus ou moins prisonnière.

La confusion était dans tous les esprits ; sous les faux-semblants de la modernité, comment devait se comporter une femme « libérée » ? Peggy fumait comme un sapeur, buvait, se régalait des ouvrages les plus controversés et flirtait sans retenue. Rien de tout cela ne l'empêchait de considérer les relations sexuelles avant le mariage comme inadmissibles. Le sentiment de sa solitude morale aggravait encore son désarroi. Même le réconfort de la religion lui était refusé depuis qu'elle avait claqué la porte de l'église après l'esclandre familial auquel avait donné lieu la messe d'enterrement de sa mère. Tiraillée entre les croyances respectives de ses parents — sans être pratiquant, Eugene n'avait jamais renié la foi protestante —, elle avait toujours ressenti, vis-à-vis des sentiments religieux, une profonde ambivalence. En vain la grand-mère avait-elle tenté d'imposer le rituel de la prière du soir ; aucune force au monde n'aurait pu convaincre Peggy de s'agenouiller sous son propre toit. Livrée à elle-même, cédant au doute, répugnant à se décider, la jeune fille se trouvait bien désarmée pour maîtriser les perturbations qu'entraînait l'irruption de Red Upshaw dans son existence. Toutes ces émotions contradictoires lui jouaient des tours et la déboussolaient. Les hommes qu'elle avait connus, son père, Stephens, Clifford, les soldats sur le point de partir à la guerre, tous sans exception voulaient surtout se faire dorloter. Upshaw n'était pas de ceux-là. Jamais encore, face à un homme, Peggy n'avait senti

vaciller sa confiance en elle-même. Ses prétentions, que l'insolent appelait en riant des « préciosités de mouche », ne faisaient guère impression sur lui. Il l'invitait à en rabattre et la morgue vertueuse de la
jeune fille déchaînait ses lazzis. Lorsque, faisant fi des convenances,
elle montrait de belles dispositions au dévergondage, alors seulement
elle semblait trouver grâce aux yeux de Red Upshaw.

Impossible de se confier à grand-maman Stephens avec laquelle les
relations s'étaient tendues jusqu'au point de rupture. Désemparée,
Peggy se tourna vers son père et son frère. Préoccupés avant tout de
la soustraire à l'influence déplorable de son nouveau béguin, ceux-ci
l'incitèrent à mener à bien les projets de vie mondaine, dont il n'avait
plus été question depuis l'accident, et de faire une fois pour toutes
son entrée dans la bonne société. Peggy se montrait plus que jamais
réticente. Sans doute n'aurait-elle jamais cédé si Upshaw n'avait résolu
d'abandonner de brillantes études pour se lancer dans la contrebande
d'alcool. Cette décision porta un coup à leur amitié, non que Peggy
désapprouvât ses nouvelles activités de bootlegger, mais l'idée qu'il
pût si légèrement saborder son avenir lui était insupportable.

Après avoir prôné pendant plus d'un an l'austérité vestimentaire,
la jeune fille opéra une complète volte-face. On la vit se perdre des
heures entières dans la lecture de *Vogue* ou, pire, dans celle des colonnes mondaines de l'*Atlanta Journal*, bréviaire de l'élégance locale...
Consommant jusqu'au bout sa nouvelle révolte, Margaret se délec-
tait de ces précieux renseignements. « Une jeune fille prête à faire
ses débuts dans le monde est comme un soldat qui marche au combat », dira-t-elle à son frère. « La toilette lui tient lieu d'uniforme. »
Elle montra dans ses préparatifs une ardeur digne d'un officier.

La saison commençait en octobre. Soirées, fêtes et rencontres,
concertées comme des figures de danse, lui fournirent l'occasion d'élar-
gir le cercle de ses relations, et Margaret, soucieuse de faire bonne
impression, se garda tout d'abord du moindre faux pas. Elle se prit
d'amitié pour deux sœurs du meilleur monde, Helen et Lethea Turman, et se lia avec d'autres jeunes filles, débutantes patentées, qui
toutes louèrent « son entrain, son humour dévastateur et ses exploits
sportifs ». Nul ne savait à quel point sa jambe avait été gravement
blessée ; passant outre aux recommandations des médecins, elle avait
mis au rancart les souliers honnis, portait des talons hauts et ne s'en
trouvait pas plus mal. Sa réputation de garçon manqué, vite établie,
n'était pas pour lui déplaire, même s'il entrait dans ce jugement une
part de raillerie due à ses faiblesses pour Red Upshaw, unanimement

détesté par ces demoiselles. « Pour ce qui est des hommes, elle n'y connaît rien », disait-on de Peggy Mitchell. En revanche, elle mettait un point d'honneur à ne jamais badiner avec ses cavaliers, et tant de chaste retenue impressionnait beaucoup ses compagnes. D'une certaine façon, et bien qu'aucune n'arrivât à la cheville de Ginny Morris, ni pour l'intelligence, ni pour la verve, sa bonne entente avec les autres membres du Club des débutantes lui permit de retrouver un peu de cette camaraderie entre filles qui restait son meilleur souvenir de collège. « Une femme qui n'apprécie pas la compagnie des autres femmes passe à côté de bien des satisfactions », proclamait-elle volontiers. Au fil des semaines, cependant, à mesure que ses critiques envers la coterie des douairières responsables du programme des réjouissances se faisaient plus virulentes, elle perdit l'estime de ses compagnes et tomba peu à peu en disgrâce.

La saison proposait le classique itinéraire des festivités. Rien n'était trop beau pour les chères débutantes. Parents et collatéraux offraient de somptueuses réceptions, à leur domicile ou dans les country-clubs des environs. Eugene se prêtait de bonne grâce au rôle de père prodigue, tout en laissant à sa fille le soin de contrôler les cordons de la bourse. Le marasme immobilier pesait sur les affaires ; le cabinet avait connu de meilleurs jours, Peggy ne l'ignorait pas.

C'était aussi la période des galas de bienfaisance, tous placés sous le parrainage des différents clubs, auxquels les débutantes se devaient d'assister. N'étaient-elles pas les gloires d'Atlanta ? Leurs photos n'étaient-elles pas reproduites, chaque semaine, dans l'édition dominicale de l'*Atlanta Journal* — portraits de face qui se refusaient à toute espèce de fantaisie ? Peggy Mitchell trouvait là un nouveau prétexte pour se singulariser. On la vit coiffée d'une casquette de mécanicien, aux commandes d'une locomotive ou déguisée en agent de police. Elle fumait en public et chacun savait qu'elle ne dédaignait pas un petit verre de temps à autre. Ses écarts n'étaient pas du goût de tout le monde ; la vieille garde grinçait des dents sans aller jusqu'à formuler ouvertement ses griefs. Les hostilités devaient s'engager pour de bon à l'occasion des préparatifs du bal de la mi-carême, la plus importante manifestation caritative de la saison. Dans la mesure où les débutantes constituaient l'attraction de la soirée, c'était à elles, et à elles seules, qu'il appartenait de choisir l'association au bénéfice de laquelle serait montée toute l'affaire. Ainsi s'exprimait Peggy Mitchell, consciente du défi lancé à l'autorité des douairières. Elle avait toujours eu le courage de ses opinions, aussi réussit-elle à gagner deux autres jeunes filles à sa cause. Ce combat inégal fut perdu. Peggy ne devait pas s'en remettre de sitôt.

Cette année-là, on dansait joue contre joue aux accents de *Whispering* et de *The Japonese Sandman*, bluettes éclipsées par le foudroyant succès de *The Sheik of Araby*, tiré d'un roman d'amour et de sable brûlant, signé E. M. Hill. Peggy prit-elle l'exacte mesure des critiques auxquelles elle s'exposait ? Toujours est-il qu'elle décida d'administrer à l'assistance du bal de la mi-carême une inoubliable démonstration de « java des fortifs ».

Collant noir et jupe noire ceinturée de rouge, lèvres carminées, elle se pâmait et virevoltait dans les bras d'un bel Apache athlétique, en fait un étudiant en sciences de Georgia Tech, choisi pour sa ressemblance avec Rudolph Valentino [1]. Gageons que les élancements qui traversaient la jambe souffrante n'étaient pas complètement étrangers aux exclamations de terreur feinte, aux feulements énamourés poussés par la danseuse tandis que le robuste Mr. Weil la renversait sur son bras si profondément que ses cheveux balayaient le sol. Après une semaine de répétitions intensives, le numéro était au point. Le couple exprimait avec un réalisme hollywoodien la violence contenue du marlou avec sa gigolette. Certaines dames s'offusquèrent. Même Polly Peachtree, échotière de l'*Atlanta Journal*, ne put dissimuler son embarras. « Peggy Mitchell n'a pas hésité à faire le sacrifice de sa personne sur l'autel de la charité », écrivit-elle avec malice. Pour les douairières, gardiennes de la tradition, la coupe était pleine. La petite-fille d'Annie Fitzgerald Stephens avait été admise au rang de débutante. Cette débauche de sensualité rejetait définitivement Peggy Mitchell dans les ténèbres du commun.

En ce temps-là, si elle voulait avoir quelque chance d'être reçue dans le sanctuaire des salons les plus huppés, toute nouvelle débutante devait au préalable devenir membre de la toute-puissante Junior League. Les invitations étaient envoyées quelques mois après la fin de la saison. Il était bien rare qu'une jeune fille fût oubliée, pourtant Peggy attendit en vain le précieux carton. L'humiliation tomba sur elle comme la foudre. Dans le noir isolement de sa conscience germèrent mille projets de vengeance. Un jour, elle leur montrerait qui était vraiment Peggy Mitchell. Un jour, se promit-elle.

---

1. Inoubliable interprète de *The Sheik*, réalisé en 1921 par George Melford (adaptation du roman de E. M. Hill). Le film lança définitivement la carrière de Valentino (N.d.T.).

CHAPITRE VII

Le 8 novembre 1921, Peggy célébra son vingt et unième anniversaire dans la plus stricte intimité familiale. Maybelle avait emporté dans la tombe les fantasmes de sa fille concernant les études de médecine et le voyage à Vienne. Peggy ne serait jamais la disciple de Sigmund Freud. De même, elle avait perdu tout espoir de pouvoir faire son chemin dans le monde, et l'idée, suggérée par certains, de s'inscrire dans un collège des environs pour obtenir un diplôme d'enseignement était repoussée avec mépris.

Un regain de ses démangeaisons littéraires d'autrefois s'était manifesté dans les ruminations désenchantées de l'après-guerre. Le souvenir de Clifford Henry lui restait douloureux ; elle forma le dessein d'écrire un roman dont le héros serait un soldat mort au combat. Quelques amis proches reçurent des confidences précises, cependant le projet fut abandonné avant d'avoir connu un commencement d'exécution. Eugene et Stephens étaient tenus à l'écart de ces velléités. La possibilité d'une carrière littéraire ne fut jamais évoquée en leur présence.

Peggy était fascinée par les grands auteurs contemporains. Il lui arrivait de dévorer trois livres par semaine. *Alice Adams*, de Booth Tarkington, et *The Girls*, d'Edna Ferber, furent ainsi avalés d'une traite. Déçue par *Three Soldiers*[1], de John Dos Passos, pourtant encensé par la critique, cette lectrice boulimique trouva son bonheur dans *The Sheik,* de E. M. Hill[2]. Cette année-là, deux œuvres soulevèrent son admiration : *The Beautiful and the Damned,* de F. Scott Fitzgerald[3], et *Jurgen : a Comedy of Justice*, de James Branch Cabell. A ses yeux, ces deux romanciers, qu'elle rangeait dans la catégorie des « stylistes », portaient l'art d'écrire à son plus haut degré

1. Titre français : *Trois Soldats*.
2. Voir note p. 82.
3. *Les Heureux et les Damnés*.

de perfection, sans parler de l'audace du point de vue exprimé sur
certains sujets, les femmes, par exemple. Le roman de Cabell sentait
le soufre, sans jamais verser dans la pornographie. Peggy devait lire
également *Outline of History* [4], de H. G. Wells, et tomber, comme
tant d'autres, sous le charme de la poésie moderne d'Edna St. Vincent Millay. Dans les années vingt, la poésie n'était pas encore le divertissement obsolète qu'elle est devenue aujourd'hui. La jeune fille ira
même jusqu'à écrire à Fitzgerald et Stephen Vincent Benet pour leur
faire part de son enthousiasme. Aucun des deux ne répondit. Peggy
ne crut pas devoir se formaliser du peu de cas que ces génies faisaient
d'une admiration si indigne. Cette déception ne fit qu'exacerber son
sentiment d'infériorité.

Elle était encore sous le choc de son éviction de la liste des heureuses élues à la Junior League. Plus que jamais, elle doutait de ses propres forces, et ce poison compromettait sa liberté d'esprit et ses qualités
d'initiative. Lui demeurait une assurance superficielle qui pouvait faire
illusion. Elle prenait toujours plaisir à « foudroyer les conventions »,
selon l'expression d'Augusta Dearborn. Celle-ci n'a pas oublié le jour
où toutes deux avaient été conviées à la réception donnée à l'occasion des fiançailles d'une débutante de l'année passée. Conformément
à la tradition, tous les cadeaux étaient exposés sur une table et chaque nouvelle arrivée déposait le sien parmi les autres. « Au milieu
des piles de lingerie d'un blanc virginal se voyait comme une araignée dans un plat de crème la tache écarlate d'une chemise de nuit,
le cadeau de Miss Mitchell ! »

Les liens d'affection unissant les deux jeunes filles étaient de nature
complexe. Peggy appréciait le charme d'Augusta ; elle enviait chez
elle la faculté si rare de se sentir à l'aise et de communiquer avec des
gens de tous les âges. Cependant elle ne put jamais se défaire d'une
certaine réserve à l'égard d'une amie dont la fidélité lui pesait parfois, tout en sachant qu'elle ne pouvait s'en passer.

Il ne restait plus grand-chose de l'étroite camaraderie qui soudait
jadis le frère et la sœur. Stephens avait tout naturellement trouvé sa
place dans le cabinet d'avoués paternel ; il passait toute la journée
au-dehors et fréquentait le soir ses propres amis. Néanmoins, l'avenir de la jeune fille le préoccupait. Il la pressait de s'adjoindre les
services d'une gouvernante de l'âge de grand-maman Stephens, une
personne de confiance qui l'aiderait à franchir ce cap difficile. Peggy

---

4. *Esquisse historique.*

ne voulait pas en entendre parler, bien qu'elle passât le plus clair de son temps confinée chez elle en compagnie des domestiques.

Ceux-ci étaient d'autant plus assidus à leur poste qu'ils sentaient leur sécurité menacée dès qu'ils mettaient le nez dehors. Après un répit de près d'un demi-siècle, en effet, les silhouettes encapuchonnées avaient repris leurs sinistres messes nocturnes à la lueur des flambeaux. Le Ku Klux Klan, que l'on aurait pu croire mort et enterré, reprenait du poil de la bête, ressuscitant les heures les plus infamantes du passé d'Atlanta. Il occupait, en toute légalité, plusieurs bureaux dans un immeuble du centre-ville, à un jet de pierre de l'*Atlanta Journal*.

En l'espace de quelques mois, élus ou cooptés à des postes administratifs, les membres du Klan s'étaient rendus maîtres de la municipalité. « L'exode rural avait grossi la population de l'Atlanta d'après-guerre et modifié sa mentalité », se souvient Stephens. « Cette masse arriérée, fruste dans ses idées et dans son caractère, constituait une clientèle idéale pour le colonel William B. Simmons, ''Sorcier impérial'', et son mouvement. » Ancien prêcheur itinérant de l'Église méthodiste épiscopale, Simmons expliqua l'origine de sa vocation dans une interview réalisée par Angus Perkerson. Petit garçon, il écoutait avec passion sa vieille mammy noire évoquer les heures triomphantes du Klan, au lendemain de la guerre civile. Une certaine nuit, la vision d'une troupe de cavaliers tout de blanc vêtus, passant devant lui à bride abattue, s'offrit à ses yeux émerveillés. L'enfant tomba à genoux et fit le serment de consacrer ses forces à l'écriture d'un nouveau chapitre de la « Vieille Fraternité ».

Les propos lénifiants de Simmons ne doivent pas faire oublier ce qu'il en fut réellement. La renaissance du Klan à Atlanta, capitale du mouvement avec ses six millions de sympathisants dont deux vieillards pathétiques, résidus de l'« héroïque » période de la Reconstruction, signifia un déferlement de racisme et de violence. Les États voisins succombèrent à leur tour, le Midwest ne résista guère, la nation tout entière semblait gagnée par l'intolérance. En ces heures sombres, l'ostracisme n'épargnait personne. Les Noirs furent les premiers frappés, puis les Juifs, enfin toute singularité devint suspecte.

De 1922 à 1926, grâce à des campagnes menées tambour battant, chaque scrutin fut pour le Ku Klux Klan l'occasion de renforcer son emprise. En Géorgie comme ailleurs, au Sénat, au Congrès, dans tous les rouages de l'appareil d'État, furent élus des sympathisants notoires.

Sans pour autant se soucier de politique, Peggy se considérait comme une démocrate conservatrice. Son affection pour ceux qu'elle appelait « nos frères de couleur », la main-d'œuvre taillable et corvéable qui avait labouré la rouge argile géorgienne, planté et cueilli le coton, source de toutes les richesses, ne pouvait être mise en doute. Il appartenait aux Blancs, détenteurs du pouvoir, d'assurer leur bien-être, estimait-elle. Charité élémentaire, où s'exprime complaisamment peut-être la nostalgie de l'« esprit de plantation ». Influencée par le libéralisme subtil de ses auteurs favoris, Peggy n'en était pas moins l'ennemie jurée de la clique réactionnaire qui gouvernait l'État. Elle connaissait trop son histoire géorgienne, elle aimait trop sa ville, pour ne pas ressentir comme un blasphème les convulsions de haine qui secouaient Atlanta.

Au printemps 1922, Peggy se réconcilia avec Red Upshaw. Tous deux prirent leurs habitudes au Yacht Club, élégant caboulot qui n'avait de nautique que son appellation. L'ambiance y était désinvolte ; nul n'aurait songé à critiquer la consommation de cigarettes et d'alcool d'une jeune fille ou ses manières provocantes. Pour le plaisir de ses nouveaux amis, pour faire devant eux la démonstration de son talent, Peggy écrivit plusieurs comédies grivoises, petites niaiseries sans conséquence, néanmoins montées et interprétées dans le salon de Peachtree Street par les familiers du Yacht Club. L'une d'elles, adaptation de l'œuvre de Donald Ogden Stewart, *Parody of the Outline of History*, qui se présentait elle-même comme la satire du livre de H.G. Wells [5] publié l'année précédente, provoqua le courroux d'Eugene Mitchell. Peggy se remémora la lointaine correction que lui avait valu le plagiat du roman de Thomas Dixon. Elle se le tint pour dit et cessa d'importuner son père avec ses fredaines. La fine équipe défoula autrement ses penchants exhibitionnistes. Un jour, harnachés à faire peur, pantalons de gugusse et bretelles rouges, ils se rendirent en force à la gare précédant Atlanta sur la ligne de New York et montèrent dans le premier train qui les ramenait chez eux. On imagine sans peine l'émoi provoqué par ce débarquement de joyeux pieds nickelés sur le quai d'Atlanta Terminal Station.

Eugene Mitchell n'était plus le même homme. Aimable et neutre du vivant de son épouse, il s'était aigri dans l'épreuve. Ajoutées aux difficultés financières, les frasques de sa fille sur laquelle il semblait n'avoir aucune influence lui donnaient l'impression d'avoir échoué

---

5. H.G. Well, *Esquisse historique*.

en tout. Une colère sourde couvait en lui, une irritation incessante. Les relations se tendaient au sein de la famille, tout se chargeait d'angoisse et d'hostilité. La jeune Cammie, mariée, était partie pour Birmingham. Il ne restait que le jardinier, Bessie, chargée de la cuisine et du ménage, et Carrie, la blanchisseuse à temps partiel. Tristes jours, pour cette maisonnée réduite, qui malgré le froid se recroquevillait dans l'inconfort pour alléger les notes de chauffage.

Peggy trouvait dans l'alcool et le libertinage un puissant dérivatif à la morosité familiale. Réfractaire aux conseils, à la discipline, à tout effort, elle poursuivait dans le désordre et l'improvisation son expérience émancipatrice. Tout en se tenant à l'écart de la fausse bohème du Yacht Club, Augusta Dearborn lui conservait son amitié. Elle a gardé de cette période un souvenir précis. « Combien de fois Peggy n'a-t-elle pas réveillé son frère en pleine nuit pour le supplier de tirer du violon un de ses copains, arrêté par la police en état d'ébriété ? »

Jupe courte, tête frondeuse sous sa coupe à la garçonne, cette jeune femme de vingt et un ans ressentait les effets d'une sensualité qui ne demandait qu'à s'épanouir. Certains camarades étaient fort séduisants, et les tentations multiples éveillaient sans doute en elle quantité de songes. « Elle est charmante, elle tourne toutes les têtes, disait-on, mais quelle allumeuse ! » Ses coups de griffes aguicheurs n'épargnaient personne, même si Red Upshaw demeurait le grand favori.

En ce qui le concerne, les avis sont sans nuance : « sauvage », « tombeur impénitent », « coureur d'embrouilles », « immoral »... Certains retiennent l'éclat d'une intelligence impossible à fixer. « Il était grandiose. Un jongleur d'idées. » Quand l'alcool lui montait à la tête, Upshaw était capable de toutes les violences, de tous les excès. Sobre, il exerçait un étrange pouvoir de séduction. Il était beau, mais pas seulement. Quelqu'un dira : « Il était diabolique. On succombait à son magnétisme comme on succombe à l'attrait du danger... »

Fils de William F. Upshaw, agent d'assurances, et de Annie Likhs Kinnard Upshaw, le jeune homme était originaire de Monroe, Géorgie. A qui voulait l'entendre, il prétendait s'être vu confier pendant la guerre une mission d'espionnage périlleuse pour laquelle il avait dû s'infiltrer derrière les lignes ennemies. Pure affabulation, bien sûr. Red Upshaw avait dix-sept ans quand l'armistice fut signé ; son dossier scolaire en fait foi, il n'a jamais servi dans l'armée.

En revanche, les archives de l'Académie navale d'Annapolis

confirment son inscription à la date du 26 juin 1919. Le 5 janvier
1920, il quittait l'établissement de son propre chef. Réintégré en mai,
il résista encore quelques mois avant de renoncer définitivement, le
1er septembre 1920. Quinze jours plus tard, il était étudiant de l'université de Géorgie. Ses parents étaient maintenant domiciliés à Raleigh,
Caroline du Nord, aussi n'était-il pas considéré comme résident et
devait-il s'acquitter de la totalité des droits. Dans ces conditions, il
était permis de se demander comment Red Upshaw se procurait les
moyens de mener grand train, dès lors que sa famille lui avait coupé
les vivres après son départ de l'Académie navale, ce dont il ne faisait
pas mystère. Le jeune homme, en effet, s'habillait avec élégance, cir-
culait dans des automobiles du dernier cri et n'était jamais à court
d'argent. Ses intimes ignoraient d'autant moins ses activités illicites
qu'il pourvoyait le Yacht Club en alcool de contrebande, venu tout
droit des distilleries clandestines de la montagne.

Prétendre qu'Eugene Mitchell n'éprouvait aucune sympathie pour
Red Upshaw et ses comparses serait un euphémisme. Peggy n'en tenait
aucun compte et multipliait les invitations à Peachtree Street, malgré l'accueil rébarbatif que son père réservait à ses amis. Un soir, Upshaw se présenta en compagnie d'un inconnu, de cinq ans son aîné,
avec lequel il partageait le loyer de son nouvel appartement.

Stephens et Eugene Mitchell sont formels : dès la première rencontre, John Marsh fit sur eux l'impression la plus favorable, en dépit
de ses liens avec Upshaw. De son côté, sans doute Peggy ne fut-elle
pas insensible au charme discret du nouveau venu. Sans doute sut-
elle se faire comprendre. Elle se révélait si douée pour la coquetterie
et d'une telle adresse à gagner les cœurs qu'elle ne craignait pas de
soumettre à sa fantaisie plusieurs soupirants à la fois, tous maintenus à bonne distance. A la fin du printemps de la même année, John
écrivit à Frances, sa sœur cadette, qui se trouvait à Lexington où elle
achevait sa quatrième année à l'université du Kentucky.

Tu ne m'en voudras plus de mon long silence quand tu en connaîtras la
raison. J'ai rencontré une jeune fille. Elle me prend beaucoup de temps et
si cela ne tenait qu'à moi, elle m'accaparerait tout entier. Je voudrais que
tu fasses sa connaissance au plus vite ; ton avis ne m'est pas indifférent,
tu le sais. Aucun projet de mariage en perspective, et ce n'est pas de ma
faute. La camaraderie entre garçon et fille est la grande spécialité de Peg.
Elle collectionne les amis de l'autre sexe plus qu'aucune jolie fille de ma
connaissance. Je suis sans illusion. Tôt ou tard, je ferai comme les autres,

j'en pincerai secrètement pour elle et je mettrai ma coupable passion dans ma poche, avec mon mouchoir par-dessus. Haut les cœurs ! L'amitié d'une fille comme elle est un don du ciel.

Jeune et ardente, la cervelle farcie d'idées nouvelles, mais la tête sur les épaules, c'est tout Peggy. Elle te plaira, j'en suis sûr. Sinon, gare à toi !

Quelques semaines plus tard, il avait si bien resserré ses liens d'amitié avec Peggy que celle-ci ne fit aucune difficulté pour écrire à Frances afin de l'inviter à venir passer les vacances de Pâques à Atlanta.

Malgré la sécheresse que lui témoigna Eugene, Frances Marsh ne devait pas conserver un mauvais souvenir de son séjour dans la « grande baraque réfrigérante ». Impressionnée par la vitalité de Peggy, elle se prit pour elle d'une sympathie immédiate. Plusieurs réceptions furent organisées à Peachtree Street. Au cours de l'une d'elles, un peu éméché selon son habitude, Red Upshaw entraîna Frances à l'écart. « Si John s'imagine que c'est du tout cuit avec Peggy, il se trompe. Je suis décidé à employer les grands moyens », confia-t-il. Et Frances d'ajouter : « Il voulait dire, sans doute, qu'il allait déployer toutes les facettes de son sex-appeal ! »

Par la suite, les jeunes filles échangèrent une correspondance amicale. Dans une lettre qu'elle lui écrivit bien des années après, Peggy devait livrer à Frances le fond de sa pensée. « John s'est toujours comporté en gentleman. Lui seul, de tous les garçons qui gravitaient autour de moi, n'a jamais manifesté son intention de me faire subir les derniers outrages. Je ne lui plais pas, me répétais-je, je ne suis pas son genre. Pour tout dire, sa parfaite correction ne me rassurait qu'à moitié. J'en éprouvais du dépit. » Plus tard, John Marsh donna de sa réserve une explication moins avantageuse pour lui, moins offensante pour Peggy. Décidé à se démarquer de tous ses camarades, il voulait surtout faire l'original, dans l'espoir d'éveiller la curiosité et l'intérêt de la jeune fille.

Toujours en veine d'agaceries, Peggy poussait maintenant le goût de la provocation jusqu'aux limites de la décence, en conservant des mines de sainte-nitouche. Loin de la laisser insatisfaite, ces approches de chat lui procuraient un plaisir suffisant. Peggy se satisfaisait encore de ces simulacres. Certains partenaires, corsetés dans leurs convictions morales comme pouvait l'être John Marsh, se prêtaient à ce torturant manège. Peu habitué à se plier aux fantaisies d'une éternelle indécise, Red Upshaw réagissait avec l'emportement d'un homme résolu à brûler les étapes.

Tout séparait les deux rivaux, et cette différence se traduisait dans leur tactique respective. Celle de John se résumait en deux mots : persévérance et discrétion. Il entourait la jeune femme convoitée d'une attention bienveillante, quand Red, obéissant à d'autres buts, la poursuivait de ses assiduités. Comment deux hommes si dissemblables pouvaient-ils être amis au point de partager le même appartement ? John n'était pas, il ne serait jamais, un courtisan de la fortune vagabonde. Ce grand flandrin voûté qui commençait à devenir chauve, avec le regard gris et lent derrière ses lunettes, la pâleur des gens malingres et des façons gentiment effacées, semblait le paladin de toutes les vertus. Deux femmes avaient compté dans sa vie, sa mère et sa sœur. Cette rigueur n'était pas celle de l'ange, mais du désenchanté. Une exception expliquait ce repli sur soi, une certaine Kitty Mitchell (simple coïncidence patronymique), sa condisciple à l'université du Kentucky, avec laquelle il s'était plus ou moins fiancé avant son départ sous les drapeaux. John Marsh avait fait la guerre en Grande-Bretagne et en France, dans une unité médicale. En son absence, la belle avait épousé un homme d'affaires cubain ; elle coulait maintenant des jours dorés à La Havane. John s'était senti dégoûté, revenu de tout. Jusqu'à sa rencontre avec Peggy.

Rédacteur à l'Associated Press d'Atlanta, John Marsh avait collaboré à l'*Atlanta Journal*, à l'*Atlanta Georgian*, ainsi qu'au *Lexington Leader*. Avant la guerre, il avait pendant quelque temps enseigné l'anglais dans sa cité natale de Maysville, Kentucky. Avec lui, Peggy parlait surtout de littérature ; ils se découvraient une foule de passions communes. Mise en confiance, la jeune fille lui avait fait lire quelques nouvelles, écrites récemment. Séduit, il avait prodigué ses encouragements, sans toutefois la convaincre qu'elle avait des dispositions pour réussir dans cette voie. John lui-même avait voulu devenir écrivain, ambition à laquelle sa carrière de journaliste avait mis un terme. Il n'avait guère de doute sur le talent de Peggy. Un jour, assurait-il, elle écrirait un grand roman dont elle aurait lieu d'être fière.

Au mois de juin, John Marsh et Red Upshaw se déclarèrent tous deux épris. Également disponible pour l'un et pour l'autre, la jeune fille ne semblait pas, au début tout au moins, soucieuse de les départager. Ils en vinrent à jouer à pile ou face le plaisir de passer en sa compagnie la dernière partie d'une soirée, la plus enviable. Cocasse dans les premiers temps, cette situation ne pouvait s'éterniser. L'issue de la compétition ne fit bientôt aucun doute. Réfractaire à la discipline ambiante, Peggy avait toujours montré un certain goût du ris-

que, une aptitude à côtoyer le danger. Upshaw était imprévisible ;
avec lui, à chaque instant passait le frisson de l'aventure. Mieux
encore : face à ce monument de masculinité triomphante, elle avait
l'impression d'être une femme. En somme, Red Upshaw lui inspirait
du désir. En sa présence, elle connaissait la bousculade éperdue des
pensées, les petits orages soudains du sang. Rien de tel avec ce bon
John Marsh. Peggy se souvint du vieil adage maternel, selon lequel
le mariage constituait le seul remède à la concupiscence. Upshaw se
trouva mis devant la classique alternative : la bague au doigt ou rien
du tout.

Après les acrobaties chaloupées du bal de la mi-carême, l'annonce
de ses fiançailles avec ce bootlegger libertin fit de Peggy une sorte
de récidiviste. La bonne société exprima sa totale réprobation. Dans
le cercle de la famille et des intimes, la consternation prévalut. John
Marsh n'avait sans doute pas la vocation du martyre. Pourtant, quoique très affecté, il se montra beau joueur et voulut bien servir de
témoin. Jusqu'à la dernière minute, Eugene Mitchell tenta de dissuader
sa fille de prendre un engagement qui ressemblait à un saut dans le
vide. Grand-maman Stephens l'accusa de commettre une impardonnable faute de goût ; quant au frère aîné, il lui reprocha simplement
d'avoir choisi le mauvais numéro. Le grand jour fut fixé au samedi
2 septembre 1922. Le futur se proclamait athée et Peggy ne voulait
pas entendre parler d'un mariage à l'église ; il fut décidé que la cérémonie aurait lieu à Peachtree Street.

Les commentaires auxquels donna lieu l'héroïsme de John Marsh
éclipsèrent la nouvelle du mariage proprement dit. Dans sa rubrique
consacrée aux potins locaux, le *Lexington Leader* accorda une grande
place à la triste mésaventure du soupirant évincé qui devait se contenter du rôle de témoin. La presse ignorait jusqu'où le malheureux
avait poussé l'esprit d'abnégation. Il s'ouvrit de son abattement dans
une lettre adressée à sa sœur, avec l'humour qui est l'ultime recours
des vrais caractères. « Red n'avait rien à se mettre », écrivit-il. « J'ai
dû l'aider à choisir un costume approprié, sinon il se présentait devant
l'autel habillé en dandy. »

La petite-fille et la grand-mère se réconcilièrent tant bien que mal
pour la circonstance, malgré l'antipathie qu'Annie éprouvait pour
Red Upshaw et la colère que lui inspirait le dernier caprice de Peggy,
voulant à toute force être mariée par un prêtre de l'Église épiscopale.
Au cours des semaines précédant la cérémonie, la grande demeure
devint le site de maintes batailles, presque toujours résolues en crises

de larmes. L'obstination de Peggy à réclamer un bouquet de roses rouges, ses fleurs préférées, faillit consommer la rupture. Cette fois, la jeune fille battit en retraite ; elle consentit à porter le traditionnel rameau blanc. Nul doute que grand-maman Stephens ne poussât à cette occasion un soupir de secret soulagement. En dépit d'un fiancé mécréant et de ce maudit prêtre anglican, les apparences seraient sauves. La fille de Maybelle aurait un mariage convenable. Aucun détail ne fut négligé : la veille, le trousseau de Peggy s'enrichit de l'indispensable service à thé.

Annie Stephens pouvait bien éprouver le doux sentiment du devoir accompli. Le samedi soir, 2 septembre 1922, le décor était dressé dans la grande tradition. Au milieu du vestibule, face à l'escalier monumental dont la rampe s'ornait d'une guirlande d'asparagus, on avait érigé un fragile autel de palmes et de fougères, dissimulé sous la profusion des fleurs, lys, roses blanches et muguet. Les invités, au nombre de quatre-vingt-cinq, entraient dans la maison par les portes-fenêtres qui reliaient la véranda aux grandes salles de réception, de part et d'autre de l'entrée. Non loin de l'escalier, un guéridon supportait un phonographe. A 20 h 30 précises, selon la volonté de Peggy, le disque sélectionné par ses soins fut placé sur l'appareil. Comme le cortège se montrait en haut des marches, une voix fluette éleva sa plainte déchirante.

Blanches mains qui m'avez envoûté à l'ombre du Shalimar,
Où êtes-vous ? Avez-vous fait d'autres victimes ?
Qui soupire, et qui brûle, et qui tremble
Sous le charme que vous romprez ?
Et les baisers d'adieu se briseront,
Et les baisers d'adieu se briseront,
Blanches mains qui m'avez envoûté à l'ombre du Shalimar,
Où êtes-vous ? Où êtes-vous ?

Kashmiri Song, très à la mode, était un chant de détresse et de séparation. Ce choix insolite plongea l'assistance dans la perplexité. Soixante ans plus tard, certains des invités n'étaient pas encore revenus de leur surprise.

Vêtues d'un bouillonnement de taffetas couleur de lavande, deux fillettes ouvraient la marche, portant des paniers remplis de roses pompons et de muguet. Venait ensuite Augusta Dearborn, demoiselle d'honneur, en robe de satin broché ivoire. Le regard absent, elle serrait contre elle un grand bouquet d'orchidées. Sur ses talons marchait Stephens, suivi d'un autre garçon d'honneur, accompagné chacun d'une jeune fille habillée de vert pâle.

Tous les yeux convergèrent au sommet de l'escalier où l'héroïne de la soirée venait d'apparaître au bras de son père. Le visage d'Eugene était impénétrable. Peggy semblait perdue sous le diadème trop imposant et sa traîne démesurée faisait surtout penser au drap dont se serait parée une fillette pour jouer à la mariée. L'élégance d'Upshaw contrastait avec les maladresses vestimentaires de sa future épouse. Le strict complet anthracite convenait à sa sveltesse et rehaussait son grand air de génial despote. Il vint à la rencontre de Peggy, flanqué de son témoin, celui-ci muré dans sa stoïque fierté. Tous deux la dominaient de leur haute taille, et plus que jamais elle avait l'air d'un bon petit diable à qui l'on aurait donné, par exception, la permission de minuit. A l'instant de la bénédiction, grand-maman Stephens perdit son sang-froid et fut secouée de sanglots si violents qu'elle dut s'éclipser pour ne pas troubler la cérémonie.

Le gâteau à peine coupé, les jeunes mariés simulèrent un départ en catastrophe. Peggy faillit se prendre les pieds dans sa traîne lorsqu'elle lança son bouquet à la demoiselle d'honneur. On les vit disparaître dans l'obscurité. On perçut un claquement de portières et le beau cabriolet vert de Red démarra dans un crissement de pneus.

Ils ne dépassèrent pas l'appartement occupé par les deux garçons et que Marsh, bon prince, leur abandonnait pour la nuit. Le lendemain, de bonne heure, ils firent route vers la Caroline du Nord où ils avaient prévu de passer quelque temps dans une auberge d'Asheville avant de se rendre à Raleigh, résidence des parents de Red.

A leur retour, certains amis crurent déceler une pointe d'acrimonie dans leur attitude l'un envers l'autre, donnant à penser que tout ne s'était pas passé pour le mieux. Plus tard, Peggy devait reconnaître qu'elle aurait été mieux inspirée d'attendre pour évoquer le souvenir de l'admirable Clifford et que l'envoi d'une carte postale aux parents du cher disparu n'était peut-être pas opportune dans le contexte d'une lune de miel.

Le couple devait s'installer à Peachtree Street, ainsi l'avait décrété Eugene, qui ne pouvait se résoudre à laisser sa fille « tirer le diable par la queue au fond de quelque meublé » et refusait surtout de se séparer d'une excellente maîtresse de maison. Red et Peggy n'étaient pas plus tôt rentrés que la question du logement devint entre eux un sujet de discorde. Bien qu'il n'eût aucune source de revenu stable,

Upshaw reprochait à sa jeune épouse de ne pas lui laisser la moindre chance de prouver qu'il était capable de subvenir à ses besoins. Elle le pria de faire la démonstration de sa bonne volonté en trouvant une situation qui garantissait le chèque hebdomadaire. Red se rebiffa ; leurs rapports s'envenimèrent. John Marsh avait demandé son transfert à Washington. Peggy lui écrivit lettres sur lettres, toutes pleines de doléances et de désillusions conjugales. Dans ses réponses, John se faisait toujours le médiateur des querelles du ménage.

Il n'était pas le seul confident auprès duquel la jeune mariée s'épanchait de ses malheurs. Tandis qu'approchait la date du 16 octobre 1922, quatrième anniversaire de la mort de Clifford, elle prit l'initiative d'une correspondance affectueuse, presque intime, avec Mr. et Mrs. Henry. Selon Stephens, son mariage manqué avec Red Upshaw avait dessillé les yeux de Peggy. Le lieutenant défunt avait été son grand amour et le resterait, elle en était désormais convaincue, de l'avis de son frère tout au moins. On imagine sans peine les conséquences de cette prétendue révélation sur ses relations avec Upshaw. A cette époque, il était beaucoup question dans ses conversations d'un Clifford Henry tout auréolé de légende, et les lettres adressées aux parents de celui-ci portaient l'empreinte de la plus profonde nostalgie. Red Upshaw, pendant ce temps, prenait de terribles habitudes d'ivrognerie. Son caractère naturellement emporté s'en ressentait. Il se montrait grossier envers sa femme ; un soir, il poussa même l'indélicatesse jusqu'à la brutaliser en présence de leurs invités.

Au mois de décembre, Peggy supplia John Marsh de revenir à Atlanta. Upshaw sombrait dans l'alcoolisme ; qui d'autre que son vieux copain pouvait tenter de lui faire entendre raison ? Frances Marsh se trouvait justement à Washington, chez son frère, quand celui-ci reçut cet appel de détresse. Il lui fit part de ses hésitations. « Il aimait toujours Peggy, voilà la vraie raison de son retour à Atlanta », dira-t-elle. « De son côté, peut-être Peggy prenait-elle conscience d'un attachement plus profond qu'elle ne l'avait imaginé. John n'était-il pas aussi différent que possible de son mari ? Il avait toutes les qualités dont Red était dépourvu. Upshaw, hélas, n'était pas seulement invivable. Il était fou. »

John Marsh, en effet, n'opposa guère de résistance aux prières de Margaret. A peine était-il arrivé à Atlanta que les deux autres lui annoncèrent, au téléphone, leur décision de divorcer. Rendez-vous fut pris pour l'heure suivante, à son hôtel. Au cours de cette singulière réunion, Marsh s'efforça de calmer les esprits. Peut-être y parvint-il, mais Peggy rentra seule à Peachtree Street.

John profita d'une lettre à Frances pour préciser son point de vue : « Ils ont tenté l'impossible. Ce mariage était une gageure, et nul ne peut les blâmer d'avoir échoué malgré leurs efforts. Ils sont doués tous deux et promis au plus brillant avenir si seulement ils se tiennent à l'écart l'un de l'autre. Une chance que notre trio n'ait jamais succombé à la tentation de se convertir en ménage à trois. Je ne puis que m'en féliciter. »

Le matin suivant, Red se présenta au domicile des Mitchell, pâle, avec l'air harassé des lendemains de noire ivresse, comme si toute émotion était morte en lui, comme si la nuit avait épuisé sa colère. Sobre de gestes et froid de paroles, il annonça son intention de partir pour Asheville, Caroline du Nord, où il escomptait trouver du travail. Libre à elle d'engager une procédure de divorce ; pour sa part, il était bien décidé à ne jamais remettre les pieds à Atlanta. Toute sa personne exprimait une complète indifférence, ce dont la jeune femme devait garder longtemps le souvenir, comme une plaie mal refermée. Il aurait peut-être suffi d'un mot conciliant, d'un rien, pour qu'elle acceptât de repartir de zéro. Il tourna les talons et s'en fut sans un regard en arrière. Le cabriolet prit la direction du nord, comme prévu. Upshaw se trompait, cependant ; il n'en avait pas fini avec Atlanta.

CHAPITRE VIII

Sitôt abandonnée, Peggy chercha refuge et consolation auprès de John Marsh. Leur amitié s'épanouit en un sentiment plus tendre, toujours platonique. John admirait la jeune femme. Les œuvres qu'elle lui avait montrées, imparfaites sans doute, révélaient le langage lumineux, l'imagination fertile qui distinguent les vrais écrivains, même si elle n'en avait pas conscience. D'autres raisons peuvent expliquer la dépendance affective dans laquelle il se trouvait vis-à-vis d'elle. Bienveillant envers l'humanité en général, fidèle et discipliné par nature et par sens de l'efficacité, cet homme accablé de mérites, dont on pouvait dire que tout ce qu'il entreprenait était bien fait, n'attirait ni ne retenait vraiment la sympathie. Le manque d'aptitude à la fantaisie l'avait confiné dans une relative solitude jusqu'à sa rencontre avec Red Upshaw. Peggy, bien sûr, avait plus d'un point commun avec ce dernier : l'audace, l'humour libérateur, la parole séductrice. La jeune femme captait l'attention, sa présence faisait flamber l'air. Dans son sillage, associé à ce rayonnement, John Marsh échappait à l'anonymat.

Peggy le convainquit sans difficulté de demeurer à Atlanta, bien qu'il dût, pour ce faire, donner sa démission puisqu'il ne se trouvait plus de poste vacant au bureau local de l'Associated Press. Une situation se présenta bientôt, au service des relations publiques de Georgia Power and Light — travail non créatif s'il en fut. « Excellent salaire », écrivit-il à Frances. « J'accepte. J'ai l'intention de profiter de la vie. »

Pour Peggy, la question se posait à nouveau de mettre un terme à son désœuvrement. Il n'était que deux partis possible : se contenter de tenir la maison paternelle, ou chercher un emploi. Elle choisit la deuxième solution. John Marsh la poussa vers le journalisme. Cultivée, sachant écrire, elle satisfaisait, assura-t-il, au minimum des conditions requises.

La jeune femme rassembla son courage. Emportant sous le bras quelques-unes des meilleures dissertations de son année au Smith College, elle s'en fut tenter sa chance dans le lugubre immeuble de Forsyth Street, cinq étages de briques sans âme qui abritaient les locaux de l'*Atlanta Journal*. Elle demanda à être reçue par Harlee Branch, le rédacteur en chef. Après deux heures d'attente, elle fut admise dans le temple de la pagaille pittoresque, les tables encombrées de dossiers, le sol de crachoirs et de papiers froissés. Peggy mesura l'adversaire du regard et déclencha l'offensive. Branch était un professionnel de la vieille école, très satisfait d'avoir pu rassembler autour de lui une équipe de hardis compagnons, travaillant dur et buvant sec. Le journalisme selon son cœur était avant tout une affaire d'hommes. Par la suite, il affirma avoir été impressionné par l'ardeur de Peggy à défendre sa cause. S'il n'avait tenu qu'à lui, ajoutait-il, elle ne serait pas repartie bredouille, mais les seules journalistes « en jupon » étaient alors cantonnées dans les rubriques mondaines et le supplément du dimanche. En son for intérieur, il devait reconnaître que le moment n'était pas encore venu pour le *Journal* d'embaucher des collaboratrices à plein temps.

John fut aussitôt informé du médiocre résultat de cette démarche. Il reprit contact avec Medora Field Perkerson, qu'il avait connue du temps où il était rédacteur à l'*Atlanta Journal Magazine*. Medora était l'adjointe d'Angus Perkerson, lui-même rédacteur en chef du supplément. Après avoir écouté le plaidoyer de John en faveur de Peggy, elle suggéra que « cette jeune personne si accomplie » prît sans tarder rendez-vous avec Angus.

En dépit des manières rébarbatives que laissait présager l'origine écossaise de son nom, Perkerson était un homme affable sur lequel son épouse avait beaucoup d'influence. Sa première réaction, en voyant entrer dans son bureau cette créature poids plume, tout l'air d'une collégienne avec son costume de coupe masculine et son béret coquin penché sur l'œil, fut d'incrédulité. Où Medora était-elle allée chercher cette adolescente attardée ? Il ne s'attendait certes pas au flot d'éloquence dont elle l'assaillit et qu'il subit sans souffler mot. Plus Peggy vantait une expérience à laquelle il ne croyait pas une seconde et montait en épingle son bref « passage » au *Springfield Republican*, jurant ses grands dieux qu'elle tapait « plus vite que son ombre sur une petite Remington », plus Perkerson sentait s'évanouir son scepticisme. Mrs. Upshaw avait de l'étoffe, elle ferait un bon reporter. Sa véhémence emportait la persuasion. Les conditions d'engagement n'en furent pas moins draconiennes. Elle fut prise à l'essai pour vingt-cinq dollars par semaine, le salaire de base.

Le supplément du dimanche était relégué sur l'arrière de l'immeuble, dans une grande salle sinistre du troisième étage. Toute l'équipe devait s'accommoder de six bureaux délabrés offrant une vue imprenable sur les voies ferrées. Peggy se vit attribuer le bureau de la réception, non loin de la porte, sur lequel se trouvait l'unique téléphone, à l'exception de la ligne privée de Medora.

L'appareil, on l'imagine, ne chômait pas. Les coups de fil s'enchaînaient, une douzaine de personnes se relayaient sans relâche, appuyées de la hanche à l'angle du petit bureau. Peggy devait travailler dans ces pénibles conditions, assise sur une chaise si haute que ses pieds ne touchaient pas le sol. Elle n'émit aucune plainte.

Le 31 décembre 1922, un premier reportage lui fut assigné, l'interview d'une certaine Mrs. Hines Gunsalas, retour d'Europe, où elle avait fait pendant trois mois la tournée des grands couturiers. Il s'agissait à l'origine de rédiger un article bien frivole sur les dernières tendances de la mode européenne. Pure coïncidence, la dame s'était justement trouvée à Rome lors de la prise du pouvoir par Mussolini et ne se fit pas faute de le signaler. Peggy n'avait jamais entendu parler de Mussolini ; elle nota le fait sans sourciller et lui accorda une ligne au bas de son texte.

Remanié de A à Z, l'article fut publié dans la page actualités. Quant au « détail » mussolinien, il eut les honneurs du chapeau. Convoquée dans le bureau du patron, Peggy se fit vertement tancer pour être ainsi passée à côté de l'essentiel. En outre, le style laissait parfois à désirer. Perkerson la vit découragée ; il atténua ses remontrances. Le métier, assura-t-il, finirait par rentrer. On lui confia un deuxième reportage, à première vue sans péril, un entretien avec un horticulteur. Il fut publié à la date du 7 janvier 1923, sous le titre : « Le sorcier vert : l'homme qui fait des miracles. »

Ce monsieur pas ordinaire habite à Peachtree Street. Une simple injection d'un fluide de sa composition et tel plant de fraisier, galvanisé, attendra l'hiver de pied ferme, et le froid, et le gel. La preuve ? J'ai vu de mes yeux de superbes fraisiers chargés d'énormes fruits, bien rouges et bien juteux. Où cela ? Sous cloche ou dans une serre ? Pas le moins. En plein mois de janvier, ces prodiges de la nature s'épanouissaient à l'extérieur, exposés à tous les frimas. En vérité, cet homme a pénétré les secrets les plus intimes du monde végétal, au point d'accomplir des miracles avec les spécimens qui composent habituellement le panier de la ménagère...

Plus loin, Peggy trace un portrait savoureux du sorcier vert d'Atlanta :

Figurez-vous un petit bonhomme au visage débonnaire mangé par une moustache blanche et coiffé d'un derby d'où s'échappe une houppe sauvage à la Paderewski. Il porte un caban de loup de mer sur sa chemise à col ouvert, mais le pantalon aux genoux froissés est bien celui d'un jardinier. S'il a l'air d'un gentil bouffon, son anglais châtié ne prête pas à rire, pas plus que les noms latins dont il se délecte à désigner ses chères protégées.

Cette fois, l'article parut dans son intégralité (environ trois mille mots), sans modification, accompagné d'une photo représentant le sorcier vert tel qu'il était décrit. Sous le titre, la signature de l'auteur, Margaret Mitchell Upshaw, son nom officiel jusqu'à nouvel ordre. Peggy fut agréablement surprise, et flattée. Si John ne l'avait incitée à pousser son avantage cependant, sans doute n'aurait-elle jamais osé se présenter dans le bureau de Perkerson, dès le lundi matin, pour réclamer un bureau digne de ce nom et sa titularisation en qualité de reporter. Le patron accéda aux deux requêtes, sans augmentation de salaire toutefois. Peggy dut patienter plusieurs mois avant de passer à trente dollars par semaine, rémunération toujours très inférieure à celle perçue par les journalistes des actualités et des sports. Il fut entendu qu'à l'avenir ses articles seraient signés de son nom de jeune fille, Peggy Mitchell. On lui donna satisfaction sur ce point.

Depuis son nouveau bureau situé à côté de la fenêtre, le regard plongeait sur les voies ferrées. En hiver les cataractes de fumées vomies par les énormes locomotives obscurcissaient la vue ; en été, elles rendaient l'atmosphère irrespirable. Peggy eut tôt fait d'appeler cet enfer le « trou noir de Calcutta ».

Lasse d'avoir les jambes ballantes, elle pria le concierge de scier de dix bons centimètres les pieds de la table et ceux de la chaise. Sur la droite, voisin du sien, se trouvait le bureau de Medora Field Perkerson. A peine plus âgée que Peggy, celle-ci présentait maints traits de ressemblance avec Maybelle dont l'autorité, la conscience sociale et la perspicacité n'étaient pas les moindres. Peggy n'avait donc pas lieu de se sentir déconcertée avec elle, ou impressionnée, comme pouvaient l'être certains collaborateurs de longue date, durs à cuire s'il en était, qui perdaient beaucoup de leur superbe en face de la « terrible » Medora. Non sans habileté, la nouvelle venue se plaça quelque temps sous la protection de cette jeune femme brune, au beau visage énergique. Brève période d'adaptation. Peggy n'eut pas longtemps besoin d'un mentor et fut bientôt capable de voler de ses propres ailes.

Erskine Caldwell fit partie de l'équipe du *Journal* du temps de Peggy. Il avait gardé le souvenir d'une « petite silhouette élégante, affublée d'horribles souliers lacés, à gros talons, qui sonnaient sourdement. On l'entendait venir de loin ». Consciente de ce défaut, Peggy traînait ses richelieus comme des boulets. « Maudite cheville qui m'oblige à porter des chaussures de vieillarde ! » écrivait-elle à Frances. « Tous mes efforts de toilette sont réduits à néant par cette infirmité. Quoi que je fasse, j'aurai toujours l'air d'un épouvantail ! »

« Sympathique et délurée, elle fut vite gratifiée de surnoms familiers, tels que *Bubbles* ou *Smiley*[1] », poursuivait Caldwell. Il n'en demeurait pas moins que les rédacteurs des pages « nobles » du journal, actualités et sports, frayaient peu avec leurs confrères du supplément dominical...

« Nous étions sans arrêt sur la brèche. Le *Georgian*, quotidien du soir, nous livrait une concurrence féroce. C'était à qui des deux serait le premier dans la rue, avec la manchette la plus mirobolante. Atlanta, ville carrefour, regorgeait d'hôtels. De toutes les capitales du Sud, la nôtre accueillait le plus grand nombre de congrès. A longueur d'année, on assistait à un défilé incessant de personnalités du monde des affaires ou du sport, de ténors politiques, tous désireux de faire parler d'eux et prêts à donner des interviews. Atlanta, en somme, était un paradis pour journalistes courageux. »

« En ce temps-là, on faisait vraiment gémir la presse », raconte pour sa part William Howland. Tout était prétexte à édition spéciale. On se tuait à la tâche pour sortir avant tout le monde, la une barrée d'un titre énorme. "Édition spéciale !" hurlaient les camelots, et tout le monde s'attendait à un événement. »

Malgré les locaux désastreux et les horaires éprouvants, on avait l'esprit d'équipe au *Journal*. A l'heure du déjeuner, il y avait foule à la cafétéria du rez-de-chaussée, baptisée à l'unanimité *The Roachery*[2]. Devant le bar, autour des tables branlantes, les cols blancs du comité de rédaction côtoyaient les typos en salopette maculées. Tout le monde s'interpellait, se rencontrait et conversait. Les plaisanteries fusaient tandis qu'on ingurgitait l'« infect rata ». Selon le témoignage de William Howland, rien n'était plus spontané que ce

---

1. Équivalents approximatifs : « Boule de feu », « Ouistiti ».
2. *Roach* : cancrelat, cafard.

grand débordement convivial : « Les coups de gueule contre les salaires n'y changeaient rien, ces gens mettaient tout leur cœur à l'ouvrage. Au terme de longues journées, il leur restait assez d'énergie pour faire assaut d'esprit et lancer des boutades où se cachait une arrière-pensée de complicité entre tous les étages. » En l'espace de quelques semaines, ils en vinrent tous à considérer Peggy comme l'une des leurs.

Il ne se passait guère de jour sans qu'elle vît John Marsh. La petite reporter inexpérimentée lui soumettait ses moindres textes. Elle se déchargeait sur lui, non seulement du soin de les relire, mais de celui de les corriger. Une épreuve datant des premiers mois de sa collaboration au *Journal* porte les notes et ratures manuscrites de John. Le titre : « Les rosières d'Atlanta se rient de Toutankhamon », est écrit de sa main, au-dessus de la signature de Peggy. L'article fut publié après qu'on eut tenu compte de toutes les corrections.

Peggy travaillait six jours, soixante heures par semaine. Chaque matin, elle quittait son domicile à 7 heures, avant l'arrivée de Bessie, et prenait le trolley dont l'arrêt se trouvait à deux pas. Après un rapide petit déjeuner à la cafétéria, elle arrivait au bureau parmi les premières et commençait sa journée de travail. En l'espace de quelques mois, elle devint un reporter d'une rare fécondité. Pendant les quatre années que dura sa collaboration au *Journal*, on ne dénombre pas moins de cent trente-neuf articles signés et quatre-vingt-cinq contributions aux « actualités ». Elle collabora à la chronique cinématographique ainsi qu'au courrier des lecteurs. Quand furent égarées plusieurs pages du manuscrit d'un feuilleton hebdomadaire, on lui demanda d'écrire le chapitre manquant. On pouvait toujours compter sur Peggy pour rendre dans les meilleurs délais un travail de qualité. Elle acceptait sans s'émouvoir des heures supplémentaires et jamais on ne la vit manifester sa mauvaise humeur si un de ses papiers paraissait sans sa signature. Harlee Branch abusa de cette remarquable docilité ; tout en reconnaissant les mérites de Peggy, il continua de favoriser ses collègues masculins. De tous les articles qu'elle écrivit pour lui, bien peu eurent le privilège d'être signés.

Ombrageux, rébarbatif plus souvent qu'à son tour, Angus Perkerson était à sa manière un véritable tyran, soumettant ses collaborateurs à des exigences de perfection. Tel mot lui paraissait-il obscur ? Le rédacteur était prié d'aller chercher dans le dictionnaire un synonyme plus précis. Interdiction d'avancer quelque chose dont on ne pouvait faire la démonstration ; quant aux fautes d'orthographe, elles étaient considérées comme un déshonneur. Peggy se pliait de bonne grâce à cette discipline de fer. Aucun reportage n'était indigne d'elle ou ne la rebutait et, grâce aux relectures vigilantes de John, ses articles avaient rarement besoin d'être réécrits.

Elle travaillait sur une vieille Underwood verticale sur laquelle manquait la touche de rappel de chariot, handicap largement compensé par une « frappe de velours », affirmait l'utilisatrice. Peggy se faisait une loi de voir le bon côté des choses. La vérité, c'était qu'elle exerçait pour la première fois de sa vie une activité conforme à son goût. Par la suite, elle conserva toujours de ses quatre années de journalisme un bon souvenir. Elle aimait par-dessus tout rencontrer les anciens d'Atlanta et les interroger sur des sujets qui le plus souvent « n'avaient guère de rapport avec le thème de l'interview », fera-t-elle observer. Elle était attentive aussi bien à ce qu'ils avaient ressenti pendant le siège d'Atlanta qu'à certains détails, pratiques, poignants ou saugrenus : que mangeait-on au plus fort du blocus ? A quels endroits étaient affichées les listes des morts et des blessés ? Les filles se laissaient-elles embrasser par leur fiancé avant le mariage ? Les dames de la bonne société s'étaient-elles improvisées infirmières ?

Pourquoi ces questions, étrangères au reportage qu'elle se proposait d'effectuer ? Elle n'aurait su le dire, mais sa curiosité était la plus forte. Peggy prenait plaisir à entendre les gens parler de ce qu'ils connaissaient le mieux. Or les événements qu'elle leur demandait d'évoquer, la guerre, les affres de la Reconstruction, restaient bien vivants dans la mémoire de tous ceux qui étaient passés par là.

Ni la politique ni l'économie n'éveillaient son intérêt, aussi évitait-elle de se frotter à ces problèmes. Elle fut néanmoins choisie pour aller interviewer le vice-président Coolidge lors de son passage à Atlanta, peu de temps avant la mort du président Harding. Peggy se garda de faire la moindre allusion à leur précédente rencontre dans le salon de Mrs. Pearson, toutefois elle le décrivit comme « un monsieur volontiers taciturne, perché sur de longues jambes d'échassier ». Avec quelque complaisance, elle accordait une grande place à la faiblesse du futur président pour le lèche-vitrines.

En mars, trois mois à peine après sa titularisation, Peggy devait interviewer Hudson Maxim. Considéré comme le principal inventeur des explosifs à grande puissance et de la poudre sans fumée, ses prises de position soulevaient bien des controverses. Il n'en demeurait pas moins une source de renseignements précieux pour qui voulait avoir un aperçu de la course aux armements que se livraient les grandes puissances. L'amorce de Peggy ne manque pas d'humour :

La scène se passe dans une chambre du Piedmont Hotel. Une petite dame charmante tient dans son giron le pied nu d'un robuste vieillard à la blanche crinière. Interloquée, je reste clouée sur le seuil. L'homme caresse sa barbe, il sourit. Mrs. Maxim continue paisiblement de passer la chaussette au pied de son mari.

Tout de même, perdue dans les méandres de l'article, on trouve l'ahurissante prophétie de son interlocuteur, que la rédactrice laissa passer sans commentaire :

Nous affronterons de nouveau l'Allemagne... Une guerre effroyable opposera les forces vives de l'humanité, les champions de l'espoir et de la raison, à la lignée des maudits, bourreaux et fouilleurs de ténèbres. Le conflit sera l'occasion d'un déchaînement de moyens militaires insoupçonnés. Des bombes d'une puissance inouïe rayeront de la carte des villes entières et des forteresses volantes transporteront des armées. Enfin, la prolifération des armes chimiques est inévitable. Aujourd'hui même, le gouvernement américain détient la formule d'un gaz toxique aux effets foudroyants, le fléau le plus destructeur que le monde ait jamais connu.

On ne peut, sans exagération, prétendre que Peggy Mitchell fut une journaliste de grande envergure. Il lui manquait l'essentiel, la capacité de saisir les événements dans leur dimension sociale ou politique, et d'appréhender l'aspect dynamique et significatif d'un sujet. Sans jamais s'élever au-dessus de l'anecdote, elle ne cessa de décrire, dans un style original, ce qu'elle voyait par le petit bout de la lorgnette.

Elle excellait dans l'art de mettre en confiance les personnes interrogées ; plus d'une fois elle recueillit des confidences qui étaient demeurées celées à ses collègues moins subtils du service information, les protégés de Harlee Branch. Tant Perkerson que Medora reconnaissaient chez elle une merveilleuse capacité de regard, une sensibilité toujours en éveil. Partant d'un banal reportage sur l'assistance voyage ou le secours mutuel, elle pouvait rédiger un texte poignant, inspiré, qui trouvait tout naturellement sa place à la une du supplément du dimanche.

Quand son propre emploi du temps le lui permettait, John Marsh l'accompagnait partout, sans se départir de sa discrétion. Une célébrité quelconque avait-elle accordé une interview à l'envoyée du *Journal* dans sa chambre d'hôtel ? Le fidèle acolyte attendait dans le hall. Si son travail conduisait Peggy dans une salle d'hôpital, un parloir de prison, John restait dans la voiture et prenait son mal en patience.

Accaparée par ses activités professionnelles, les tâches domestiques, ses relations étroites et familières avec John, Peggy n'avait guère le loisir de rencontrer ses anciens copains du Yacht Club. Eugene et Stephens s'en montraient ravis, attribuant cette heureuse évolution à l'influence bénéfique de John Marsh. Celle-ci ne saurait être sous-estimée, même si l'épanouissement de Peggy fut avant tout la conséquence de son nouveau genre de vie. Le journalisme l'avait à la lettre transfigurée.

Elle prenait un plaisir considérable à courir d'une interview à une autre, parcourant la ville en quête des ingrédients d'une bonne histoire. Il arrivait toujours le moment pénible entre tous où elle devait s'asseoir devant la vieille Underwood et mettre ses idées sur le papier. N'était-il pas étrange que l'étape de la rédaction proprement dite fût justement la moins appréciée ? Peggy s'attelait à l'article comme à un pensum. « Elle écrivait dans la douleur », se souvient Medora. « Si elle sortait son tube de rouge et son miroir de poche pour se refaire une beauté, je savais qu'elle était en panne. »

Par une claire matinée de printemps, pour les besoins d'un bon papier, Peggy accepta de se laisser attacher à une sellette semblable à celles qu'utilisent les ouvriers du bâtiment, « un bout de bois pas plus grand que la paume de la main », estima-t-elle. On la sortit par la fenêtre, puis les cordes la hissèrent au quinzième étage de l'immeuble qu'elle avait elle-même choisi pour figurer le versant de Stone Mountain, où le sculpteur Gutzon Borglum devait « faire surgir de la pierre le plus bel hommage que le monde pouvait rendre à l'héroïsme des Confédérés ». Il s'agissait pour la journaliste d'expérimenter les sensations qu'éprouveraient le sculpteur et ses assistants lorsqu'ils travailleraient suspendus entre ciel et terre.

Engoncée dans une salopette taille quarante, aussi gracieuse qu'une combinaison de plongée sous-marine, avec, glissés dans la poche, le marteau et le ciseau de l'artiste pour ajouter à l'exactitude du témoignage, me voilà lancée dans le vide comme un projectile tourbillonnant. Quel beau vertige ! Les immeubles, les rectangles scintillants des fenêtres, le ciel, les visages fugitivement entrevus derrière les vitres, tout valse autour de moi. Puis tout se fige. L'espace d'un instant, même le temps s'arrête. Le cœur me bat dans la gorge. Bump ! Pied en avant, j'entre en contact avec le mur. Le choc irradie dans tout mon corps. Sensation rassurante. Ça, au moins, c'est du solide !

« Hey ! lance une voix venue d'en bas. Regardez un peu par ici et faites un sourire. »

Un sourire, dans un moment pareil ! Je voudrais bien le voir à ma place, celui-là. Si je n'étais pas cramponnée des deux mains aux courroies, je lui ferais un pied de nez, et comment ! Sans bouger la tête, je me risque à baisser les yeux. Je foudroie l'insolent d'un regard de souverain mépris. Bonté divine, que c'est haut !

Cela me fait un coup d'être là. La peur m'empoigne sans transition, je sens une ignoble faiblesse au creux de l'estomac. La sellette se dérobe. Affolée, le souffle coupé, j'oscille comme une araignée au bout de son fil. La courroie me scie les aisselles.

Pensent-ils que j'ai assez payé de ma personne ? On me descend sans trop de douceur. Je tourne et je vire. Quand tout le monde estime que j'ai bien servi la cause, ils m'immobilisent à la hauteur d'une fenêtre. Des bras se tendent, je suis happée. Le pont d'un navire ne tangue pas plus que le sol sous mes pieds. C'est mieux que de ne rien sentir du tout. Il me vient un pauvre sourire.

« Alors ? demande quelqu'un.

— Pas mal, dis-je, sans me laisser démonter pour si peu, une vraie partie de plaisir ! »

L'article fut publié en bonne place, avec plusieurs photos montrant l'héroïne dans le feu de l'action. Peu après ce coup d'éclat, Peggy revendiquait le droit d'écrire des textes plus ambitieux. Elle soumit à l'approbation de son rédacteur en chef le projet d'un feuilleton en quatre épisodes sur les grandes figures féminines de l'histoire géorgienne. Perkerson se montra réticent, finit par se laisser convaincre, pourvu que le temps consacré à l'exécution de ce dessein contestable n'empiétât pas sur la rédaction d'autres articles plus palpitants (« Les joueurs de foot sont la crème des maris », « Comment une honnête femme s'y prend-elle pour éconduire un importun ? »).

Pour la première fois depuis bien longtemps, soucieuse de rassembler la documentation la plus complète et la plus riche, elle franchit les portes de la bibliothèque Carnegie. Émotion, enthousiasme, comment définir les sentiments qu'elle ressent alors, ce dont elle s'ouvrit à Medora, révélant qu'elle n'avait jamais entrepris un travail avec autant de fébrilité ? Quatre Géorgiennes au destin singulier furent choisies pour inaugurer cette galerie de portraits. Une seule pouvait prétendre incarner les vertus de l'héroïsme stéréotypé, Rebecca Latimer Felton, la première femme sénateur, encore n'avait-elle pas été élue, mais désignée en remplacement de son défunt mari. Venait ensuite

Lucy Mathilde (« Bill ») Kenney, héroïne de la guerre civile, une gaillarde qui n'avait pas froid aux yeux, excellent fusil de surcroît. Déguisée en homme, elle s'engagea ainsi que son jeune époux, et tous deux firent partie des combattants géorgiens de la première heure. Remarquée pour sa bravoure pendant la bataille de Sharpsburg, elle dut révéler son identité devant Manassas, afin d'être autorisée à ramener le corps de son mari mort au combat. La troisième, sacrée impératrice de la Nation Creek, se nommait Mary Musgrove. « En dépit du rôle civilisateur de la colonie dont elle subit la longue influence et de ses trois maris successifs, tous de race blanche, écrivit Peggy, Mary demeura indomptée jusqu'à son dernier souffle. » Nancy Hart, dite « la Loucheuse », quatrième élue, était « une géante taillée en athlète, rousse de poil, avec un œil qui disait zut à l'autre, et le caractère aussi mal fait que la taille, si l'on en croit ses voisins ». Cette force de la nature fit la démonstration de son courage pendant la guerre d'Indépendance. Non contente d'avoir tué un soldat ennemi, elle captura sans l'aide de personne une escouade d'Habits rouges qui avaient eu l'audace d'envahir sa cuisine. Commentaire de l'intéressée : « Il aurait fait beau voir que ces canailles se saisissent de ma tarte aux potirons ! »

Le lendemain de la parution de l'article, Peggy fut convoquée dans le bureau de Perkerson. Il lui montra une pile de lettres de protestations. L'auteur de ce texte scandaleux était accusé, entre autres crimes, d'avoir diffamé les femmes géorgiennes et falsifié l'histoire dans le seul but de faire monter les ventes de son journal en racontant un tissu d'insanités. Indignée, bouleversée, la jeune femme supplia qu'on lui permît de s'expliquer dans les colonnes du journal et de fournir la preuve de l'authenticité des événements rapportés en citant ses sources. Non seulement Perkerson refusa tout net, mais la suite du projet fut enterrée.

Qu'elles fussent fondées ou non, les critiques avaient sur Peggy l'effet le plus inhibiteur. Ses vieux démons, le doute, la méfiance envers soi-même, reprenaient le dessus ; elle ruminait son amertume, adressait à ses détracteurs de longues missives justificatives et, d'une manière générale, son travail s'en ressentait pendant des jours. Afin de la mettre à l'abri de semblables défaillances, Angus et Medora Perkerson évitaient de lui confier des sujets trop délicats, pouvant prêter le flanc à des attaques ou susciter des polémiques. Le louable souci de maintenir la paix dans l'esprit d'un bon reporter, et par suite au sein du service, engendra donc un phénomène d'exclusion. Peggy se vit trop souvent maintenue dans des tâches subalternes.

Le 20 juillet 1923, à 5 heures de l'après-midi, Peggy descendit du trolley sous un soleil éclatant. Comme elle traversait Peachtree Street, elle remarqua un cabriolet vert garé devant la maison. Elle aurait reconnu la voiture entre toutes, bien sûr, mais voici que Red Upshaw lui-même s'avançait à sa rencontre, bronzé, élégant, aussi désinvolte qu'à l'accoutumée. Sûre de sa colère, Peggy avait quelquefois imaginé cet instant. Elle était préparée à tout, sauf au trouble qui l'envahit peu à peu. Ils échangèrent quelques mots ; Peggy l'invita à entrer.

Stephens et Eugene étaient encore au bureau. Bessie se trouvait seule à la maison. Ils devisèrent quelque temps au salon ; il fut surtout question de ce qu'ils avaient fait l'un et l'autre pendant leur longue séparation. Personne ne mentionna le nom de John Marsh.

La procédure de divorce fut engagée un mois plus tard. Au cours de la déposition faite à l'audience, Peggy déclara que cette courtoise conversation n'avait pas duré plus de dix minutes, après quoi ils s'étaient retrouvés à l'étage, dans leur ancienne chambre à coucher. Elle ne fit aucune allusion au fait qu'ils ne s'étaient pas vus depuis six mois, ni ne précisa si elle était montée de son plein gré. « Une fois la porte refermée, il me donna une violente bourrade, puis exigea de pouvoir exercer son droit conjugal. » Le juge voulut savoir si le comportement de la jeune femme ou ses paroles avaient pu inciter son mari à la violence. Réponse de Peggy : « Depuis notre mariage, je n'ai cessé de me montrer une épouse aimante et attentionnée. Mr. Upshaw n'a jamais eu le moindre sujet de plainte. » Craignant d'être brutalisée, elle avait refusé de se soumettre à ses volontés et s'était débattue tant bien que mal. Enfin, elle était parvenue à se dégager, « non sans avoir été gravement molestée et projetée contre le lit, ainsi qu'en témoignent de nombreuses contusions », précisa son avocat.

« Confirmez-vous l'exactitude de ces faits ? » demanda le juge.

Peggy confirma, puis acheva sa déposition. Alertée par les cris et les vociférations, Bessie s'était décidée à monter. Elle venait d'ouvrir la porte quand elle fut bousculée par Red Upshaw qui sortait en coup de vent. Peggy se rua à sa suite, hurlant à travers ses larmes. Elle lui enjoignait de déguerpir et de ne jamais revenir. Excédé, il pivota et lui envoya son poing en pleine figure.

La jeune femme fut hospitalisée dans le plus grand secret. La vérité, trop dégradante, ne fut révélée à personne, pas même aux intimes. Pendant quinze jours, Peggy se morfondit dans une rageuse et noire

humiliation avant d'être renvoyée chez elle, couverte de bleus, meurtrie, inconsolable. A sa demande, Stephens avait appelé Medora pour
la prévenir d'une absence qui risquait d'être longue, six semaines au
moins : sa sœur avait dû quitter Atlanta pour se rendre au chevet
d'une parente alitée. Medora donna son accord, bien que le prétexte
invoqué pour justifier l'éclipse de Peggy lui parût à peine plausible.
Sans effort, elle imagina une explication beaucoup plus proche de
la vérité.

La vérité ? Qui la connaissait vraiment en dehors de Peggy Mitchell et de Red Upshaw ? Le pauvre John se trouva une fois de plus
commis au rôle d'arbitre. A peine avait-il quitté le lieu de son forfait
que Red Upshaw se rendit chez lui. Il reconnut avoir levé la main
sur la jeune femme, arguant des provocations de celle-ci, sollicita un
prêt (que Marsh lui accorda) et déclara qu'il consentirait à un divorce
à l'amiable si Peggy s'abstenait de porter plainte.

L'offre fut acceptée, afin d'éviter le scandale qu'aurait entraîné
une action pénale. Upshaw leur réservait un dernier tour de sa façon :
il disparut sans avoir donné son consentement écrit. Le tribunal ne
pouvait plus être évité. Prostrée sur son lit d'hôpital, les yeux battus,
le visage tuméfié, Peggy commença par vouloir fermer sa porte à tout
le monde. John réussit à vaincre sa résistance et fut admis auprès d'elle,
à condition que la pièce restât plongée dans une semi-obscurité. Malgré
cette précaution, les effets de la brutalité d'Upshaw étaient bien visibles. John fut atterré. Redoutant le retour du forcené, il ira jusqu'à
confier à Peggy un petit automatique qu'elle dissimulera sous son oreil-
ler, pour parer à toute éventualité.

Entre eux, tout devint différent. Leur amitié allait désormais s'épanouir sous le sceau d'un pénible secret. John ne révélerait rien, Peggy
avait toutes les raisons de l'espérer. En reconnaissance de son dévouement, elle éprouva pour lui un sentiment plus tendre. John, pour sa
part, ne pouvait que s'attacher davantage à une femme qui lui fournissait en toutes circonstances l'occasion de se rendre indispensable.

MRS. JOHN MARSH
1925-1936

CHAPITRE IX

Au printemps 1924, Peggy était reporter vedette. Journaliste estimée, elle jouissait d'une belle renommée, établie sur le fait que son nom et son visage étaient devenus familiers à tous les lecteurs du supplément du dimanche.

En ce temps-là, le *Journal* s'enorgueillissait de collaborateurs prestigieux. Outre Erskine Caldwell et William Howland, déjà cités, mentionnons Grantland Rice, Laurence Stallings (dont la pièce *What Price Glory ?* serait bientôt montée à Broadway [1]), Ward Morehouse, Ward Greene, Morris Markey, Roark Bradford et W. B. Seabrook. Peggy se sentait très à l'aise au milieu d'eux. Robert Ruark, futur romancier à succès, rédacteur au *Journal* en même temps qu'elle, témoignera de son efficacité en affirmant : « Quel que soit le sujet, elle allait droit au fait, sans s'embarrasser de circonlocutions. »

Un article, particulièrement apprécié, lui valut une promotion longtemps attendue et la fit passer des faits divers au service information. Il s'agissait de l'interview de Harry Thaw, magnat de Pittsburgh, devenu un habitué des manchettes grâce au combat acharné qu'il avait livré contre la justice pour échapper à la peine de mort, puis à l'internement psychiatrique, condamnations dont il avait successivement fait l'objet pour le meurtre du célèbre architecte Stanford White, l'amant de sa femme.

Les cheveux longs et drus, rejetés en arrière, écrit Peggy, ne sont ni blancs, ni cendrés, ni poivre et sel, mais de ce gris uniforme qui rappelle le doux pelage du chat maltais. Au félin, il emprunte aussi l'art du mouvement furtif et silencieux, comme si les années de réclusion avaient engendré chez lui un incessant qui-vive, une nervosité de tous les instants qui confine à la méfiance...

1. Pièce écrite en collaboration avec Maxwell Anderson, superbement portée à l'écran par Raoul Walsh en 1926. Titre français : *Au service de la gloire* (N.d.T.).

Ses nouvelles responsabilités rédactionnelles ne devaient en rien altérer son génie de la description pittoresque. Les articles de Peggy laissaient peut-être à désirer sur le plan de l'analyse des événements, mais
tout le monde s'accordait à leur trouver une pertinence, un caractère
d'actualité dont étaient souvent dépourvus les textes de ses collègues,
les maîtres de l'information.

Elle se faisait une obligation de suivre toutes les modes et sa compétence en matière de coiffure s'exprime dans l'article intitulé « Les
belles découvrent leur nuque ». Elle était aussi la grande spécialiste
des tics de langage. En parcourant les nombreux articles qu'elle con-
sacra à l'évolution du « jargon du jour », nous apprenons qu'au printemps 1923 l'Égypte connaissait une vogue extraordinaire.
« Hiéroglyphes éclatants et pharaons de fantaisie gambadent sur les
nouvelles toilettes de la saison », écrivait-elle. Gentiment bousculé, Toutankhamon devenait dans la bouche des plus audacieux le paradigme
du nigaud, « ce brave Mr. Tut, toujours prêt à mettre les pieds dans
le plat ». Une « momie » désignait la reine des pommes, mais les garçons s'arrachaient la fille qui méritait le qualificatif de « super momie ».

Peggy s'habillait court et parlait cru, comme toujours. En dépit
des brutalités de Red Upshaw et de sa vertueuse liaison avec John
Marsh, elle ressentait plus que jamais le besoin de faire des conquê-
tes. Comme par hasard, les reportages choisis requéraient souvent
le concours de quelques jeunes collègues, et l'incorrigible coquette
tournait plus d'une tête dans l'aventure. Simple badinage, dira-t-elle.
John n'avait pas lieu de s'inquiéter.

Quelquefois, Peggy posait pour les photos qui devaient accompagner son texte. Sur l'une d'elles, illustrant l'article : « Les hommes
seraient-ils fondés à donner la fessée à leurs épouses ? », on peut voir
la rédactrice couchée en travers des genoux d'un jeune et séduisant
chroniqueur artistique dont la main levée menace le postérieur de la
jeune femme.

Medora Perkerson lui reconnaissait un grand talent de portraitiste.
Elle admirait chez elle « la hardiesse du trait qui fait mouche, saisissant de quelques mots à l'emporte-pièce les caractères significatifs de
chacun ». Nous avons vu comme en peu de mots ses images font sortir
de l'ombre Harry Thaw, l'homme « ... furtif et silencieux... dont les
cheveux rappellent le doux pelage du chat maltais ».

Le 17 juin 1924, son divorce fut plaidé au tribunal de grande ins-
tance du comté de Fulton. La déposition faite au lendemain des mau-

vais traitements infligés par Red Upshaw constituait la pièce maîtresse du dossier.

Peggy renonçait à toute demande de pension alimentaire ; toutefois, elle réclamait l'annulation du mariage et la restitution de son nom de jeune fille.

Pas plus son père que son frère ne voulurent assister à l'audience. Branch Howard, un ami de la famille, lui tint lieu de conseil et l'assista dans cette épreuve.

Le président du jury estima que les faits rapportés justifiaient le divorce ; pourtant la plaignante se vit refuser l'annulation de son mariage et la restitution de son nom de jeune fille. Sans se laisser décourager, Peggy se résigna à tout recommencer ; elle fit appel de la décision. Le 16 octobre suivant, elle retournait au tribunal et plaidait sa cause devant un second jury qui lui donna satisfaction. Elle était de nouveau Margaret Mitchell, plus connue sous le nom de Peggy Mitchell, collaboratrice de premier plan à l'*Atlanta Journal*.

Son amie la plus proche demeurait sans doute Augusta Dearborn, installée définitivement à Atlanta ; mais les relations quotidiennes avec Medora Perkerson favorisèrent l'éclosion d'une franche camaraderie qui se mua en affection au fil des ans. Peggy admirait l'expérience de celle-ci, la maîtrise avec laquelle elle avait su s'imposer, à force de volonté et de talent, tout en travaillant sous les ordres de son mari. Rédactrice chevronnée, excellent reporter, elle était aussi la célèbre « Marie Rose », pourvoyeuse de conseils en tout genre (éducation, santé, problèmes juridiques...) pour la rubrique du courrier des lecteurs. A ce titre, elle recevait plusieurs centaines de lettres par semaine dont quelques-unes seulement, faute de place, avaient l'insigne honneur de se voir prises en considération dans les colonnes du journal. Les autres étaient lues cependant, malgré l'énorme travail que cela représentait, et recevaient réponse, toutes sauf celles dont le texte était incohérent, ou injurieux. Peggy fut très impressionnée par les égards de « Marie Rose » pour ses nombreux lecteurs. Elle devait s'en souvenir bien des années après quand, assaillie de lettres par milliers, elle s'imposa l'effort de ne décevoir personne, s'acquittant elle-même des frais de port.

A l'automne 1924, sous la rubrique « Pictures and Players », elle s'intéressa pour peu de temps au cinéma. Elle signera, entre autres, un article sur les « stars de l'écran qui se sentent chez elles à Atlanta » : Ben Lyon, Mabel Normand, Colleen Moore qui, sous son véritable nom de Kathleen Morrison, avait été la voisine des Mitchell à Jackson Street jusqu'en 1908, date à laquelle sa mère l'avait emmenée tenter sa chance à Hollywood. Le plus grand titre de gloire de Peggy, chroniqueuse cinématographique, restera l'interview de Rudolph Valentino :

Nous étions face à face. Il inclina la tête et nous échangeâmes une poignée de main. J'eus l'impression d'avoir les doigts pris dans un étau. Je ne pus réprimer un frisson. Il était devant moi, vêtu d'un costume de tweed à pantalon bouffant d'une nuance tabac, chaussettes assorties, à ses pieds de gros souliers de golf usés avec élégance. Il me sembla moins grand, moins élancé que dans les voiles du *Sheik*. Était-il plus vieux également, ou son visage portait-il simplement les marques de la fatigue ? Au fond du regard, à défaut de la fièvre de l'artiste, se devinait un ennui courtois. La voix sourde et monotone me tenait captive. Un léger chuintement jouait à la surface banale des mots. J'écoutais.

A la fin de l'interview, quittant la terrasse de l'hôtel, Peggy et Rudolph Valentino s'apprêtaient à regagner le salon. « Soudain, malgré ses knickers, l'homme du désert me prit dans ses bras pour franchir le seuil, comme il avait fait avec Agnes Ayers au milieu des dunes. Peu de femmes rougirent jamais comme je le fis alors. »

Aucun de ces petits exercices d'impertinence n'était destiné à faire date dans l'histoire de la littérature, et leur auteur le savait mieux que personne. Cependant, si les idées ne lui avaient jamais fait défaut, elle avait acquis la technique et l'assurance qui lui permettaient d'exercer son métier en vraie professionnelle. Helen Turman, la compagne des premiers jours, venait d'épouser Morris Markey, qui se proposait de quitter le *Journal* pour entrer au *New Yorker*. Peggy ne visait pas si haut. Il y avait loin de la satisfaction que lui procurait son travail à la certitude qu'elle serait un jour digne de collaborer à un périodique plus prestigieux, ou à une revue littéraire nationale. Aussi longtemps que John, comme pour lui donner raison, continuerait de relever dans ses textes des fautes en si grand nombre, aussi longtemps qu'elle ressentirait l'absence de diplômes comme une tare, elle ne pourrait échapper au doute dont elle était saisie dès qu'il était question de ses « ambitions d'écrivain » et de leur légitimité.

Au mois de décembre 1924, John Marsh fut affligé d'une crise de hoquet qui se prolongea pendant quarante-deux jours et le laissa dans un triste état. Tous les remèdes de bonne femme ayant été utilisés en vain, un médecin fut appelé à la rescousse. Dépassé par ce cas extraordinaire, il fit hospitaliser son patient. On fut incapable de déterminer l'origine de la crise et tous les traitements demeurèrent sans effet. Le surmenage cardiaque était à craindre. Peggy passait à l'hôpital la plus grande partie de son temps libre. Profitant de ces circonstances singulières, elle se livra à de sérieuses recherches sur les causes du hoquet et les thérapeutiques appropriées. Cette étude prit la forme d'un article publié dans le numéro de Noël du supplément. Elle persuada les médecins, face à l'échec des soins les plus sophistiqués, qu'il leur restait toujours la possibilité d'expérimenter sur le malade certaines recettes peu orthodoxes qu'elle avait mises au jour en menant son enquête, comme d'en frictionner le torse, à hauteur du diaphragme, avec de l'éther. Il n'en résulta aucune amélioration. Sans le secours de la morphine et des somnifères, John n'aurait pas fermé l'œil ; mais le sommeil n'apportait qu'un répit illusoire. Profondément endormi, il continuait de hoqueter. Vint le moment où les médecins s'avouèrent incapables de maîtriser la situation. Peggy fit appel à la psychanalyse et tenta de ruser avec le mal. Elle déploya des trésors d'ingéniosité pour distraire le malheureux. Elle fit la leçon aux visiteurs et aux infirmières, surveillant les entretiens afin d'être sûre que personne ne laisserait échapper une parole maladroite ou affligeante.

Au cours des longues heures de veille, tantôt dans la chambre, tantôt dans le couloir, il lui vint à l'esprit qu'une telle assiduité ressemblait fort à la sollicitude d'une femme éprise, même si cet amour qui refusait encore de dire son nom ne revêtait pas le caractère romantique ou passionné des sentiments qu'elle avait pu éprouver pour Clifford Henry ou Red Upshaw. N'avaient-ils pas pris l'habitude de se voir chaque jour, avant que John ne tombe malade ? Et comme si cela ne suffisait pas, ne se téléphonaient-ils pas matin et soir ? Avec lui, tout était doux, rien ne blessait. En sa compagnie, elle ne ressentait ni trouble ni méfiance ; n'était-ce donc rien que cette familiarité rassurante, cette sensation de liberté savourée à fond ?

Les semaines passaient sans apporter le plus léger mieux dans l'état du patient. Henry Marsh, résidant à Wilmington, se décida à faire le voyage. Peggy l'accueillit à la gare. Ce fut pour elle un réel soulagement de voir arriver ce grand gaillard aux nerfs solides qui ressemblait comme deux gouttes d'eau à son frère. Celui-ci était déjà un phénomène, premier malade atteint de hoquet chronique ayant survécu à son trente et unième jour de crise.

« Que n'a-t-il choisi une affection moins mystérieuse, qui ne laisserait pas les médecins dans l'embarras », écrivait Peggy dans une lettre adressée à Frances. « Quelque chose de très ordinaire, comme le delirium tremens... »

Quelques jours plus tard, à bout de forces, John fut placé sous une tente à oxygène. Affolée, Peggy écourta sa journée de travail et se rendit directement à l'hôpital où elle demeura jusqu'à minuit avec Henry au chevet du malade. Un taxi la ramena chez elle. Son père et son frère étaient couchés depuis longtemps. Elle gagna sa chambre et, pleurant toutes les larmes de son corps, se jeta sur le lit. Quand elle s'éveilla, au milieu de la nuit, ce fut seulement pour se recroqueviller sous les couvertures après avoir ôté ses souliers et remonté le réveil, « sans même prendre la peine d'enlever ses bas ou de faire un brin de toilette ».

Le lendemain matin, elle s'avisa que personne n'avait éteint la lumière du vestibule, qui restait toujours allumée lorsqu'elle n'était pas rentrée à l'heure où Bessie fermait la maison. « Ils ont dû penser que j'avais passé la nuit dehors, comme ces jeunes femmes modernes, vivant à leur guise, dont il est beaucoup question dans certaines revues qui s'attirent les foudres de papa, bien qu'il persiste à les lire », écrivit-elle à Frances en prenant son petit déjeuner. « Dès ce soir, je n'y couperai pas ; on me demandera de fournir des explications. »

A partir du quarante-deuxième jour, les hoquets s'espacèrent. John devint tendre et fit à Peggy l'aveu de son affection. Toutefois, le verdict alarmiste des médecins lui imposait de différer sa demande en mariage. Non seulement cette crise de longue durée avait affaibli son cœur, mais les examens intensifs avaient permis d'établir qu'il souffrait d'épilepsie. On convint d'attendre son complet rétablissement et le résultat de tests ultérieurs pour former des projets de vie commune.

Il était maigre à faire peur et ne pouvait rien avaler sans être pris de violentes douleurs. Infection de la vésicule, diagnostiquèrent les médecins. John fut opéré. Il passa les mois de mars et d'avril bien tranquillement chez lui pour une convalescence réussie grâce à la complicité du printemps et aux égards de Peggy. N'ayant rien de mieux à faire, il s'intéressait de près au travail de la jeune femme et retrouvait, pour corriger les textes qu'elle lui présentait, l'œil vétilleux du professeur qu'il avait été naguère.« Excellent ! » écrivit-il en marge d'un article sur One-Eye Connelly, célébrissime pique-assiette. Ailleurs, dans le corps d'une interview, un paragraphe comportait trois fois le même mot, proposé avec trois orthographes différentes, et cette exclamation de sa main, en regard : « Décide-toi ! »

En mai, John se trouva assez vaillant pour recommencer à travailler. Il avait repris du poids et des couleurs. Son moral, en revanche, était au plus bas. Cette longue maladie l'avait ruiné, il était lourdement endetté auprès de l'hôpital et des médecins. Plus grave encore, les résultats des derniers examens avaient confirmé son épilepsie, origine vraisemblable de l'effarante crise de hoquets. Il devrait donc vivre désormais dans la crainte permanente d'une attaque. On lui enseigna les mesures à prendre au cas où cette catastrophe se produirait ; Peggy fut instruite à son tour. Troublé au plus haut point, John lui demanda d'attendre un peu pour fixer la date de leur mariage. Eugene et Stephens se rangèrent à cet avis. « Nous mènerons une vie de labeur et de privations, riposta Peggy, mais nous nous en sortirons ! »

Ce programme exaltant ne souffrait qu'une objection : John, en effet, ne voulait pas entendre parler d'une épouse qui travaillerait. Peggy avait beau lui faire valoir qu'il ne s'agissait pas pour elle d'une obligation mais d'un plaisir, et qu'en tout état de cause son salaire serait le bienvenu, son fiancé n'en démordait pas. La place d'une épouse était au foyer ! Quelques mois plus tard, Peggy fit paraître dans une revue locale, *Open Door*, un article intitulé « Liens conjugaux ». Sous le pseudonyme de Nancy, elle évoquait maintes discussions récentes et réglait ses comptes avec John, *alias* Bill. Il s'agissait de savoir si, pour convoler, le couple devait attendre que toutes les conditions fussent réunies pour permettre à la jeune mariée de vivre sans travailler.

Sous le veston croisé de l'homme moderne, Bill demeure irréductiblement attaché à des idées d'un autre âge. Celle-ci par exemple : sous prétexte qu'elle exerce un métier, il se pourrait que Nancy fût inapte au mariage. N'y a-t-il pas un aspect de la question, au moins, que Bill refuse de prendre en considération ? Pourquoi une jeune fille avisée et courageuse ne ferait-elle pas une épouse sensée ? Nancy, en effet, a été à bonne école. Elle a l'expérience des longues journées de bureau, sous la férule de supérieurs grincheux, elle connaît la fatigue refoulée, les interminables trajets de retour dans les autobus bondés, elle sait ce qu'il en coûte de gagner sa vie. En voilà une qui ne jettera pas l'argent par les fenêtres. On ne la verra pas se ruiner en colifichets superflus. Le salaire de son mari représente des efforts et des sacrifices, Nancy le sait mieux que personne. Elle est passée par là...

Les arguments exposés ne manquaient pas de poids. John se laissa convaincre. La date de mariage fut fixée au 4 Juillet, jour de la fête nationale.

Au cours du mois de mai, Peggy assura le compte rendu d'un thé dansant au Biltmore. « Grâce à elle, raconte Medora, l'après-midi ne fut pas tout à fait perdu pour les gentilles mémés des tables voisines. » La jeune femme avait agrémenté sa jarretière de quelques grelots. Tandis que le photographe qui l'accompagnait, occupé à mitrailler les invitées, la bousculait, sa courte jupe virevolta et tout le monde eut la vision fugitive de petits grelots tintinnabulants. Peggy enterrait sa vie de célibataire.

Le 15 juin, John Marsh et Peggy Mitchell remplirent les formulaires en vue de la publication des bans. Peggy se rajeunit de deux ans (elle avoua vingt-deux ans au lieu de vingt-quatre), précisa qu'elle avait divorcé en 1924 d'un mari violent, puis omit de parapher le document.

Cette fois, la famille unanime se félicitait du choix de la jeune femme. Tout devait se passer comme si ce mariage était pour elle le premier. Le texte des faire-part fut rédigé en ce sens ; la cérémonie fut conçue comme un événement. Les comptes rendus publiés dans la presse évitèrent toute allusion à Red Upshaw. Grand-maman Stephens surmonta les réserves inspirées par ses convictions religieuses et prêta la main aux préparatifs.

Les articles destinés aux suppléments des 5 et 12 juillet furent écrits dans la précipitation, entre les séances d'essayage chez la couturière et le branle-bas général. L'un d'eux s'intitulait : « Nos jeunes célibataires ne courent pas les héritières. » Peggy avait demandé à plusieurs étudiants de quatrième année de l'université de Géorgie quelles qualités ils recherchaient avant tout chez leur future épouse. Sam Tupper, qui deviendrait par la suite un ami intime, avait placé en tête de liste : la tolérance. Venaient ensuite, dans l'ordre : un caractère en or, le goût du foyer et l'instinct maternel, le milieu social, le physique, une bonne santé, la piété, les talents artistiques, l'indépendance d'esprit.

Le choix des condisciples de Mr. Tupper recoupait le sien, à quelques variantes près. Précisant sa pensée, l'un deux proclama tout de go : « Une parfaite maîtresse de maison est plus admirable que la femme qui peint des tableaux géniaux ou qui écrit de grands livres. » Peggy s'abstint de tout commentaire. Mine de rien, elle acheva son enquête sur un témoignage plus nuancé, qui apportait de l'eau à son moulin. « Je hais les femmes crampons », déclarait cet étudiant. « Je ne veux pas non plus d'une épouse qui ferait passer sa vie professionnelle avant la famille et les enfants, mais, si le besoin s'en faisait sentir sur le plan financier, ma femme ne devrait pas s'estimer dispensée de sortir de chez elle pour gagner honnêtement sa vie. »

Afin de comprendre l'évolution du regard critique que Peggy Mitchell ne cessera de porter sur elle-même, ne perdons pas de vue l'environnement qui était le sien depuis la disparition de sa mère. Personne
n'avait pris la relève de Maybelle pour la pousser sur les chemins du
non-conformisme ou de la fronde intellectuelle. Livrée à elle-même,
Peggy était loin d'avoir l'assurance qui lui aurait permis d'aller au-
delà des provocations de pure forme et des canulars de bonne compagnie, comme cette jarretière à musique. L'erreur grossière commise
en épousant Red Upshaw contre l'avis de tous et l'humiliation dont
elle avait dû payer sa méprise avaient accru le sentiment de son insuf-
fisance. Inapte à gérer sa propre existence, du moins le croyait-elle,
et presque installée dans cette inaptitude, elle éprouvait le besoin cons-
tant d'être rassurée, encouragée dans ses choix, par son père ou son
frère, à présent par John. Si Maybelle était revenue, sa fille unique
aurait été pour elle une cruelle déception, Peggy en était convaincue.
L'ambitieux projet de faire ses études de médecine avait été abandonné ; elle n'avait même pas été capable d'achever son second cycle.
La bonne société d'Atlanta ne s'y était pas trompée en l'excluant de
ses rangs. Elle avait trahi le souvenir de son premier amour en s'aco-
quinant avec un goujat, un sacripant de la pire espèce, alcoolique invé-
téré de surcroît, qui avait abusé d'elle. Enfin, son entrée tardive dans
la vie active avait moins été dictée par le désir d'acquérir son indépendance que par le besoin de sortir de chez elle. Étant donné son
attitude ultérieure, on ne peut s'empêcher de penser qu'elle prenait
au sérieux les exigences formulées par les étudiants au sujet de l'épouse
idéale. Comme par hasard, les qualités dont elle ne pourrait jamais
se prévaloir étaient les plus estimées, et celles auxquelles elle accordait du prix — créativité, liberté intellectuelle — n'étaient citées qu'en
dernier lieu.

Une fois la date fixée, il s'établit entre les futurs époux de tacites
conventions. Les enfants étaient exclus, de peur que John ne trans-
mît ses problèmes de santé à sa descendance. D'une certaine façon,
Peggy parut soulagée de cette décision prise d'un commun accord.
Elle devait en outre continuer à travailler jusqu'au complet rembour-
sement de leurs dettes, d'autant plus qu'ils devaient trouver à se loger
par leurs propres moyens. Il n'était pas question pour le jeune couple de s'installer dans la grande maison de Peachtree Street. Peggy
avait compris la leçon.

John Marsh envoya une longue lettre à Kitty Mitchell, sa petite
fiancée d'autrefois. Il lui faisait part de son propre mariage avec une

femme dont il était profondément épris et joignait une photographie de Peggy et de lui-même. A mesure que les jours passaient sans apporter de réponse, John se laissait gagner par l'amertume. Il s'enferma dans une morosité sur laquelle il s'expliquait sans fard devant Peggy. Celle-ci, à son tour, exposait à Frances tous les détails de la situation. De son point de vue, Kitty faisait preuve d'une mesquinerie révoltante : « Comment peut-elle ne pas se réjouir, en toute sincérité, de la bonne fortune qui favorise son ancien soupirant ? » écrivait-elle.

A quelques semaines du grand jour, une lettre arriva enfin. Toutes mes félicitations, disait-elle en substance. La fiancée est ravissante et son visage respire l'intelligence. Frances fut aussitôt informée de la joie qu'avait ressentie son frère en se voyant décerner ce satisfecit sans réserves.

John Marsh avait beau entretenir la confuse nostalgie d'un amour de jeunesse, il n'en était pas moins très attaché à sa future femme. De son côté, Peggy faisait grand cas de son opinion dans tous les domaines et lui témoignait le respect dû à un tempérament généreux, mûri dans la solitude. Le fait qu'il eût passé l'éponge sur ses frasques relativisait la gravité de celles-ci ; l'affection d'un homme aussi intègre lui rendait sa dignité. Il avait pris son parti contre Red Upshaw et ne lui avait jamais ménagé son soutien, chaque fois qu'un conflit opposant la jeune femme à son père ou à son frère l'avait placé dans la délicate position d'intermédiaire. Il avait besoin d'elle ; mieux encore, il croyait en elle, et rien n'était plus fortifiant que cette admiration.

Sur le plan de la sensualité, l'expérience de Peggy n'était certes pas à la hauteur de sa réputation d'enjôleuse. L'aventure avec son premier mari s'était achevée dans un accès de violence sordide, digne de la rubrique des faits divers. Quant à John Marsh, il n'était pas homme à exiger quoi que ce soit, à moins d'y avoir été invité. Il ignorait la jalousie. Les flirts de Peggy ne lui inspiraient aucun déplaisir ; de même, il l'encourageait vivement à poursuivre ses relations épistolaires avec les parents de Clifford Henry.

Au fil des ans, l'attachement réfléchi de Peggy pour son second mari devait gagner en profondeur et se transformer en tendresse. Au cours de l'été 1925, on n'en était pas encore là. L'espoir de « quelque chose d'autre » s'était évanoui, et la jeune femme se fit une raison. Le mariage avec un homme distingué, jouissant d'une parfaite réputation, était encore ce qui pouvait lui arriver de mieux, ne fût-ce que pour s'épargner le regret d'avoir négligé une si belle occasion.

L'amour de John Marsh serait désormais la base sur laquelle reposerait sa tranquillité.

Ils furent unis le samedi 4 juillet, à l'église unitarienne-universaliste de West Peachtree Street. Coiffée d'un canotier rehaussé d'un ruban de moire, Peggy portait une robe d'après-midi sans manches, couleur ivoire avec des impressions mauves (ces nuances, notons-le au passage, étaient déjà celles de sa première robe de mariée). Un bouquet piqué au corsage ajoutait à cette simple toilette l'éclat et la fraîcheur du muguet et des roses. « J'ai tout l'air de Babe Daniels[2] », dira-t-elle à Medora. Peggy avait refusé de se marier « en godillots », et les charmantes ballerines qu'elle portait ce jour-là lui donnaient sans doute l'impression de marcher sur un nuage.

La date du 4 Juillet, jour de la fête nationale, leur parut à tous deux de bon augure. Peut-être s'agissait-il de ménager la fortune un peu chancelante d'Eugene, ou peut-être avait-on perdu le goût du faste, toujours est-il que cette cérémonie fut bien modeste, comparée aux excès du premier mariage. Après la bénédiction nuptiale, les invités se replièrent sur la véranda de la demeure familiale où leur fut servi un lunch, thé et petits fours. Les collègues de John et de Peggy étaient venus nombreux et leur présence joyeuse, ainsi que les flots d'alcool prohibé, consommés en cachette, contribuèrent à la réussite de la fête. Quand les jeunes mariés voulurent s'éclipser en direction de leur voiture pour prendre la route des montagnes de Caroline du Nord, destination choisie pour la lune de miel, ils furent « kidnappés » par un groupe d'amis bien intentionnés et se retrouvèrent au Peachtree Yacht Club. On porta des toasts à tour de rôle et les libations se prolongèrent jusqu'à l'aube.

Malgré leur gêne, John et Peggy avaient décidé de s'offrir les services de Lula Tolbert, bonne à tout faire, et de ne pas lésiner non plus sur le chauffage, même si les remboursements des frais médicaux leur laissaient à peine de quoi vivre. Quelques semaines après leur retour de vacances, par mesure d'économie, John se rendit à l'hôpital des anciens combattants pour passer une visite médicale gratuite. Stupéfait, il s'entendit révéler, au terme d'une série d'examens, que ses troubles étaient d'origine psychosomatique et procédaient de désordres nerveux consécutifs à l'expérience traumatisante de la guerre.

2. Actrice américaine, 1901-1971. A treize ans, elle est la partenaire de Harold Lloyd. Parmi ses grands rôles, citons, en 1931, la Brigid O'Shaughnessy du *Faucon maltais* de Roy Del Ruth, dix ans avant Mary Astor (N.d.T.).

Bien qu'il n'eût pas été affecté à une unité combattante, les atrocités dont il avait été le témoin dans les hôpitaux de campagne l'avaient bouleversé. Son équilibre, soumis au vertige des souffrances, des bombardements et de la peur, s'en était trouvé profondément perturbé. Tous ces renseignements figuraient du reste dans son dossier au moment de sa démobilisation. Il pouvait donc alléguer de son actuel état de santé pour bénéficier d'une pension, sous réserve qu'il acceptât de signer une déclaration justifiant le versement d'allocations mensuelles pour cause de « troubles psychosomatiques, séquelles de la guerre ».

Il ne s'agissait pas d'une fortune ; pourtant ces versements providentiels auraient remédié à leur embarras financier. Stephens fut consulté. Il fut d'avis d'oublier toute l'affaire ; il conseilla à son beau-frère de continuer à tirer le diable par la queue plutôt que de signer une déclaration qui pourrait quelque jour « être mal interprétée et se révéler compromettante ». Peggy se rangea à cette opinion, aussi John déclina-t-il l'offre de l'armée. En fait, leur existence désargentée ne semblait pas le moins du monde entamer la belle humeur de la jeune femme. Elle avait enfin son « chez-soi », où toute licence était permise, comme de maintenir à longueur d'année une température d'étuve, d'inviter qui bon lui semblait, de laisser la vaisselle s'accumuler dans l'évier ou de partir le matin en oubliant de faire le lit, à charge pour Lula de remettre ensuite un peu d'ordre.

L'appartement du 17, Crescent Avenue, fut baptisé la « Tanière ». Pendant l'hiver rigoureux qui attrista Atlanta en cette fin 1925, aucun lieu n'était plus accueillant, plus chaleureux que ce minuscule deux-pièces, repeint par Peggy et meublé de bric et de broc, dans le style bohème chic inventé par Greenwich Village. Situé au rez-de-chaussée d'un petit immeuble de brique, la Tanière comprenait, en plus des deux pièces, une entrée grande comme un cagibi, une cuisine de poupée, une salle de bains. Une couverture ornée de glands dissimulait la misère du canapé sous l'éclat de la soie bariolée. On avait de même camouflé le piètre état de la table et du bahut sous des jetés précieux aux imprimés exotiques. Des rayonnages de fortune accueillaient les beaux volumes d'histoire de Peggy et sa collection d'auteurs contemporains, romans et poésie. Dérobée aux regards sous une autre étoffe flatteuse, la vieille machine à coudre de Maybelle avait trouvé sa place dans l'entrée. Remisée dessous, la Remington de Peggy faisait surface pour les nécessités du travail. La petite entrée devenait alors un véritable bureau.

L'immeuble, situé à deux pas de Tenth Street, une grande artère commerçante, abritait un atelier de cordonnerie. Ce quartier populeux, jadis repaire de hors-la-loi, théâtre d'aventures rocambolesques et de péripéties sanglantes, méritait à l'époque son surnom d'« Échappée belle ». Avant la guerre civile, la rue étroite, tortueuse, longeait de plus un ravin escarpé. « En voilà un qui l'a échappé belle ! » avait-on coutume de dire si d'aventure quelqu'un sortait sain et sauf de ce coupe-gorge. Au début du siècle, la rue avait été agrandie, nivelée, le ravin comblé. On prétendait qu'un chenapan s'était fait suriner à l'emplacement exact de la Tanière. Cette anecdote faisait la joie de Peggy.

La jeune femme n'avait pas son pareil pour raconter tout et n'importe quoi. A l'encontre des affections de puritanisme si répandues chez les dames du Sud, elle ne s'offusquait ni des plaisanteries scabreuses, ni des mots un peu lestes, et savait lever le coude, « comme un homme ». John lui remplissait son verre et ne se lassait pas de l'écouter. Il l'encourageait à régaler leurs amis d'histoires qu'il avait entendues cent fois. D'une allusion habile, il aidait la narratrice à trouver son second souffle si le récit traînait en longueur et ranimer ainsi la perplexité de l'auditoire. La Tanière devint bientôt le rendez-vous de tous leurs amis « de plume ». Tous remarquèrent le caractère un peu particulier des relations entre John et Peggy, qui donnaient plus l'impression d'être un couple de bons copains que de jeunes mariés. Sur la porte étaient punaisées deux cartes de visite : « Miss Margaret Munnerlyn Mitchell », « Mr. John R. Marsh ». Dans les premiers temps tout au moins, la combinaison d'une union harmonieuse et du départ de Peachtree Street eurent sur Peggy les effets les plus libérateurs. Si par la suite elle mit une énergie farouche à préserver son intimité, la jeune mariée qu'elle était alors ne se contenta pas d'ouvrir toutes grandes les portes du foyer conjugal, elle s'ingéniait à faire de la Tanière le centre de leur vie sociale, salon-bibliothèque, fumoir-taverne, un lieu convivial où l'on était prié d'apporter sa bouteille. Elle ne songeait plus à faire un drame de son exclusion de la bonne société. Elle évoluait à présent dans la sphère beaucoup plus inspirée du journalisme à la petite semaine et du dilettantisme littéraire. Auprès de ses nouveaux camarades, elle jouissait du privilège insigne de la chroniqueuse dont certains articles sont signés et, quand la plupart d'entre eux gagnaient moins, elle n'avait pas à rougir de ses trente dollars hebdomadaires. En fin de semaine, il n'était pas rare de voir une demi-douzaine d'invités rassssemblés autour d'un repas à la bonne franquette. La Tanière, alors, affichait complet.

Peggy ne parlait jamais de Red Upshaw. A cette époque, elle prit ses distances par rapport à certaines amies de longue date : Augusta, Lethea, Medora, qui présentaient à ses yeux le tort d'avoir été le témoin d'un passé pénible. Augusta se souvient de l'attitude « protectrice » de Peggy à son égard. « Tu manques de maturité, tu as besoin d'être prise en charge », lui répétait-elle sans cesse. Augusta s'était rendue à New York afin de réaliser son rêve. La jeune femme, en effet, voulait devenir cantatrice, et tous les espoirs lui étaient permis depuis qu'une petite troupe lui avait donné l'occasion de faire ses débuts à la scène dans un rôle secondaire de *La Flûte enchantée*. Peggy désapprouvait cette décision, en accord sur ce point avec le galant d'Augusta, Lee Edwards, son aîné de vingt-six ans, qui occupait un poste de direction à la Georgian Railroad. A l'instigation de Peggy, il décida d'aller chercher sa belle dans la grande ville. Il était prêt à assurer son avenir, expliqua-t-il. L'art lyrique pouvait-il promettre autant ? Augusta se laissa convaincre de rentrer à Atlanta. Ils se marièrent dans la petite église au coin de la rue, tout un poème. Leur lune de miel les conduisit ensuite en Europe.

Peggy et Lee se lièrent bientôt d'une chaleureuse complicité dont Augusta était souvent tenue à l'écart. C'était entre eux de fréquents apartés qui finissaient sur des éclats de rire. Ou bien, décrochant le téléphone, Augusta entendait à l'autre bout du fil Peggy lui déclarer sans ambages : « Passe-moi Lee, j'en ai une bien bonne à lui raconter. » La jeune femme avait, pour ces deux êtres qu'elle chérissait, des trésors de mansuétude. Aujourd'hui encore, le sourire aux lèvres, Augusta évoque « les singeries de Peggy lorsque j'étais enceinte, imitant ma rondeur en se plaquant sur le ventre un ballon de plage qu'elle maintenait à l'aide d'un grand châle noué par-derrière et qu'elle faisait rouler de bas en haut ».

Peggy entreprit d'écrire à ses moments perdus plusieurs nouvelles sur l'esprit du jazz, très en vogue à l'époque. Encouragée par John, elle résolut de tenter sa chance et fit parvenir quatre d'entre elles à la revue *Smart Set*. Le directeur en était H. L. Mencken, et Medora ne tarissait pas d'éloges à son sujet.

CHAPITRE X

Automne 1925. L'ère du jazz était en effet à son apogée. Peggy s'efforçait de communiquer un peu de cette audacieuse insouciance lorsqu'elle décrivait, dans sa nouvelle « Les liens conjugaux », deux jeunes filles en train de danser le charleston, « avec leurs courtes jupes qui voltigent au-dessus des genoux gainés de soie. Leurs petites têtes bien bouclées rejetées en arrière, elles s'adonnent à l'extase étourdissante et leurs regards pétillants expriment la franche gaieté, toute l'espièglerie de la folle jeunesse. »

Le mariage ne l'avait pas assagie le moins du monde. « Aucune épouse de ma connaissance n'est plus libre que moi », confiera-t-elle à Frances. « Pourquoi ? Parce que je n'hésite pas à faire à mon conjoint l'aveu qu'il attend : il n'y aura jamais d'autres hommes dans ma vie. Franchise payante : les étudiants peuvent bien envahir notre domicile à l'heure du thé, John ne se donnera pas ensuite le ridicule de me faire une scène de jalousie. »

Thanksgiving. En raison de l'exiguïté de la Tanière, Peggy décida de préparer la dinde traditionnelle sous le toit paternel, avec l'aide de Bessie naturellement. Toute la parentèle résidant à proximité serait invitée, grand-maman Stephens, tante Aline, le clan Fitzgerald et le clan Mitchell, plus une jeune demoiselle, Carrie Lou Reynolds, originaire de la ville d'Augusta, toute blanche et potelée, à laquelle Stephens avait le mauvais goût de faire les yeux doux et que Peggy surnommait « la Guimauve ». Soudain, à quatre jours de cette échéance qui devait lui permettre de faire devant la famille assemblée la preuve de ses talents d'hôtesse, Peggy fut appelée dans le bureau d'Angus Perkerson. Se sentait-elle d'attaque pour écrire en toute hâte un article en deux parties qui exigeait des « montagnes de recherches ? »

Le mémorial de Stone Mountain avait enfin trouvé ses héros. Cinq généraux avaient été choisis pour incarner la Géorgie dans l'immense façade de granit. Il s'agissait de retracer en trois mille mots la vie et les exploits civils et militaires des généraux John B. Gordon et Pierce M. Butler Young. Les premiers portraits devaient paraître dans le prochain supplément. Le dimanche en huit, ce serait le tour des généraux Thomas R. R. Cobb, Henry Benning, Ambrose Ransom Wright. Pouvait-elle relever le défi ? Bien sûr, répondit Peggy.

Toutes les invitations avaient été envoyées ; impossible, par conséquent, d'annuler le repas de Thanksgiving. En tout état de cause, Peggy savait pouvoir compter sur la fidèle Bessie pour veiller à ce que la dinde arrivât sur la table à point nommé. Sans plus tergiverser, elle courut à la bibliothèque Carnegie, première étape dans la réalisation du reportage le plus ambitieux de sa carrière. La liste des cinq généraux retenus avait été communiquée le matin même. Il s'agissait de prendre de vitesse les as du *Georgian*, le rival de toujours.

Elle quitta la bibliothèque à l'heure de la fermeture, rentra chez elle les bras chargés d'ouvrages de référence et continua jusqu'à une heure avancée de la nuit de lire et de prendre des notes. Le jeudi matin, jour du Thanksgiving, Peggy commença la rédaction du premier jet. Elle arriva juste à temps à Peachtree Street pour aider Bessie à mettre la dernière main aux préparatifs du couvert.

Samedi, la version définitive du premier article, émaillée de corrections manuscrites de John, se trouvait sur le bureau de Perkerson. Après l'avoir lu, le rédacteur en chef déclara qu'il tenait là le chef-d'œuvre de Peggy Mitchell. Il parut le lendemain. La réaction des lecteurs fut si enthousiaste que Perkerson, non sans avoir pris l'avis de Medora, convoqua l'auteur et lui annonça que la série était prolongée de trois semaines. Elle pourrait donc consacrer un article entier, d'une longueur de trois mille mots, à chacun des généraux restants.

Le second article : « Vive le général Cobb, auteur de la Constitution géorgienne », fut publié dans le supplément daté du 6 décembre. Très en verve, Peggy évoque avec passion l'éloquence dont fit preuve le général, persuadant la Géorgie qu'elle devait quitter le giron de l'Union pour prendre place au sein de la Confédération. Comme des milliers d'autres vaillants soldats, il trouva la mort à Fredericksburg, près de la Sunken Road.

Établie derrière un mur de pierre, le long de l'antique route, sa brigade avait déjà essuyé six vagues d'assaut. A l'horizon du champ de bataille se dressait Old Federal Hill, foyer de la propre mère du général, qu'elle avait quitté le jour de son mariage. C'était pourtant dans la cour de cette vieille demeure que l'ennemi avait disposé ses batteries, toutes braquées sur le fils de Sarah Robinson Cobb.

Le général avait mis pied à terre. Bouleversé, il faisait le compte des morts et des blessés. Une balle l'atteignit à la cuisse. L'artère fémorale sectionnée, il s'écroula. Il mourut peu après dans une mare de sang. Le sol tremblait sous le roulement terrible des canonnades.

A nouveau, un abondant courrier témoigna de la satisfaction des lecteurs. Perkerson décida d'accorder quatre mille cinq cents mots à sa rédactrice pour le portrait suivant : « Général Wright, héros de Gettysburg ». Un article de cette longueur, cela ne s'était encore jamais vu dans le supplément du dimanche. L'émotion fut à son comble, lorsqu'on découvrit le grand homme...

... escaladant à bride abattue la colline, suivi de la meute hurlante de ses braves. L'herbe est plus rouge que verte, et les sabots glissent. L'épée au poing, le général conduit l'attaque. Les balles sifflent autour de lui. Les canons tonnent, la fumée se répand en bouffées formidables. Il n'en a cure. Il crie au porte-drapeau de le suivre de près. Il fouette l'air de son épée ; de la voix, il exhorte ses hommes. « En avant ! Chargez ! Voulez-vous vivre éternellement ? »

Les porte-drapeau tombent les uns après les autres. Des mains avides se saisissent de la hampe avant même que les couleurs n'aient touché le sol. Parvenus au sommet de l'éminence, d'un bond impétueux, ils franchissent la ligne des canons ennemis. De la foule des cavaliers monte une clameur immense. Ils déferlent sur les fédéraux qui battent en retraite...

La semaine suivante, Peggy reprit le chemin de la bibliothèque Carnegie. Alors qu'elle se documentait sur le général Benning, « héros de Burnside Bridge », son carnet de notes se trouva rempli d'une quantités de petits faits, d'anecdotes, d'événements, passionnants en soi, mais sans rapport direct avec son personnage, tels que des incidents survenus pendant la bataille de Gettysburg, les commentaires des survivants... Dans le cours de son travail, l'intérêt qu'elle portait au général fut presque éclipsé par celui que lui inspira son épouse,

cette femme au cœur de lion, lutteuse inlassable, si résistante malgré son aspect fragile. Toutes les femmes du Sud se battirent avec courage, mais bien peu eurent à supporter fardeau si écrasant.

Les responsabilités de la plantation reposaient maintenant sur les frêles épaules de cette mère de dix enfants. Comme le fit le général dans les plaines de Virginie, elle se battit sur tous les fronts. Grâce à son acharnement, les récoltes furent rentrées, les enfants ne manquèrent jamais de rien, les Noirs mangèrent à leur faim. Tandis que son mari se battait au loin, elle eut la douleur de perdre son père, veilla seule aux funérailles et réconforta de son mieux sa mère inconsolable. Et comme si ces tâches et ces maux innombrables ne suffisaient pas, il lui fallut encore accueillir et soigner les soldats Confédérés qui se réfugiaient chez elle.

Le 20 décembre paraissait le dernier article. Pour la première fois peut-être, faisant le bilan de l'année écoulée, Peggy se sentait rassérénée. Elle avait acquis deux certitudes. Tout d'abord, son mariage avec John Marsh était la réussite la plus éclatante de sa vie. Les deux cartes de visite furent ôtées de la porte et remplacées par une troisième sur laquelle on pouvait lire : « Mr. & Mrs. John Marsh ». Ensuite, sa nouvelle fringale d'écriture ne pourrait se satisfaire longtemps des médiocres simulacres que lui fournissait sa collaboration au *Journal*.

John lui offrit deux livres pour ses étrennes, *Barren Ground*, d'Ellen Glasgow, et *The Great Gatsby*, de F. Scott Fitzgerald [1]. Glasgow vivait à Richmond, en Virginie. Peggy fut impressionnée par le soin, l'intelligence qu'elle avait apportés à la reconstitution du monde de la moyenne et grande bourgeoisie sudiste. L'exemple du talent d'autrui, quelquefois, consolide la confiance. Peggy se prit à rêver.

Cette embellie ne dura guère, tout au plus jusqu'à la réponse négative de *Smart Set*. Les nouvelles étaient refusées. Elle en voulut presque à John de l'avoir bercée de l'illusion qu'elle avait la moindre chance. Une idée naquit. Pourquoi pas un roman contemporain, ayant le jazz comme modèle ?

Fille d'un juge géorgien, l'héroïne se nommait Pansy Hamilton. Autour d'elle gravitait une petite bande de dévergondés des deux sexes qui n'étaient pas sans rappeler les habitués du Yacht Club d'Atlanta. D'entrée de jeu, une bamboche à tout rompre donnait le ton. L'alcool était clandestin, il n'en était que meilleur. On se grisait. On revendiquait tous azimuts la liberté du désir, du plaisir, et celle de tromper la mort, par exemple à l'occasion d'une terrifiante poursuite en voiture. Comme il se devait, ce garçon le plus beau, le plus insolent, entrait dans le décor. Afin de lui porter secours, afin, surtout, d'éviter son transport à l'hôpital et son arrestation pour conduite en état d'ivresse, Pansy cambriolait une pharmacie...

1. *Gatsby le Magnifique.*

Peggy écrivit ainsi une trentaine de pages avant de jeter l'éponge. Toute ressemblance entre son héros et un certain Red Upshaw ne pouvait être que pure coïncicence. L'élégant F. Scott Fitzgerald était certainement plus qualifié pour décrire les errements d'une génération à qui le jazz avait tourné la tête.

Tout au long du printemps 1926, Peggy connut les horaires draconiens imposés par la double journée de l'épouse qui travaille au-dehors. Chaque matin, avant de partir, elle prenait soin de laisser sur le tableau d'affichage de la cuisine la liste des instructions à l'usage de Lula, la femme de ménage employée deux heures par jour. Peggy se chargeait de toutes les courses et préparait elle-même le dîner. Elle consacrait deux soirées par semaine à peaufiner des reportages qui, sauf exception, ne présentaient guère d'intérêt. Elle confia sa morosité à Medora, et celle-ci lui proposa un sujet plus émoustillant : « Peut-on conjurer les démons du tord-boyaux ? », pour lequel elle devrait mener une enquête au cœur de Darktown, le ghetto noir. La mission n'était pas sans péril et Peggy fut trop heureuse d'accepter. Il allait falloir interviewer plusieurs « exorcistes » et quelques-unes de leurs victimes, prêtes à payer au prix fort les services du bon « docteur vaudou » dont les pratiques étaient supposées rompre le maléfice de l'alcool prohibé. Le client pourrait alors boire tout son saoul, sans craindre la cécité, la mort subite ou la folie.

« Pour toutes sortes de raisons, les fantômes de la peur hantent Darktown », écrivait Peggy. « Ces charlatans savent en profiter. Ils exploitent sans vergogne la crédulité de leurs congénères les plus superstitieux, auxquels ils extorquent de petites fortunes. » D'une plume vigoureuse, elle décrivait ensuite les escrocs et leurs impostures.

John piqua une terrible colère en apprenant que son épouse s'était aventurée sans escorte dans le quartier noir. Constatant qu'elle s'en était cependant pas trop mal tirée (après coup, Peggy confessa volontiers avoir ressenti une légère appréhension), il redoutait que l'un des « moricauds » incriminés, ainsi que l'article les désignait à plusieurs reprises, ne voulût prendre sa revanche. Pendant la semaine qui suivit la parution de l'enquête, il se fit un devoir d'aller chaque soir chercher la jeune femme au *Journal*. A nouveau, et dans les termes les plus pressants, il lui demanda de démissionner. Peggy prétexta leurs difficultés financières, puis accepta un compromis. Dès que le salaire de John serait augmenté, elle rendrait son tablier.

La patience de John devait être bientôt récompensée : la détérioration des conditions de travail au *Journal* se chargea de lui fournir les arguments nécessaires. En 1925, dans tous les États, la presse avait connu de grands bouleversements avec la disparition de centaines de titres dans les villes de moyenne importance, à mesure que les nouvelles feuilles à scandale gagnaient la faveur du public. Toujours à l'affût de sensationnel, celui-ci montrait pour les procès retentissants une curiosité insatiable qui réclamait sans cesse de nouveaux rebondissements. Les tribulations de « Peaches » Browning, traînant en justice son mari Edward « Daddy » Browning, grand amateur de lolitas, firent les délices de millions de lecteurs. « La presse n'en finit pas de s'avilir à des fins commerciales », écrivit un critique, exprimant l'indignation ressentie par le plus grand nombre. « D'ici peu, elle ira jusqu'à se vautrer dans la fange. »

Le *Journal* ne fit pas à la vulgarité ambiante plus de concessions qu'il n'était nécessaire pour résister à la concurrence. Il n'en publiait pas moins la prose affligeante de rédacteurs indépendants, tels que Faith Baldwin, Peggy Joyce ou Billy Sunday, le célèbre revivaliste. La situation de Peggy ne fut jamais menacée bien sûr, toutefois ses articles n'étaient plus en vedette comme naguère. Même son interview de Tiger Flowers, champion du monde des mi-lourds et digne fils d'Atlanta, fut reléguée en page neuf, au profit des confessions d'une meurtrière. Peggy n'était pourtant pas peu fière de son travail. Elle se flattait d'avoir su saisir les relations déroutantes qui existaient entre les mots, le rythme et la voix, dans le parler des gens de couleur :

Ma femme chantait dans une chorale avant qu'on ne se mette à courir le monde. Moi-même, je barytonnais tant et plus, mais c'est fini. Trop de marrons dans les gencives, ma voix s'est coincée.

Verna Lee et moi, on dansait le charleston. J'en étais dingue. La Congrégation a fini par me tirer les oreilles : « Tiger, mon bonhomme, ces trémoussements ne sont pas dignes d'un serviteur de l'Église ! »

Savez-vous ce que j'ai répondu ? « Rien de tel que le charleston pour entretenir mon souffle. C'est plus efficace que de sauter à la corde, et rudement plus civilisé, vous ne croyez pas ? »

Ils ont tous branlé du chef. « Tiger, c'est toi qui es dans le vrai, on peut pas dire le contraire. »

Au mois d'avril, John fut augmenté. Fidèle à sa promesse, Peggy donna un mois de préavis à Perkerson. Son dernier salaire lui fut versé le 2 mai 1926. Elle n'en avait pas tout à fait fini avec le *Journal* cependant. En qualité de collaboratrice pigiste, elle accepta la responsabilité d'une chronique hebdomadaire : « Les potins d'Elizabeth

Bennet ». Le nom était emprunté au roman de Jane Austen, *Pride and Prejudice*, mais le terme de *potins* pouvait prêter à confusion. En fait, le lecteur était invité à découvrir toute sorte d'anecdotes, parfois divertissantes, toujours instructives, sur ses plus éminents concitoyens d'hier et d'aujourd'hui. Cette petite occupation avait au moins le mérite de fournir à Peggy le prétexte de se rendre à la bibliothèque, où elle passait de longues heures à compulser les collections reliées de vieux journaux au format bien encombrant. A nouveau, indépendamment des sujets traités, elle prenait note de tout et les carnets remplis de précieux renseignements s'accumulaient dans le tiroir de la vieille machine à coudre qui lui tenait lieu de bureau.

Cette chronique fournissait le prétexte à un travail passionnant, puisqu'il s'agissait d'évoquer le passé d'Atlanta dans tous ses détails et sa vivacité sans jamais verser dans la familiarité déplacée. Peggy, malgré tout, épuisa vite l'intérêt de ces historiettes. Au fil des semaines, elle se mit à réfléchir à différents projets de romans. « J'ai des sujets par centaines », confiait-elle à une amie. « Ils se bousculent dans ma tête depuis que je suis toute petite ! »

La vérité, c'était que Peggy se morfondait dans cette semi-inactivité. Lula se chargeait du ménage, et les tâches domestiques se réduisaient à peu de chose. La plupart de ses amies travaillaient, et aucune n'était disposée à consacrer ses après-midi au bridge, voire au mah-jong, la dernière conquête des dames avides d'occuper leur oisiveté. L'été s'écoula dans le malaise et un ennui croissant. John prit conscience de l'irritabilité inhabituelle de son épouse. Leurs rapports se tendirent. Dans les lettres adressées à sa famille, à quelques amis proches, il exprimait son inquiétude, ajoutant qu'il exhortait plus que jamais Peggy à secouer ce joug pour s'engager hardiment dans l'écriture d'un roman. Elle refusait avec une « obstination effarante ». Bien des années après, Peggy devait proclamer sa haine de l'écriture. « Il n'y a rien que je déteste autant, mis à part Wagner et les claquettes. » Jamais elle n'aurait pris la décision de s'asseoir pour de bon devant sa machine si son mari ne l'y avait pour ainsi dire obligée. Ce beau jour arriva dans le courant de l'automne 1926. John venait de partir au travail. Peggy poussa son bureau-machine à coudre contre le mur situé entre les deux fenêtres du salon. Les yeux abrités sous la verte visière en Celluloïd des journalistes, vêtue d'une chemise d'homme et d'une salopette qui bâillait de partout, elle jeta les bases d'un futur roman. Trois semaines plus tard, *Ropa Carmagin*, du nom de son héroïne, était devenue une grande nouvelle.

L'intrigue se passait vers 1880, dans le comté de Clayton, non loin de la plantation des Fitzgerald. Semblable à ces épaves que Maybelle avait jadis désignées à son attention comme symboles de la déchéance morale, les sinistres carcasses des propriétés que des familles indignes n'avaient pas su relever de leurs ruines jalonnaient ce paysage mélancolique. Pour son malheur, Ropa Carmagin était justement l'héritière d'une lignée en faillite. Le chiendent proliférait dans le jardin livré à lui-même, les clôtures s'effondraient autour des champs à l'abandon et, pour couronner le tout, la jeune fille était éprise d'un mulâtre, très joli garçon, fils d'une ancienne esclave de la plantation.

Ce contexte menaçant interdisait un heureux dénouement. Dans la plus pure tradition mélodramatique, le séduisant métis se faisait assassiner ; toute honte bue, la malheureuse Ropa se voyait chassée par les voisins courroucés de la terre de ses ancêtres.

Quand elle estima être au bout de ses peines, Peggy remit sa copie à John, comme elle l'avait toujours fait. Elle était sans inquiétude. Ce récit bien documenté abordait sans hypocrisie un grave problème, celui du métissage, qui l'élevait d'emblée au-dessus du simple fait divers et lui conférait le statut d'œuvre littéraire. La réaction de John fut décevante. L'époque était bien rendue, concéda-t-il, le milieu dans lequel évoluaient les protagonistes parfaitement restitué, l'héroïne elle-même était attachante. Pour le reste, c'était du travail bâclé, indigne du talent de l'auteur. Toute cette histoire ne tenait pas debout. Le portrait du métis, en particulier, était invraisemblable. Peggy serait bien inspirée de laisser ce texte de côté et de prendre le recul nécessaire pour tout recommencer de zéro.

La jeune femme était anéantie. Elle passa le samedi et le dimanche enfermée, à broyer du noir. Le lundi matin, John avait à peine quitté la maison qu'elle prenait la voiture et roulait en direction de Jonesboro et Lovejoy. Croyait-elle qu'une petite promenade sur les lieux où l'infortunée Ropa avait versé tant de larmes provoquerait l'illumination salutaire ? Voulait-elle simplement établir une distance, un espace de méditation entre elle et la cinquantaine de feuillets empilés sur son bureau ? Une pluie dense brouillait la visibilité et la conductrice était préoccupée. Le panneau de stop la prit par surprise ; un coup de frein brutal fit patiner les roues. La voiture dérapa, quitta la chaussée, percuta un arbre. Peu après, remise de son étourdissement, Peggy s'extirpait malaisément du véhicule. Sa cheville foulée enflait à vue d'œil.

Quelques jours plus tard, elle avait reçu les soins appropriés, mais sa cheville était de plus en plus douloureuse : il lui était impossible de poser le pied par terre. Une radio supplémentaire ne révéla rien. Toutefois, on ne pouvait ignorer le fait que cette jambe avait été accidentée à deux reprises. L'arthrite, envisagée par les médecins, ne pouvait à elle seule expliquer ces élancements épouvantables. Peggy était prête à tout tenter, mais ni le plâtre dans lequel sa cheville fut enfermée pendant près d'un mois ni les exercices d'élongation qu'elle pratiqua ensuite pendant plusieurs semaines ne donnèrent le moindre résultat. Elle demeurait clouée dans son lit. Bessie passait aussi souvent que son service à Peachtree Street le lui permettait, pour faire les courses, et s'assurer que « Miss Peggy » ne manquait de rien.

Elle renonça aux « Potins d'Elizabeth Bennet », sous prétexte qu'elle était incapable de travailler sans sa machine. John était aux petits soins. Elle engloutissait des livres. Quand ses yeux demandaient grâce, il lui faisait la lecture, choisissant les textes les plus récents publiés dans les revues littéraires telles que l'*American Mercury*.

Quelquefois, Medora faisait un saut à l'heure du déjeuner ; Augusta lui rendait visite. Son frère et même son père se montraient pleins d'égards. Grand-maman Stephens, moins vaillante qu'autrefois, venait sans y avoir été invitée. Elle critiquait l'étroitesse du logement, sa médiocrité, et laissait entendre que sa petite-fille n'en serait pas là si elle s'était montrée fervente catholique.

John s'arrêtait à la bibliothèque sur le trajet du retour et se ravitaillait en romans, livres d'histoire et recueils de poèmes, afin de meubler la solitude de Peggy. Cet accident avait entraîné d'autres frais médicaux qui venaient s'ajouter aux factures en souffrance. Les complications financières aggravaient encore la sensation de désenchantement où le couple menaçait de s'enliser. John lui-même était loin d'être frais et dispos, mais sa santé délicate l'inquiétait moins que le profond découragement de la jeune femme. Dès qu'elle fut en état de se déplacer à l'aide de béquilles, il décida d'employer les grands moyens. Un soir, au lieu de l'habituelle provision de lectures fraîches, il sortit de sa serviette une rame de papier qu'il posa ostensiblement à côté de la machine à écrire. Cette fois, expliqua-t-il, il avait épuisé toutes les ressources de la bibliothèque. Si elle voulait avoir un bon roman à se mettre sous la dent, elle allait devoir compter sur son propre talent.

Longtemps après, elle se remémora sa première réaction de panique : « Mon Dieu, me voilà mise en demeure d'écrire quelque chose. Que vais-je bien pouvoir raconter ? »

Le lendemain, une fois seule et clopinant sur ses béquilles, elle enfila sa vieille salopette, ajusta sur son front la visière des « pros », empila sous la table de la machine à coudre quelques coussins, destinés à supporter sa cheville malade, et s'installa. Son premier soin fut de ranger *Ropa Carmagin* dans une enveloppe et de faire disparaître celle-ci au fond d'un tiroir. Elle inséra une feuille. L'angoisse du vide, de l'absence de sujet, n'était pas feinte, simplement exacerbée par la première confrontation entre le fouillis des idées et l'énorme travail à accomplir. Peggy avait toujours su de quoi serait fait son roman. Les souvenirs de sa grand-mère, revisités par l'héroïsme de Mrs. Benning, l'épouse du général, avaient alimenté d'innombrables discussions avec John.

Si elle n'avait pas de plan, elle se ne lançait pas pour autant à l'aveuglette. L'histoire d'Atlanta, de la guerre à la Reconstruction, était plus qu'un tremplin pour son imagination. Elle deviendrait la substance même de l'œuvre. Du reste les deux couples autour desquels tout devrait graviter ne lui étaient pas complètement inconnus. L'un des hommes, sentimental et romanesque, présentait un air de famille avec Clifford Henry ; l'autre était un faraud, un bourlingueur dans le genre Red Upshaw. La première femme, inspirée de Mrs. Benning, incarnait toutes les vertus de la vieille aristocratie sudiste ; la seconde, dans laquelle l'auteur se réservait de mettre un peu d'elle-même et beaucoup de sa grand-mère, était une fieffée coquine, amoureuse du mari de la précédente. Dans l'esprit de Peggy, même quand la moins sage des deux se fut imposée comme la protagoniste, il ne faisait aucun doute que l'héroïne demeurait l'épouse édifiante.

Adoptant la méthode dont elle s'était toujours servie pour rédiger ses articles, elle commença par la fin. Le dénouement communiquait à l'histoire une impulsion irrésistible. Elle entendait procéder à la manière des auteurs de romans policiers, qu'elle imaginait mal hésitant et tâtonnant dans la chronologie du récit. Il leur fallait d'abord organiser le meurtre et coincer le coupable ; alors seulement, ils pouvaient remonter à la genèse de l'action et, de là, dérouler l'enchaînement logique des faits jusqu'à l'imprévisible résolution du mystère.

Peggy se souvenait, comme si c'était hier, du jour où Red était parti pour Asheville avec l'intention de ne jamais revenir. Elle n'avait pas oublié non plus les étendues d'ombre et de silence que Clifford Henry, son « unique amour », avait emportées dans sa tombe. Que savait-elle de l'un et de l'autre en définitive ? La prudence, bien sûr, commandait une grande discrétion. Il n'était pas interdit d'utiliser certains éléments biographiques, à condition de brouiller savamment les pistes. Ce matin-là pourtant, elle était à cent lieues d'envisager une quelconque publication. Il serait bien temps d'y songer si par bonheur son travail méritait les éloges de John. L'esprit libre de toute illusion, elle tapa la première phrase :

Elle n'avait jamais compris aucun des deux hommes qu'elle prétendait aimer, aussi les perdit-elle l'un et l'autre.

Pouvait-elle s'en douter ? Ces quelques mois allaient bouleverser le cours de son existence.

CHAPITRE XI

L'affection que Peggy éprouvait pour John était impuissante à exorciser le souvenir de Red Upshaw. Celui-ci ne pouvait être considéré
comme seul responsable de la faillite de leur relation, avait-elle confié
à son mari ainsi qu'à Medora. Elle était prête à reconnaître ses torts.
Leur installation à Peachtree Street, par exemple, avait été une erreur
complète ; et que dire de son étourderie lorsqu'elle avait choisi leur
voyage de noces pour évoquer les douces heures passées en compagnie de Clifford Henry ? L'exaspération justifiée de Red avait créé
entre eux une fêlure que rien ne put ressouder. L'homme n'en était
pas moins un monstre, auquel il était impossible de pardonner. L'idée
de pouvoir se retrouver quelque jour en face de lui l'emplissait d'épouvante ; pourtant il lui suffisait de songer à leur première séparation
pour ressentir, presque intacte, la détresse accablante qui l'avait enva-
hie tandis qu'elle regardait s'éloigner la voiture, l'affreuse sensation
de solitude et d'impuissance.

L'indifférence témoignée par l'homme aimé dévore le cœur, plus
que sa haine ou sa brutalité. C'est le pire affront qu'il puisse infliger. Après l'avoir rouée de coups, Red Upshaw n'avait pas jugé bon
de présenter ses excuses et, plus tard, il n'avait pas même daigné
comparaître au tribunal.

Sur le moment, cette froideur qui tenait presque du mépris avait
laissé Peggy inconsolable. Jusqu'à un certain point, l'amertume ressentie plusieurs années auparavant inspira la première scène qu'elle
écrivit, mais le souvenir ne se prolongeait pas au-delà. Si elle s'était
fait le reproche de ne pas avoir laissé à Red l'occasion de prouver
son aptitude au travail, à la bonne volonté, elle avait depuis acquis
la conviction qu'il était en fait une incurable canaille, à la différence
du héros de son roman. Celui-ci devait pouvoir racheter sa grossièreté et la violence dont il allait faire preuve envers sa femme par quelque trait de caractère propre à faire oublier tout le reste. L'amour

paternel, par exemple, lui rendrait sa dignité. Dès les prémices de l'œuvre, par conséquent, il fut établi qu'un enfant sauverait de la débâcle le couple maudit, uni par les liens d'un mariage aberrant.

Rhett Butler fut vite baptisé, à partir de deux noms très répandus dans le Sud. Son prénom et celui de Red Upshaw sont presque homonymes bien sûr, et les patronymes comportent le même nombre de syllabes. Entre Butler et son modèle secret existent bien d'autres similitudes. Aussi « autoritaires » et « scélérats » l'un que l'autre, ils ne s'encombrent pas de principes et tous deux ont en commun d'avoir été exclus d'une école militaire : Rhett, de West Point ; Red, d'Annapolis. Le premier avait su profiter de la guerre pour développer ses affaires ; le second avait tiré de la prohibition de substantiels bénéfices. Également sensuels, ils étaient capables de s'égarer dans les plaisirs les plus triviaux. Enfin, s'ils étaient sudistes, ni l'un ni l'autre n'était natif d'Atlanta.

L'action oscillerait entre la capitale et Jonesboro, où la plantation familiale de l'héroïne, loin d'être une belle propriété de légende, aurait les dimensions plus modestes de la ferme des Fitzgerald dans laquelle Peggy avait si souvent passé ses vacances. Le domaine s'appellerait Fontenoy Hall, un nom bizarre imaginé par l'auteur et dont le seul mérite était d'être inconnu dans le comté de Clayton. Aucune plantation ne pourrait se reconnaître. Mettant à profit ses longues semaines d'immobilité, Peggy avait lu quantité d'ouvrages sur la guerre civile, sans que s'éveillât le moins du monde son intérêt pour l'aspect militaire du conflit. La perspective qu'elle se proposait d'adopter était résolument féminine. Guerre et Reconstruction seraient décrites du point de vue des femmes demeurées seules et qui avaient refusé de s'avouer vaincues, même après la défaite. Peggy n'avait oublié aucun des récits de sa grand-mère décrivant l'attente angoissée d'Atlanta cernée par les Yankees, ou la longue route pour gagner Jonesboro, ville pillée, saccagée, dont les survivants se nourrissaient de pommes de terre. Elle avait aussi conscience de tout l'intérêt que présentait pour son récit le calvaire de Mrs. Benning, épouse, fille, et mère exemplaire.

Au terme de sa première journée de travail, la scène finale était écrite, soit une demi-douzaine de pages. John en eut la primeur le soir même. Après avoir lu et relu le texte, il fit son travail de correcteur, traquant les fautes d'orthographe, les erreurs de grammaire et de syntaxe, remplissant les marges d'observations et de suggestions. Cette fois, il n'était pas seulement encourageant, il débordait d'enthousiasme. Longtemps ils discutèrent des personnages et des péripéties de l'action.

Le lendemain, Peggy se leva de bonne heure. Elle retapa les pages, intégrant certaines des modifications recommandées par John et quelques-unes de son cru. Après quoi elle entra dans le vif de son histoire. La scène choisie, antérieure de plusieurs années à celle de la veille, se déroulait alors que la guerre n'avait pas encore éclaté. Il n'était pas du tout certain qu'elle trouverait sa place dans le chapitre premier et l'auteur s'en souciait fort peu. Sûre de connaître sur le bout des doigts l'histoire de ces années-là, elle pouvait se permettre de jongler avec les dates sans jamais perdre de vue les événements qui avaient bouleversé la vie des habitants d'Atlanta et de Jonesboro. En l'espace d'une semaine, la romancière avait trouvé son rythme. Elle travaillait de six à huit heures par jour, quelquefois plus. Certaines scènes, exigeant des recherches complémentaires, étaient laissées de côté ; elles seraient reprises plus tard quand l'auteur, rétablie, pourrait se rendre dans les sous-sols de la bibliothèque Carnegie, où se trouvait la salle de documentation. Ces parenthèses n'interrompaient pas le cours de la narration, et pas davantage le fait que plusieurs suites étaient quelquefois proposées pour une même scène. Contrairement au mythe forgé après coup, le roman ne fut pas écrit dans le désordre. Une fois bouclé son dernier chapitre, Peggy retourna à l'origine de l'intrigue et développa celle-ci dans une relative continuité. Les chapitres en attente existaient à l'état d'ébauches et de notes explicatives.

Tous les personnages, jusqu'aux plus secondaires, furent mis sur fiches. Même si l'ordre et la méthode disparaissaient lorsqu'on en venait à l'écriture proprement dite, sa façon de travailler montrait assez que Peggy n'avait pas oublié les leçons d'Angus Perkerson.

A quoi bon la visière, à quoi bon l'accoutrement masculin, si ce n'était pour simuler l'ambiance qui régnait dans une salle de rédaction ? Peggy considérait cette nouvelle entreprise d'un œil professionnel. Elle était de nouveau « en activité », elle avait repris du service. La réalité se situe donc aux antipodes de la douceâtre version colportée par les futurs exégètes, présentant une délicate ménagère qui aurait épanché à ses moments perdus le trop-plein de son imagination, frileusement blottie sous une courtepointe. L'ancienne collaboratrice du *Journal* avait retrouvé, entière, son ardeur au travail, et les encouragements de John n'avaient pas moins de prix à ses yeux que les louanges de Perkerson qu'elle s'était acharnée à mériter pendant quatre ans.

Plus elle s'enfonçait dans le livre, plus Peggy semblait se trouver en présence d'un phénomène « étrange et vertigineux qui exigeait d'elle un effort exténuant », selon la définition qu'elle en donna elle-même. Tout ce qu'elle avait lu, vu, entendu, éprouvé, toutes les expériences accumulées depuis l'enfance prenaient soudain leur essor et devant elle gagnaient en consistance. Les insomnies persistaient, traversées par la voix maternelle, portant dans son intensité retrouvée les chants à vif de la guerre. Les cauchemars projetaient l'un après l'autre leurs impérieuses visions, liant dans la même horreur les massacres et la fierté des combats.

John écrivit à sa mère et à sa sœur pour leur annoncer que Peggy s'était attelée à une œuvre d'envergure où se déploierait toute la palette des grands thèmes existentiels — la vie, l'amour, la mort, la jalousie, la haine, l'avidité, le bonheur, la solitude. Il n'en dit pas plus. Peggy lui avait demandé une absolue discrétion et personne ne devait être mis dans le secret. Si la Tanière recevait des visiteurs, on jetait sur la machine à écrire un grand drap de bain pour dissimuler le manuscrit. John croyait en elle. Peggy puisait dans cette confiance la force de continuer, jour après jour. Envers lui seul elle s'estimait redevable, et chaque soir l'invariable question : « Combien de pages allons-nous devoir relire ? » lui semblait une échéance à laquelle elle ne pouvait se dérober.

Bientôt, les grandes enveloppes de papier bulle s'entassèrent sur la table et sur le plancher, toutes étiquetées d'après leur contenu : « Histoire familiale », « Barbecue à Twelve Oaks », « Le bazar ». L'élan était donné. Pendant plusieurs mois, Peggy s'astreignit à une discipline rigoureuse. L'enthousiasme, le désir d'avancer la maintenaient presque tous les jours à sa table, plusieurs heures d'affilée, et les pages jugées indignes étaient refaites inlassablement.

L'auteur demeura toujours catégorique sur un point : à l'exception de Prissy, la jeune soubrette noire, qui devait beaucoup à Cammie, aucun des autres personnages n'était inspiré d'un modèle réel. On reste rêveur devant cette affirmation de pure mauvaise foi. Laissons de côté Rhett Butler ; comment ne pas voir en Ashley Wilkes (nouvelle combinaison de noms courants dans le Sud), cultivé, sentimental, incomparablement distingué, un portrait idéalisé à l'extrême de Clifford Henry ? Celui-ci venait du Nord, sans doute, mais c'était lui aussi en homme d'honneur, au nom d'une éthique romanesque, qu'il s'était risqué sur les champs mauvais de l'histoire. De même le rapprochement n'est-il pas éloquent entre l'effondrement de Gerald O'Hara à la mort de sa femme et le désarroi d'Eugene après la disparition de Maybelle ?

Peggy jurait ses grands dieux que Pansy O'Hara n'avait aucun rapport avec elle. Prenons-en bonne note, puis considérons certaines coïncidences troublantes. Le prénom n'est-il pas le même que celui de l'héroïne de la nouvelle restée inachevée sur les enfants terribles du jazz, texte à caractère ouvertement autobiographique ? Peggy a beau dire, Pansy entretiendra comme elle la longue frustration d'une passion de jeunesse brisée dans son élan ; toutes deux devront éprouver le choc d'un premier mariage manqué avant de découvrir un compagnon plus solide ; enfin, dans un cas comme dans l'autre, il ne se trouvera qu'un seul homme pour subjuguer une personnalité hors du commun. La motivation autobiographique communique à la narration une puissance qui sans cela aurait peut-être fait défaut.

En revanche, on ne peut nier que le personnage de Pansy O'Hara se fonde au moins autant sur Annie Fitzgerald que sur sa petite-fille, au point que Peggy ne put se résoudre à faire lire le manuscrit à sa grand-mère.

Elle se rétablissait lentement, mais ses sorties restaient rares. La jeune femme passait le plus clair de son temps confinée dans l'étroit deux-pièces. Grand-maman Stephens ne manquait pas de passer plusieurs fois par semaine. Elles s'étaient réconciliées ; pourtant Peggy ne prit jamais le risque de lui révéler le contenu des grandes enveloppes. Il n'était pas du tout certain que la vieille dame apprécierait de voir les événements marquants de sa vie intégrés à la trame d'un roman.

L'histoire de la famille O'Hara était parallèle à celle des Fitzgerald. A la même date, les uns et les autres s'installaient dans le comté de Clayton. Annie Fitzgerald Stephens et Pansy O'Hara étaient demeurées à Atlanta jusqu'à l'incendie. Elles avaient soigné à l'hôpital des blessés venus de tous les fronts. Après la naissance de leur premier enfant, elles avaient, seules, regagné Jonesboro où elles étaient demeurées jusqu'au retour des vaincus de la guerre. Elles avaient bravement affronté les privations et les carpetbaggers. Les jeunes femmes avaient quelques années de moins que la ville d'Atlanta, avec laquelle elles étaient fières de se sentir en « étroite affinité ».

A mesure que le roman prenait forme, Peggy se résignait à l'idée que son travail, même si elle en voyait un jour le bout, ne devait jamais être publié. L'obstacle de grand-maman Stephens pouvait sans doute être surmonté, mais que dire de Red Upshaw ? La crainte que le moindre rapprochement pût être établi entre la fiction et la réalité se muait en obsession. Nous touchons là une des raisons fondamentales de son interminable réticence à discuter du livre avec qui que ce soit.

Toute perspective éditioriale étant barrée, il lui restait à se convaincre qu'elle écrivait uniquement pour son plaisir. Elle n'avait de comptes à rendre à personne ; par conséquent, nul ne se soucierait de la rétribuer de sa peine. Dans ces conditions, le projet ne se trouvait-il pas frappé de nullité ? Plus elle s'absorbait dans son travail, plus Peggy se sentait gagnée par le doute. Ce n'était pas le moindre paradoxe de l'aventure. Elle n'était donc qu'une femme d'intérieur qui se distrayait à faire de la littérature, et ce passe-temps l'accaparait aux dépens des tâches domestiques. Sans l'influence déterminante de John qui entrait dans une colère noire chaque fois qu'elle envisageait de tout laisser tomber, la conviction se serait peu à peu imposée à l'esprit de Peggy qu'il était de son devoir de renoncer au roman, comme on trouve la force de rompre avec une mauvaise habitude. Or ce livre était devenu le fruit de leurs efforts conjugués ; son achèvement importait presque autant à l'un qu'à l'autre.

Ce fut un printemps pluvieux. Peggy redoutait une chute et n'osait trop s'aventurer sous les trombes d'eau avec ses béquilles. L'arthrite installée dans sa cheville retardait la complète guérison. Les médecins se montraient pessimistes ; peut-être ne pourrait-elle plus jamais se déplacer sans l'aide d'une canne.

Au début du mois de mars, John reçut les félicitations de Georgia Power pour avoir rédigé le meilleur texte publicitaire de l'année écoulée. Leurs difficultés financières étaient loin d'être résolues ; pourtant, dans les nombreuses lettres qu'il écrivit à sa famille, à ses amis, pour annoncer la bonne nouvelle, il se proclamait le plus heureux des hommes. Respectant l'engagement passé entre eux, il se gardait de livrer le moindre détail sur le roman en chantier, néanmoins sa fierté transparaissait dès qu'il était question de Peggy.

Le désir premier de John Marsh n'avait-il pas été de devenir écrivain ? Très tôt il s'était rendu compte qu'il n'avait pas le talent nécessaire pour s'engager dans la voie du roman ou de l'essai. De même, sa carrière de journaliste avait tourné court. Le passage à la rédaction publicitaire s'était effectué sans crise. « Les fautes me crèvent les yeux, mais la magie des mots se dérobe », reconnaissait-il lui-même pour expliquer l'échec de ses grandes ambitions créatrices. En ce qui concernait son propre avenir, il ne souhaitait pour l'instant rien de plus que de continuer à servir Georgia Power et de s'élever échelon après échelon jusqu'au poste de directeur de publicité, nanti d'un salaire qui lui permettrait enfin d'accéder à l'aisance.

Lorsque Peggy collaborait au *Journal*, il avait, pourrait-on dire, vécu par procuration les joies et les vicissitudes du métier. Il faisait de même aujourd'hui, avec ce roman qui comptait tellement pour lui.

Comment aurait-il réagi, aurait-il été capable de débrouiller cette énorme arithmétique de l'imagination, si au lieu des quelques pages que Peggy lui donnait chaque soir à relire il s'était retrouvé avec la pile des enveloppes sur les bras ? Son rôle ne fut pas négligeable, cela ne fait aucun doute. Il fut l'indispensable témoin, à la fois contra-dicteur et chambre d'écho, mais sa contribution au développement de l'histoire reste difficile à évaluer. Peggy ne manquait jamais de l'impliquer dans l'épreuve de l'écriture proprement dite et, grâce à lui, la langue débarrassée de ses scories gagna en clarté, en rigueur, en élégance. En fait, sa participation n'excéda jamais celle d'un direc-teur de collection consciencieux. Peggy ne connaissait ni de près ni de loin les méthodes de travail qui ont cours dans l'édition ; aussi en venait-elle à considérer John comme une sorte de Pygmalion, et le fait d'être entièrement à sa charge sur le plan financier accroissait son sentiment de dépendance et sa gratitude.

Dans ces conditions, son assurance toujours fragile ne pouvait que chanceler. Le roman lui semblait une épreuve au-dessus de ses for-ces. « J'étais la proie rêvée d'un fléau que la tradition familiale dési-gne sous le nom de "crise d'humilité" », avouera-t-elle beaucoup plus tard. « J'avais beau m'échiner, mon travail n'arrivait jamais à la che-ville de celui du voisin et j'étais dévorée de complexes en découvrant des textes sublimes auxquels ma prose ne pourrait se flatter d'être comparée. »

Au printemps de 1927, la lecture de *Marching On*, un roman de James Boyd sur la guerre civile, acheva de la démoraliser. Elle referma sa machine à écrire et pendant un trimestre entier, selon ses propres dires, « sa vie cessa d'avoir un sens ». Rien n'aurait pu la décider à reprendre le collier. John l'admonestait en vain. « Je n'y arriverai pas, autant renoncer ! » s'écriait Peggy. Comment pouvait-on pré-tendre écrire une fresque sur la guerre sans jamais s'aventurer sur le terrain militaire ? Il était lâche de détourner les yeux des champs de bataille. L'auteur qui ne pouvait relever ce défi était indigne de poursuivre sa tâche. Quel rapport y avait-il entre son roman et celui de Boyd ? ripostait John. N'avait-elle pas maintes fois proclamé son intention de célébrer le courage et l'ardeur des femmes demeurées à l'arrière plutôt que celui des soldats eux-mêmes ? A quoi bon cher-cher à diversifier son registre, à démultiplier les motifs et les thèmes ?

Les scènes de combat, fussent-elles éblouissantes, ne risquaient-elles pas de compromettre l'unité du récit et le magnifique élan de foi et d'espérance qu'elle lui avait imprimé ? Peggy ne voulait rien entendre ; la machine à écrire resta close.

La réapparition de Red Upshaw à Atlanta n'était peut-être pas étrangère à cet accès de mélancolie. Il avait rendu visite à ses anciens professeurs de l'université de Géorgie, et le bruit courait qu'il pourrait bien se décider à terminer ses études. Des amis communs fournirent plus de détails que Peggy n'aurait sans doute souhaité en apprendre. Red était dans une forme éblouissante et roulait dans une grosse cylindrée. Il avait maintenant un emploi stable, chef de service des ventes chez Reliance Coil & Oil, une importante entreprise d'Asheville, Caroline du Nord. On l'avait vu dans une soirée donnant le bras à la plus jolie débutante de la saison. Son séjour à Atlanta fut bref, quelques jours tout au plus. Il ne prit contact ni avec son ex-femme, ni avec son ancien ami.

Le 3 mai 1927, Stephens et Caroline Louise Reynolds furent unis suivant le rite catholique. Il fut question, dans le carnet mondain du *Journal*, d'une cérémonie « empreinte d'une gravité, d'une solennité admirables ». Après un voyage de noces à New York, les jeunes mariés avaient prévu de s'installer à Peachtree Street, en compagnie de Mr. Mitchell. Carrie Lou prendrait soin de lui et de la maison, assumant ainsi le rôle qui dans l'esprit d'Eugene aurait dû naturellement revenir à sa propre fille.

Peu après le mariage de Stephens, John tomba gravement malade. Il maigrit de nouveau beaucoup, était extrêmement fatigué et était souvent pris d'étourdissements. Il fut transporté à l'hôpital où il demeura pendant trois semaines à subir des examens inutiles et inadaptés puisque les médecins continuaient d'ignorer l'origine de ses troubles. Longtemps il ne put soulever la tête sans être pris de nausées.

La défaillance de John eut au moins pour effet d'obliger Peggy à se ressaisir. Ses béquilles ne l'empêchaient pas de se rendre chaque jour à l'hôpital et, malgré l'inquiétude et les petites misères, l'humour entre eux ne fut jamais absent. Ne sachant comment distraire le malade, Peggy eut l'heureuse idée de lui apporter le *Dracula* de Bram Stoker. John écrivit à sa sœur que le bouquin l'avait « envoûté ». « J'insiste pour que les guirlandes d'ails soient suspendues au-dessus de mon lit, afin d'éloigner les vampires. Les infirmières pensent que je travaille du chapeau ! »

Cette lecture produisit, il faut le croire, un effet salutaire. John rentra chez lui et se fit dorloter par sa femme, bien décidée à le « remplumer ». Après quinze jours de convalescence, il reprenait le travail. Les mystérieux étourdissements avaient disparu et ne devaient pas se manifester de sitôt. Quand la vie eut repris son cours normal, Peggy réendossa son uniforme de « rédactrice affairée », visière et salopette. Elle ôta le couvercle de la Remington. Délivrée jusqu'à nouvel ordre de ses inhibitions, elle se remit à l'œuvre.

CHAPITRE XII

Le matin du 20 mai 1927, peu après 8 heures, Charles A. Lindbergh s'installa aux commandes du *Spirit of Saint Louis*. Partant de Roosevelt Field, un petit aérodrome des environs de New York, il comptait gagner Paris sans escale. Huit ans auparavant, un magnat de la côte Est avait offert une récompense de vingt-cinq mille dollars à quiconque réussirait le premier vol transatlantique en solitaire. Lindbergh avait relevé le défi. Hier encore inconnu, cet homme discret au sourire jovial devint le héros du jour. Ses diminutifs, « Lucky Lindy[1] » et « Flying Fool[2] », étaient sur toutes les lèvres. La prouesse qu'il se proposait d'accomplir avait un tel parfum d'audace et d'impossible que les imaginations s'enflammèrent. Pour la première fois depuis la guerre, la nation américaine se ressouda dans un espoir unanime. La victoire de Lindbergh serait celle de tous.

L'équipe du *Journal* et quelques amis, dont Peggy et John, s'était rassemblés chez les Perkerson, autour d'un poste de radio. Silencieux, fervents, ils suivaient la progression du *Spirit of Saint Louis*. A la seconde où tomba l'immense nouvelle, ce fut une explosion de joie : Lindbergh venait de se poser au Bourget où les Français lui réservaient un accueil triomphal. Seule Peggy se montra réservée. Pouvait-on réellement parler de prodige, « le plus grand accompli par un homme seul depuis la nuit des temps », pour reprendre le slogan crié par les camelots qui se répandirent dans les rues aussitôt après ? L'envoi de milliers de télégrammes, dont certains ne comportaient pas moins de dix-sept mille signatures, était-il justifié ? D'autres pilotes avaient traversé l'Atlantique, dans des conditions un peu différentes bien sûr. Ils étaient deux dans le cockpit et le vol avait été interrompu

1. Lindy la Chance.
2. Le Fou volant.

par une escale à Terre-Neuve pour faire le plein d'essence. Lindbergh avait franchi la distance en solitaire, et d'une traite. L'exploit méritait un coup de chapeau, la jeune femme le reconnaissait volontiers. Elle admirait la hardiesse de l'aviateur et saluait sa virtuosité, mais de là à se voir promu l'idole des foules...

D'autres, plus pénétrants, discernèrent les raisons de l'étrange liesse qui s'empara du continent. Ainsi Frederick Lewis Allen dans son excellent ouvrage : *Our Yesterday*. Privés de l'héritage spirituel de leurs aïeux, écrit-il, les Américains avaient vu les idéaux fondateurs auxquels ils s'étaient longtemps raccrochés, les espoirs dont ils s'étaient nourris, s'enliser dans la frénésie consommatrice de l'après-guerre ou s'effriter sous l'influence corrosive des nouvelles doctrines scientifiques et des théories psychologiques d'avant-garde qui tiraient à boulets rouges sur les valeurs traditionnelles telles que la famille, les sentiments religieux et patriotiques. La presse populaire déclinait avec un acharnement ignoble la litanie des symptômes du déclin — scandales politiques, tripotages financiers, criminalité galopante. Cette société en plein désarroi souffrait bien d'une pénurie d'idéal. Ce n'était qu'au prix du courage, de la confrontation avec le danger que le rêve américain pourrait retrouver sa légitimité et la multitude déboussolée former à nouveau un peuple réconcilié avec lui-même. Le geste de Lindbergh, ce fou téméraire, ressemblait au miracle attendu.

Enchevêtrée dans son réseau de complexes et de contradictions, Peggy n'aurait jamais pu imaginer, même aux confins de ses plus violents cauchemars, qu'elle deviendrait à son tour, dix ans plus tard, la grande pourvoyeuse d'utopie et l'objet d'une aussi étouffante adulation.

Autour d'elle, tout le monde savait plus ou moins qu'elle préparait un livre. On s'était lassé de poser des questions auxquelles elle répondait par un haussement d'épaules et par une boutade : « Taper à la machine, c'est encore ce que j'ai trouvé de mieux pour soigner ma cheville ! »

Demi-mensonge, en vérité. Au cours de l'été et de l'automne 1927, son état de santé ne cessa de s'améliorer. Débarrassée de ses béquilles, Peggy put enfin se rendre chaque semaine à la bibliothèque pour fouiner dans les archives. Ces sorties studieuses étaient les seules récréations qu'elle s'octroyait dans son travail ; le livre lui prenait alors tout son temps. Elle n'en voyait pas la fin et la dimension du manuscrit l'effrayait déjà. Les rapports violents entre Pansy O'Hara et Rhett Butler, leurs démêlés conjugaux, devaient en principe constituer le nœud de l'action, or elle avait écrit un millier de pages, et ces deux-là n'étaient pas encore mariés !

Au cours de l'été 1928, une « crise d'humilité » l'atteignit de plein fouet et mit le comble à son désarroi. Le responsable de ce nouvel accès de modestie paralysante fut Franck Daniel, un ancien collègue du *Journal* qui tenait la rubrique des livres dans le supplément de fin de semaine. Il voulait avoir l'avis de Peggy au sujet d'une œuvre dont il devait faire la critique, le grand poème épique de Stephen Vincent Benét sur la guerre de Sécession, *John Brown's Body*. Peggy était en train de taper à la machine lorsqu'il arriva. Elle s'empressa de tout recouvrir d'un grand linge. Daniel proclama son admiration éperdue pour la beauté, la force de *John Brown's Body*, puis insista pour lire à haute voix certains passages exaltants.

« Voici venir la fin, voici venir la fin », entonna-t-il avec son accent du Sud aux inflexions chantantes. Peggy écoutait, transportée par l'éloquence tumultueuse, les magnifiques envolées qui portaient l'épopée visionnaire du poète. Elle se jeta sur le canapé, se plaqua les mains sur les oreilles et supplia son ami de ne plus ajouter un mot. Daniel crut à une plaisanterie et continua. La jeune femme lui arracha le livre des mains. Elle acheva la lecture d'une traite.

« J'étais subjuguée », dira-t-elle. « Benét élevait si haut le chant de la guerre civile... Où trouver, après cela, le courage d'écrire sur le même sujet ? »

La machine fit relâche pendant un trimestre. John avait beau lui reprocher sa pusillanimité, Peggy restait sourde à ses remontrances. Il fallut le décès d'un cousin Fitzgerald pour la remettre sur le droit chemin. Elle se rendit à Fayetteville pour les funérailles. A son retour, elle écrivit la scène de l'enterrement de Gerald O'Hara.

Elle prit aussi la décision de débaptiser le domaine familial de son héroïne. Il s'appellerait désormais Tara, du nom de la colline d'Irlande qui avait été le siège de la dynastie dominante jusqu'au VIe siècle. Toutefois, elle n'eut pas la force de reporter la correction dans les chapitres précédents.

En décembre, Bessie quitta Peachtree Street pour la Tanière, où elle travaillerait à temps complet. Pure extravagance financière, mais Lula Tolbert avait rendu son tablier, et ni Peggy ni John ne se sentaient de dispositions pour les tâches ménagères. La jeune femme n'avait rien d'un cordon bleu ; quant aux courses, il ne fallait pas y songer. Avec la meilleure volonté du monde, sa patte folle lui interdisait d'affronter la cohue des magasins. Si l'on en croit Bessie, en dépit de son affection et de son dévouement pour « Miss Peggy », le service de ses nouveaux employeurs nécessita de sa part un sérieux effort d'adaptation.

Dans une lettre écrite à Medora bien des années après, Bessie se remémore les difficultés rencontrées au cours des premières semaines. « Lula m'avait mise au courant des goûts et des bizarreries de Mr. Marsh. Au début, son air rébarbatif m'inspirait les pires craintes. En sa présence, c'était plus fort que moi, je rentrais dans ma coquille. Puis j'ai su qu'il avait été maître d'école et qu'il ne s'était jamais départi d'un fond de puritanisme. Il appréciait avant tout l'ordre et l'efficacité. Il suffisait d'apporter chaque soir un mets savoureux sur la table et son visage s'éclairait. Quand je l'eus enfin compris, je fus à mon affaire. »

Le témoignage de Bessie fournit de précieux renseignements sur l'emploi du temps de Peggy. Celle-ci se mettait à sa machine dès 8 heures du matin. Elle travaillait jusqu'au dîner. Le dimanche et le jeudi après-midi, elle avait quartier libre.

Outre ceux de Bessie, Peggy et John s'offraient les services de Carrie, la blanchisseuse des Mitchell. Elle passait prendre le linge et le rapportait tous les lundis, lavé et repassé. Bessie était payée quinze dollars par semaine ; Carrie en recevait trois, prime de transport non comprise. Déduction faite de ces sommes, des remboursements dont ils s'acquittaient toujours, du loyer, de la nourriture et des frais divers, il ne restait rien du salaire de John, d'un montant hebdomadaire de soixante-quinze dollars. Depuis bien longtemps, Peggy avait renoncé à l'élégance. Frances, mariée depuis quelque temps, attendait un enfant. Alors que Noël approchait, connaissant l'étroitesse du budget de son frère et de sa belle-sœur, elle fit parvenir à Peggy un ensemble de velours bleu, prélevé sur sa propre garde-robe.

« Cette petite merveille arrive à point nommé pour les fêtes de fin d'année », lui écrivit Peggy. « La ligne est parfaite, c'est le genre de coupe qui m'allonge. Je vais bien vite l'ajuster à ma taille. »

Peggy ne s'affligeait pas outre mesure de cette existence un peu étriquée. Elle n'avait guère le temps de s'ennuyer entre son travail et les allées et venues qui égayaient la Tanière. Bessie réalisait de véritables prodiges avec le petit pécule qu'on lui confiait, aussi y avait-il toujours de quoi satisfaire l'appétit des invités de dernière minute. Son poulet grillé aux beignets de maïs jouissait d'une excellente réputation. Elle allait acheter la volaille chez un boucher de Darktown et la payait la moitié du prix affiché dans n'importe quelle boutique de la ville blanche.

La promiscuité était inévitable dans le minuscule appartement, pourtant les deux femmes se côtoyaient sans se gêner à longueur de journée. Lorsque Peggy tapait à la machine, Bessie se faisait discrète et vaquait aux soins des repas dans la kitchenette. L'étonnant fut qu'elle ne posât jamais la moindre question sur le roman auquel sa maîtresse travaillait avec tant de constance. En revanche, il fut beaucoup question entre elles de leur vie privée respective. Peggy avait toujours autant de difficultés avec son père. Après être demeurée tant d'années au service de « monsieur Eugene », Bessie était bien placée pour comprendre le délicat problème des rapports entre le père et la fille. Grande, élancée, c'était une personne fort séduisante, de dix ans seulement l'aînée de Peggy. Bessie était catholique pratiquante, nantie de surcroît d'un solide bon sens dont la jeune femme tira profit. Son influence se fit sentir en particulier sur le plan religieux ; sans devenir dévote, Peggy devint plus tolérante à l'égard de l'Église, évolution que n'auraient jamais espérée sa mère ni sa grand-mère. Il n'est pas certain non plus qu'elle ne profitât pas des leçons de Bessie sur le caractère sacré du mariage et les devoirs de toute bonne épouse.

A vrai dire, la rigueur intellectuelle de John n'était pas de tout repos. Il ne démordait jamais de ses principes et toute audace le rendait grognon comme un vieux chien qu'on aurait bousculé dans ses habitudes. Il craignait par-dessus tout l'imprévu, qu'il s'agît d'une visite fortuite ou même d'une innovation culinaire. Les invités qui passaient la nuit à la maison étaient sa bête noire. L'occasion se présentait rarement, compte tenu des faibles capacités d'accueil de la Tanière.

John dormait presque aussi mal que Peggy. Comme tous les insomniaques, l'un et l'autre se levaient au milieu de la nuit pour déambuler dans le salon, le temps d'une cigarette, ou pour grignoter quelque chose, assis sur un tabouret de la cuisine. Parfois les trombes noires d'un cauchemar emportaient Peggy. De temps à autre, John s'offrait la vie de pacha, réveil à 2 heures de l'après-midi, petit déjeuner servi au lit par Bessie, ce qu'il appelait un « succédané du paradis ».

Cet hiver-là, Peggy donna un prodigieux coup de collier ; au printemps 1929, son ardeur se brisa net. Il y avait à cela une raison objective : l'arthrite, en effet, s'était logée dans ses poignets et la frappe devenait trop pénible. Peggy profita de cette pause forcée pour faire le ménage dans le contenu des enveloppes. Pour la première fois, elle prit la peine de relire son travail et de le corriger. Elle modifia certains détails, gomma plusieurs contradictions. « Fontenoy Hall » fut partout biffé. « Tara », écrivait-elle chaque fois au-dessus du mot raturé. Elle fit de même sur l'enveloppe dans laquelle se trouvait le chapitre décrivant le retour de Pansy O'Hara chez elle, après l'incendie d'Atlanta. « En route vers Tara », pouvait-on lire désormais. Ce pensum achevé, Peggy décida de remiser l'encombrant manuscrit et de n'y plus songer avant d'en avoir terminé une fois pour toutes avec l'ensemble du récit. Il restait tant à faire sur ces deux mille pages réparties en vingt enveloppes ! Certaines, surtout celles qui concernaient la guerre et les campagnes militaires, restaient illisibles malgré ses efforts. Elle avait écrit jusqu'à cinq versions du premier chapitre, toutes rangées à la suite dans une même enveloppe. Le grave problème des circonstances de la mort de Frank Kennedy, le second mari de Pansy, demeurait irrésolu. Étant donné sa santé fragile, devait-il succomber aux suites d'un coup de froid qu'il aurait attrapé en essuyant la tempête pendant la fameuse nuit de violence à Shanty Town ? Le moyen le plus expéditif de s'en débarrasser consistait certainement à lui coller une balle dans la peau à l'occasion de la descente punitive effectuée par le Ku Klux Klan dans le faubourg noir. D'un côté comme de l'autre, tout le mal venait de Pansy qui par inadvertance avait conduit sa carriole à travers les rues hostiles de Shanty Town. En écrivant cette scène, il ne fait aucun doute que Peggy avait évoqué sa propre incursion à Darktown pour les besoins du reportage sur les « docteurs vaudous », et les craintes infondées de John au sujet d'éventuelles représailles. Pansy se trouvait donc indirectement responsable de la mort du pauvre Frank. Peggy butait enfin sur la question des enfants. Autant le personnage de la petite Bonnie, la fille de Pansy et de Rhett, lui semblait rendu avec force et vérité, comme du reste tout ce qui se rapportait aux affrontements entre ses parents, autant les deux premiers rejetons de l'héroïne lui offraient de résistance. Les pages qui les concernaient, plusieurs fois réécrites, ne lui donnaient toujours aucune satisfaction.

John, débordé de travail, n'avait pas une seconde à consacrer à la relecture du manuscrit. Peggy était une fois de plus en pleine incertitude. Quelle valeur littéraire fallait-il accorder à son travail ? Certains passages importants la laissaient perplexe, tels ceux qui décrivaient les égarements de Gerald O'Hara après la mort de sa femme, la chute de cheval mortelle de Bonnie, la fureur de Rhett Butler, saisissant Pansy et l'emportant dans la chambre contre sa volonté. Le jugement lui faisait cruellement défaut dès que se brouillaient les frontières entre la fiction et sa propre expérience.

Et comme si les angoisses de la création ne suffisaient pas, d'autres inquiétudes la tourmentaient. Belle Watling, « sa » dame de petite vertu, avait pour modèle une célèbre tenancière de maison close de Lexington dont John lui avait parlé. Elle avait pour nom Belle Breazing et vivait toujours. Bien vivant également, l'homme auquel Peggy avait songé pour le portrait de l'ange gardien de Pansy, Archie, ancien détenu reconnu coupable du meurtre de sa femme. Le même problème se posait en ce qui concernait le « vrai » Tony Fontaine, personnage clé de Jonesboro, assassin de l'ancien contremaître de Tara. Pour ne rien dire de la propre grand-mère de l'auteur et de Red Upshaw, les plus exposés. Thomas Wolfe venait bien de faire paraître un roman, *Look Homeward, Angel,* porté aux nues par tous, tellement réaliste dans sa description d'Asheville et de ses habitants que tout lecteur du livre arrivant pour la première fois dans cette bourgade de Caroline du Nord aurait pu s'y repérer sans l'aide de personne et mettre un nom sur la plupart des passants. Peggy ne s'autorisait en rien de ce précédent pour apaiser ses craintes d'être poursuivie en justice par tous ceux qui allaient s'estimer diffamés si son travail venait à être publié.

A la peur des procès en cascade s'ajoutait celle de la critique professionnelle. A qui ferait-elle croire qu'elle était un écrivain, quand les Glasgow, les Fitzgerald, les Benét pesaient sur son œuvre désordonnée de tout leur art ? Loin d'être le sûr garant d'un talent véritable, l'effort démesuré qu'elle avait consenti pouvait bien n'être qu'un feu d'herbe sèche. Les auteurs qu'elle admirait, les grands noms de la littérature contemporaine, avaient-ils besoin d'être tenus par la main, ainsi qu'elle l'avait été par John, de la première à la dernière page ? Un jour, le besoin d'achever ce travail si bien avancé se ferait peut-être sentir. Pour l'instant, l'entreprise lui apparaissait comme une vaste perte de temps, un projet sans lendemain, au goût d'échec.

John usa de tous les arguments pour la faire revenir sur sa décision, puis s'inclina devant une résolution qui semblait irrévocable. Les enveloppes furent dissimulées tantôt ici et tantôt là. Il s'agissait de faire place nette, c'était du moins la raison alléguée. Peggy voulait surtout soustraire le manuscrit à ses regards. Peu après, la douleur empira dans ses poignets et sa cheville. Au cours de l'été, elle suivit un nouveau traitement, injections à doses infimes de vaccin contre la typhoïde, massage quotidien, diathermie. Dans les premiers mois de l'année 1930, l'arthrite s'atténua. Au printemps, elle ne fut plus qu'un mauvais souvenir.

Peggy ne s'était pas remise à son livre depuis près d'un an. John ne manquait pas une occasion de le lui rappeler et lui reprochait ce caprice exorbitant, quand lui-même aurait tout donné, disait-il, pour avoir le talent dont elle faisait si peu de cas. Peggy haussait les épaules. Bien des années après la publication du roman, un journaliste lui demanda si elle pensait être à nouveau visitée par l'inspiration. « L'inspiration ? répliqua la jeune femme sur le ton de l'amertume, elle ne m'a pas encore touchée de son aile, et cela n'arrivera jamais, je le sais. »

Cette grâce lui fit assurément défaut en 1930 ; de l'année entière, elle n'écrivit pas une ligne. Les difficultés que connaissait son entourage accaparaient son énergie. Grand-maman Stephens, pour commencer, dont la santé fléchissait ; puis les bonnes tantes de Jonesboro, gagnées par le grand âge. Venaient enfin les amis qui, profitant de sa disponibilité affichée, l'impliquaient dans tous leurs problèmes. Ne se vantera-t-elle pas d'avoir accompagné une amie « le long d'un chemin de croix jalonné de psychiatres et de neurologues, jusqu'au divorce, condition nécessaire pour trouver enfin l'homme de la situation » ?

Tous les prétextes lui étaient bons pour s'éloigner de sa machine à écrire. John le lui répétait, et Peggy n'en était que trop consciente. Le roman, lieu privilégié de leur complicité, de leur enthousiasme partagé, était-il condamné à rester à l'état de manuscrit informe dispersé dans les placards ? John ne réussissait pas à s'y résigner. Autant que l'on pouvait en juger, Peggy n'en faisait pas un drame.

CHAPITRE XIII

Certains après-midi lui semblaient longs, malgré tout. Le mah-jong l'horripilait ; le bridge, en comparaison, lui semblait un moindre mal. Elle s'initia, s'inscrivit à un club, ainsi qu'à l'Atlanta Women's Press Club. Elle perdit ainsi peu à peu jusqu'à la notion de l'ennui.

Le bridge faisait aussi l'unanimité chez les dames réputées pour leur intelligence. Les conversations, par conséquent, n'étaient jamais languissantes autour des tables. On papotait sans retenue entre les parties. Un certain samedi après-midi de l'automne 1930, Peggy se trouva faire équipe avec une jeune femme pleine d'entrain qu'elle voyait pour la première fois. Lois Dwight Cole venait d'arriver à Atlanta pour diriger le service des ventes de la succursale des Éditions Macmillan. Elle avait loué un appartement meublé dans le centre-ville, non loin de la Tanière.

Après la première donne, la nouvelle venue interrogea sa partenaire. « Observez-vous des conventions particulières ?

— Quelles conventions ? se récria Peggy, sérieuse comme un pape. Je les ignore toutes. Je ne me connais qu'un seul maître, la peur. Et vous ?

— La contrainte », répondit Lois.

Peggy lui décocha un grand sourire de connivence.

Lois Cole avait conservé le souvenir minutieux de cette première rencontre.

« Le jeu de cartes était éclipsé par celui des mondanités », rapporte-t-elle. « Mon curriculum était connu de tout le monde, mais la bien-séance exigeait une pointe de curiosité. Il se confirma que j'étais la Yankee déléguée par New York pour s'occuper du bureau géorgien de Macmillan et que j'avais fait mes études à Smith, où ma parte-naire, soit dit en passant, était restée un an. Tandis que nous pre-nions des rafraîchissements, Peggy se livra à une approche classique, couronnée par une invitation à dîner. Son époux, John Marsh, et elle-même seraient très heureux de me recevoir mercredi prochain à leur domicile. J'acceptai. »

Bessie reçut la consigne de se surpasser pour l'occasion. Lois fut très sensible à la verve intarissable de son hôtesse, que celle-ci exaltât les mérites d'Atlanta ou donnât son avis sur les gens et les livres. Elles devinrent bientôt une paire d'amies. Le mariage de Lois avec Allan Taylor, un journaliste de vieille souche géorgienne, les rapprocha encore. Un certain soir, semblable à beaucoup d'autres, les deux couples devisaient au salon. Peggy et Allan étaient absorbés dans l'évocation du martyre d'Atlanta tombée entre les mains des méchants fédéraux. La jeune femme s'enquit auprès de son interlocuteur du nom de la prison dans laquelle les siens avaient été internés pendant la guerre. Allan répondit et lui posa la même question.

« Quel était le taux de mortalité dans la prison dont vous parlez ? » demanda Peggy.

Le chiffre fourni était d'une grande précision. Allan voulut alors savoir si la pneumonie avait fait plus de ravage que la syphilis dans la geôle fréquentée par les parents de Peggy.

Lois les dévisageait tour à tour avec un sourire incrédule.

« Vous, les sudistes, vous me confondrez toujours. La guerre vous obsède ; pourquoi ? Nous l'avons bien oubliée, nous autres.

—La nuit ne serait pas assez longue si je devais répondre à cette question, dit Peggy. Un livre en plusieurs tomes y suffirait à peine. »

Peu après, John révélait à Lois l'existence du roman inachevé. Il était question de la bataille d'Atlanta, précisa-t-il, et de l'essor prodigieux de la ville pendant les années de la Reconstruction. Lois avait eu l'occasion de s'entretenir avec Medora, ainsi qu'avec d'autres journalistes, tous anciens collègues de Peggy ; elle n'avait rien appris qui ne vînt renforcer ce que lui avait déjà soufflé son intuition professionnelle : une fois terminé, le manuscrit de Mrs. Marsh mériterait sans doute d'être publié.

En septembre 1930, John fut nommé chef de publicité. Il fit l'acquisition d'une Chevrolet verte, un modèle de l'année précédente, et, mettant à profit cette nouvelle mobilité, décida d'organiser chaque dimanche une excursion dans certains faubourgs d'Atlanta ou certains sites des environs, hauts lieux de la résistance confédérée. C'était encore, du moins l'espérait-il, le meilleur moyen de mettre Peggy en situation de « rêver à nouveau ».

Un an plus tard, un dimanche de la fin de l'été 1931, John la conduisit jusqu'à Dalton. Il faisait ce jour-là un soleil d'enfer. Le 20 septembre, il écrivit à sa sœur :

Nous étions émus de nous trouver sur le théâtre de tant de magnifiques exploits, d'autant plus émus que Peggy leur consacre de longs développements dans son livre. La chaleur était caniculaire. On ne pouvait évoquer sans compassion le calvaire des soldats qui avaient dû hisser leurs canons à flanc de colline pendant les jours les plus torrides de l'année, en juillet et en août. Peggy décrit la progression irrésistible de l'armée du Nord le long de la voie ferrée en direction d'Atlanta et la naissance d'une angoisse diffuse dans la population de cette ville, à mesure que les Confédérés essuyaient des revers et se repliaient. Dalton, Resaca, Big Shanty, Kenesaw Mountain... ces noms scandaient la montée de la peur. Pour la première fois, le Sud doutait de la victoire.

Face à ce décor poignant, peint à coups de souvenirs, Peggy se remémorait les sombres récits des vétérans de son enfance. Combien de fois, à travers leurs évocations, n'avait-elle pas été le témoin de la bataille de Dalton ? Sur une impulsion, John lui avait proposé de poursuivre jusqu'à Chattanooga, où les Confédérés avaient décroché et commencé leur retraite vers Dalton. Jamais un tiers ne s'était vu confier autant de détails sur le contenu du livre que Frances, dans cette lettre que lui adressa son frère, peu après cette brève « incursion dans le passé ».

Peggy eut sans doute l'âme remuée. Toujours est-il qu'elle retourna brasser de vieux journaux dans les sous-sols de la bibliothèque. Les enveloppes furent tirées de leurs nombreuses cachettes. Elles retrouvèrent leur place à côté de la machine à écrire.

En dépit de son intimité avec Lois Cole et des responsabilités de celle-ci chez Macmillan, Peggy ne pouvait se résoudre à prendre l'initiative d'aborder avec elle la question du roman. Elle refusait tout net de lui montrer ne fût-ce qu'un échantillon du manuscrit. La jeune femme se faisait une trop piètre opinion de son talent d'écrivain pour oser soumettre ce travail à l'œil exercé d'une professionnelle de l'édition. Eugene Mitchell, dont l'avis avait tant d'importance pour sa fille, voulait bien admettre « qu'il y eût des passe-temps plus sots que l'écriture pour une femme sans enfant ». Cela dit, il n'avait jamais exprimé le souhait d'en savoir plus long sur le livre. Les articles de Peggy ne l'avaient guère impressionné, aussi donnait-il à entendre que l'on ne pouvait espérer d'une médiocre journaliste qu'elle écrivît une œuvre romanesque de qualité.

Peggy s'est toujours plu à présenter le livre comme un divertisse-ment à usage privé, « un petit contentieux entre elle et John ». Com-ment prendre au sérieux ces allégations ? Après avoir consacré plusieurs années à accumuler les pages sans intention avouée, elle tou-chait au but. Depuis quelque temps déjà, sans doute avait-elle cessé, de façon inconsciente, d'être la dupe de ses proclamations de dilet-tantisme. Il lui restait à faire un dernier pas, admettre que l'obses-sion d'être publiée et l'angoisse d'en être indigne s'étaient toujours trouvées aux deux extrémités de l'immense effort fourni. Dépourvue d'arrière-pensée éditoriale, aurait-elle, à ce stade, apporté un soin si maniaque à l'exactitude « historique » de certains détails, au point de passer des jours à tenter d'élucider le petit mystère de la pluie et du beau temps à la date précise à laquelle s'étaient déroulés certains événements évoqués dans le livre ? Elle avait rassemblé une documen-tation considérable sur Vicksburg et la défaite de Gettysburg, la bataille de Chickamauga, la terrible attente des habitants de Dalton tandis que l'armée de Sherman campait sur les hauteurs de Rocky Face. Peggy n'ignorait plus rien des nombreux combats qui s'étaient livrés à partir de mai 1864 autour de la capitale, avant la chute de celle-ci, au mois de septembre. Si son père devait être amené à lire ce texte, elle ne devait attendre de sa part aucune indulgence pour d'éventuel-les entorses à la vérité.

A compter du moment où elle se lia d'amitié avec Lois Cole, Peggy éprouva, n'en doutons pas, les déchirements de tout jeune auteur, par-tagé entre le désir de voir sa prose imprimée et l'effroi du rejet de son manuscrit. Dans son cas particulier, d'autres facteurs contribuaient à l'aggravation du malaise. Elle redoutait avant tout le rapport que certains ne manqueraient pas d'établir entre sa vie et certaines péripé-ties de l'intrigue. Rien de ce qu'elle avait écrit ne trouverait grâce aux yeux de son père, croyait-elle, et ses amis, tous plus ou moins férus de littérature, la mépriseraient d'avoir produit cette longue niaiserie exhibitionniste... Au milieu de ces remous, la confiance de John ne se démentit jamais. S'il ne prenait pas la liberté de discuter du contenu du livre avec leurs amis, il se faisait le héraut du talent de son épouse, affirmant qu'elle éblouirait un jour le monde de son chef-d'œuvre.

En 1932, leurs dettes étaient presque épongées et John reçut une nouvelle augmentation. Le moment semblait enfin favorable à la satis-faction de quelques envies de confort. Ils firent, sans trop de regret, leurs adieux à la Tanière.

Leur choix se porta sur un cinq-pièces de East Seventeenth Street, au troisième étage. Le salon, agrémenté d'une charmante fenêtre en encorbellement, souffrit un peu du mobilier victorien gracieusement offert par grand-maman Stephens. Une chambre fut convertie en bureau dont John seul avait la jouissance. Peggy installa la machine à coudre dans le salon, posa dessus son matériel, et tout fut dit. L'activité de John était lucrative, à ce titre elle avait la priorité et lui donnait donc droit à l'unique bureau, les époux étaient d'accord sur ce point.

Le nouveau quartier présentait une amélioration considérable par rapport à l'ancien. Sa situation dans le centre-ville expliquait la présence de nombreux commerces dans une rue à caractère résidentiel. Peggy se plaisait dans son nouveau logis où la lumière entrait à flots, par tous les temps. La cohue, la circulation intense qui passaient sous ses fenêtres à longueur de journée ne l'indisposaient pas. Elle se trouvait au cœur de sa ville, heureuse d'y être.

A peine avaient-ils déménagé que Red Upshaw se présenta inopinément à leur nouvelle adresse. Il survint dans le courant de la matinée, sachant qu'à cette heure John avait bien peu de chance d'être chez lui. Ce jour-là, le lundi 24 octobre 1932, Franklin D. Roosevelt, candidat démocrate à la présidence, se rendait justement en visite à Atlanta. Une réception était donnée en son honneur, à laquelle Peggy avait été conviée par l'intermédiaire de Medora Perkerson. La jeune femme était dans la chambre, en train de mettre la dernière main à sa toilette, quand retentit le coup de sonnette. Bessie alla ouvrir. Peggy perçut aussitôt des éclats de voix courroucée. Elle fit irruption dans le salon au moment où le battant allait claquer au nez de Red Upshaw. Bessie eut un instant d'hésitation dont l'intrus profita pour se faufiler dans la place. La servante noire, indignée, demeura en sentinelle devant la porte pendant toute la durée de l'entretien. Il n'était pas question de laisser « Miss Peggy » seule en compagnie de cet énergumène.

Peggy fit à Medora le récit de la scène. En l'absence de Bessie, l'apparition de son premier mari lui aurait sans doute porté un coup terrible, affirma-t-elle. Très amaigri, Red n'avait rien perdu de sa superbe. Il prétendit avoir changé d'employeur. Il travaillait maintenant pour un négociant en charbon, toujours en Caroline du Nord. Il était de passage à Atlanta. La jeune femme ne crut pas un mot de sa belle histoire car, sans même reprendre son souffle, il lui demanda de l'argent. Elle ne parlementa pas moins de dix minutes pour le convaincre de vider les lieux. Personne ne sut jamais si elle consentit à lui accorder ce qu'il demandait. Le bruit courut, dira ensuite Medora, qu'il était bien décidé à ne pas quitter Atlanta avant d'avoir en poche une somme suffisante. Lethea Turman rapporte une rumeur semblable. Quelque temps après se répandait la nouvelle de son mariage avec une riche héritière du Nord. On apprenait plus tard qu'il avait escroqué une petite fortune à la malheureuse et qu'elle exigeait le divorce. Aucun des épisodes de ce feuilleton rocambolesque ne fut jamais confirmé. Cependant, Peggy tardait à se remettre du choc éprouvé. Ses craintes redoublèrent. Si le livre était publié, il lui faudrait s'attendre à une seconde visite du fripon, plus exigeant, plus menaçant qu'il ne l'avait été cette fois-ci. Sans doute était-elle la proie d'émotions toujours aussi contradictoires lorsqu'il s'agissait de Red Upshaw. Les remords n'entraient-ils pas en résonance avec la peur et la rancune ? Ce trouble récurrent, ressenti comme une maladie secrète, elle en discuta avec John, avec Medora. D'une même voix ils lui conseillèrent de cesser de battre sa coulpe.

Comme tous les ans, John fut délégué par *Georgia Power* au congrès de la *Georgia Press Association*, à la faveur duquel les grandes entreprises publiques étaient invitées à exposer leurs perspectives de développement devant les médias. En cet été de 1933, on ne voyait pas la fin de la Dépression. A l'unisson du pays tout entier, Peggy se sentait au creux de la vague. Le manuscrit l'obnubilait ; elle avait besoin d'une diversion, estima John. Il fut décidé qu'elle l'accompagnerait à la convention qui devait se tenir à Louisville, Géorgie, petite agglomération proche d'Augusta.

Promue à la direction littéraire de Macmillan, Lois était retournée à New York. Peggy lui écrivit : « L'existence même de Louisville inflige un démenti cinglant à Erskine Caldwell. Ici, c'est le contraire de l'enfer de *Tobacco Road*. Tout le monde est charmant... »

La jeune femme devait conserver un excellent souvenir de ses brèves vacances à Louisville. Elle saisissait toutes les occasions d'assister aux réunions et se faisait un plaisir d'assurer la publicité de Georgia Power en invitant les journalistes à terminer la soirée dans leur chambre d'hôtel, où l'alcool coulait en abondance, servi dans des gamelles de l'armée. Installés sur les lits, les sièges et même les tapis, ces messieurs et ces dames de la presse trinquaient et menaient joyeux tapage. Ils parlaient gros tirages et discutaient des chances de survie de la littérature. Potins et plaisanteries de corps de garde ricochaient à l'envi. Peggy était aux anges.

De retour à Atlanta, l'ombre la recouvrit à nouveau. John la pressait de mettre un point final à son manuscrit. Peggy s'attela sans entrain à la tâche, n'y trouvant nul remède pour éloigner la morosité. Elle piétinait.

Grand-maman Stephens disparut le 17 février 1934, en lui léguant quelques biens. Au mois d'avril suivant, Peggy conduisait la Chevrolet, John à la place du passager, lorsqu'une voiture conduite par un ivrogne les heurta violemment. La Chevrolet sinua et bascula dans le fossé. John se releva sans une égratignure. Peggy était blessée au dos et au pied. Son médecin lui prescrivit le port d'un corset orthopédique pendant un an. Impossible, dans ces conditions, de rester assise devant sa machine. Comme aux plus mauvais jours, celle-ci fut escamotée sous une couverture. Peggy s'adonna avec passion à l'art de la charité, ce dont tous ses amis lui furent redevables.

Le matin même de l'arrivée de Harold Latham à Atlanta, Peggy apprit qu'elle allait bientôt être délivrée de l'affreux corset. Ce n'était plus qu'une question de jours, avait promis le médecin, et cette nouvelle était la plus agréable qu'elle eût reçue depuis longtemps. La jeune femme semblait prédisposée aux accidents, on ne pouvait le nier, mais, de l'avis de Medora, ses tendances hypocondriaques s'étaient plus volontiers donné libre cours depuis son mariage. Elle n'en détestait pas moins tout cet attirail orthopédique qui lui épaississait la silhouette et, selon ses propres termes, lui donnait une « démarche de vieux grenadier ». Bien qu'elle n'eût jamais fait grand usage de leur admiration, Peggy était bien fâchée de ne plus avoir autour d'elle la nuée de soupirants qui l'assurait jadis de sa séduction. A trente-cinq ans, elle était sans enfant et ses glorieuses années de journaliste appartenaient au passé.

Latham, en somme, arrivait dans les circonstances les plus favorables. Peggy avait, ce jour-là, le cœur léger et l'esprit à s'amuser. Elle se montra spirituelle au cours du repas, passionnée ensuite, quand elle conduisit son hôte au pied de Stone Mountain. L'éditeur déclara avoir eu l'impression d'être en présence d'une très jeune femme. Rien d'étonnant à cela ; Peggy Mitchell avait rajeuni de dix ans.

Le lendemain soir, après que Latham eut quitté Atlanta, emportant le manuscrit dans sa valise de fortune, la jeune femme fut bien obligée de tout confesser à son mari. Ils discutèrent longtemps de cet acte irréfléchi. John avait toujours espéré que Peggy prendrait un jour la décision de soumettre son travail à un éditeur ; cependant, il condamnait sans appel la méthode employée. Indépendamment de l'aspect décousu de l'ensemble, avec les chapitres absents, d'autres à peine ébauchés alors que certains se présentaient sous plusieurs versions, le manuscrit remis n'avait pas de titre et l'auteur ne l'avait pas signé. Il fallait compter six mois de travail pour donner à ce brouillon une forme définitive. Le geste de Peggy contrevenait à toutes les règles de la profession et l'effet produit ne manquerait pas d'être désastreux.

John lui conseilla de télégraphier à Latham, qui se trouvait à La Nouvelle-Orléans, pour lui demander de renvoyer le manuscrit sur-le-champ. L'éditeur répondit dès la réception du message ; il priait qu'on lui laissât au moins le temps d'achever sa lecture, car, autant qu'il pouvait en juger dès à présent, le roman promettait d'être passionnant.

Peggy lui écrivit la lettre la plus étrange, consacrant une page entière à célébrer le talent d'un auteur du nom d'Emanuel Snellgrove, rédacteur financier au *Macon News & Telegraph* et ami d'un ami, avant d'en venir au fait. Elle exprimait sa stupeur qu'il pût y avoir la moindre qualité dans ce fatras décourageant qu'elle avait eu l'étourderie de lui abandonner. Pour l'instant, à l'exception de son époux (n'avaient-ils pas juré de tout partager « pour le meilleur et pour le pire », précisait-elle avec humour), personne n'avait eu le manuscrit entre les mains. Elle se sentait toutes les raisons d'être inquiète, sachant que ce travail imprécis et inachevé allait prendre le chemin de New York où il serait examiné à la loupe.

Ainsi que Latham avait pu le constater, le premier chapitre n'existait pas encore, soulignait-elle ; ensuite, le deuxième et le troisième, à l'état d'« ébauche maximale », exigeaient du lecteur la plus grande indulgence. Les parties deux et trois, tout au moins, étaient lisibles, bien que certains passages explicatifs fissent cruellement défaut. Entre la troisième et la quatrième partie, l'action faiblissait de manière indéniable ; elle était consciente d'un « terrible relâchement de l'intérêt » et d'une grande confusion en partie due aux « deux morts » de Franck Kennedy, entre lesquelles elle n'avait pu se résoudre à choisir.

Elle entreprenait ensuite l'énumération des fautes et des lacunes de la dernière partie. L'arrière-plan politique et social devenait d'une minceur affligeante et le récit s'étiolait. Enfin, à force de privilégier le point de vue féminin, elle craignait de s'être montrée injuste envers les hommes dont la vaillance, au cours des difficiles années de la Reconstruction, n'avait rien eu à envier à celle de leurs compagnes.

A cet égard, la vision erronée que pouvait transmettre le livre devait être corrigée.

Elle s'excusait d'avoir souvent glissé dans une enveloppe jusqu'à trois ou quatre versions d'un même chapitre. A l'origine, ce procédé devait permettre à John de « faire une lecture comparée en vue de sélectionner le bon grain de l'ivraie ».

En l'état présent, elle ne doutait pas que le manuscrit fût un « cauchemar pour un éditeur ». « Si, poursuivant votre effort, vous parvenez à établir un semblant de continuité dans mon histoire, écrivait-elle en conclusion, libre à vous d'emporter le tout à New York et soyez remercié de votre persévérance. Si, au contraire, vous perdez le fil des événements et des idées, renvoyez-moi mon paquet d'enveloppes afin que je mette un peu d'ordre dans leur contenu, élimination des chapitres en surnombre, insertion de résumés précis pour combler les lacunes... »

Les termes de la lettre sont sans équivoque. Contrairement à ce qu'elle affirmera par la suite, Peggy consent de bon cœur à ce que le manuscrit soit présenté à Macmillan. Le pli n'étant pas encore posté qu'un second mot de Latham, plus enthousiaste encore que le précédent, lui inspirait ce post-scriptum : « Vos paroles d'encouragement sont plus vivifiantes que toutes les prothèses, massages électriques et autres opérations barbares prescrites par les médecins. C'est bien simple, je me sens déjà guérie. »

Latham était dans le train de New York. Cette fois, l'incroyable aventure du manuscrit sans titre et sans signature qui devait faire date dans l'histoire de l'édition avait commencé pour de bon.

CHAPITRE XIV

John et Peggy se gardèrent de divulguer la nouvelle. La jeune femme avait pris une décision impulsive et ni l'un ni l'autre n'osait espérer une réponse favorable de l'éditeur new-yorkais. Peggy avait confié à Latham l'unique exemplaire du manuscrit ; il lui restait donc à faire de son mieux pour oublier, dans l'immédiat, Rhett Butler et Pansy O'Hara. Elle n'eut guère la possibilité de disposer de ses premières « vraies » vacances depuis longtemps. Quinze jours après le départ de Latham, Eugene était opéré d'un calcul biliaire. Peggy passait chaque jour de longues heures à l'hôpital ; après le retour du convalescent à Peachtree Street, elle tint auprès de lui, à temps partiel, le rôle de garde-malade. Carrie Lou, mère de deux petits garçons, n'avait plus le loisir de dorloter son beau-père.

Dans le courant du mois de mai, pour la seconde fois en l'espace d'un an, Peggy fut victime d'un accident de voiture. Elle était seule, « aussi épuisée qu'une meute quand sonne enfin l'hallali », dira-t-elle, et sa jambe l'incommodait. On approchait de la fin du jour, le soleil oblique transformait le pare-brise en une paroi éblouissante. Soudain, un bolide déboucha d'une ruelle latérale. La Chevrolet fit une embardée pour éviter la collision. Elle monta sur le trottoir et stoppa dans une violente secousse. La conductrice fut projetée contre le volant. Elle n'était pas blessée, mais ses jambes et sa colonne vertébrale avaient été rudement éprouvées.

Peggy refusa le supplice du corset ; toutefois, elle accepta de se soumettre à des séances quotidiennes de diathermie.

Le répit fut de courte durée. Quinze jours après l'accident, les Marsh recevaient chez eux quelques amis. L'un d'eux, sur le point de se servir à boire, faisait, tout en poursuivant une conversation animée, de grands gestes avec une bouteille de whisky. Peggy l'écoutait, debout en face de lui. L'ami fit un faux mouvement, la bouteille s'échappa de ses mains. Elle atterrit sur la tête de la jeune femme qui s'écroula, assommée. On la transporta d'urgence à l'hôpital. Les médecins, pour une fois rassurants, diagnostiquèrent une légère commotion et la renvoyèrent chez elle.

Six semaines plus tard, remise de toutes ses émotions, elle accompagnait John à Louisville où se tenait, pour la seconde année consécutive, la convention de la Georgia Press Association. Le couple profita de cette occasion pour célébrer son dixième anniversaire de mariage.

Peggy rentra à Atlanta galvanisée, pleine de confiance et d'ardeur, pressée de se remettre au travail. Pour la première fois depuis longtemps, elle se sentait l'envie d'accomplir de grandes choses et ne doutait pas d'en être capable. Trois mois s'étaient écoulés depuis la dernière lettre de Harold Latham, confirmant qu'il gardait le manuscrit et l'emportait à New York. Dans sa lettre datée du 9 juillet, Peggy réclamait son bien avec insistance : « Est-ce ma faute si je suis née sous une mauvaise étoile ? » écrit-elle. « Je n'y peux rien, j'attire les catastrophes : les chauffards me foncent dessus, les canassons me désarçonnent, les copains me lancent pour rire des bouteilles à la tête. Pour l'instant, c'est le calme plat, un sursis avant la prochaine tuile, un délai de grâce dont je serais bien avisée de profiter avant de me retrouver avec un bras en écharpe, une fracture du crâne ou Dieu sait quoi. Cela tombe à pic, puisque j'ai très envie de m'asseoir devant ma machine. Soyez chic, monsieur Latham, renvoyez-moi mon manuscrit ! »

Par le même courrier, elle écrivit à Lois, exprimant une nouvelle fois le désir de récupérer son texte au plus vite afin de pouvoir se remettre à l'ouvrage. Aucune de ces deux lettres ne donne le sentiment que Peggy s'était ravisée au sujet de la publication éventuelle du roman. On a plutôt l'impression qu'elle redoute d'avoir compromis ses chances en présentant un manuscrit si peu conforme aux normes et qu'elle est soucieuse de réparer cette négligence. Ces scrupules tardifs étaient bien superflus, comme l'atteste la réponse de Latham, envoyée quelques jours plus tard.

Pour l'amour du ciel, ne vous impatientez pas. Votre livre m'intéresse de plus en plus. Je lui prédis un beau succès une fois que l'on aura procédé à tous les ajustements nécessaires. Votre Pansy est grandiose ; vous avez su la doter d'une inoubliable personnalité. Certaines scènes, magnifiques, restent gravées dans la mémoire. Mon enthousiasme est sincère, n'en doutez pas. Ne pouvez-vous attendre, pour rentrer en possession de votre manuscrit, que nous ayons reçu les avis de nos conseillers ?

Latham désapprouvait le prénom de l'héroïne, Pansy, auquel il reprochait ses « connotations douteuses ». Le manuscrit, annonçait-il enfin, avait été transmis au Pr C. W. Everett, de l'université de Columbia, qui le lirait et proposerait des corrections de forme et de fond.

Dans le bref intervalle entre la lettre de Peggy et la réponse de Latham, Bessie était tombée gravement malade. Elle souffrait de méningite et pendant quelques jours sa vie fut en danger. Ses moyens lui permettaient de s'offrir un lit dans un hôpital convenable et ses employeurs avaient fait savoir qu'ils étaient tout disposés à participer aux frais, pourtant Bessie s'était retrouvée dans le quartier réservé aux Noirs de l'un des hospices municipaux. En effet, aucune clinique n'acceptait d'accueillir les malades de couleur ; en clair, cela signifiait que ceux-ci n'avaient pas accès aux soins de qualité. Peggy fit en sorte que la chère Bessie ne fût pas trop maltraitée. Aux premiers signes de guérison, toutefois, elle écrivit à Latham qu'elle serait bientôt en mesure de consacrer tout son temps au roman.

Entre-temps, l'éditeur avait déjà lancé la machine. Le 21 juillet, Peggy reçut deux télégrammes, l'un signé de Lois Cole, l'autre de Harold Latham.

MACMILLAN EMBALLÉ PAR LE BOUQUIN, disait le premier message. SUIS AU COMBLE DE L'EXCITATION. TOUJOURS SU QUE TU ÉTAIS UN PETIT GÉNIE. ICI ON ENVISAGE UNE SORTIE FRACASSANTE. QUAND PRÉVOIS-TU D'AVOIR TERMINÉ TON CHEF-D'ŒUVRE ? ALLAN (Taylor) ET JIM (James Putman, un cadre de la maison que Peggy avait rencontré à Atlanta) SE JOIGNENT À MOI POUR ENVOYER AMITIÉS ET FÉLICITATIONS.

Latham, pour sa part, confirmait la bonne nouvelle :

VOTRE MANUSCRIT FAIT L'UNANIMITÉ. SOUHAITONS RÉGLER AU PLUS VITE LA FORMALITÉ DU CONTRAT. À-VALOIR 500 DOLLARS, LA MOITIÉ À LA SIGNA-TURE, SOLDE À LA REMISE DU MANUSCRIT. DROITS D'AUTEUR 10 % SUR 10 000 PREMIERS EXEMPLAIRES VENDUS, 15 % ENSUITE. POUR TOUT LE MONDE LE LIVRE EST DEVENU LA PRIORITÉ. TOUT SERA MIS EN ŒUVRE POUR ASSURER SON TRIOMPHE. CONTRAT SUIT. ENVOYEZ-MOI VOTRE ACCORD.

Peggy n'en croyait pas ses yeux. « Il m'aurait fallu un bon calmant, une serviette froide sur le front et quelques heures de solitude et de recueillement », écrivit-elle à Latham. Son premier mouvement, après la lecture fiévreuse des télégrammes, fut d'appeler John. Les dés étaient

jetés. Ses craintes les plus noires, ses espoirs les plus fous étaient devenus réalité.

Le soir même, après en avoir conféré avec John, elle envoya deux
télégrammes, l'un à Lois, l'autre à Latham. Le texte était presque
identique. Elle n'attendait que d'avoir reçu le contrat pour donner
son accord définitif. Ensuite, la tête plus calme, Peggy écrivit une
longue lettre à Latham. Serait-elle tenue de remettre le texte final du
manuscrit à une date précise ? Cette condition lui donnait de l'inquiétude car elle était sujette « aux mauvais coups de la volonté divine »,
qui la mettaient souvent dans l'impossibilité de travailler. « Depuis
six mois, je n'ai pas à me plaindre », précisait-elle aussitôt. « Je traverse sans doute une période faste, mais quand on a la guigne, sait-
on jamais ce que l'avenir vous réserve ? En toute honnêteté, je me
dois de vous avertir. »

Prétextant son ignorance des mœurs éditoriales, elle demanda s'il
lui serait possible de prendre connaissance du rapport de C.W. Everett avant la signature du contrat, dans l'hypothèse où le professeur
émettrait certaines suggestions « inacceptables ». « Je viens d'une
famille de juristes, expliqua-t-elle enfin, aussi est-il hors de question
d'accepter une proposition, si alléchante soit-elle, avant d'avoir examiné toutes les clauses. »

Au terme de la lettre, elle faisait à l'éditeur un aveu, sincère ou
non, qui devait revenir comme un leitmotiv dans toutes ses futures
déclarations : « Jamais je n'aurais imaginé qu'un éditeur puisse s'intéresser à mon livre. Après tout, je ne l'ai écrit que pour faire plaisir
à mon mari et pour me distraire quand mon existence devenait trop
terne. »

Latham se hâta de lui faire parvenir le compte rendu très chaleureux de C. W. Everett. Celui-ci avait réussi un tour de force : faire
tenir le résumé du manuscrit sur cinq pages dactylographiées. Il donnait ensuite ses appréciations :

Ce livre est superbe, le mot n'est pas trop fort. L'histoire pourrait se passer n'importe où, n'importe quand, elle ne perdrait rien de l'immense richesse
humaine qui en fait tout le prix. Exaltées par la tourmente de la guerre et
de l'après-guerre, ses qualités acquièrent une dimension extraordinaire. Le
style est en outre très soigné. Prenons par exemple la scène brossant le spectacle grotesque offert par le sauve-qui-peut de la digne Mrs. Elsing, obligée
d'évacuer Atlanta de si bon matin, avec tout son chargement de sacs de
farine, de haricots et de lard. Plus loin, avec quels accents pathétiques nous

est décrite la fuite nocturne de l'héroïne, dans une carriole déjetée conduite par une haridelle... Or que trouve-t-elle à Tara ? Désolation et famine. Aucune allusion n'est faite aux épreuves que l'on a dû supporter pendant le voyage pour en arriver là, l'auteur se contente de forcer la cadence. D'une manière générale, la maîtrise du tempo est admirable. Mrs. Marsh peut à son gré suspendre le temps ou l'accélérer selon les besoins de l'action. Tantôt les jours ont la lenteur d'un siècle, tantôt le mouvement s'emballe, les pages se tournent prestissimo. Pansy apprend vite. Elle pourrait faire siennes les paroles du vieux Lear : « Mais qu'un mal plus fort te saisisse, et le moindre s'effacera [1]... »

N'hésitez pas, prenez le livre. Je me porte garant du succès. Quand le manuscrit sera mis au propre, vous découvrirez que tout s'enchaîne... à quelques pages près. On reste d'ailleurs stupéfait de constater qu'un texte aussi long comporte aussi peu de défaillances. Vous tenez là un best-seller en puissance, ne le laissez pas s'échapper. Ajoutons que l'artifice littéraire consistant à prendre un personnage criblé de défauts, « antihéroïne » idéale, pour se concilier l'émotion bienveillante du lecteur est utilisé avec une adresse, une efficacité confondantes.

La fin est un tantinet décevante. La décision de Rhett Butler est trop irrévocable, comme si entre eux tout était vraiment fini... Suivez mon conseil, achetez ce bouquin. Dites à l'auteur de ne toucher à rien. Qu'elle se contente de combler les quelques trous qui subsistent et de nuancer la dernière page.

Deux jours plus tard, le 27 juillet, Peggy répondait par une lettre exprès. Le rapport élogieux du professeur lui avait mis du baume dans le cœur, assurait-elle. Everett, toutefois, formulait des réserves sur l'utilisation de certains mots ou certaines expressions, « traduisant de façon peut-être trop explicite le point de vue de l'auteur concernant les Noirs ». L'allusion au « rictus simiesque » de la vieille nounou ou l'image des « pattes noires » servant à désigner les mains de l'un des serviteurs de la plantation lui semblaient particulièrement déplacées. Peggy ne demandait qu'à procéder à de petits changements, tout en protestant de ses bonnes intentions. « Loin de moi le désir d'offenser les grand-mères de couleur, mais la vérité oblige à reconnaître qu'une négresse âgée, affligée d'une moue mélancolique, fait irrésistiblement penser à un singe ; pour ce qui est des pattes noires, j'ai bien souvent entendu les intéressés eux-mêmes parler de leurs mains dans ces termes. Imprimés sur les pages d'un livre, les mots prennent parfois un sens différent, j'en conviens. »

---

1. *Le Roi Lear*, Acte III, Scène IV (traduction Yves Bonnefoy) (N.d.T.).

Pour cette fois, Peggy voulut bien reconnaître le caractère un peu définitif de la séparation finale, tout en ajoutant : « A mon avis, Pansy s'arrangera pour regagner son affection. » Jamais plus, dans aucune lettre, dans aucune interview, elle ne se laissera entraîner à renouveler semblable confidence. « On pourrait, sans trop de dommage, laisser entrevoir une perspective de réconciliation », concédait-elle. « J'avais d'abord eu dans l'idée de laisser le lecteur libre d'imaginer sa propre fin... (Faute impardonnable, je le sais bien !) Il y a au moins deux ans que je n'ai pas relu ce passage, ne disposant pas du double du manuscrit, aussi mes souvenirs sont-ils vagues. » Peggy proposait en fin de compte de réécrire la dernière scène, en gardant présents à l'esprit les souhaits de raccommodement formulés par le Pr Everett.

Elle en arriva au problème toujours en suspens de la mort de Frank Kennedy. « Tout bien considéré, je préfère en revenir à la solution du coup de froid », écrivait-elle. « A première vue, celle du Ku Klux Klan paraît plus séduisante, mais les écrivains ont tellement abusé du Klan que l'idée a perdu toute originalité. » Peggy avait écrit la version klanique après coup, « afin, disait-elle, de donner un coup de fouet à l'action qui languissait depuis quelques chapitres ». Elle demandait que l'on s'en tînt à la pneumonie pour l'instant, quitte à opter en dernier lieu pour le Klan si ce moyen avait la préférence des conseillers de Macmillan et de Latham lui-même. « Vous me trouverez aussi conciliante au sujet de l'avenir des relations entre Rhett et Pansy », poursuivait-elle. « Je suis prête à modifier la fin dans le sens que vous souhaitez, à condition que vous n'exigiez pas un heureux dénouement. »

Chez Macmillan, personne ne voulait entendre parler d'une héroïne prénommée Pansy, choix d'autant plus malencontreux, expliquait Latham, que, dans le Nord, « Pansy » était le sobriquet quelquefois appliqué aux hommes un peu efféminés. « Chez nous, rétorquait Peggy, on appelle ces gens des *Fairies*[2]. Il arrive aussi que l'on fasse l'économie d'un euphémisme. » Compte tenu de ce détail un peu fâcheux, elle voulait bien, néanmoins, se mettre en quête d'un autre prénom, « tout aussi saugrenu ».

La plupart des chapitres n'étaient pas numérotés. Cette négligence contraignit Latham et le Pr Everett à quelques acrobaties d'imagination pour reconstituer l'ordre chronologique du récit. Deux personnages, Ella, première fille de Pansy, et Archie, surgissaient sans crier

---

2. *Fairies :* farfadets, lutin (N.d.T.).

gare. Interrogée à leur sujet, Peggy reconnut, très embarrassée, qu'elle avait omis de remettre à l'éditeur les chapitres dans lesquels ils faisaient leur apparition. En vain remua-t-elle toute la maison pour tenter de les retrouver. A défaut de la version la plus récente, elle mit la main sur de vieux brouillons qu'elle envoya tels quels à New York, accompagnés d'un mot : « Je ne saurais vous dire avec précision à quel endroit s'insèrent ces pages, mais les événements dont il est ici question sont immédiatement postérieurs à la mort de Gerald. »

Le contrat, dont elle ne parlait pas, tardait à lui parvenir pour la simple raison que le service juridique n'avait pas pris la peine de l'envoyer en exprès. Latham s'impatientait, ainsi qu'en témoigne sa lettre datée du 30 juillet.

Chère Mrs. Marsh,
Je reçois à l'instant votre lettre du 27. Vous ne touchez mot du contrat que sans doute vous n'avez pas encore reçu à l'instant de mettre sous pli. C'est maintenant chose faite, je pense, et j'ai bon espoir que nos conditions répondront à votre attente. Si toutefois vous aviez quelques éclaircissements à demander, quelques restrictions à formuler, écrivez-moi sur-le-champ. Je ferai de mon mieux pour vous satisfaire. Pour dire les choses comme elles sont, je me sentirai délivré d'un grand poids une fois le contrat signé.
Le rapport du Pr Everett vous a fait bonne impression, tant mieux. Vous suggérez d'attendre, pour modifier le dénouement des relations entre Rhett et Pansy, que le roman ait pris sa forme définitive. Je suis bien d'accord. Remettons à plus tard tous les petits problèmes de scénario sur lesquels nous demeurons encore dans l'incertitude. Sachez que nous fondons sur votre roman les plus grandes espérances. Si tout se passe bien, il remportera un immense succès, nous le souhaitons ardemment et, dans ce but, nous n'épargnerons aucun effort, ni avant, ni après la parution. Voulez-vous que je vous fasse un aveu ? Je ne serais pas plus heureux si j'étais moi-même l'auteur du livre.
Bien à vous,
H. S. Latham.

Latham était sincère. Il n'avait jamais douté que le roman de Peggy serait capable de surpasser en renommée un phénomène d'édition tel que *Lamb in His Bosom*. Tel qu'il était, avec ses longueurs, ses faiblesses, ses incertitudes, le volumineux manuscrit tenait le lecteur captif, de la première à la dernière page. Deux points importants demeuraient en litige, la mort de Frank Kennedy et le départ final de Rhett. Sur le fond, cependant, quels que soient les changements

apportés, les mobiles déterminant les agissements des uns et des autres
resteraient les mêmes. Kennedy pouvait bien tomber malade ou succomber au cours d'une rixe, Pansy n'en porterait pas moins une grande
part de responsabilité, et la mort prématurée de l'encombrant mari
donnait un second souffle à ses relations avec Rhett Butler. Celui-ci,
au terme de l'aventure, n'avait d'autre choix que de partir en cla-
quant la porte. Aucun homme digne de ce nom n'aurait supporté plus
longtemps les avanies d'une épouse si capricieuse.

Plus tard, F. Scott Fitzgerald devait déclarer que ce roman, « si
pauvre, si banal dans son analyse des effusions humaines, ne portait
nullement la trace des préoccupations à travers lesquelles se reconnaissait la littérature ». Latham ne se faisait pas d'illusion, il avait
pour cela trop d'expérience. Le livre n'était pas un chef-d'œuvre, il
s'en fallait de beaucoup, mais sa lecture procurait un plaisir irrésistible. L'auteur possédait l'art inné de la narration et, mieux encore,
celui d'affubler de mots séduisants tout ce qui lui passait par la tête.
L'enchanteresse avait su dompter le foisonnement des personnages
et des péripéties. Quant à l'histoire d'amour... elle parcourait deux
mille pages sans prendre une seule ride !

Les héros n'étaient pas des créations d'une grande originalité,
il est vrai. Pansy présentait de nombreux traits communs avec la Becky
Sharp de Thackeray[3], et Rhett Butler ressemblait à St. Elmo ; cependant les infimes détails par lesquels était relatée leur évolution donnaient à toutes les scènes qui les concernaient la force d'un témoignage.
Le livre ne se contentait pas d'empoigner son lecteur ; à travers les
vicissitudes de la guerre et de la Reconstruction, il évoquait comme
aucun autre roman « sudiste » ne l'avait fait auparavant l'élan décisif
des vaincus, leur résistance, souvenirs efficaces qui trouvaient un écho
immédiat dans l'Amérique de 1935. La Première Guerre mondiale
n'était pas si loin, le pays sortait à peine des années les plus sombres
de la récession. Il avait fallu se battre à nouveau et, parmi la foule
des sans-espoir, la multitude résignée, seuls les plus endurcis, les Rhett
Butler et les Pansy, avaient pu opérer le rétablissement salutaire.

Latham avait au moins conscience d'une chose : il tenait un manuscrit en or et s'y cramponnerait bec et ongles, quitte à devoir satisfaire toutes les fantaisies de l'auteur, cette petite Géorgienne pas
ordinaire, plus naïve que foncièrement enquiquineuse, il commençait à s'en rendre compte.

---

3. Dans *Vanity Fair* (*La Foire aux vanités*).

Le 1ᵉʳ août, Peggy trouva le contrat dans sa boîte aux lettres. Après l'avoir examiné avec un soin méticuleux en compagnie de son père et de John, elle écrivit à Latham une longue lettre dans laquelle elle exprimait sa perplexité au sujet de certaines dispositions.

En premier lieu, elle souhaitait que le livre fût défini avec plus de précision ; il ne s'agissait pas seulement d'un « roman », mais bien d'un « roman sur le Sud (*dont le titre exact restait à déterminer*) ».

Elle demandait ensuite un droit de regard sur le projet de couverture, afin de s'assurer « qu'aucune maladresse ne serait commise, susceptible de donner du Sud une image grotesque ou injurieuse ». La clause stipulant que « les droits d'adaptation à la scène ou à l'écran revenaient à l'auteur avant la publication » appelait de sa part ce commentaire : « Que se passe-t-il *après* la publication ? Même question en ce qui concerne les droits de reproduction dans la presse, pour lesquels la formule est tout aussi vague. » « La répartition s'effectuera suivant les pourcentages convenus », était-il indiqué par ailleurs. Cette petite phrase lui donnait de l'inquiétude. Qu'advenait-il en cas de contestation entre l'auteur et l'éditeur ? « Ne pourrait-on, avant toute signature, se mettre d'accord sur ces pourcentages ? » demandait-elle, avant d'exprimer sa crainte suprême : « Et si Macmillan fait faillite ? »

Latham montra cette réponse à Lois Cole. Depuis l'acceptation du manuscrit, l'entente entre les deux femmes souffrait d'un léger refroidissement. En son for intérieur, Lois s'attribuait le mérite de la découverte du talent de Peggy. Elle en tirait une juste fierté qui se nuançait d'un peu d'amertume. Lois était elle-même l'auteur d'un essai, mais son admiration allait aux seules œuvres de fiction. Le 5 août, elle envoya à Peggy une courte missive qui ressemblait à un coup de semonce.

Ma chère petite,
Puis-je, en toute amitié, te rappeler que tu n'as pas affaire à une maison d'édition de troisième ordre ? Macmillan t'a fait parvenir un contrat type, que douze mille auteurs ont déjà signé sans sourciller. Le croiras-tu ? Moi-même, je n'ai pas hésité. Les clauses annexes sont celles que l'on trouve habituellement dans les contrats de même nature. Si la maison fait faillite, personne ne sera plus en mesure de se soucier de quoi que ce soit, mais nous n'en sommes pas là. Gibraltar n'est pas plus solide. La révolution peut bien venir, Macmillan soutiendra le choc jusqu'à la dernière extrémité.
Bien à toi,
Lois.

Ces mots acérés firent mouche. Mortifiée à l'idée qu'elle avait pu faire preuve d'amateurisme ou d'inconvenance, Peggy signa sans plus tergiverser, exigeant tout au plus de menus changements dans les termes. Il ne lui vint même pas à l'esprit que l'éditeur, soucieux d'acheter son livre au plus vite, aurait sans doute été disposé à modifier le montant de l'avance. Le 6 août, elle renvoya le contrat, auquel elle joignit une lettre adressée à Latham, affirmant qu'elle n'avait jamais soupçonné Macmillan, le Gilbraltar de l'édition, de duplicité ou de mauvaise foi. Elle demandait en outre que l'on observât sur la signature du contrat le secret « le plus absolu ». De son côté, elle n'en avait parlé qu'à son mari et à son père. Même son frère ne savait rien. Eugene Mitchell avait été mis dans la confidence en sa qualité de juriste. « Je ne pouvais prendre le risque de signer un contrat sans l'avoir au préalable soumis à son approbation », expliquait-elle. « Il m'aurait écorchée vive, s'il l'avait appris. »

Dès la réception du contrat, Latham lui envoya un télégramme de confirmation, puis, le 9 août, un petit mot destiné à atténuer l'impression défavorable qu'avaient pu produire les remontrances de Lois Cole. La réaction de Peggy était parfaitement normale, assurait-il. A sa place, il aurait posé les mêmes questions. Il sollicitait la permission de rompre le secret en faveur de Medora, à laquelle il avait l'intention d'écrire pour la remercier de les avoir présentés l'un à l'autre.

Le manuscrit arriva le lendemain, port payé. « Manuscrit de l'ancien Sud, 27 parties », disait le récépissé. Rentrée de l'hôpital depuis peu, Bessie aida Peggy à sortir du paquet les vieilles enveloppes, toutes froissées à présent, qui avaient quitté la maison quatre mois auparavant. Elles prirent place sur la machine à coudre. Le 10 août, Peggy reçut le double signé du contrat, ainsi qu'un chèque de deux cent cinquante dollars. Le 25, Latham écrivait à nouveau.

Je vous envoie ce jour la grande nouvelle *Ropa Carmagin* remise en même temps que le manuscrit du roman et que j'avais conservée par mégarde. Je l'ai lue avec le plus vif intérêt et beaucoup d'admiration. Ce texte trop court pour être publié sous la forme d'un livre confirme un talent dont je n'ai jamais douté. Vous êtes un excellent écrivain, à l'aise dans tous les registres, capable de donner vie aux personnages les plus divers. Mettez cette nouvelle de côté, ainsi que toutes celles qui sommeillent dans vos tiroirs. Les meilleures revues s'arracheront vos écrits après la parution du roman.

Celui-ci doit rester l'unique, la grande aventure du moment. Oubliez le reste, auquel il sera temps de songer plus tard.

Latham ne croyait pas si bien dire. La grande aventure ne faisait que commencer.

CHAPITRE XV

Peggy se remit donc au travail, après plusieurs mois d'interruption. Elle considérait d'un œil tout différent cette œuvre que les professionnels de l'édition avaient estimée digne d'être publiée. Les louanges du Pr Everett la berçaient d'une douce musique. Rassurée sur elle-même, la jeune femme croyait avoir oublié toutes ses frayeurs et se sentait heureuse. Elle avait de l'énergie à revendre.

Un certain samedi matin du mois de septembre, John surgit sur le seuil de son bureau, agitant, dans un geste furieux, les pages que Peggy venait de réécrire.

« A quoi rime cette cacophonie ? » s'écria-t-il.

Lisant, il égrena une kyrielle de propositions principales bringuebalantes et de subjonctifs suspects.

Peggy le toisa de la tête aux pieds.

« Ça, monsieur, c'est le tempo », laissa-t-elle tomber du haut de sa dignité.

Le mot, emprunté au rapport élogieux du Pr Everett qui s'extasiait sur sa « maîtrise du rythme », devint entre eux une plaisanterie rituelle. Chaque fois que Peggy prenait des libertés avec la syntaxe, John l'asticotait : « Encore ton fichu tempo qui fait des siennes ? »

Bessie ne voulut pas demeurer en reste. La seule et unique fois où sa tarte au citron arriva tout affaissée sur la table, elle murmura, contrite : « Pas de doute, mon tempo s'est détraqué. »

Courant septembre, Peggy écrivit à Latham. Elle travaillait d'arrache-pied, assurait-elle, et pour la première fois de sa vie avec une impression de facilité. Rien de tel qu'un contrat signé pour donner un coup de fouet à l'écrivain, avouera-t-elle à John. On se sentait tenu de « rendre sa copie », et l'obligation dans laquelle on se trouvait de brûler tous ses vaisseaux procurait un sentiment d'euphorie.

Avec l'aide de John, elle s'employa à éliminer fautes et répétitions, à gommer les fractures de la continuité narrative, à condenser surtout. Pleine d'optimisme, elle espérait en avoir fini avant deux mois, « à condition que la fièvre de dingue, qui frappe tous les ans à la mi-septembre, [la] laisse en paix pour cette fois ». John prenait quinze jours de vacances à la fin du mois ; il avait promis de lui consacrer tout son temps.

Chez Macmillan, on ne savait toujours pas qui s'occuperait du livre. Cette partie du travail n'étant pas du ressort de Latham, Lois Cole semblait toute désignée, mais Peggy avait fait la sourde oreille à toutes les discrètes ouvertures que son amie avait tentées dans ce sens. Non qu'elle mît en doute la compétence de Lois : Peggy, bien au contraire, ne craignait que ses propres insuffisances. Elle préférait esquiver l'offre plutôt que d'exposer sa grammaire fantaisiste, son orthographe déficiente et passer pour une illettrée.

Latham lui proposa le concours d'un éditeur parmi les plus efficaces. Il ferait le voyage d'Atlanta et l'assisterait de ses conseils pendant quelques semaines. Il laissa même entendre qu'il était prêt à faire une entorse aux habitudes de la maison en se rendant lui-même auprès d'elle si cette solution pouvait lui être agréable. Peggy déclina cette proposition. Toute collaboration extérieure lui semblerait inopportune aussi longtemps qu'elle n'aurait pas relu le manuscrit dans son entier avec John. Les critiques de celui-ci, ses suggestions, ses corrections impitoyables avaient sauvé le roman, elle en était convaincue. Sans ses interventions constantes, à tous les stades de l'élaboration de l'œuvre, jamais ses deux mille pages n'auraient trouvé grâce aux yeux de Latham et d'un professeur de Columbia. John était allé à l'université, il avait enseigné l'anglais ; il devait à sa longue pratique de l'écriture d'avoir un vocabulaire riche et précis, il était sans conteste l'intellectuel de la famille.

A cette ultime étape, certainement, la contribution de John fut capitale. Il confessa lui-même sa méticulosité opiniâtre. Il avait l'habitude de ce travail et son écriture était plus lisible que celle de Peggy, aussi la plupart des corrections figurant sur le manuscrit sont-elles de sa main. A mesure qu'ils progressaient, la jeune femme se reposait davantage sur lui. Il n'était plus seulement son « conseiller littéraire », il devenait son guide et son maître à penser.

Octobre arriva. Peggy voyait peu à peu s'envoler son espoir d'avoir terminé dans les délais prévus. La structure du récit était si serrée qu'à la moindre soustraction, au moindre rajout, tout l'édifice semblait s'effondrer. Il fallait alors une ingéniosité diabolique pour recoller les morceaux, et les raccords demeuraient visibles comme autant de

fissures. Non sans résistance, Eugene Mitchell s'était laissé convaincre de lire le manuscrit, mais son commentaire n'avait guère aidé au
rétablissement moral de sa fille. Après l'avoir complimenté sur l'exactitude historique des faits relatés, il avait ajouté qu'il ne comprenait
pas pourquoi une maison d'édition risquait son argent dans l'aventure. Sollicité à son tour, Stephens consentit à lire le roman et se contenta d'un lapidaire : « Ça ne tombe pas des mains. » Peggy sentit
s'amonceler au-dessus d'elle ses vieilles angoisses. La tâche qui l'attendait était bien au-dessus de ses forces.

Incapable de refuser un défi, Peggy n'en redoutait pas moins toutes les conséquences. Le mariage, si l'on en croit Medora, l'avait enfermée dans ce paradoxe. Toujours selon cette dernière, l'union avec
John Marsh avait eu raison de cette créature de feu et de vif-argent,
« assez crâneuse pour épouser un dingo comme Red Upshaw et faire
ensuite une belle carrière de journaliste ». Cette version attribue résolument à John le rôle de « méchant » dans la vie de Peggy. Effrayé
à l'idée que la jeune femme pouvait lui échapper, ce sauveur providentiel aurait tout fait pour qu'elle se sentît infiniment obligée envers
lui après l'échec retentissant de son premier mariage. John lui avait
évité le déshonneur ; il l'avait prise sous sa protection affective, bientôt
financière. La reconnaissance de Peggy scellait sa dépendance.

Telle était l'opinion bien arrêtée de Medora. A cette époque, un
sérieux désaccord l'opposa à John ; le différend ne fut jamais réglé
et leurs relations se tendirent. Sensible à cette mésentente, soucieuse
en même temps de conserver l'amitié de Medora, Peggy la recevait
désormais en l'absence de John, ou la rencontrait au-dehors. Par délicatesse, ni l'une ni l'autre n'évoquèrent jamais les raisons de cette
évolution.

Tout le monde savait que John avait l'habitude de corriger les textes de Peggy. Personne, pas même Medora, ne se doutait que la jeune
femme ne pouvait, en aucune façon, se passer de « ce regard par-
dessus son épaule ». A une plus grande échelle que pour les articles
de naguère, il en avait cependant été de même pour le roman. John
l'avait encouragée à écrire et son soutien ne lui avait jamais fait défaut
tout du long. Plus tard, Frank Daniel, collègue de Peggy au *Journal*,
n'hésita pas à les désigner tous les deux comme « le papa et la maman
de Rhett et Pansy ». Cette boutade ne manquait pas de pertinence.
Mise dans le secret, Medora accueillait avec enthousiasme la nouvelle
de la publication. L'ancienne Peggy allait enfin renaître, croyait-elle,
« ardente à vivre, indépendante et fière de l'être ». Medora n'avait

jamais pardonné à John d'avoir pu exiger de sa jeune épouse qu'elle abandonne son métier, et d'avoir récidivé. En effet, lorsque Peggy, remise de son accident, avait été en état de marcher à nouveau, Perkerson lui avait proposé de reprendre son poste ; et John s'y était opposé. Selon Medora, il n'était guère qu'un fardeau dont le poids tenait Peggy éloignée de la voie royale qu'elle méritait.

Dans le Sud se trouvait la plus grande concentration d'écrivains amateurs, Peggy le croyait à juste titre. Une illusion de fraternité unissait cette communauté anonyme. Gare à celui ou à celle qui, favorisé par la fortune, avait le bonheur d'être publié. Élevé à la dignité de gourou, l'écrivain voyait son temps et son expérience spontanément mis à la disposition de tous. Peggy avait eu, lorsqu'elle était reporter vedette, un avant-goût des harcèlements dont elle craignait d'être bientôt la victime. Son roman pouvait bien n'être qu'un demi-succès, cela ne découragerait pas les novices de lui adresser leurs œuvres imparfaites. Des gens qu'elle avait rencontrés une fois dans sa vie, quand il ne s'agirait pas de parfaits étrangers, viendraient sonner à sa porte. Encore pires seraient les ingérences des journalistes locaux en mal d'interviews. Peggy était décidée à n'accorder aucun entretien de peur d'avoir à prendre en compte certaines questions concernant Red Upshaw, sa vie privée en général ou même ses projets littéraires, tous sujets qu'elle entendait soustraire à la curiosité des fouineurs. Quant aux plumitifs trop pressés d'abuser de son temps, elle leur ferait vite savoir qu'ils s'étaient trompés d'adresse. C'était une chose de prospecter pour le compte de Macmillan en échange d'une petite commission, une autre de se laisser exploiter par des malotrus. En accord avec John, elle décida de fixer un tarif. « Quiconque aura l'audace de me soumettre un manuscrit devra me rétribuer pour la peine », écrivit-elle à Lois. « Pas moins de cinquante dollars. »

Chaque jour se présentait une nouvelle difficulté. Il devenait évident qu'elle ne serait jamais en mesure de respecter l'échéance dont elle était imprudemment convenue avec Latham. Comment lui avouer qu'elle avait besoin d'un délai supplémentaire quand Macmillan avait établi sa programmation en tenant compte de la date prévue ?

Tous les aspects du roman qui ne concernaient pas les problèmes de stratégie militaire (pour lesquels elle s'en était remise aux souvenirs qu'elle avait conservés des récits de son enfance) avaient fait l'objet de recherches intensives. Avant la signature du contrat, Peggy avait prétendu ne pas voir la nécessité d'aller se casser la tête « à piocher des manuels de science militaire auxquels elle ne comprendrait rien ».

Cette désinvolture n'était plus de mise. Non contente d'étudier les relations faites par les généraux des deux camps, elle exhuma les témoignages recueillis à l'époque du *Journal*, lorsqu'elle allait interviewer les « anciens » d'Atlanta. Elle se donna aussi la peine de lire tous les articles écrits par Wilbur Kurtz et son épouse Annie, un couple d'historiens géorgiens qui faisaient autorité sur la question de la guerre. Elle avait eu l'occasion de les rencontrer autrefois, pendant une excursion organisée par la Société d'histoire. Pour plus de sûreté, elle résolut d'avoir recours à eux.

Les opérations militaires n'occupaient guère que deux chapitres et demi sur la totalité du livre. Peggy les voulait irréprochables. « Je ne prendrai pas le risque de voir se lever quelque vétéran chenu qui, brandissant sa canne, me jettera au visage : ''Cela ne s'est pas du tout passé de cette façon. Je le sais, j'y étais !!!'' Elle envoya donc les chapitres concernés à Kurtz, ainsi qu'une longue lettre pour s'excuser de la corvée qu'elle allait lui infliger et dont elle était consciente, ayant conservé le très mauvais souvenir de sollicitations similaires auxquelles elle avait été soumise bien des années auparavant, quand elle était journaliste. Cela dit, personne n'était plus qualifié qu'eux pour lui venir en aide.

Les Kurtz acceptèrent de rendre le service demandé, un geste que Peggy ne devait jamais oublier. Elle n'avait commis que deux erreurs, écrivirent-ils. L'une était d'avoir situé la bataille de New Hope trop près de la voie de chemin de fer, petit défaut qui ne tirait pas à conséquence. Ensuite, elle avait achevé la construction des fortifications d'Atlanta avec six semaines d'avance. Cette seconde erreur était beaucoup plus sérieuse.

La date de remise approchait ; la pression devenait intolérable. C'était plus que n'en pouvait supporter Peggy. Il lui vint une éruption de furoncles sur tout le corps, puis sur le cuir chevelu. Dans l'espoir d'enrayer l'infection, le médecin voulut isoler chaque pustule, en rasant autour d'elle de petits cercles de cheveux de la taille d'une pièce de monnaie. Peine perdue, la joue gauche se mit à enfler. Ce fut le moment que choisit Lois pour transmettre les exigences du service publicité qui réclamait une photo récente. Peggy répondit qu'elle ressemblait à « quelque chose qu'on aurait arraché des mains des Indiens chasseurs de scalps, avec cinq minutes de retard ». Elle promettait néanmoins de passer la matinée du lendemain chez l'esthéticienne et tout l'après-midi, s'il le fallait, chez le photographe, qui n'aurait pas assez de tout son art pour « dissimuler la tonsure, redresser le nez tordu à la Jimmy Durante, et gonfler la joue droite, plus creuse que ne l'étaient celles de Marlene Dietrich ».

Dans l'enveloppe se trouvait aussi, rédigé par John, le texte du « blurb » qui devait figurer sur les rabats de la jaquette, ainsi qu'une recommandation de Peggy. Une fois le livre publié, il n'était pas question de négliger le personnage de Melanie : « Après tout, la véritable héroïne, c'est elle, même si je suis la seule à le savoir. »

Everett avait proposé d'appeler le livre « Un autre jour ». Ce titre, provisoirement retenu, n'enchantait personne. De son côté, Peggy n'avait toujours pas trouvé de prénom satisfaisant pour remplacer le « Pansy » incriminé. Il lui avait été accordé un délai de grâce de quatre semaines ; en conséquence, le manuscrit devrait se trouver sur le bureau de Macmillan le 15 novembre au plus tard. L'équipe de la fabrication avait pris toutes ses dispositions en fonction de cette date ultime, or Peggy savait pertinemment qu'elle ne serait pas prête. Elle butait toujours sur le premier chapitre que sa densité rendait peu malléable. Pansy faisait son entrée sur fond de menaces de guerre et de préparatifs de barbecue. On apprenait les fiançailles d'Ashley ; on faisait la connaissance des jumeaux Tarleton, de Gerald O'Hara et de la famille Wilkes. Peggy avait bien rassemblé tous ces éléments, mais elle désespérait de jamais pouvoir trouver le ton de cette exposition qui permettait d'introduire la suite, et ce n'était pas faute d'avoir essayé toutes les combinaisons possibles.

Ne sachant plus à quel saint se vouer, le 30 octobre, elle envoya à Latham la version la plus récente. « C'est du travail d'amateur, gémissait-elle dans la lettre jointe, non seulement maladroit, mais prétentieux, ce qui est pire. »

A force d'accumuler les essais infructueux, elle en était arrivée à prendre ce premier chapitre en aversion. On pouvait presque parler de phobie. Elle n'exagérait pas en disant à Latham qu'au cours des deux années écoulées elle n'avait pas écrit moins d'une quarantaine de premiers chapitres, « tous plus détestables les uns que les autres ». Chaque fois qu'elle se sentait désœuvrée, elle essayait à nouveau, pour un résultat toujours plus décevant. Latham aurait-il l'obligeance de relire le texte et de lui indiquer ce qui clochait dans ces quelques pages ?

A peine Latham avait-il reçu cet appel de détresse qu'il faisait parvenir une note à Lois Cole : « Elle n'a vraiment aucune raison de se mettre martel en tête. Le tout début manque un peu de nervosité, cela se peut, mais dès le milieu de la troisième page le rythme est pris, le livre vous tient déjà. » Le jour même, il répondait à Peggy.

Après avoir pris connaissance de votre lettre, toutes affaires cessantes, j'ai lu ce chapitre qui vous cause tant de souci. Soyez rassurée, il est parfait de bout en bout. A partir de la page trois, l'histoire prend vie, les personnages acquièrent ce poids d'humanité que vous savez si bien leur donner. Comme il se doit, les premières pages font connaître les circonstances et présentent les personnages. Je n'y vois pas la moindre trace d'amateurisme ou de prétention.

Il lui demandait instamment de ne plus s'obnubiler sur ce point. L'essentiel, disait-il, était de réaliser un équilibre harmonieux entre toutes les parties du livre. La réponse de Latham n'apporta aucun réconfort à Peggy. En définitive, ses réticences étaient fondées puisque les deux pages qui la laissaient irrésolue ne devaient pas avoir le privilège d'ouvrir le livre. Peu après cependant, elle trouva un motif de satisfaction dans le règlement de deux questions délicates.

Depuis un mois, le livre s'appelait « Demain est un autre jour ». Puis Sam Tupper, le vieux copain de Peggy, à présent responsable de la chronique littéraire au *Journal*, découvrit que le titre était déjà pris par un roman paru peu de temps auparavant. Lois s'en aperçut également et s'empressa d'avertir Peggy. Celle-ci envisagea tour à tour : « Demain, après-demain », « Demain, il fera jour », « Les lendemains qui chantent », « Demain matin », toutes suggestions qu'elle présenta au choix de Lois. Fin octobre, elle écrivit à Latham afin de proposer *Autant en emporte le vent* et lui annoncer que, pour sa part, elle avait l'intention de s'en tenir là. Isolé de son contexte, ce fragment de vers avait du rythme, il évoquait aussi bien la fuite des jours « aussi fugitifs que des flocons de neige, la fin d'une époque balayée par la guerre, ou la déroute morale des victimes, incapables de résister au vent de la défaite ».

Séduit par ce titre, Latham ne l'était pas moins par « Scarlett », le nouveau prénom que Peggy venait de sortir de sa manche. Il promit de discuter au plus vite de l'un et de l'autre avec ses collaborateurs.

Une semaine plus tard, aucune décision n'avait été prise concernant le titre ou le nom de l'héroïne. Lois s'opposait à ce que Pansy devînt Scarlett, « prénom digne d'un manuel d'économie domestique ». Peggy l'avait pourtant découvert dans son propre manuscrit.

Les Scarlett étaient les ancêtres des O'Hara. Ils avaient combattu dans les rangs des Irish Volunteers[1] pour la libération de l'Irlande. Ils avaient été pendus pour leur insoumission.

Pourquoi pas « Peggy » ? suggéra-t-elle de guerre lasse. Pourquoi pas « Nancy » ? « Trop banal », lui répondit-on. Fin novembre, après les vacances de Thanksgiving, Scarlett O'Hara était officiellement baptisée. Il fallut, afin d'effectuer la substitution, poursuivre l'héroïne à travers toutes les pages du manuscrit. Le roman avait désormais un titre, emprunté au premier vers de la troisième strophe de *Cynara*, le poème d'Ernest Dowson : « Mes souvenirs s'envolent, Cynara ! autant en emporte le vent. » Peggy l'avait trouvé en explorant les rayons de sa bibliothèque, espérant y trouver l'inspiration. Le plus curieux était que l'expression figurait à peu près dans son texte, à l'endroit où elle décrivait la fuite hors d'Atlanta incendiée, le retour vers la terre natale : « Tara était-il debout ? Le domaine n'avait-il pas été emporté, lui aussi, par le vent qui avait secoué toute la Géorgie ? »

Même si Peggy avait été d'une nature plus sereine, elle aurait quand même été dépassée par l'ampleur et la difficulté de l'entreprise qui consistait à rendre le manuscrit en état d'être publié. Macmillan lui proposa les services d'une secrétaire, une jeune femme du nom de Margaret Baugh, employée au bureau d'Atlanta. Peggy fut trop heureuse d'accepter. John prit un mois de congé pour convenance personnelle, et sa propre secrétaire, Rhoda Williams, s'appliqua à la tâche colossale de retaper un texte devenu presque illisible à force d'avoir été corrigé.

A l'exception de quelques précisions d'histoire qu'il convenait d'insérer ici ou là, le roman était pour ainsi dire écrit dans son intégralité. Il restait à faire une sélection parmi les différentes moutures de tel ou tel chapitre, puis, une fois cette décision prise, à passer le manuscrit au crible pour éliminer toutes les références aux versions rejetées. Labeur gigantesque, à côté de quoi les « nuances » que le Pr Everett souhaitait voir apporter au dernier chapitre semblaient une bagatelle. Pourtant le tout début demeurait la grande obsession de Peggy. Quelques jours avant l'envoi du manuscrit, le miracle eut lieu : elle écrivit d'une traite les deux pages d'introduction. Scarlett devait

---

1. Profitant de la guerre d'Indépendance américaine qui affaiblissait l'Angleterre, les Irish Volunteers luttèrent pour obtenir l'autonomie législative de l'Irlande qui leur fut concédée en 1782, puis abrogée en 1800 à l'occasion de l'acte d'Union. Les grands massacres eurent lieu en 1803 (N.d.T.).

s'imposer d'emblée comme la protagoniste face aux jumeaux Tarleton, de telle façon que même absente elle continuât d'exercer son emprise sur le chapitre entier.

Dégoût, doutes, vertiges : l'énorme travail de correction avait pris pour Peggy les dimensions d'un enfer quotidien. Chaque matin, elle avait à peine ouvert les yeux que l'« impossible », comme elle l'appelait, lui tombait dessus, avec la certitude qu'elle ne tiendrait jamais le coup jusqu'à l'« impossible » lendemain. John revoyait tout, rectifiant grammaire et ponctuation jusqu'à une heure avancée de la nuit. Bessie avait ajouté les fonctions de gouvernante à celles de cuisinière et de femme de ménage. Elle veillait sur Peggy dont il fallait s'occuper comme d'une enfant et soigner contre son gré, tout en maintenant un semblant d'ordre dans une maison en perpétuelle effervescence. Cette précipitation aurait pu être évitée si Peggy avait accepté, comme le lui proposait Macmillan, le renfort d'un conseiller venu de New York, ou si elle avait eu la prudence de solliciter un délai beaucoup plus long qui aurait repoussé la sortie du livre à l'automne 1936. Conscient des pénibles conditions de travail que lui imposerait une échéance trop rapprochée, Latham avait laissé entendre, dans l'une de ses premières lettres, qu'il serait peut-être opportun de reculer la date de parution. Peggy s'était obstinée. Le livre devait être prêt pour le catalogue de printemps.

Elle attribuait la responsabilité du retard pris à ce maudit chapitre premier sur lequel ses efforts s'étaient longtemps focalisés en vain. Il apparaissait au contraire que cette incapacité momentanée à résoudre le problème posé par les deux premières pages était due à l'affolement. Peggy se voyait engagée dans une entreprise dont il lui était impossible de sortir en comptant sur ses propres forces. La présence de John, son aide de tous les instants lui étaient indispensables, en dépit du fait qu'elle se considérait avant tout comme Mrs. John Marsh, la femme du monsieur dont l'activité professionnelle devait conserver la priorité sur sa propre carrière d'écrivain — carrière fort compromise, soit dit en passant, puisqu'elle avait déjà fait le serment de rester l'auteur d'un seul livre. Cette préséance accordée au travail de John ne devait pas résister longtemps aux bouleversements entraînés par le formidable succès du roman. Pourtant Peggy s'efforça longtemps d'entretenir l'illusion que leur vie devait rester dans l'ombre de Georgia Power, même quand il devint évident que John ne pouvait, sans dommage pour sa santé, mener de front deux occupations, chef de publicité pendant la journée et, le soir venu, secrétaire particulier de son épouse dont il gérait les affaires ainsi qu'une bonne partie de la correspondance. Il semblait lui-même se satisfaire de cette situation et Peggy ne tenta jamais de le convaincre qu'il en faisait peut-être trop.

Début janvier, Peggy succomba à l'épuisement et dut garder la chambre pendant quinze jours, sur ordre du médecin. John prit la relève ; il se chargea de tout sous la haute surveillance de la petite alitée. Rhoda Williams passait le matin et le soir, pour prendre et rapporter les pages qu'elle tapait après sa journée de travail. Margaret Baugh faisait de son mieux pour se rendre utile. Le 19 janvier, les trois quarts du manuscrit étaient expédiés à New York. Deux jours plus tard, dans une lettre de onze feuillets adressée à Lois, John précisait que sa femme s'était effondrée sitôt le colis mis à la poste. La nouvelle leur était parvenue que Macmillan attendait de Peggy qu'elle fît le voyage de New York pour la sortie du livre. John avait aussitôt adopté une attitude protectrice à l'égard de sa femme, sous le prétexte d'économiser les forces de celle-ci et de préserver leur intimité.

Il en avait plus ou moins toujours été ainsi. John était la présence tutélaire sur laquelle Peggy pouvait compter en toutes circonstances. Augusta Dearborn Edwards prétend avoir très tôt discerné chez lui cette vocation d'ange gardien déjà sensible dans son comportement vis-à-vis de Red Upshaw. Le souci louable de ménager la santé de Peggy ne saurait pourtant justifier le ton hostile employé par John dans la lettre-fleuve, comme s'il rendait Macmillan responsable de tous les déboires dont la jeune femme avait été victime.

Il se peut qu'elle ne mette pas les pieds à New York, écrivait-il. Si toutefois elle se décidait à prendre le train, ce serait de son plein gré, parce qu'elle se sentirait capable d'entreprendre le voyage et qu'elle en aurait envie. Nos réserves sont d'ordre financier, mais pas uniquement. Je pense surtout à la grande fatigue de Peggy. Après deux accidents de voiture en moins d'un an, la pauvre n'est guère en état de fournir un effort supplémentaire. Elle s'est épuisée à la tâche pour respecter votre délai et le surmenage de ces dernières semaines l'a achevée. Depuis quinze jours, elle ne quitte plus son lit où elle continue à travailler autant qu'il est possible. Savez-vous ce que c'est que d'être rivé à sa chaise du matin au soir, pendant des jours et des jours, tantôt pianotant sur un clavier, tantôt s'usant les yeux à relire les mêmes pages pour la centième fois, tantôt manipulant d'énormes volumes de référence ? Ce fut pour elle un calvaire. Elle a tenu bon jusqu'à la limite de ses forces, jusqu'à l'intervention du médecin. Il ne me restait plus qu'à relire le manuscrit retapé, tâche dont je me suis acquitté en collaboration avec elle.

Les médecins la pressent de subir une nouvelle intervention qui aurait dû être tentée il y a plusieurs mois et ne l'a pas été à cause du livre. Peggy a l'intention de se rétablir le plus rapidement possible et de différer son entrée à l'hôpital jusqu'à la correction des épreuves. Croyez-vous qu'elle pourra trouver l'apaisement sous la menace d'une expédition à New York à laquelle elle ne pourra peut-être pas faire face ?...

John donnait ensuite à Lois l'assurance que le dernier quart du livre serait envoyé sous huitaine. Mensonge effronté sans doute, il prétendait ignorer que les maisons d'édition disposaient de leurs propres correcteurs. De toute façon, Peggy ne voulait pas que l'on modifiât son texte, si peu que ce fût, sauf pour ôter quelques virgules dans la première partie. Elle tenait surtout à ce que fût respectée la langue des gens de couleur, dans sa diversité, car un employé de maison ne s'exprime pas de la même façon qu'un travailleur des champs. Peggy s'était attachée à restituer la richesse du dialecte des Noirs, sans pousser le mimétisme jusqu'à présenter au lecteur un jargon incompréhensible. Le langage adopté se voulait donc un compromis délicat entre l'« authentique petit nègre » et quelque chose qui d'un point de vue pratique ne serait pas trop indigeste pour les presses à imprimer. « Je vous en prie, n'y touchez pas », recommandait John.

Quelque peu déconcertée par ces accents agressifs, Lois Cole répondit que l'invitation à New York devait être interprétée comme un écho à la chaleureuse hospitalité du Sud à laquelle l'avaient initiée ses amis d'Atlanta. Elle ne voyait pas pourquoi, du reste, un auteur bouderait les petites satisfactions qui accompagnent le succès d'un premier roman. « Si nous avions su que ce gros travail aurait des conséquences si néfastes sur la santé de Peggy, poursuivait-elle, nous aurions reculé la date de sortie du livre. Une fois celle-ci arrêtée, cependant, il fallait bien fixer une échéance pour la remise du manuscrit... »

Il fut convenu que le livre paraîtrait non plus le 5 mai, comme il avait été prévu, mais le 30 juin. Lois se heurtait désormais à une tout autre difficulté. Latham voyageait en Europe; absent pendant deux mois, il lui avait laissé le soin de mener à son terme toute l'affaire. Il l'avait bien mise en garde contre l'épaisseur du manuscrit, mais les enveloppes contenaient un si grand nombre de chapitres en double, triple ou quadruple que personne ne s'était aventuré à établir un pronostic sur le résultat final. Lois ne s'attendait certes pas à un manuscrit de mille cinq cents pages ! Elle écrivit à Peggy pour l'avertir des conséquences. Le livre serait mis en vente à trois dollars au lieu de deux et demi ; malgré cette augmentation, l'éditeur ne pouvait espérer faire un penny de bénéfice avant le dix millième exemplaire vendu. Il n'y avait donc pour l'auteur que deux partis possibles : ou elle acceptait une réduction de dix pour cent de ses droits d'auteur sur tous les exemplaires vendus, ou elle se résignait à couper le texte.

Il y avait bien eu, dans un passé récent, des phénomènes tels que *Tobacco Road*, *Anthony Adverse*[2] ou *Lamb in His Bosom*, qui s'étaient vendus à plusieurs centaines de milliers d'exemplaires, mais trois dollars, c'était bien cher, surtout en période de vaches maigres. Il semblait prématuré de prendre des risques ; aussi Macmillan fixat-il un objectif raisonnable de vingt-sept mille cinq cents exemplaires, avec un premier tirage de dix mille suivi d'un deuxième, si besoin était, de sept mille cinq cents, puis d'un troisième et d'un quatrième, de cinq mille chacun. L'œuvre avait toutes les qualités requises pour remporter un beau succès, personne n'en doutait ; mais on n'osait présumer un triomphe. L'éditeur attendait un signe d'encouragement ; il viendrait du Club du livre du mois, qui pouvait jeter son dévolu sur le roman, ou d'un studio de cinéma. D'ici là, Macmillan devait faire face à un coût de production bien supérieur à ses prévisions.

A peine reçue la lettre plaçant Peggy dans l'alternative de perdre de l'argent ou de charcuter son texte, John s'installa de nouveau devant la machine. Sa réponse, dix feuillets sans interligne, n'incitait pas précisément à la conciliation. En apparence, tout au moins.

Sans tenir compte de toutes les versions éliminées, le texte était plus court, faisait-il observer. Ce n'était pourtant pas la faute de l'auteur si Macmillan n'avait pas pris conscience à temps de la longueur du livre et n'avait pas prévu toutes les conséquences. Peggy n'avait jamais imaginé que le roman pût être publié autrement qu'en deux volumes. Elle s'était attendue, dès ses premiers contacts avec la maison d'édition, à recevoir des consignes impératives concernant le nombre de pages. Il n'en avait rien été, aussi avait-elle pris sur elle d'élaguer le texte çà et là ou de réduire certains passages dans le but d'améliorer l'ensemble. Le manuscrit se trouvait donc allégé d'une bonne cinquantaine de pages. John entrait dans le détail. C'était ainsi qu'un chapitre interminable, où l'on voyait Rhett Butler avancer de l'argent à Hetty Tarleton pour lui permettre d'acheter un attelage de chevaux

---

2. *Anthony Adverse,* roman de Harvey Allen, énorme succès quand il fut publié en 1933, adapté à l'écran par Mervyn Le Roy en 1936, avec Fredric March, Olivia de Havilland (N.d.T.).

à sa mère, avait été supprimé ; un autre, décrivant la grande misère
d'Atlanta livrée à Sherman, réduit à presque rien parce qu'il ralen-
tissait l'action qui s'était déplacée sur Tara. Beaucoup plus tard, le
départ de Mammy, résolue à quitter Atlanta et Scarlett pour aller finir
ses jours dans la plantation, était passé de sept pages à trois paragraphes. Peggy avait taillé dans le vif des longues diatribes de Mrs. Pittypat contre le carpetbagger qui lui avait volé son domaine, et fait le
sacrifice de quelques digressions sur les pérégrinations de certains personnages secondaires après la défaite. John en arrivait au changement le plus important. A l'origine, les informations recueillies au
sujet de la Reconstruction avaient donné naissance à deux chapitres
très denses, rédigés avant que Peggy n'eût effectué des recherches complémentaires. Elle avait alors l'impression que le pays avait retroussé
ses manches dès la fin de la guerre et s'était vite relevé de ses ruines.
En fait, les premiers effets de la Reconstruction ne devaient pas se
faire sentir avant longtemps et la situation s'était affreusement dégra-
dée au fil des ans par rapport à ce qu'elle était en 1866. Les chapitres
traitant de cette question avaient donc été fragmentés, le matériau
dispersé couvrait maintenant une période beaucoup plus longue, de
1866 à 1872.

Cette dernière modification, surtout, avait pu altérer la physionomie du récit, qui donnait l'impression d'être plus long, alors que c'était
le contraire, insistait John. Il concluait sur un trait d'esprit. « Je vous
envoie des lettres interminables ; n'allez surtout pas en inférer que
je suis l'auteur secret du magnifique roman de Peggy. J'aimerais bien.
En dépit de sa longueur, je trouve ce livre formidable. En vérité, j'en
suis plus satisfait que ne l'est mon épouse elle-même. »

Nonobstant ces protestations, John joignait une déclaration signée
de Peggy, selon laquelle elle acceptait de voir rogner ses droits
d'auteur. Si Latham s'était trouvé à New York, sans doute n'en serait-
on jamais arrivé là. Rien n'était plus banal qu'un contrat prévoyant
des droits d'auteur de quinze pour cent, et la taille du livre, en effet,
n'aurait pas dû constituer une surprise. Dès la première heure, Latham
avait d'ailleurs anticipé les résistances sur ce point et fait circuler un
mémo au sein de son équipe : « C'est un pavé, dans le genre *Anthony
Adverse*. Toutefois, il est déconseillé de tailler dans la masse. Tout
se tient dans cette histoire ; il n'y a rien à élaguer. »

Un communiqué de presse avait diffusé la nouvelle en janvier, à
l'occasion d'un bref séjour effectué à Atlanta par George Brett, président des Éditions Macmillan. Dès lors, chez Peggy, le téléphone

s'était mis à carillonner. Lois avait recommandé la plus grande discrétion, l'éditeur se réservant le privilège de faire les déclarations importantes. C'était oublier un peu vite l'esprit de clocher qui sévissait à Atlanta d'une part, et surtout le fait que John et Peggy avaient encore un pied dans le monde de la presse et vivaient dans la fréquentation assidue des journalistes. Yolande Gwin, de l'*Atlanta Constitution*, se vit accorder la primeur d'une interview. John minimisa la portée de l'événement dans la relation qu'il en fit à Lois : « Il n'y a pas de quoi fouetter un chat. L'article est paru en bonne place, mais pour la publicité, c'est un coup d'épée dans l'eau. Plus mondain que littéraire. Peggy se voit traitée de ''jeune espoir du roman, pétillante d'intelligence'', et Yolande a semblé satisfaite. On peut compter sur elle pour un papier plus important à la sortie du livre. »

Peu après, suivant la filière habituelle, le manuscrit fut confié aux soins de Miss Susan S. Prink, correctrice chevronnée. Peggy s'apprêtait à jouir d'un repos bien mérité quand elle vit arriver par la poste le paquet contenant un premier jeu d'épreuves. Miss Prink avait éloquemment hachuré chaque page de points d'interrogation et d'exclamation. Par la suite, Peggy devait confier à Latham : « Miss Prink et moi, nous nous sommes fait la guerre. » Elle n'était pas loin de la vérité. En effet, non contente de critiquer certains « tics » de l'auteur, la correctrice priait celle-ci de bien vouloir vérifier une fois de plus toutes ses dates et de citer ses sources.

Bombardée de lettres peu amènes, Miss Prink fit front. Son sang-froid imperturbable amena la courroucée à quelques compromis importants. Les petites fantaisies furent souvent éliminées, le sacro-saint dialecte noir quelquefois ramené à une orthographe plus phonétique. L'espace de plusieurs semaines, le *statu quo* prévalut au sujet du fameux monologue intérieur de Scarlett qui traverse tout le livre. Miss Prink réclamait des guillemets. Peggy ne voulait pas en entendre parler. Les soliloques de l'héroïne exprimaient le point de vue du roman, expliquait-elle. Ce « je » omniprésent, provocant, ratiocineur, en disait plus long que bien des scènes d'action et propulsait le récit. Il n'était pas question d'introduire des signes typographiques superflus, propres à distraire l'attention du lecteur. A court d'arguments, l'auteur devait cependant capituler ; la persévérance de Miss Prink avait eu raison de son entêtement. Ouvrons le livre. Lorsque Scarlett, s'adressant à elle-même, dit : « Il sera temps d'y penser demain ; quand je serai à Tara », la phrase est entre guillemets.

Le manuscrit avait été remis sans page de titre. Quatre mois avant la publication, on s'aperçut que cette négligence n'avait pas été réparée. Le livre n'était toujours pas signé ! Or, ce printemps de 1936, un écrivain du nom de Mary Mitchell faisait justement paraître un roman. Afin d'éviter toute confusion, Lois demanda à Peggy s'il lui serait possible d'*envisager* de signer « Margaret Marsh ».

En guise de réponse, Peggy lui fit parvenir un modèle de page de titre, libellé comme suit :

AUTANT EN EMPORTE LE VENT
de
MARGARET MITCHELL

L'œuvre devait être dédicacée :

à J. R. M.

Dans le cours du roman apparaît une autre série d'initiales. A la fin du chapitre XIII, Belle Watling fait don à Melanie de quelques pièces d'or enveloppées dans un mouchoir à l'angle duquel on remarque le chiffre RKB. Scarlett le reconnaît. Pas plus tard que la veille, Rhett Butler lui avait prêté un mouchoir brodé de ce même monogramme pour attacher un bouquet de fleurs. D'où vient ce mystérieux K médian ? Rien, dans le roman, ne nous éclaire sur ce point. Toutefois, peut-on s'empêcher de noter que les trois initiales RKB appartiennent toutes au nom de Red Berrien Kinnard Upshaw ?

CHAPITRE XVI

En février, Macmillan annonça la parution de son catalogue de printemps. *Autant en emporte le vent* s'y trouvait à l'honneur. Toujours à l'affût d'une bonne histoire, Hollywood désira en savoir plus. Samuel Goldwyn écrivit lui-même à Latham pour lui demander d'envoyer au plus vite les épreuves du « bouquin de *Mary* Mitchell, *Autant en emporte le vent* ». Deux jours après les avoir reçues, le producteur avait déjà pris la décision de n'en rien faire. Elles furent d'ailleurs expédiées à tous les comités de lecture des grands studios. Les lectrices (les dames, en effet, étaient majoritaires dans cette profession) s'efforcèrent en vain de convaincre les producteurs (pas une seule femme parmi eux) de la nécessité d'acheter les droits de ce roman génial. L'enthousiasme s'arrêtait aux portes des nababs.

Le bruit courut néanmoins que Louis B. Mayer avait l'intention de se laisser tenter. Jusqu'au jour où Irving Thalberg, l'éminence grise du moment, lui glissa dans le creux de l'oreille : « Fais une croix dessus, mon vieux. Aucun film sur la guerre civile n'a jamais rempli le tiroir-caisse. »

Thalberg n'avait pas tout à fait tort. *So Red the Rose*[1], film de la Paramount, avait été un four complet et la MGM n'avait pas oublié l'échec retentissant de *Operator 13*[2]. Les exploitants se plaignaient de ce que les films à costume vidaient les salles, et le verdict du box-office semblait leur donner raison. La cause était donc difficile à plaider ; aussi les premières tentatives de Macmillan pour vendre le livre aux Majors par l'intermédiaire de E.E. Hall, chef du service des droits

1. Réalisé par King Vidor, d'après le roman de Stark Young, avec Margaret Sullavan et Randolph Scott, 1935. Inédit en France (N.d.T.).

2. Réalisé par Richard Boleslawski, avec Gary Cooper. En français : *Agent n° 13* (N.d.T.).

annexes, ne donnèrent-elles aucun résultat. Hall demanda la convocation d'une réunion de travail avec George Brett, Harold Latham et Lois Cole. Il leur proposa d'engager un agent extérieur qui pourrait consacrer tout son temps à placer ce livre particulier. Lui-même assumait la responsabilité de l'ensemble des productions Macmillan, en direction du cinéma bien sûr, mais aussi du théâtre et de la presse. L'adaptation à l'écran d'un tel roman exigeait une reconstitution historique minutieuse, un budget considérable, une distribution qui tiendrait du prodige... autant de conditions exorbitantes. Les producteurs ne se laisseraient pas facilement convaincre. Lois avança le nom de Annie Laurie Williams, qui travaillait dans une agence dont Macmillan avait déjà utilisé les services. Miss Williams avait établi sa réputation en vendant au prix fort les droits du roman de John Steinbeck, *The Grapes of Wrath*, à la Twentieth Century Fox[3].

D'emblée, Peggy conçut une vive hostilité pour ce projet. Néanmoins, le 14 mars 1936, dans une lettre adressée à Lois, elle accepta d'être représentée par Miss Williams, si vraiment le renfort d'un agent devait soulager Macmillan. Magnanime, elle précisait qu'elle n'en tiendrait pas rigueur à Lois si cette personne échouait dans sa mission. Peggy n'avait jamais pensé qu'un producteur serait assez farfelu pour acquérir les droits d'un roman qu'il serait impossible de découper aux dimensions d'un film. Dans son esprit, d'autre part, Miss Williams était surtout l'agent de Macmillan. L'éditeur l'avait engagée, par conséquent c'était à lui qu'il incombait de régler ses honoraires.

L'attaque préparée par Annie Laurie Williams fut conduite de main de maître. Quelques semaines plus tard, Hollywood mordait à l'appât. Darryl Zanuck, grand manitou de la Fox, proposait trente-cinq mille dollars. Pour le compte de son père Jack Warner, Doris Leroy Warner renchérit de cinq mille dollars sur cette offre, dans l'espoir que la perspective d'incarner Scarlett O'Hara assouvirait les exigences de Bette Davis, la grande star du studio, toute prête à claquer la porte.

Miss Williams n'avait pas dit son dernier mot. Décidée à jouer son va-tout, elle fit savoir que les droits n'étaient pas à vendre à moins de soixante-cinq mille dollars. Comme il se devait, Peggy était informée de l'évolution de cette partie de bras de fer. Elle fut très secouée d'apprendre que l'on s'était permis, sans même la consulter, de repousser du pied cette petite fortune. Elle écrivit à Lois, exprimant

3. *Les Raisins de la colère*, superbe film que devait réaliser John Ford en 1940, avec Henry Fonda et John Carradine (N.d.T.).

son émotion et déclarant tout net son intention de retirer à Miss Williams l'autorisation de négocier en son nom.

Il était naturellement inconcevable de couper court aux efforts de l'agent, engagé dans une offensive de grande envergure. Sur le plan financier, c'eût été de la folie pure. Lois avait beaucoup de mal à admettre qu'un auteur fût inconscient au point de vouloir compromettre une opération qui, du jour au lendemain, pouvait faire monter en flèche les ventes de son livre. Elle signifia sans trop de nuances à Peggy que ses foucades n'étaient plus de mise et qu'il était plus que jamais dans son intérêt de reconnaître Miss Williams comme son agent accrédité.

Ce fut alors que Ginny Morris, l'ancienne confidente du *Smith College*, à présent journaliste indépendante, se manifesta. Toutes mes félicitations, écrivit-elle à Peggy. Était-il exact qu'elle avait décliné une offre de quarante mille dollars faite par un grand studio ? « Rien n'est plus faux ! » répondait Peggy. « Je ne sais qui répand de telles absurdités. Un gagne-petit comme moi, refuser quarante mille dollars, quand je serais bien aise de m'en voir offrir quarante ? »

Dès le mois de mars, les commandes des libraires laissaient présager un franc succès. Macmillan et Lois rongeaient leur frein ; ils attendaient le coup de pouce providentiel qui leur permettrait de catapulter le livre sur la liste des best-sellers. Le 15 avril, leur vœu fut exaucé. George Brett reçut une lettre du directeur du Club du livre du mois. *Autant en emporte le vent* avait été sélectionné. Le Club comptait l'envoyer à ses adhérents début juillet ou début août, au plus tard en septembre. Il envisageait d'écouler cinquante mille exemplaires, encore n'était-ce qu'un début, et proposait dix mille dollars pour l'exclusivité des droits d'exploitation dans cette formule.

John se trouvait à Savannah, en voyage d'affaires, lorsque Peggy reçut le coup de fil de Lois. Une lettre de George Brett arriva peu après, précisant les termes de l'accord passé avec le Club. Pendant plusieurs jours, la jeune femme garda cette nouvelle comme un secret. Les appels longue distance étaient considérés comme un luxe dans la famille, aussi, par mesure d'économie, n'osait-elle téléphoner à John. A la fin, n'y tenant plus, elle prit la lettre de Brett et se rendit à Peachtree Street afin de partager ce plaisir avec son père, « impitoyable contempteur des prétentions littéraires de sa fille », ainsi qu'elle le confiera à Lois. Au dire de Peggy, Eugene ne fit pas mystère de son étonnement. « J'ai lu ce livre par devoir paternel, aurait-il déclaré, et rien au monde ne pourrait m'obliger à recommencer. Pourquoi le Club du livre du mois, un organisme aussi sérieux, a-t-il choisi cet ouvrage, voilà ce que je ne m'explique pas » — opinion que Peggy feignait de partager dans sa lettre.

A son retour, John trouva son épouse en grand désarroi. Son roman allait être le pire fiasco enregistré par le Club. Elle mettrait tout le monde dans l'embarras et deviendrait un objet de risée. John la pria gentiment de ne plus proférer d'inepties.

Apprenant qu'*Autant en emporte le vent* avait été sélectionné, Medora s'empressa d'en informer les lecteurs du *Sunday Journal*, coupant ainsi l'herbe sous le pied de Macmillan qui aurait sans doute préféré annoncer lui-même la bonne nouvelle. Lois le prit fort mal, puis trouva un juste sujet de fierté dans le grand placard publicitaire que l'éditeur avait fait paraître sur trois pages dans le *Publishers Weekly*. Peggy se déclara comblée par le texte de l'annonce (« Miss Mitchell a vécu dans cette atmosphère depuis sa plus tendre enfance ; tous les personnages sont pour elle de vieilles connaissances... ») En revanche, la photo retenue lui donnait un « affreux type levantin ». « C'est bien la peine d'avoir le visage carré pour se retrouver avec ce menton en lame de couteau », écrivit-elle à Lois. « J'ai tout l'air d'un rat. A force de me l'entendre dire, je m'étais habituée à l'idée de ressembler à un chat, mais un rat... jamais de la vie ! » En réalité, le portrait était plutôt flatteur ; il montrait une charmante jeune femme, l'œil immense et vif, le sourire mélancolique.

Le « museau de rat » devait illustrer la notice biographique à paraître dans le bulletin du Club. Peggy se hâta d'envoyer une photo à sa convenance. Elle demanda aussi que l'expression « dame de couleur » fût substituée à celle de « servante noire », par laquelle était désignée Bessie. « Cela, à l'intention de nos lecteurs du Sud », précisa-t-elle.

En avril, une première critique, dithyrambique, paraissait dans le *Publishers Weekly*. « *Autant en emporte le vent* pourrait bien être le plus grand roman américain », concluait l'article, après avoir fait l'éloge de l'intensité des personnages, de la progression dramatique et de l'authenticité historique. Peu après, le *New York World Telegram* embouchait la trompette. « Bientôt disponible en librairie, *Autant en emporte le vent*, imposante fresque sur la guerre civile, devrait pulvériser tous les records de vente. »

Bien qu'elle fût déjà considérée chez Macmillan comme un auteur vedette, Peggy se refusait encore à envisager les conséquences d'un succès bien supérieur à son attente. Lois la mettait en garde contre cette politique de l'autruche. Elle la suppliait également de conserver toute sa confiance à Annie Laurie Williams ; celle-ci pouvait désormais se permettre de pousser les enchères avec l'atout non négligeable que procurait la sélection du Club. Peggy avait pris Miss Williams en grippe et ne voulait rien savoir. « Je connais les Éditions Macmillan et cela me suffit », écrivit-elle à Latham. Dans une lettre à Lois, elle fait part de son étonnement d'avoir à céder dix pour cent sur ses propres droits, au cas où la vente se ferait.

Dès le début, il avait été évident pour Peggy et les siens que le coup de chance d'*Autant en emporte le vent* ne se reproduirait pas. Il s'agissait par conséquent de gérer cette manne inespérée avec économie, d'investir à bon escient, et les trois hommes de la famille avaient là-dessus des idées bien arrêtées. Il ne venait à l'esprit de personne qu'Annie Laurie Williams, compte tenu de sa situation et de son expérience, était à même d'obtenir un contrat beaucoup plus lucratif que ne l'auraient fait les services de Macmillan. Du reste, informée des progrès réalisés par son agent, Peggy désapprouvait cette tactique « à la hussarde » qui devait pourtant donner d'excellents résultats.

Comble de maladresse, la pauvre Miss Williams crut habile de se prévaloir de sa qualité de Texane pour établir entre elle et Peggy de vagues liens de « solidarité sudiste ». Que dire enfin du choix désastreux du 24 avril au soir pour donner à l'auteur le coup de fil qui devait une bonne fois ramener la sérénité dans leurs relations ? Ce jour-là, un vendredi, les Marsh avaient prévu de se rendre à l'opéra. Peggy se sentait les yeux fatigués, aussi envisageait-elle de paresser dans son lit jusqu'à l'heure de se préparer. Mille sollicitations l'importunèrent, jusqu'au moment où l'appel d'une amie en détresse mit un terme définitif à ses velléités de repos. Ma mère s'est démis la hanche et je ne puis laisser mon enfant seul, gémissait l'amie. Peggy accepta de conduire la mère à l'hôpital et d'attendre avec elle les résultats de la radio. Elle pouvait dire adieu à son déjeuner.

L'après-midi devait être plus éprouvant encore. Elle se trouvait donc à l'hôpital lorsque Bessie la fit demander au téléphone. Une vieille dame chère au cœur de Peggy, pas très argentée et de santé fragile, était sur le point de se faire expulser de son domicile. Cette affaire occupa la jeune femme pour le reste de la journée. Elle rentra chez elle épuisée, affamée. Il lui restait une demi-heure pour se restaurer et s'habiller en vue de la soirée à l'opéra.

Le téléphone sonna. C'était Annie Laurie Williams. Au lieu d'annoncer qu'elle se trouvait sur le point de sortir et craignait de

se mettre en retard, Peggy se déclara trop souffrante pour parler. Miss
Williams était navrée ; elle lui souhaita un prompt rétablissement.
Cela étant, elle avait cru comprendre que Peggy acceptait qu'elle continuât de la représenter face aux studios et souhaitait s'entretenir avec
elle de la meilleure façon de défendre ses intérêts. « Ce fut alors que
j'explosai », devait déclarer Peggy à Lois. « Précisément, je n'ai pas
le souvenir de vous avoir jamais confié mes intérêts », cria-t-elle à
l'oreille de Miss Williams. Celle-ci, imperturbable, insista pour rencontrer sa « cliente » dans les plus brefs délais et proposa de descendre à Atlanta. Peggy riposta qu'elle était « trop mal en point pour
prendre une telle décision ». Et d'ajouter : « Si vous aviez lu ce livre,
vous sauriez qu'il est impossible de l'adapter pour le cinéma. » Miss
Williams confirma qu'elle avait bien lu le livre ; elle pensait au
contraire qu'il ferait un film formidable. Il était peu de dire qu'elle
avait échoué dans sa tentative de conciliation.

En vérité, Miss Williams n'avait commis qu'une erreur, celle d'avoir
appelé au pire moment. Peggy ne devait jamais lui pardonner. Rancune singulière. Dans une lettre qu'elle écrivit à Lois, quelques mois
plus tard, Annie Laurie Williams était encore présentée comme « cette
créature déterminée à me faire aller à l'opéra le ventre vide ».

Harold Latham se déplaça lui-même, dans l'espoir de pouvoir régler
ce différend. Il trouva John et Peggy figés dans leur hostilité à toute
intervention d'une tierce personne. Étant donné que Macmillan, qu'ils
honoraient de leur confiance, participerait à toutes les négociations,
à quoi bon s'encombrer d'un agent extérieur ? Avec beaucoup de circonspection, Latham tenta d'expliquer que ses excellentes relations
avec Peggy n'y changeraient rien ; l'éditeur chercherait avant tout
à faire l'opération à son profit. L'auteur, par conséquent, ne pouvait guère s'en remettre à lui de la défense de ses propres intérêts.
Les Marsh se contentèrent de hausser les épaules. Ils exprimèrent leur
lassitude, invoquant pour ne pas avoir à poursuivre sur un si pénible
sujet le nouveau souci que leur causait la fatigue oculaire de Peggy.

Le 24 avril, jour de l'opéra, le médecin avait en effet prescrit le
repos et l'obscurité, mais qu'en était-il exactement de ces troubles de
la vue ? Peggy était-elle aussi malade que d'aucuns ont bien voulu
le laisser entendre ? On ne peut nier qu'elle a été la victime d'accidents dont les séquelles lui ont empoisonné l'existence. Sa jambe et
son dos, toujours très sensibles, supportaient mal le supplice des longues heures passées devant la machine. La jeune femme n'était jamais
aussi épanouie que lorsqu'elle se démenait pour le compte de sa famille

ou de ses amis. Elle savait alors se montrer à la hauteur des situations les plus délicates et ne craignait pas de livrer bataille contre le personnel hospitalier ou celui des services municipaux lorsqu'ils menaçaient de jeter une vieille dame à la rue. La correction du manuscrit avait demandé huit mois de travail continu ; ses yeux, il est vrai, avaient été éprouvés. Il est non moins exact que les indispositions de Peggy ou celles de ses proches étaient devenues un prétexte commode, invoqué à la moindre anicroche. La jeune femme n'écrivait jamais une lettre, même adressée à quelqu'un qu'elle connaissait à peine, sans communiquer son bulletin de santé. Tardait-elle à répondre à un ami, à un admirateur, à rapporter un article acheté trop vite, à régler une facture ? Invariablement, ce délai était mis sur le compte de la fatigue ou d'une défaillance physique.

Tous ceux qui côtoyaient Peggy la considéraient comme une jeune femme alerte et pleine d'entrain. Dès la publication d'*Autant en emporte le vent* cependant, elle s'ingénia à diffuser d'elle-même une image bien précise. Elle ne perdait jamais une occasion d'attirer l'attention sur son physique ou sa santé. Dans la première notice autobiographique que Macmillan lui demanda de rédiger, elle se présentait en ces termes : « Je suis une demi-portion, je mesure à peine plus d'un mètre cinquante. Cela ne me donne aucun complexe. Comme tous les gens d'une taille inférieure, je n'ai pas conscience d'être petite et me sens capable, autant que n'importe qui, de remuer des montagnes. Je mène une vie très active et j'avale des litres de lait, aussi mon poids se maintient-il autour de cinquante kilos... »

En moins de deux pages dactylographiées, elle trouvait le moyen d'expliquer pourquoi elle avait ressenti l'impérieux besoin d'écrire un roman sur la guerre civile (« Cette tragédie imprégna toute mon enfance »), et d'affirmer qu'elle avait lu *Vanity Fair*, auquel son roman avait déjà été comparé, « très tardivement, près d'un an et demi après [son] accident de voiture ». Et de préciser : « Pendant trois ans, j'ai dû me déplacer à l'aide de béquilles. » Elle confessait une passion dévorante pour la lecture et l'ambition qu'elle avait eue naguère de devenir médecin. « Je poursuivais mes études au Smith College lorsque je perdis ma mère. J'ai dû rentrer à Atlanta pour m'occuper de la maison. » Peggy déclara avoir quitté le Smith College à l'âge de quinze ans et demi. Ce détail mis à part, tous les renseignements fournis semblent plus ou moins exacts. Pourtant sa manière de procéder est révélatrice. Une vie défile, ponctuée de « drames » qui provoquent les ruptures et marquent l'évolution du personnage. Au cours des mois précédant la sortie du livre, une campagne s'orchestra autour des « coups du sort » — deuils, accidents, béquilles, convalescences... Comment s'étonner, après cela, du charme si particulier, si douloureux, qui émanait de l'auteur d'*Autant en emporte le vent* ? D'autres bruits circulèrent ensuite. Il était question de chambre noire, de bandeau sur les yeux, d'interdiction formelle de lire, fût-ce un numéro de téléphone. On aurait voulu accréditer la légende d'une jeune femme frappée de cécité galopante que l'on ne s'y serait pas pris autrement. Cela n'empêchait pas l'intéressée d'entrer dans une violente colère quand ces rumeurs fallacieuses venaient à sa connaissance, même si elles s'accompagnaient des témoignages de sollicitude et de sympathie d'usage.

En mai, Latham était de retour à Atlanta. Il apportait dans ses valises les premiers exemplaires d'*Autant en emporte le vent*. Peggy fut priée de tout relire et de corriger les coquilles avant le premier grand tirage, une corvée à laquelle elle s'astreignit de très mauvaise grâce. « A la vue du livre, je fus prise d'un haut-le-cœur », avouera-t-elle à Lois. « Je sais, on ne réagit pas ainsi en face de son unique enfant, mais la joie que j'aurais pu ressentir fut effacée par le souvenir de l'accouchement, si long, si difficile. »

Ces exemplaires de lancement furent envoyés à tout le monde, critiques et studios, y compris ceux qui avaient déjà reçu les épreuves. Annie Laurie Williams, pendant ce temps, jouait le grand jeu. Latham tenta une dernière fois de persuader Peggy que son soutien serait d'un grand secours à l'agent dans cette phase décisive des tractations. Il échoua et rentra désenchanté à New York.

Son premier soin, néanmoins, fut de faire débloquer la somme de cinq mille dollars à faire parvenir à Mrs. Marsh à titre d'avance sur les droits d'auteur. A ce jour, Peggy n'avait perçu que les cinq cents dollars prévus par son contrat. Macmillan ne se fit pas prier puisque les ventes promettaient d'ores et déjà de dépasser les vingt mille exemplaires et que la recette du Club du livre du mois était acquise.

Yolande Gwin, de l'*Atlanta Constitution*, ainsi que tous les critiques de la presse locale, en avait reçu un exemplaire de lancement. C'était à qui organiserait la plus belle soirée en l'honneur de la romancière. Sollicitée de toute part, Peggy ne déclina aucune invitation. En revanche, elle ne voulait toujours pas entendre parler d'un voyage à New York : « Vous me voyez débarquer là-bas avec mon air de mini-Carabosse et mes pauvres yeux battus qui tomberaient en poussière au premier coup de vent ? » écrivit-elle à son éditeur.

Puisqu'elle refusait de se déplacer, le bureau géorgien de Macmillan reçut pour consigne d'employer les grands moyens et de mettre Peggy à contribution, de gré ou de force.

Cédant aux exhortations de Margaret Baugh, la jeune femme accepta de prendre la parole devant une assemblée de cinquante personnes à l'occasion d'un souper offert par la Guilde des bibliothécaires d'Atlanta. Elle prépara son intervention avec beaucoup de soins. « Pendant plusieurs jours, je vécus dans l'angoisse », confia-t-elle à Latham. « Comment faire comprendre à cet auguste aréopage qu'il n'est de métier plus assommant que celui d'écrivain ? » Alma Hill Jamison, chef du département des archives de la bibliothèque Carnegie, fut chargée de présenter l'oratrice. « Son roman, déclara-t-elle, évoque pour certains *Vanity Fair*, pour d'autres *Guerre et Paix*, ou *Gentlemen Prefer Blondes*[4]. » « A ces mots, je perdis toute contenance, le vide se fit dans mon esprit, j'oubliai toutes mes références bibliographiques », devait confesser Peggy dans la lettre du 1er juin 1936, adressée à Latham. « Quand je retrouvai mes esprits, j'étais en train de débiter des anecdotes inconvenantes. » Un coup d'œil sur Miss Jessie Hopkins, conservatrice de la bibliothèque Carnegie, lui donna quelque espoir de ne pas être invitée de sitôt à s'exprimer devant un auditoire si distingué.

La Georgia Press Association ne se laissa pas décourager et la pria de lui faire le grand honneur d'ouvrir sa réunion annuelle qui se tiendrait à Milledgeville, du 10 au 12 juin. Peggy, on le voit, était déjà une célébrité, à l'échelle d'Atlanta tout au moins. Nul, parmi ses amis journalistes, n'ignorait plus que le roman avait été sélectionné par le Club du livre du mois et que les studios de Hollywood manifestaient un intérêt croissant. Les critiques avaient lu le livre ; quelques-uns avaient fait paraître leurs papiers, plus laudatifs les uns que les autres. *Autant en emporte le vent* était présenté comme un événement littéraire.

Peggy accueillait cette gloire menaçante avec une vague angoisse, faite de stupeur et d'incrédulité, et qui, loin de se dissiper, grandissait à chaque nouvel article. Dès le début, elle se fit une loi de répondre à tous les journalistes. Joseph Henry Jackson, du *San Francisco Chronicle*, se vit récompenser par une longue lettre.

---

4. *Les Hommes préfèrent les blondes*, roman d'Anita Loos qui, avec l'aide de Joseph Fields, en tira une comédie musicale. Celle-ci fut adaptée à l'écran par Howard Hawks (N.d.T.).

Satisfaction, fierté, j'ai ressenti tout cela en lisant vos louanges, et bien davantage. Oserais-je dire que j'étais bouleversée ? Je ne suis pas, comme certains de mes personnages, sujette aux vapeurs, et les mauvaises nouvelles ne me font pas tomber en pâmoison. Votre article fut pour moi une excellente, une magnifique nouvelle à laquelle je m'attendais bien peu. L'effet de surprise explique en partie mon émotion.

Venaient ensuite plusieurs pages de souvenirs. Peggy parlait de son enfance, de sa jeunesse. En conclusion, elle remerciait le critique pour le jugement qu'il avait porté sur son style « si limpide que sa sincérité coule de source ».

Dans sa réponse au panégyrique que Harry Stillwell Edwards avait fait paraître dans l'*Atlanta Journal* du 14 juin, plus charmeuse, Peggy fait vibrer la corde sudiste.

Cher Mr. Edwards,
Je ne sais quel vestige de bienséance me retient de vous appeler « Très cher Mr. Edwards », ou de dire que vous êtes un amour, et le plus merveilleux des hommes. Consciente de la retenue que m'imposent les bonnes manières, je me contenterai donc du classique,
Cher Mr. Edwards,
Sachez tout d'abord que vous avez réjoui le cœur de mon vieux papa, et soyez-en remercié. Il tenait avant tout à ce que mon livre reçût bon accueil dans le Sud, particulièrement en Géorgie, et malgré les années de recherche et le soin apporté à la documentation, il avait grand-peur qu'il n'en fût rien. A la lecture de votre article remarquable, son visage s'est épanoui. « Si Mr. Edwards ne trouve rien à redire... » Vous imaginez la suite.

Longtemps après, John Marsh devait apporter son témoignage sur les semaines qui précédèrent la sortie du livre.

L'engrenage de la curiosité se mit en marche début mai, le mouvement s'amplifia au cours des deux mois suivants ; la rumeur se mua en certitude. C'était comme un grondement, venu en faisceau de toutes les directions. « Il nous est né un livre extraordinaire », disait-on, et la nouvelle éclata dans un bruit de tonnerre. Ce phénomène ne doit rien à nos modernes moyens de communication : le bouche à oreille a tout fait, avec une efficacité qui tient du prodige. L'écho s'est répandu dans le public à la vitesse du feu dans l'herbe sèche. Ce livre était devenu comme une promesse de bonheur, et personne ne voulait le manquer. Les libraires doublaient et triplaient leurs commandes...

Peggy, nul ne s'en étonnera, était la proie d'émotions contradictoires. Autant cette unanimité dans l'éloge la transportait de joie, autant elle lui semblait difficile à admettre. Elle attendit, mortellement inquiète, le « verdict du Sud ». Les critiques, toutes flatteuses, ne la rassuraient qu'à moitié. Chaque fois, elle avait le pressentiment que l'article suivant apporterait une première fausse note dans ce concert de louanges. Ainsi que Medora devait le souligner par la suite, « Scarlett n'était-elle pas une vraie diablesse, qui n'avait d'autre qualité que son courage ? Et que dire de Rhett Butler, un chenapan de l'espèce la plus vile, un profiteur de guerre ? Enfin, sacrilège suprême, le roman ne révélait-il pas à la face du monde qu'il s'était bien produit quelques désertions dans les rangs de l'armée confédérée ? »

Le 25 mai, pour sa plus grande satisfaction, Peggy signait un contrat avec Macmillan, désormais seul habilité à négocier avec les studios la vente des droits d'adaptation. Si un producteur « commettait la folie d'acheter ce bouquin », Macmillan lui donnait en plus l'assurance qu'elle bénéficierait de la clause du « droit de regard » sur le scénario. Peggy redoutait surtout d'entendre ses nègres du Sud s'exprimer avec la gouaille faubourienne des natifs de Harlem. Mine de rien, elle s'enquit de savoir si l'éditeur prévoyait aussi de s'occuper des droits d'adaptation à la scène.

Partenaire loyal, Macmillan se montra néanmoins coupable d'une indélicatesse envers Peggy Mitchell. Une seule, mais non négligeable. Tout en lui laissant croire que E. E. Hall était dorénavant chargé de ses droits, l'éditeur passa avec Annie Laurie Williams un accord secret qui autorisait celle-ci à négocier en son nom. George Brett ne manqua pas d'envoyer une note d'avertissement à Miss Williams, ainsi qu'à Latham et Lois Cole : « Pas un mot de tout ceci à Mrs. Marsh, naturellement. » La commission de dix pour cent sur laquelle on s'était entendu serait partagée moitié moitié entre Macmillan et l'agent, cette dernière se résignant à un pourcentage inférieur à celui dont elle avait l'habitude. A son insu, Peggy demeurait la cliente de « Bonnie Annie ».

Si l'on en croit Bette Davis, passant outre aux prières du studio, elle était sur le point de prendre un billet pour l'Europe lorsque Jack Warner la pria de passer à son bureau.

« Quoi de neuf ? demanda la star.

— Un roman. Il s'appelle *Autant en emporte le vent*.

— Encore un mélo, je parie. »

Sur ces mots, Miss Davis tourna les talons, bien décidée à s'embarquer à bord du premier bateau en partance pour l'Angleterre. Le titre du livre laissait malheureusement présager les accents déchirants des violons dont elle avait les oreilles rebattues ; elle était déjà prête à traverser l'Atlantique pour ne plus les entendre, quitte à se mettre en difficulté avec la Warner.

Aussi étrange que cela paraisse, le 28 mai, Harold Latham reçut le télégramme suivant :

CHER MR. LATHAM. APRÈS LECTURE D'*AUTANT EN EMPORTE LE VENT* DE MARGARET MITCHELL, JE MEURS D'ENVIE D'INTERPRÉTER SCARLETT. JE SERAI MAGNIFIQUE DANS CE RÔLE, ENCORE MEILLEURE QUE DANS CELUI DE L'ALCOOLIQUE DE *DANGEROUS*[5] QUI M'A VALU L'OSCAR L'AN PASSÉ. LA WARNER EST EN POURPARLERS AVEC VOUS. EN PRENANT SUR MOI DE VOUS COMMUNIQUER LE GRAND DÉSIR QUE J'AI D'ÊTRE SCARLETT, JE NE CACHE PAS MON INTENTION DE VOUS INFLUENCER. SI VOUS DEVIEZ VENDRE LES DROITS À UNE AUTRE COMPAGNIE, J'EN AURAIS LE CŒUR BRISÉ.

BETTE DAVIS.

Catégorique, Miss Davis nia toute responsabilité dans l'envoi de ce télégramme. Dès lors, on peut se perdre en conjectures et voir dans cette initiative l'œuvre de son imprésario, ou celle de Warner lui-même, préférant encourir l'accusation d'avoir commis un faux plutôt que de voir lui échapper les droits du roman. Quoi qu'il en soit, Hollywood avait changé de ton. *Anthony Adverse* avait été adjugé quarante mille dollars à la Warner, le prix le plus élevé consenti par un studio pour l'achat des droits d'un premier roman. Annie Laurie Williams se proclamait déterminée à faire mieux. Depuis peu, David O. Selznick était sur les rangs, mais l'affaire était « loin d'être dans le sac », ainsi que Lois l'écrivit à Peggy.

Cependant, l'agent n'avait pas omis d'envoyer un jeu d'épreuves à Katherine Brown, chef du bureau new-yorkais de Selznick International Pictures. Or celle-ci avait eu le coup de foudre. Selznick se trouvait alors sur la côte Ouest lorsque lui parvint ce message pressant : « Je vous en conjure, que dis-je, j'implore, je supplie : laissez tout tomber, lisez ce livre. Ensuite, vous n'aurez plus qu'un désir, celui d'en acheter les droits. » Une semaine plus tard, Katherine Brown

---

5. *Dangerous* (titre français : *L'Intruse*), film réalisé par Alfred E. Green, où la création de Bette Davis en actrice déchue, portée sur la bouteille, fit merveille (N.d.T.).

recevait une longue lettre, pleine de réticences et de contradictions, qui se terminait par ces mots :

« NAVRÉ DE VOUS ADMINISTRER CETTE DOUCHE FROIDE, MAIS LA RÉPONSE EST NON. »

Plusieurs jours passèrent, mis à profit par Irene Selznick [6] pour modifier sensiblement l'opinion de son mari. Un télégramme fut envoyé à New York. Selznick envisageait l'achat des droits d'un œil plus favorable, toutefois il refusait de débourser plus de quarante mille dollars avant d'être certain que le livre ne fît un tabac. Il conseillait à Miss Brown de surveiller les ventes avec attention.

Dans les milieux de l'édition, on savait déjà à quoi s'en tenir, et les Européens se battaient pour obtenir les droits de reproduction. (« Mon cher dialecte mis en traduction, quelle horreur ! » se plaignit Peggy dans une lettre à Lois.) La filiale anglaise de Macmillan, dirigée par Harold Macmillan, se trouvait en concurrence avec W. A. R. Collins. Aux États-Unis, les commandes des libraires excédaient les plus folles espérances de Latham.

Peggy était informée quotidiennement de cette évolution, mais le succès, d'une si foudroyante soudaineté, la laissait comme paralysée d'étonnement. John pressentit sans douleur ce qui allait arriver. Il fut décidé qu'Eugene et Stephens se chargeraient, moyennant rétribution, de veiller à ce que les intérêts de Peggy fussent protégés en toutes circonstances. Au-delà de la volonté manifeste de rester « entre soi », la décision de confier cette responsabilité à un cabinet juridique d'Atlanta qui ne connaissait ni l'édition, ni le cinéma, reste confondante de naïveté. Certes, la législation en matière de droits d'auteur n'était pas tout à fait étrangère à Stephens et depuis toujours, nous l'avons vu, Eugene considérait la contrefaçon comme un péché capital, mais ni l'un ni l'autre n'était de taille à affronter les puissants bataillons d'avocats entretenus par les studios.

Les trompettes de la renommée soufflaient en direction d'Atlanta. Des quatre coins de la Géorgie, les critiques assaillaient Peggy de leurs

6. Mrs. Selznick était aussi, *first and not least*, la fille de Louis B. Mayer. Selznick divorça quelques années plus tard pour épouser l'actrice Jennifer Jones. Productrice de nombreux spectacles à Broadway, Irene devait décéder en octobre 1990, à l'âge de quatre-vingt-treize ans. David, lui, disparut en 1965, peu de temps après avoir abandonné les studios (N.d.T.).

appels. L'un d'eux, dans un élan audacieux, ne l'avait-il pas désignée comme « le dernier Goliath des lettres américaines » ? Le chef du rayon librairie de Davison, la grande surface d'Atlanta, lui annonça qu'il avait passé commande de plusieurs centaines d'exemplaires du livre. Il lui serait infiniment obligé de bien vouloir faire une séance de signatures le jour de la sortie, fixée au 30 juin. La jeune femme accepta. Les dix mille exemplaires du premier tirage (datés du 30 mai, à la suite d'une erreur) avaient tous été distribués. Les commandes de Macy's et celles d'autres chaînes de grands magasins venaient juste d'arriver ; un deuxième tirage de vingt mille était en route. Macy's envisageait d'ailleurs d'organiser un cocktail pour célébrer l'apparition du livre sur ses rayons. Peggy déclina l'invitation.

Macmillan tenait enfin son best-seller. Trois semaines avant la parution, en toute bonne conscience, George Brett fit connaître à Peggy son intention de rétablir le contrat original, tout au moins la clause octroyant à l'auteur dix pour cent sur les vingt-cinq mille premiers exemplaires vendus, quinze pour cent ensuite. Peggy se déclara heureusement surprise. « Une bonne nouvelle à double titre, écrivit-elle à Brett, c'est un peu comme si Noël survenait deux fois dans la même année. »

Macmillan s'occupait alors des droits étrangers. Il recueillait dix pour cent sur toutes les ventes, tandis que ses représentants sur place percevaient un pourcentage identique. Dans le cas de la Grande-Bretagne, où l'éditeur négociait avec sa propre filiale, la situation était bien différente. Harold Macmillan enleva les droits d'*Autant en emporte le vent* pour deux cents livres, somme inférieure à celle que Collins avait offerte à Latham lors de son passage à Londres en février. Le rival évincé fit un scandale, mais Harold se cramponnait à ses « privilèges ».

Relayant la ferveur de la critique, des écrivains de renom tels qu'Ellen Glasgow, Storm Jameson, Julia Peterkin, Kathleen Norris se répandirent en commentaires apologétiques. « Voici le témoignage capital de toute une génération », déclarait l'un, et l'autre : « Une des plus belles histoires d'amour jamais contée », ou encore : « L'Amérique a trouvé son chef-d'œuvre. »

Fait sans précédent pour le premier roman d'un auteur inconnu, les libraires avaient épuisé leurs commandes avant même la mise en vente officielle. Cent mille exemplaires étaient maintenant sous presse. Les lettres de Lois Cole, Latham et George Brett se firent plus insistantes : Peggy devait coûte que coûte se préparer à soutenir les torrents d'enthousiasme qui n'allaient pas manquer de déferler. Suivant son pessimisme foncier, la jeune femme refusait de se rendre à l'évidence et continuait de mettre en doute ces magnifiques prédictions. Un détail la turlupinait : jusqu'à présent, on ne pouvait se plaindre de l'accueil que la presse avait réservé à son roman, bien sûr, mais qu'attendait New York pour se manifester ? Pas une ligne n'avait été écrite à ce jour dans les périodiques de la grande ville. Pourquoi ? Miss Greeve, du service de presse, se chargea d'élucider le mystère. New York était le centre de gravité de toute l'édition américaine, expliqua-t-elle. A la prière de Macmillan lui-même, les articles ne paraîtraient pas avant la sortie du livre.

Le 30 juin, en effet, le *New York Sun*, quotidien du matin, publia un compte rendu d'une longueur exceptionnelle, signé Edwin Granberry. Peggy avait tout lieu d'être rassurée :

Nous le proclamons sans hésiter, plus qu'aucun autre roman américain, *Autant en emporte le vent* soutient la comparaison avec les plus belles pages de Tolstoï, Hardy et même Sigrid Undset, la grande Norvégienne. Notre prose a sans doute exploré de plus hauts sommets, on trouvera sans peine d'autres artistes prompts à capter, chacun dans son registre, des bonheurs de plume plus délicats. Nul, cependant, n'est parvenu à brasser les grands thèmes de notre culture avec une puissance comparable. Pour le souffle et l'inspiration, Margaret Mitchell est bien l'héritière de ces géants de la littérature européenne.

Dans les colonnes du *New York Post*, Herschel Brickell parlait d'un « étourdissant morceau de bravoure et d'une œuvre magistrale... Ce livre, poursuivait-il, est le plus beau, le plus fort que l'on ait jamais écrit sur la guerre de Sécession et la convalescence du Sud. Il fera date dans l'histoire du roman américain ».

Le 30 juin était un mardi. Ce matin-là, Peggy n'eut pas le loisir de savourer les compliments de la critique new-yorkaise. Elle s'était rendue de bonne heure chez Davison, dont la librairie se trouvait déjà prise d'assaut. Malgré les centaines d'exemplaires commandés, l'offre restait bien inférieure à la demande. Les clients frustrés cherchaient à s'emparer du livre que tenait un voisin plus chanceux, ou plus prévoyant. Un admirateur arracha l'un des boutons du corsage en soie de Peggy ; un autre lui coupa subrepticement une mèche de cheveux. Elle supporta tout avec l'aménité la plus exquise. « Les gens sont ainsi dans le Sud, à Atlanta plus qu'ailleurs », souffla-t-elle à l'oreille de Medora qui l'accompagnait. « Ils revendiquent comme un triomphe collectif l'honneur échu à l'un d'entre eux. » Après l'émeute, les deux amies se rendirent à la station de radio WSB, où Médora devait interviewer Peggy en direct. « Nous étions sur des charbons ardents », confessera ensuite Peggy ; pourtant tout se passa pour le mieux. Medora la guida vers les sujets sur lesquels elle s'exprimait avec le plus de chaleur et de spontanéité, sa jeunesse et les témoignages des anciens, recueillis au fil des ans.

John venait de rentrer du bureau lorsque Peggy arriva à son tour à la maison. Sollicitée sans relâche par le téléphone, le déluge des télégrammes, les coups de sonnette des journalistes et ceux des chasseurs d'autographes, la pauvre Bessie était à deux doigts de s'effondrer.

Du jour au lendemain, Peggy Mitchell était entrée dans la légende.

Margaret Mitchell, écrivain

CHAPITRE XVII

Bessie se souvient. Pendant les deux jours qui suivirent la sortie du livre, le téléphone sonna sans discontinuer, du matin au soir, jusqu'à minuit. La porte carillonnait toutes les cinq minutes. Un petit groupe d'irréductibles montaient la garde sur le trottoir, résolus à faire parapher leur livre dès que l'auteur mettrait le nez dehors. Le facteur livrait désormais le courrier dans des sacs volumineux. Peggy ne pouvait faire trois pas dans la rue sans être reconnue ; un attroupement se formait sur-le-champ. Un jour, elle se trouvait dans le salon d'essayage d'une boutique de confection lorsque cinq dames, outrepassant toutes les bornes de la grossièreté, tirèrent le rideau. Peggy était à demi dévêtue. « Elle n'a pas plus de sein qu'un garçon ! » s'exclama l'une des intruses.

En l'espace de trois semaines, cent soixante-dix-huit mille exemplaires avaient été écoulés, et le débit augmentait chaque jour. Macmillan prévoyait d'atteindre le million avant la fin de l'année. Interrogée, aussitôt après la signature du contrat, sur les perspectives de succès qu'elle envisageait pour son premier roman, l'auteur avait déclaré qu'elle s'estimerait satisfaite d'avoir au moins cinq mille lecteurs.

Margaret Mitchell était devenue une héroïne nationale. Négligeant les avertissements tardifs de son éditeur, Peggy n'avait pas voulu céder un pouce de son scepticisme, aussi subit-elle de plein fouet les contrecoups du triomphe. Comment cette jeune femme, conservatrice dans l'âme, ayant toujours manifesté le goût de l'épargne, aurait-elle pu imaginer que des centaines de milliers de gens achèteraient son livre au prix exorbitant de trois dollars, dans une conjoncture aussi difficile, alors que tout le monde tirait le diable par la queue ? Pendant quelques jours, persuadée que l'engouement du public serait un feu de paille, elle guetta les signes du reflux. Il se confirma bien vite que le phénomène, dans toute son ampleur, serait durable. Peggy ressentit les premières atteintes d'une profonde anxiété.

Ces journées furent atroces où ne cessèrent visites, congratulations, livraisons de lettres et de télégrammes. Les journalistes exigeaient des interviews, les lecteurs par centaines appelaient pour féliciter Margaret Mitchell ou lui poser des questions. Rhett Butler et Scarlett O'Hara se rabibochaient-ils ? Les plus audacieux se présentaient à la porte de l'immeuble. Toutes les raisons leur étaient bonnes : ils souhaitaient exposer leurs problèmes et demander conseil à l'auteur, ils voulaient déposer un manuscrit ou simplement demander de l'argent. Le courrier apportait les requêtes les plus diverses ; voulez-vous participer à tel gala, prendre la parole dans telles circonstances, parrainer tel produit, telle entreprise, telle œuvre ? Une semaine après la sortie du livre, Peggy avait reçu plus de trois cents exemplaires d'*Autant en emporte le vent*, qu'elle était priée de dédicacer et de renvoyer à ses frais, la plupart du temps.

Tumulte et chaos, la célébrité arrivait trop vite. Aurait-elle eu la moindre disposition à recevoir l'adulation des foules que la jeune femme n'aurait pas eu le temps de s'y préparer. Elle avait entrepris d'écrire un livre en toute innocence, nous le savons, sans autre ambition que celle de signer un roman qui fût le plus près possible de la vérité historique, seule qualité qu'elle reconnaîtra jamais à son œuvre. Sans doute, malgré tous ses démentis, caressait-elle le vague projet de présenter son travail à un éditeur et le secret espoir d'être publiée. Il ne lui vint jamais à l'esprit d'établir un quelconque rapprochement entre la sinistre période de la Reconstruction et la grande crise génératrice de chômage et de misère que traversait l'Amérique des années trente, aussi était-elle à cent lieues de considérer son livre comme le miroir idéal dans lequel se réfléchiraient les fantasmes de la nation. Cette œuvre écrite dans la fébrilité n'avait rien pour inspirer la passion, estimait-elle. L'humilité de l'auteur n'était pas feinte. La gloire la prit par surprise ; elle entra dans sa vie comme une catastrophe.

John, le correcteur maison et l'unique lecteur du manuscrit pendant dix ans, n'avait pas été plus clairvoyant. Leur correspondance personnelle, postérieure à la publication d'*Autant en emporte le vent*, témoigne de leur ébahissement devant les analyses des exégètes, qui s'emparèrent du roman pour lui prêter une dimension sociologique, très éloignée des intentions de son auteur. A partir d'un scénario bien ficelé, Peggy avait voulu évoquer avec la plus grande exactitude une page douloureuse de l'histoire d'Atlanta. Rien de moins, rien de plus. Ce faisant, à son insu, elle avait écrit un texte nullement réaliste dont le caractère intemporel avait échappé à tous, même à son éditeur.

« Qu'espérions-nous ? Gagner quelque argent en publiant un bon livre », reconnaîtra par la suite James Putman, vice-président de Macmillan. Peut-être ne faut-il pas chercher plus loin les raisons du triomphe d'*Autant en emporte le vent*. Rien n'y sent l'artifice. Loin des rodomontades chauvinistes ou du discours social, l'auteur garde de bout en bout une liberté, une sincérité d'accent qui préserve l'émotion.

A maints égards, les effets dévastateurs de la Dépression ne furent pas sans rappeler les lendemains de la guerre, voilà qui expliquait les résonances contemporaines du livre. Pourquoi le lecteur qui s'exténuait depuis trop longtemps à conserver un toit, à boucler ses fins de mois, ne se serait-il pas senti solidaire de Scarlett, raidie contre l'adversité ? Comment n'aurait-il pas fait siennes les proclamations rageuses de l'héroïne : « Je le jure devant Dieu, coûte que coûte, je m'en sortirai, et quand la page sera tournée, je ne manquerai plus jamais de rien ! » Il y a autre chose, cependant. Les tristes affinités entre les deux époques ne sauraient à elles seules justifier la folle idolâtrie dont le livre fut l'objet. Les causes du phénomène sont plus profondes.

L'Amérique enlisée doutait de tout et d'abord d'elle-même. Si elle n'avait jamais revendiqué une influence déterminante dans le domaine culturel, du moins s'était-elle assuré la suprématie sur les plans économique et financier. Or ce rôle prépondérant lui échappait. La chute du dollar avait entraîné des faillites en chaîne. Le New Deal piétinait. Une population à la dérive ne croyait plus en rien et renvoyait dos à dos ses politiciens. Entre la peur et la désolation, on était entré dans l'ère du chacun pour soi.

Peggy aurait-elle eu l'esprit le plus perspicace, elle n'aurait pu prévoir qu'un roman fournirait le prétexte d'une double révolution. Dans le monde de l'édition bien sûr, mais aussi dans le pays tout entier qui n'attendait qu'un signe d'encouragement pour exorciser ses démons. Avec la parution de ce livre emblématique d'une certaine résistance, la fatalité du déclin semblait enrayée.

Autant en emporte le vent fut aussitôt salué comme l'archétype de ce qu'il faudrait bien appeler un jour la grande littérature nationale. Ce roman avait le mérite d'exalter le passé comme ni Willa Cather, ni William Faulkner, ni Thomas Wolfe ne s'étaient souciés de le faire. Au lieu de passer l'histoire au tamis du régionalisme, cher au courant réaliste représenté par Theodore Dreiser et ses disciples, il adoptait d'emblée les proportions de l'épopée. L'action se cantonnait dans le Sud, il est vrai, et n'échappait guère à l'emprise d'Atlanta et de ses environs ; pourtant l'Amérique entière se sentait concernée dès lors qu'il s'agissait du grand schisme de la guerre civile, présentée sous le jour le plus insolite, non pas à travers les hommes, la politique ou la guerre, mais à travers la lutte des femmes pour panser les plaies du Sud et ramener l'espoir, la fierté et la prospérité dans les foyers. Enfin, l'œuvre s'achevait sur le trait de génie d'une fin restée ouverte. Peggy avait refusé d'accabler son héroïne. Libre à chaque lecteur, dans la nuit de sa conscience, jouant sur le velours de toutes les fantaisies romanesques, de décider si Scarlett regagnait l'amour de Rhett Butler.

La consécration foudroyante de Peggy constituait une aventure inouïe, sans précédent. Il y avait bien eu Charles Lindbergh, déifié lui aussi du jour au lendemain mais, pour rester dans le monde des lettres, aucun auteur de best-seller ne s'était vu ainsi porté au pinacle. *Autant en emporte le vent* devenait un étendard, ses protagonistes des saints patrons. Leur créatrice se vit sacrée héroïne de la nation.

La renommée du livre gagna bientôt l'Europe. Frank Daniel, avec lequel Peggy avait travaillé à l'*Atlanta Journal*, lui écrivit pour transmettre ce que racontait l'un de ses amis, qui rentrait du Vieux Continent.

Il prétend avoir vu autant d'exemplaires de ton bouquin qu'il y avait de transats sur les ponts du *Queen Mary*. Dans les librairies de Paris et de Londres, on s'arrache l'édition américaine et les commandes passées pour l'édition anglaise (à paraître le 1er octobre, si je ne me trompe ?) battent tous les records. Henry Fonda est de retour d'Europe, lui aussi. Il se trouvait à bord du *Breman*. On dit qu'après avoir lu le livre, enthousiasmé, il a envoyé un message radio à Selznick pour convenir avec lui d'un rendez-vous. Il veut le rôle de Rhett Butler ! Il ne faut pas désespérer, vois-tu. Si Macmillan continue d'acheter des pleines pages de publicité dans l'*Atlanta Journal*, ton petit roman finira par devenir célèbre...

Quand les passagers du *Queen Mary* débarquèrent à Southampton au terme de la première traversée de la saison, les noms de Scarlett et de Rhett leur étaient devenus aussi familiers que ceux d'Edouard VIII et de Wallis Simpson. On ne parlait plus, dans les dîners en ville, que du dernier best-seller venu des États-Unis, heureuse diversion, sans doute, aux sempiternelles considérations sur la scandaleuse liaison du roi.

« Dans les premiers temps, se plaignit maintes fois Peggy, je me

suis sentie assiégée dans ma propre maison. » Il n'y avait là nulle exagération. Toutes ses déclarations à la presse révélaient qu'elle était
l'épouse de John Marsh, dont le numéro de téléphone se trouvait dans
l'annuaire d'Atlanta. Aucun cerbère ne gardait l'accès de l'immeuble, aucun système de sécurité ne verrouillait la porte d'entrée. En
l'absence de John, Peggy et Bessie se trouvaient seules pour répondre aux coups de sonnette ou décrocher le téléphone. Un long silence
au bout du fil trahissait souvent l'émoi du correspondant, stupéfait
d'être en communication avec Margaret Mitchell. Et quel choc, pour
les visiteurs indésirables, soudain face à face avec leur idole !

Les quotidiens répandaient les bruits les plus extravagants concernant l'adaptation à l'écran. Quant au grand public, insoucieux de
savoir si un studio avait vraiment acheté les droits, il faisait de la distribution des rôles son passe-temps favori. Le 3 juillet, dans une longue lettre à Lois Cole, Peggy énumérait quelques-uns de ses griefs.
De tous côtés les nécessiteux lui réclamaient l'aumône, sous prétexte
qu'elle « ne sentirait pas la différence, avec tous ses millions ». Même
ses amis s'étonnaient gentiment qu'elle continuât de rouler dans une
automobile vieille de sept ans. Et qu'attendait-elle pour mettre au rebut
« ses petites robes de cotonnade et ses bas de quatre sous » ? La veille,
à bout de nerfs, elle s'était jetée sur son lit en sanglotant. Le soir venu,
alarmé de la voir en si piètre état, John avait insisté pour qu'elle s'éva-
dât d'Atlanta pendant quelques jours, même seule, puisqu'il ne voyait
guère le moyen de se libérer de son travail. Elle avait déjà fixé la date.
« Lundi prochain, je monte dans ma guimbarde, et je roule droit
devant moi », écrivait-elle à Lois. Elle prévoyait de s'arrêter dans une
paisible bourgade de la montagne où elle pourrait, incognito, retrouver
sa liberté. Si Macmillan souhaitait entrer en contact avec elle, il était
toujours possible de télégraphier à John. Elle lui passerait un coup
de fil tous les soirs.

Le 7 juillet au matin, John venait de partir lorsque le téléphone
sonna. Peggy décrocha. C'était Red Upshaw. Longtemps après, la
jeune femme rapporta leur conversation à Medora.

« J'ai lu ton bouquin. Tu m'aimes toujours, déclara-t-il.

— Pourquoi croirais-tu une chose pareille ?

— Je suis Rhett Butler, n'est-ce pas ? Voilà pourquoi. »

Peggy nia de toutes ses forces et lui demanda ce qu'il voulait. Il
répondit qu'elle le saurait bien assez tôt et qu'il viendrait le lui dire
en face. Là-dessus, il raccrocha.

Peggy tremblait comme une feuille tout en se préparant pour accueillir les trois représentants de l'Associated Press auxquels elle avait accordé une interview. Red Upshaw pouvait-il lui intenter un procès en diffamation ? Butler, dont il prétendait être le modèle, n'était pas un ange, expulsé de West Point et profiteur de guerre, fâcheuses coïncidences qui risquaient de mettre la puce à l'oreille d'un juge si l'on s'avisait d'effectuer un rapprochement avec la carrière universitaire chahutée de Red Upshaw et son expérience de bootlegger. Pour ne rien dire de l'impardonnable faiblesse que constituaient ces initiales accusatrices, RKB... L'inquiétude de Peggy était certainement fondée. Elle avait en effet tout à craindre d'un procès qui exposerait au grand jour son premier mariage et les circonstances de son divorce, y compris les violences exercées par Red Upshaw. Le scandale serait énorme.

Elle était à peine remise de son émotion et n'avait pris aucune décision lorsque Bessie introduisit les journalistes. Plus tard, Peggy déclara avoir été soumise à « une épreuve d'endurance de trois heures, menée tambour battant ». Jouant de son charme, elle mit tant de grâce et d'habileté à esquiver certaines questions concernant le passé, le présent ou l'avenir que « ces messieurs de l'AP » n'y virent que du feu. Au moment de prendre congé, ils n'en savaient guère plus long sur les années « fantômes » de la vie de Margaret Mitchell, situées entre la mort de sa mère et sa collaboration à l'*Atlanta Journal*.

La porte refermée sur eux, Peggy pria Bessie de fourrer quelques effets dans un sac. La fuite de Scarlett n'avait pas été plus dramatique que ne le fut la sienne ce jour-là. Ainsi qu'elle l'avait écrit à Lois, elle se mit au volant de sa Chevrolet verte, modèle 1929, et prit la direction des montagnes. Huit écrivains et critiques de renom reçurent de longues lettres fort confuses qui auraient pu être intitulées : « Comment j'ai échappé à l'enfer de la gloire. » Dans la soirée, depuis un petit hôtel de Gainesville, Géorgie, sa première étape, Peggy avait en effet éprouvé le besoin de justifier auprès de différentes personnes ce départ précipité, mis sur le compte de la grande fatigue nerveuse dans laquelle l'avait laissée les journalistes. Avant de quitter l'appartement, elle avait appelé John. Cette fois, elle s'avouait vaincue. Si elle pouvait franchir le barrage des curieux massés devant sa porte, elle avait l'intention de déserter Atlanta, ne fût-ce que pour passer la nuit dans un endroit tranquille où nul ne la dérangerait.

Peggy n'avait jamais rencontré Herschel Brickell ; elle lui envoya pourtant, dès son arrivée à Gainesville, une lettre de cinq pages . « Ce matin, j'ai quitté mon domicile. Je voulais trouver dans la montagne un refuge où le téléphone et les journaux n'existent pas encore, où l'on ne connaît d'autre livre que la Bible. J'y resterai aussi longtemps que j'aurai quelque argent devant moi, ou, mieux, aussi longtemps que la renommée dont je jouis à Atlanta ne sera pas épuisée. J'étais journaliste dans le temps, je connais mes concitoyens. Ils ont besoin de trois semaines environ pour digérer une nouvelle célébrité. »

Dans une autre lettre, Peggy faisait le compte de ses maigres bagages : une brassée de journaux du matin, son carnet d'adresses, quatre romans policiers, cinq dollars, sa machine à écrire. « Ni brosse à dents ni linge de rechange ! » concluait-elle.

Il ne lui fallut pas moins de deux heures pour franchir les quelque quatre-vingts kilomètres qui séparent la capitale de Gainesville, petite agglomération nichée au creux des montagnes du Nord-Est. Depuis son dernier accident, la jeune femme ne dépassait pas le quarante. Elle descendit dans un modeste établissement à l'écart de la grand-rue où elle s'inscrivit sous le nom de « Mrs. John Marsh, Atlanta », et paya trois dollars d'avance pour la chambre. Bien qu'il ne figurât pas dans l'inventaire du contenu de son sac tel qu'il est fourni dans plusieurs lettres, Peggy n'avait pas oublié d'emporter son carnet de chèques.

Après avoir appelé John pour dire qu'elle était arrivée saine et sauve, elle s'installa devant sa machine et tapa la première lettre, adressée à Herschel Brickell. Celui-ci venait justement de passer un coup de fil, lui avait annoncé John. Il se rendrait prochainement dans le Sud et comptait bien la rencontrer.

Le cachet de la poste vous le confirmera, j'ai quitté Atlanta. Soyez certain que Scarlett O'Hara n'a pas été soumise à plus rude épreuve dans la ville occupée que je ne l'ai été depuis la sortie du livre. Ma fuite fut aussi pénible que la sienne. Si j'avais pu imaginer qu'il en serait ainsi, j'y aurais regardé à deux fois avant de confier mon manuscrit défraîchi à Harold Latham. J'ai perdu cinq kilos en l'espace d'une semaine, la moindre sonnerie de téléphone me fait sauter au plafond et je détale comme un lapin effrayé à la vue d'une personne de connaissance, les rares fois où je m'aventure dans la rue… Des gens dont j'ignore tout prétendent m'extorquer des réponses aux questions les plus indiscrètes et les photographes se cachent sous ma descente de lit.

Néanmoins, fervente admiratrice de Herschel Brickell, Peggy se ferait un plaisir de rentrer à Atlanta pour l'accueillir. Suivait un long commentaire sur l'article que le critique avait consacré à son roman.

Certains passages « frôlent le mélodrame », dites-vous, mais je vous sais gré de rappeler à quel point la situation était alors dramatique. Peut-être n'est-on plus à même d'apprécier le tragique de ces années lorsqu'on est imprégné de culture sudiste. Je vous suis également reconnaissante d'avoir pris la défense du capitaine Rhett Butler dont la crédibilité est mise en doute par certains. J'étais loin de penser, tandis que je lui donnais vie, que mon personnage soulèverait une telle controverse. En ce temps-là, dans le Sud, les individus de son espèce n'avaient rien d'exceptionnel. C'est précisément pourquoi je l'ai choisi, parce qu'il était représentatif de cette époque, jusque dans son apparence. Après avoir examiné des collections de daguerréotypes, j'ai voulu composer une sorte de portrait-robot. Butler existait vraiment à des centaines d'exemplaires. On pourrait en dire autant de ces pâles jeunes gens, le regard pénétrant, timide, désespérément triste, le front barré d'une mèche romantique. « Voici notre cher cousin Willy », disait-on. Léger soupir. « Le pauvre est tombé à Shiloh. » A se demander s'ils ne sont pas *tous* tombés à Shiloh, les beaux jeunes gens mélancoliques.

Pour en revenir au capitaine Butler, à cause de lui, me voici prise entre deux feux. Figurez-vous que, par ici, certains lecteurs le trouvent un peu trop réaliste. J'ai beau m'insurger contre l'accusation d'avoir pris un modèle vivant, je risque de me retrouver avec un procès sur les bras.

« Bonté divine, je crois bien que je déraisonne », écrivait-elle au milieu de la cinquième page, pour ajouter peu après :

Peut-être devrais-je imputer à votre article mon effondrement nerveux et ce déménagement à la cloche de bois. C'était trop d'émotion, je me suis sentie toute chamboulée. Qu'attendez-vous pour me rendre visite ? J'organiserai une grande soirée en votre honneur. Si vous préférez une rencontre plus intime, je mettrai les petits plats dans les grands, nous dînerons bien tranquillement et je vous écouterai parler jusqu'à l'aube. A votre place, je choisirais la seconde solution. Je ne me débrouille pas trop mal avec le poulet frit, et mes beignets fondent dans la bouche.

Le lendemain matin, ce fut au tour d'Edwin Granberry, qui avait dit merveille du roman dans les colonnes du *New York Evening Sun*. Cette seconde lettre, longue de huit pages, paraît encore plus révélatrice que la précédente.

Cher Mr. Granberry,
Je suis Margaret Mitchell d'Atlanta, auteur d'*Autant en emporte le vent*. Me voici encore sous le coup de l'émotion ressentie à la lecture de votre article, un des premiers portés à ma connaissance. Depuis lors, je brûle d'envie

de vous écrire. Ce désir fut emporté, comme tant d'autres choses, dans le tourbillon affreux qu'ont été pour moi ces derniers jours. Le cauchemar prend fin dans un petit hôtel de Gainesville. Vous me voyez morte de fatigue, éperdue de reconnaissance envers vous. Dans ces conditions, ne m'en veuillez pas si cette lettre vous semble un tissu d'incohérences. A vrai dire, je ne sais plus guère où j'en suis.

J'ignorais que la publication de mon roman déboucherait sur cette folie, ou je me serais abstenue. Depuis longtemps j'ai fait le choix d'une existence retirée. Par goût, tout d'abord ; pour travailler à ma guise, ensuite ; par nécessité, enfin, car, n'étant pas de constitution robuste, j'ai besoin de beaucoup de repos. Ce paisible microcosme a volé en éclats. La sonnerie incessante du téléphone, celle de la porte, vingt fois par jour, l'irruption intempestive des photographes à l'heure du café, voilà ce que je ne supportais plus. Les journalistes, c'est différent. J'ai moi-même exercé ce métier et je sais bien qu'ils doivent suer sang et eau pour trouver quelque chose d'intéressant à dire sur mon compte. Hélas, personne n'est moins excentrique que moi. Je mène la vie la plus ordinaire, et mon livre ne s'inspire d'aucun épisode croustillant de mon passé. Hier, subitement, j'en ai eu assez. Je me suis retrouvée sur la route, filant vers les montagnes avec pour tout bagage ma machine à écrire, quatre romans policiers et cinq dollars. Dès demain, je quitte Gainesville, j'irai aussi loin qu'il le faudra pour ne plus entendre la sonnerie du téléphone et ne plus courir le risque d'être reconnue par des gens qui auraient vu ma photo dans le journal et voudraient savoir ce que l'on ressent, après avoir écrit un bouquin qui se vend bien.

Loin de moi la tentation de pleurer sur votre épaule. Ce serait témoigner trop d'ingratitude après la générosité dont vous avez fait preuve à mon égard. Sachez seulement que ce n'est pas mauvaise volonté de ma part si je n'ai pas répondu plus tôt, et soyez indulgent. Dans l'état où je suis, ma lettre risque d'être un peu confuse.

Afin que vous saisissiez plus aisément pourquoi votre critique fut pour moi une telle surprise, permettez-moi de dire un mot sur la genèse du roman. Je l'ai commencé il y a bien longtemps, voici presque dix ans. En 29, le brouillon en était quasiment achevé. Je mesure ce qu'une telle confidence peut avoir de ridicule aujourd'hui, mais mon travail me semblait alors si maladroit que le courage me manquait pour mettre le manuscrit au propre et chercher un éditeur. Absurde, n'est-ce pas, quand le journal acheté hier soir m'apprend que le sixième tirage d'*Autant en emporte le vent* est maintenant sous presse. Pourtant, je me flatte de savoir reconnaître une œuvre de valeur quand j'en lis une. La mienne me laissait insatisfaite.

Puis Latham est arrivé ; il m'a littéralement arraché le manuscrit des mains. Avant que j'eusse le temps de comprendre, le contrat était signé. De ma vie entière je n'ai eu aussi peur. J'étais une pauvre sotte, auteur d'un livre médiocre, et j'allais devenir un objet de risée. Piètre consolation, une sévère autocritique met à l'abri de bien des déconvenues. Je me sentais capable de recevoir sans sourciller les reproches les plus cuisants (sur ce point, j'avais vu juste !), mais pouvais-je en dire autant de ma famille, et surtout de mon père ? Comprenez-vous à présent dans quel état d'esprit je me trouvais lorsqu'on m'a communiqué le texte de votre article, à la veille de sa parution ?

Merci de ne pas avoir ajouté votre choix au tollé qui s'élève contre Scarlett et d'avoir expliqué pourquoi vous lui conserviez votre estime. Pouvais-je deviner que ma pauvre héroïne deviendrait la cible d'une telle haine ? Elle agit pourtant comme le feraient la plupart des gens placés dans une situation aussi dramatique. Elle garde le sens des réalités, elle s'adapte, elle sauve ce qui peut l'être.

Votre bienveillance m'est allée droit au cœur. Même mon père, si réservé lorsqu'il s'agit du prétendu talent de sa fille, s'est délecté à la lecture de votre article. Comment vous dire ce que je ressens ? Si au moins je pouvais vous rencontrer, sans doute trouverais-je les mots pour exprimer ma gratitude. J'ai la parole plus facile que la plume. Considérez ceci comme une invitation, je vous en prie. N'hésitez pas à venir me voir.

Granberry avait remporté en 1932 le O. Henry Award, distinction décernée à la meilleure nouvelle de l'année. Il était l'auteur de plusieurs ouvrages dont aucun n'avait déchaîné l'enthousiasme de la critique. Professeur de littérature au Rollins College de Winter Park, en Floride, il n'était pas un collaborateur régulier du *Sun*. Selon toute vraisemblance, Peggy ne savait pas grand-chose de lui et n'avait pas lu ses livres auxquels elle ne fait d'ailleurs aucune allusion. Il a suffi, pour l'impressionner, que Granberry eût assuré la critique du roman dans un journal prestigieux.

Dans la foulée, la jeune femme écrivit un grand nombre de lettres. A George Brett, président des Éditions Macmillan par exemple ; à Gilbert Govan, qui avait signé la critique du roman dans le *Chattanooga Times* du 5 juillet ; à Hunt Clement, plusieurs pages chaleureuses pour le remercier des louanges prodiguées dans l'*Atlanta Journal* du 7 ; à Julia Collier Harris, auteur d'une chronique consacrée à Margaret Mitchell, la femme et l'écrivain... Ce jour-là, elle tapa l'équivalent d'un chapitre moyen d'*Autant en emporte le vent*.

Le lendemain matin, Peggy fit un saut à la banque, où elle retira assez d'argent pour continuer sa route loin de la civilisation. De retour dans sa petite retraite, elle rédigea le préambule d'une épître de sept pages destinée à Stephen Vincent Benét ; sa critique était parue dans la *Saturday Review*.

Je ne suis guère en état de vous adresser une lettre digne de ce nom et de vous remercier comme il conviendrait de votre article. Je me suis évadée d'Atlanta, tout simplement. J'ai pris la fuite. Après avoir perdu cinq kilos en l'espace d'une semaine, je ne supportais plus de prendre mon petit déjeuner sous l'objectif des photographes, ni d'être interpellée chez l'épicier par de soi-disant admirateurs, encore moins de devoir poursuivre d'absurdes conversations téléphoniques avec des raseuses du meilleur monde. Me voici à quatre-vingts kilomètres de chez moi, au pied des montagnes, plus que jamais hébétée de fatigue et de stupeur. Ce manuscrit que je ne me souciais même pas de rendre présentable, je n'aurais jamais songé qu'un éditeur pût s'y intéresser. Dans mes rêves les plus fous, je n'aurais jamais espéré qu'une fois publié, il retiendrait l'attention d'un seul critique. Je tiens à vous témoigner dès maintenant ma reconnaissance, tant qu'il me reste un peu de force. Demain, je reprends la route. Quand je me sentirai enfin en sécurité, je me mettrai au lit. Je dormirai tout mon saoul pendant une semaine.

Vous n'imaginez pas mon émotion, quand j'ai su que vous aviez l'intention de donner votre opinion sur mon roman, vous, l'auteur de *John Brown's Body*, que je tiens pour un des plus grand poèmes de tous les temps, et les rayons de ma bibliothèque sont pourtant garnis de recueils de poésie. Votre œuvre me touche infiniment. Savez-vous que je pourrais en réciter de nombreux passages de mémoire ?...

La longueur des lettres, leur accent de sincérité et d'amertume firent grand effet sur les critiques auxquels elles étaient destinées. Margaret Mitchell leur adressait mille compliments sur un ton d'humilité poignante. Sensibles à ces flatteries, ils se sentaient de tout cœur avec cette malheureuse jeune femme en butte à la tyrannie de ses admirateurs. Il aurait fallu être de pierre pour ne pas s'apitoyer au récit de cette fuite solitaire qui s'achevait dans un motel indigne où ne descendaient que les voyageurs de commerce. Brickell et Granberry manifestèrent un vif désir de lui venir en aide. Pour la plus grande joie de Peggy, Benét lui-même répondit, afin d'exprimer sa sympathie et le souhait qu'il avait de la rencontrer à l'occasion d'un prochain séjour qu'elle ferait à New York.

On ne peut lire le volumineux courrier rédigé par Peggy au cours de son bref séjour à Gainesville sans être frappé par le caractère angoissé de ces lettres qui toutes, d'une manière ou d'une autre, quémandent un peu de compassion. D'un côté, elle ressentait les effets de la célébrité comme une terrible menace sur sa vie privée, sur ses relations avec John ; de l'autre, elle vivait un conte de fées et ses rêves se réalisaient. Elle avait à présent une excellente raison de faire ses confidences à d'illustres critiques, et même à certains écrivains. Elle pouvait escompter recevoir quelques réponses. « Je ne suis guère au fait des usages du monde littéraire, mais sans doute attend-on d'un auteur à succès qu'il se retranche dans un silence hautain », écrivit-elle à Donald Adams, du *New York Times* (administrant par la même occasion la preuve du peu de cas qu'elle faisait des usages en question et celle de son incorrigible prolixité, car cette lettre fut l'une des plus longues de toutes). A de rares exceptions près, les critiques dont l'article lui avait plu se virent gratifiés d'un mot de remerciement. La légendaire politesse du Sud ne saurait expliquer à elle seule cette frénésie épistolaire. En temps ordinaire, Peggy avait si peu le goût de la correspondance que John devait souvent se charger de répondre aux parents et aux amis. Mais tout était bouleversé dans la vie de Peggy. « Je ne sais plus où j'en suis », avouera-t-elle à différentes reprises. Les dizaines de pages tapées à la machine dans la petite chambre de Gainesville martèlent un appel à l'aide.

Elle venait de publier un livre, et rien ne serait jamais plus comme avant. Ce changement brutal la laissait non seulement désemparée, mais furieuse de l'être. La lettre adressée à Donald Adams est l'une des plus pathétiques. La jeune femme y donne de sa vie récente une description si affligeante que le sort de Job paraît enviable en comparaison. A quelques lignes de la fin, elle fait part de sa décision de n'en jamais écrire un second.

Pour rien au monde je ne m'imposerai à nouveau de tels sacrifices. Quand je songe à ce que furent toutes ces années ! Il fallait presque voler le temps d'écrire entre les maladies, les décès, les naissances (celles des enfants d'autrui, pas les miens !), les divorces et les dépressions des uns et des autres, les tours que me jouait ma propre santé, mes quatre accidents de voiture... Quel cauchemar ! Non, ils ne m'auront pas deux fois.

Intrépide au-delà de toute prudence, Scarlett ignorait la peur du lendemain, tout le contraire de Peggy, bouleversée à la moindre perspective de changement, également incapable du souverain courage avec lequel Melanie accueillait les épreuves. On attendait de l'auteur d'un best-seller qu'elle se montrât à la hauteur des circonstances : elle devait déployer une activité mondaine, débiter partout, devant la presse, dans les salons, dans la rue, des prodiges de fantaisie et d'intelligence et, surtout, s'attaquer à un nouveau livre, autant d'obligations auxquelles Peggy se savait impuissante à faire face. Si elle ne voulait pas encourir le mépris de la coterie littéraire dont l'opinion avait pour elle tant d'importance, elle devait gagner l'estime et l'indulgence de tous.

De Gainesville, elle adressa aussi une longue lettre à George Brett :

Pour échapper à cet enfer, je n'avais d'autre issue que la fuite. C'est chose faite, depuis hier. Les caïds de l'Associated Press sont venus chez moi avec leurs photographes et tout ce joli monde m'a mitraillée pendant trois heures. Cette séance a eu raison de mes dernières forces. Je suis partie avec ma machine à écrire, sans bagage et sans le sou. N'est-ce pas ridicule ? Grâce au chèque de cinq mille dollars que vous m'avez envoyé, me voilà plus riche que je n'aurais jamais cru pouvoir l'être, pourtant je n'ai pas trouvé le temps de m'acheter une robe ou de faire réviser ma voiture. La rançon du succès est plus lourde que je ne l'imaginais.

Je suis partie avec l'intention d'aller au bout du monde. Morte de fatigue et craignant de me retrouver dans le fossé, j'ai dû faire halte dans cette localité perdue au pied des montagnes. C'est à peine s'il y a un téléphone et la presse locale n'a jamais publié ma photo. Je profite de ce répit, le premier depuis longtemps, pour vous dire combien j'ai apprécié votre chèque et d'une manière générale la gentillesse dont Macmillan a fait preuve à mon égard au cours de ces longs mois. Avec tout l'argent investi dans la publicité du livre, vous auriez pu vendre Karl Marx à des montagnards géorgiens !

Peggy, cependant, ne devait jamais atteindre le bout du monde. Le 9 juillet au soir, elle donna le coup de fil rituel à John et celui-ci lui fit lecture d'un télégramme qui venait juste d'arriver :

NOUS DISPOSONS D'UNE MERVEILLEUSE RETRAITE, INCONNUE DES JOURNALISTES. POURQUOI NE PAS VOUS JOINDRE À NOUS ? EDWIN ET MABEL GRANBERRY, BLOWING ROCK, CAROLINE DU NORD.

C'était là que le département de littérature du Rollins College prenait ses quartiers d'été. Émus par les accents pathétiques de Peggy, Edwin Granberry et son épouse avaient décidé de lui offrir cette solution, persuadés du reste qu'elle déclinerait l'invitation. Blowing Rock accueillait en permanence une petite communauté d'écrivains. On attendait justement la venue de Herschel Brickell, invité à prononcer plusieurs conférences.

Le lendemain matin, de très bonne heure, Peggy rappelait John. Pouvait-il prendre toutes les dispositions nécessaires afin de prévenir les Granberry de son arrivée à Blowing Rock le 13 juillet ? Personne ne devait être mis au courant de son séjour là-bas, insista-t-elle. Il pouvait sembler extravagant de sa part d'espérer trouver le réconfort auprès de parfaits inconnus et de pouvoir préserver son incognito au milieu d'autres écrivains. Mais cette main fut la seule qui se tendit et, depuis une certaine conversation au téléphone, Peggy vivait dans une angoisse que les effusions de la presse et du public, raison alléguée pour justifier son départ d'Atlanta, ne suffisaient pas à expliquer. Peut-être avait-elle laissé entrevoir la vérité dans sa lettre à Herschel Brickell lorsqu'elle précise, sur le ton de l'ironie :

Pour en revenir au capitaine Butler, à cause de lui, me voici prise entre deux feux. Figurez-vous que, par ici, les lecteurs le trouvent un peu trop réaliste. J'ai beau m'insurger contre l'accusation d'avoir pris un modèle vivant, je risque de me retrouver avec un procès sur les bras.

A cette menace s'ajoutait celle d'être molestée si par malheur elle se trouvait seule en présence de Red Upshaw. Blowing Rock présentait au moins l'avantage d'être le dernier endroit où son ancien mari aurait l'idée de la poursuivre. Il pouvait circonvenir les gens de Macmillan, Augusta ou même Frances pour *tâcher d'obtenir des confidences* ; en revanche, il ne lui viendrait pas à l'esprit que Peggy pût être assez téméraire pour s'aventurer, sans escorte, en un lieu peuplé d'inconnus.

CHAPITRE XVIII

Le 4 juillet 1936, John et Peggy avaient commémoré dans la plus grande confusion leur onzième anniversaire de mariage, omettant toutefois le traditionnel échange de présents. Medora avait envoyé onze roses rouges, les fleurs fétiches de Peggy. Le bouquet fut d'autant plus apprécié qu'il parut à la jeune femme le garant d'une normalité qu'elle avait cru perdue. Il y avait donc encore place, dans leur existence, pour des gestes d'une si touchante simplicité.

Quel rapport pouvait-il bien y avoir entre Margaret Mitchell, légende naissante, et cette dame minuscule qui, par la force des choses, s'habillait aux rayons de confection pour adolescents où elle se composait les garde-robes les plus déconcertantes, assorties d'accessoires délirants, chapeaux de star, sacs grands comme des valises, ensemble complété par les chaussures que l'on sait ? L'acquisition de nouveaux vêtements avait toujours été pour elle un supplice, et le plus effroyable casse-tête la nécessité de se mettre sur son trente et un en vue d'une occasion particulière. Elle cultivait volontiers le style femme-enfant jusqu'à l'outrance lorsqu'elle était conviée à un bal costumé.

Après onze ans de vie commune, Peggy ressentit le besoin d'établir une sorte de bilan de ses relations conjugales. Pour la première fois, elle s'enhardit à livrer quelques confidences dans certaines lettres destinées à des intimes. « Notre union est solide, écrira-t-elle à un membre de sa famille, car il n'y a rien que nous ne puissions nous confier. On se dit ce qu'il est inconcevable de révéler à un tiers. » En effet, chacun avait fait de l'autre le dépositaire d'un pénible secret, les brutalités de Red Upshaw pour l'une, l'épilepsie pour l'autre. L'état de John, longtemps stationnaire, avait donné quelques signes de fléchissement au cours de l'année écoulée. Il avait été victime de plusieurs attaques sans gravité, consécutives à l'énorme effort exigé par la correction du manuscrit, Peggy n'en doutait pas. Elle se sentait donc en partie responsable de la dégradation de la santé de son mari.

Depuis la « descente » des journalistes de l'AP à son domicile, le matin même de son départ en catastrophe, Peggy n'avait cessé d'appréhender la découverte, et la divulgation, de ses deux tragédies intimes : son premier mariage tout d'abord, mais aussi la maladie de John. Edwin Granberry avait justement discerné entre les lignes de sa lettre un trouble profond. En fait, l'invitation à Blowing Rock semblait un bienfait du ciel. Là-bas, entourée de gens discrets et bien disposés à son égard, elle aurait tout le temps de réfléchir à tête reposée. Cette échappée la mettrait non seulement hors d'atteinte des représailles de Red Upshaw et des tourments des journalistes, mais elle fournirait aussi un excellent prétexte pour différer une décision cruciale. Le 14 juin, David O. Selznick avait proposé cinquante mille dollars à Annie Laurie Williams, son « dernier prix » pour l'achat des droits d'adaptation d'*Autant en emporte le vent*. Macmillan avait transmis l'offre à Peggy. Celle-ci télégraphia de Gainesville pour donner son accord de principe, la décision définitive ne pouvant être prise avant l'examen du contrat. Le message était à peine envoyé que la jeune femme était prise de doutes et craignait d'avoir commis l'erreur de sa vie. La presse, heureusement, ne savait rien encore. Le contrat fut envoyé par retour du courrier. Il arriva à Atlanta le 13 juillet au matin. Peggy se préparait à prendre le train pour la Caroline du Nord. L'enveloppe était volumineuse ; elle refusa d'en étudier le contenu, laissant ce soin à John. Il fut entendu que Macmillan devait garder le silence absolu sur l'existence du contrat et son éventuelle signature, et ce jusqu'à nouvel ordre.

Quoi qu'il en soit, depuis quinze jours, les journaux ne s'étaient pas fait faute d'avancer des noms d'acteurs, Clark Gable et Janet Gaynor sortant grands favoris de la compétition. La réaction de Peggy fut immédiate. « Surtout pas Janet Gaynor ! » écrivit-elle à Lois. « Par pitié, épargnez-moi une telle infamie. » Dans cette même lettre, écrite le 13 juillet, peu avant son départ, pour la première et la dernière fois, elle se hasarde à distribuer les principaux rôles : « A mon sens, Miriam Hopkins est la Scarlett idéale [1], mais personne n'a l'intention de me demander mon avis, alors à quoi bon le donner ? » Hopkins, précisait-elle, rassemblait toutes les qualités requises : elle avait la voix de l'héroïne, le physique approprié, la personnalité, le

---

1. Ce choix étrange est peut-être influencé par l'interprétation que Miriam Hopkins avait donnée de Becky Sharp, à laquelle Scarlett avait été maintes fois comparée, dans le film *Becky Sharp*, réalisé en 1935 par Rouben Mamoulian à partir d'une pièce de Langdon Mitchell, elle-même adaptée du roman de Thackeray, *Vanity Fair* (N.d.T.).

maintien effronté qui convenait. Elizabeth Allan, qui venait d'incarner la mère de David Copperfield[2], serait une excellente Melanie. « En ce qui concerne Rhett Butler, poursuivait Peggy, je choisirais Charles Boyer, sans hésitation, si ce n'était son accent français. A défaut, je ne vois guère que Jack Holt (un habitué des westerns). »

Le voyage en train ne comportait pas moins de deux changements. Il devait s'achever à Hickory, modeste agglomération de Caroline du Nord, située à une soixantaine de kilomètres de sa destination. Edwin Granberry était convenu avec John qu'il attendrait Peggy à la gare en compagnie de sa femme et de son beau-frère. Le trajet jusqu'à Blowing Rock se ferait en voiture. Une chambre avait été retenue dans une pension de famille, juste en face du bungalow occupé par les Granberry et leurs trois fils. A l'exception de Herschel Brickell, personne n'avait été mis au courant de l'arrivée de Margaret Mitchell.

Le quai grouillait de monde lorsque Peggy descendit à Hickory. Elle ressentit un commencement de panique. Cette foule, c'était sûrement pour elle, quelqu'un avait alerté la presse. Elle avait voyagé dans un wagon de queue qui la mettait presque à la hauteur de la gare. Persuadée que les Granberry l'attendaient à l'intérieur, elle laissa ses bagages sur le quai et contourna vivement le petit bâtiment dans lequel elle entra par la porte de devant.

Peu après, Granberry, sa femme et son beau-frère se trouvèrent seuls sur le quai déserté. Margaret Mitchell n'était pas venue, sans doute avait-elle changé d'avis. Le soleil brûlait. Réfugiés dans l'ombre de la gare, ils hésitaient sur le parti à prendre. Du coin de l'œil, ainsi qu'il le racontera plus tard, Granberry aperçut « une petite personne menue, vêtue d'une pauvre robe d'indienne. Elle s'aventura sur le seuil du bâtiment, jeta un coup d'œil circulaire. Après avoir échangé quelques mots avec un homme qui attendait près de la voie, elle se dirigea vers l'unique taxi, garé à proximité ». Il ne vint à l'esprit de personne que cette demi-portion aux allures de femme de ménage pouvait être Margaret Mitchell dont ils connaissaient au moins le charmant visage pour avoir vu sa photo maintes fois reproduite. Il leur parut que le plus judicieux serait de téléphoner à John Marsh, à Atlanta, pour savoir ce qu'il en était exactement. Ils venaient de prendre cette décision lorsque quelqu'un toucha le bras de Granberry. Il pivota, baissa les yeux.

2. *David Copperfield*, film réalisé en 1935 par George Cukor, avec W.C. Fields, produit par David O. Selznick pour la MGM (N.d.T.).

« Ne seriez-vous pas Edwin Granberry ? » demanda celle qu'il devait surnommer le « Petit Lutin ».

Tout le monde insista pour qu'elle prît place à l'avant, à côté d'Edwin. Tandis qu'ils s'élevaient, suivant les lacets de l'étroite route, vers le sommet de Blue Ridge Mountains et Blowing Rock, la conversation de Peggy, pleine de verve au début, se fit languissante. A mi-distance, d'une petite voix terrifiée, elle pria qu'on voulût bien arrêter la voiture, car elle se sentait « bizarre ». La portière était à peine ouverte qu'elle vomissait tripes et boyaux. Le voyage se poursuivit dans un silence contrit. Le lendemain de son arrivée cependant, Peggy écrivit à John la lettre la plus souriante. Les Granberry étaient des gens exquis. Située à quinze cents mètres d'altitude, dans un environnement magnifique, le long de la grande artère touristique qui traverse les parcs nationaux de Shenandoah et de Great Smoky Mountains, la petite agglomération jouissait du climat le plus agréable.

Peggy devait demeurer dix jours à Blowing Rock. Elle y mena une existence de tout repos, à l'écart des activités universitaires, repliée sur la famille Granberry à laquelle Brickell se joignait à l'heure des repas, pris dans le bungalow ou dans un petit hôtel du centre-ville. Brickell avait appelé Peggy alors qu'elle se trouvait encore à Atlanta. « Vous aviez au téléphone une voix formidable, lui dira-t-elle. Je savais déjà que nous allions nous entendre. » Visage osseux comme taillé dans le silex, courtois avec bonhomie, cet homme né dans le Mississippi avait conservé la dégaine un peu rustique et les manières d'un gentleman du Sud. Il exerça sur Peggy une séduction immédiate.

Toute tentative pour préserver l'incognito de la jeune femme était vouée à l'échec, car la nouvelle de son arrivée sur le campus s'était vite répandue dans le petit monde des professeurs et des étudiants. En l'absence de tout journaliste heureusement, l'événement n'éveilla qu'une curiosité polie, exempte d'indiscrétion. Lorsqu'elle se trouvait en compagnie de ses amis, pour répondre à leur attente tacite, Peggy s'imposait de parler d'elle-même, toujours sur le ton de la malice et de l'humour libérateur. Le succès foudroyant du livre, le rôle de la critique, le bouleversement de ses chères habitudes, ces problèmes alimentaient nombre de conversations, et personne ne s'en plaignait. Tout le monde regardait *Autant en emporte le vent* comme un phénomène derrière lequel se cachait un auteur énigmatique. On était ravi de l'avoir sous la main et c'était une aubaine qu'elle acceptât de parler si simplement d'elle-même et de son travail.

Tout allait pour le mieux, en somme, si ce n'était les perturbations apportées par les lettres de John qui ne savait que radoter au sujet du contrat de Selznick. Dans l'une d'elles, datée du 15 juillet, il décrivait le document comme un pavé de dix feuillets, rédigé dans une langue très technique. La première lecture lui laissait une impression plutôt favorable, à un détail près : en signant, Peggy se dessaisissait de la totalité de ses droits artistiques. Elle ne serait consultée à aucune des étapes de l'élaboration du scénario ; Selznick, en fin de compte, serait libre d'adapter le roman comme bon lui semblerait. John se faisait aussitôt rassurant. Il en avait déjà parlé à Lois ; dès ce soir, il se mettrait au travail avec Eugene et Stephens afin de mettre au point des contre-propositions chaque fois que les intérêts de l'auteur semblaient lésés.

Le 16 juillet, il revenait à la charge. A bien des égards, ce contrat représentait un « saut dans le vide », puisqu'elle n'aurait plus son mot à dire sur rien. Qu'elle ne se fasse aucun souci, surtout ! « Mitchell, Mitchell & Marsh » étaient là pour veiller au grain.

Il lui suggérait de demander l'opinion de Granberry et de Brickell, peut-être instruits de ces problèmes sinon par leur propre expérience, du moins par celle de certains amis. Interrogés, les deux écrivains lui recommandèrent de ne pas se faire trop d'illusions concernant le fameux « droit de regard de l'auteur sur le scénario », du jamais vu à Hollywood. De l'avis de Granberry, la vente des droits était prématurée. Il lui suffirait d'attendre un peu pour être à même de négocier dans de meilleures conditions.

Les lettres de John se suivaient et se ressemblaient sur le fond, mais les termes d'affection s'y faisaient de plus en plus rares. Au sobre « *Darling* » qui avait remplacé le tendre « *Sweetheart* » des premiers jours succéda bientôt un laconique « *Dear Peggy* ». Cette évolution consternante ne trouvait-elle pas son origine dans le télégramme envoyé par Peggy après réception de la seconde lettre de John, enjoignant à « Mitchell, Mitchell & Marsh » de ne prendre aucune initiative avant son retour ?

A la veille du départ pour Blowing Rock, Peggy avait accordé une nouvelle interview à Faith Baldwin. Les deux femmes s'étaient trouvées en parfaite harmonie l'une avec l'autre, à tel point que John, dans sa lettre du 17, proposait à Peggy d'écrire à la journaliste pour l'instruire de la situation et lui demander conseil.

Tandis que les lettres précédentes s'achevaient sur « *All my love* » ou « *Best love* », formule déjà plus nuancée, celle-ci était simplement signée John. Le 18, il lui faisait part de l'inquiétude de Macmillan qui s'impatientait de ne pas recevoir le contrat signé et redoutait qu'elle n'eût changé d'avis. Peggy refusa d'abréger ses vacances. Le 22 juillet, à l'aube, elle quittait Blowing Rock. Elle était chez elle le soir même. Le lendemain matin arrivait un télégramme signé James Putman :

LE CONTRAT AVEC SELZNICK POSE-T-IL LE MOINDRE PROBLÈME ? ATTENDONS EXEMPLAIRE SIGNÉ D'UN JOUR À L'AUTRE.

Annie Laurie Williams avait placé la barre trop haut ; aucun producteur n'était disposé à acheter soixante-cinq mille dollars les droits d'un roman si difficile à adapter. Selznick seul avait fait montre de suite dans les idées et relancé le projet avec une offre de cinquante mille dollars, à prendre ou à laisser. Dans ces conditions, les atermoiements de Peggy n'étaient pas faits pour rassurer Macmillan. Cette situation s'exacerba lorsque l'éditeur reçut la lettre que la jeune femme lui avait adressée dès son retour. Les propositions de Selznick, écrivait-elle, étaient un tissu d'insanités qu'elle avait bien envie de lui envoyer à la figure. Sans doute y avait-il à la clé une somme importante, mais quelle personne sensée accepterait de signer un contrat qui prétendait l'assujettir « de tous les côtés », au point que l'on se réservait le droit de la poursuivre en justice pour dommages-intérêts. Par bonheur, Eugene, avec son flair habituel, s'en était aperçu.

Latham était consterné. Ce fut la valse des mémos, tandis qu'à tous les étages de la maison d'édition les stratèges s'affolaient pour trouver une solution, tâche impossible aussi longtemps qu'ils restaient dans l'ignorance des points litigieux. On décida d'attendre que la romancière voulût bien fournir des éclaircissements.

A Atlanta, l'agitation avait repris de plus belle. Peggy se plaignait de vivre « dans la plus complète hystérie ». Le téléphone ne lui accordait aucun répit ; elle croulait sous les lettres de ses admirateurs, livrées chaque jour dans des sacs, et la presse ne relâchait nullement son intérêt. « La situation est plus éprouvante, si cela se peut, qu'avant mon départ pour Blowing Rock », écrivit-elle à Lois. « John et moi avons à peine trouvé le temps d'échanger quelques mots, encore s'agissait-il du contrat. »

Le 27 juillet, réunis en conseil de guerre, Peggy, John et Stephens discutèrent pendant cinq heures d'affilée des clauses du contrat qui leur paraissaient inacceptables. Dans le prolongement de cette séance de travail exténuante, John écrivit à Lois une longue lettre dans laquelle il énumérait leurs points de désaccord. L'envoi de cette lettre, en exprès, provoqua de nouvelles délibérations. Il fut décidé que Peggy et Stephens partiraient dès le lendemain pour New York afin de ne laisser à personne le soin de prendre en main leurs affaires.

« Je n'ai rien à me mettre, mes chapeaux sont démodés, il me reste une seule paire de bas et je n'ai même pas de lingerie de rechange », gémit Peggy. Elle n'en serait pas moins à New York dans les plus brefs délais. Cette lettre, destinée à Lois, fut écrite à 1 heure du matin. John s'était endormi et Peggy n'osait se servir de la machine de peur de l'éveiller. D'une main épuisée, elle couvrit la feuille d'un gribouillis presque illisible. Elle faisait allusion à une interview accordée le jour même, prétendument sur le thème du roman contemporain. Peggy craignait d'avoir commis un impair. A brûle-pourpoint, elle s'était entendu demander quel genre de soutien-gorge elle portait. Prise de court, d'une voix mal assurée, elle avait répondu la vérité : aucun. Le journaliste avait paru scandalisé.

Herschel Brickell avait regagné son domicile de Ridgefield, dans le Connecticut, à une heure de train de New York, où il vivait en compagnie de Norma, son épouse. Peggy leur envoya un télégramme, annonçant son intention d'aller passer chez eux quelques jours, dès que le contrat serait signé.

Le frère et la sœur arrivèrent à New York le 29 juillet, de bonne heure. Après avoir déposé leurs bagages à l'Hotel Grosvenor, situé à deux pas du siège de Macmillan, sur la 5e Avenue, ils se rendirent à la première réunion, à laquelle participaient deux avocats chargés des intérêts de l'éditeur, deux autres représentant Selznick International, Kay Brown, Annie Laurie Williams. Harold Latham se trouvait en vacances chez lui, à Tannersville, dans l'État de New York ; quant à Lois Cole, elle n'avait pas été conviée.

Peggy et Miss Williams ne s'étaient jamais rencontrées. La première ne fit rien pour donner à la seconde l'impression qu'elle était revenue à de meilleurs sentiments à son égard. Assises l'une en face de l'autre, elles n'échangèrent que peu de mots. La négociation se poursuivit jusqu'à une heure avancée de l'après-midi. Une question était à peine réglée que Peggy relançait le débat sur une autre.

Satisfaction lui fut donnée au sujet de la clause d'indemnité qui laissait à l'auteur toute latitude d'intenter un procès en diffamation contre quiconque prétendrait que tel ou tel personnage du film s'inspirait d'un modèle vivant. Elle obtint aussi gain de cause sur la question du copyright. En revanche, aucun progrès ne fut accompli en ce qui concernait le droit de regard final sur le scénario. Peggy n'avait aucunement l'intention de prendre part à l'écriture de celui-ci ; elle souhaitait, précisa-t-elle, que le producteur s'engageât sans ambiguïté à respecter l'authenticité historique du récit, ainsi que les différents dialectes qui enrichissaient ses dialogues. Les avocats de Selznick n'entendaient pas modifier le contrat en ce sens. Au terme de cette première rencontre, chacun campait sur ses positions.

Ce soir-là, Stephens et Peggy dînèrent en compagnie de Lois Cole et de son mari, Allan Taylor. Plus familiers de ce genre de tractations, ces derniers firent valoir que le contrat octroyait à la romancière les droits d'adaptation à la scène, à la radio et à la télévision. De plus, les cinquante mille dollars étaient payables immédiatement, à la signature du contrat. Aucun autre producteur ne renchérirait sur cette somme inespérée. Enfin, il convenait de ne pas l'oublier, Selznick avait à son palmarès de producteur les adaptations réussies de quelques grands romans : *David Copperfield*[3], *Anna Karenine*[4], *A Tale of Two Cities*[5]. On pouvait lui faire confiance pour s'adjoindre les collaborateurs les plus compétents, qui veilleraient avec un soin méticuleux à reconstituer l'atmosphère de l'époque, sans négliger les spécificités langagières. Ces arguments raisonnables firent impression sur Peggy. Le lendemain, elle s'assit à la « table des négociations » bien décidée à faire preuve d'un esprit plus conciliant.

« Les avocats de Selznick se sont montrés tout à fait charmants, et les belles dames de son bureau new-yorkais semblaient prêtes à se mettre en quatre pour me faire plaisir », écrivit-elle peu après à Latham. « Des concessions furent faites de part et d'autre. J'ai pu signer d'un cœur léger un contrat dont certaines clauses avaient été modifiées en ma faveur. »

Selznick redoutait surtout que Margaret Mitchell ne fît pression pour obtenir de meilleures conditions financières. Or il ne fut jamais question des cinquante mille dollars et Stephens ne souleva aucune revendication visant à améliorer le pourcentage sur les recettes. Plus tard, dans les années de la prospérité retrouvée, les studios dépenseront des fortunes, jusqu'à deux cent mille dollars, pour acquérir les

3. Voir note 2 page 223.
4. *Anna Karenine*, film MGM réalisé en 1935 par Clarence Brown, avec Greta Garbo, Fredric March.
5. *A Tale of Two Cities*, en français *Le Marquis de Saint-Évremond*, d'après le roman de Dickens, film MGM réalisé en 1935 par Jack Conway, avec Ronald Colman, Elizabeth Allan, Basil Rathbone (N.d.T).

droits de certains romans. En 1936, il en allait tout autrement ; personne ne pouvait prévoir la guerre, l'engagement américain et le formidable coup de fouet donné à l'économie du pays.

Outre les droits pour le théâtre, la radio et le petit écran, Peggy recevrait la moitié des bénéfices de la vente d'une version abrégée du roman, illustrée de photos tirées du film. Aucune suite ne pourrait être tournée sans son consentement. En revanche, Selznick International se réservait la propriété des droits d'exploitation du titre et des noms des personnages à des fins commerciales non cinématographiques, publicité ou fabrication d'objets dérivés. John écrivit à Granberry : « Peggy est allée à New York dans l'intention d'avoir la peau de Selznick. Elle n'est pas loin d'avoir réussi. »

Sitôt le contrat signé, Stephens reprit le chemin d'Atlanta. Herschel Brickell était passé prendre Peggy à New York pour l'amener à Ridgefield où elle arriva dans un état alarmant, bouleversée par une soudaine crise de cécité, longue de dix minutes, dont elle avait été victime pendant le trajet. Herschel et Norma Brickell la conduisirent chez leur ophtalmologiste. Il diagnostiqua une grande fatigue oculaire ; la patiente avait surtout besoin de repos. Le 2 août, très affectée, Peggy rentrait à Atlanta.

Comme son train arrivait à Terminal Station, celui de John était sur le départ. Il se rendait à Wilmington, chez sa mère. Les époux n'eurent que le temps d'un bref entretien. Les problèmes de Peggy auraient pu décider John à remettre son voyage ; il n'en fut rien. Son séjour à Wilmington ne dura pas moins d'une semaine.

En accord avec le médecin des Brickell, l'ophtalmologiste consulté par Peggy prescrivit les grands moyens. Elle se vit confinée dans l'obscurité pendant dix jours, auxquels s'ajoutèrent deux semaines de détente absolue, sans quitter sa chambre. Alors qu'elle avait toujours considéré la radio comme une intolérable intrusion dans la vie privée des gens, elle pria Bessie de suspendre un transistor au-dessus de son lit. On lui donnait lecture du courrier. Elle dicta quelques lettres à Margaret Baugh, laquelle avait demandé un congé à Macmillan afin de rester à la disposition de Peggy pendant les « six semaines qui ébranlèrent le petit monde des Marsh » — le mot est de John lui-même.

Red Upshaw ne semblait pas décidé à donner suite à ses menaces. En revanche, des relations, des amis perdus de vue depuis des lustres surgissaient du passé comme par enchantement. Ginny Morris se manifesta pour la seconde fois. Divorcée, mère d'une petite fille, elle habitait New York et travaillait au service publicité de la United Artists

Film Corporation. Elle arrondissait ses fins de mois en faisant des piges pour une revue de cinéma. « Je n'ai pas oublié la fille qui m'empruntait ma brosse à dents et laissait ses bas en tas au milieu de la chambre », écrivait-elle. « Est-ce toujours la même Peggy ? »

Une chaleureuse correspondance s'établit entre les deux anciennes condisciples. Ginny envoyait à Atlanta les articles parus dans certaines revues non inscrites à l'argus et dont Peggy n'entendait jamais parler. L'impertinence y était souvent de rigueur.

Margaret Baugh se chargeait de trier le courrier. Si les injures et les sollicitations financières n'arrivaient jamais jusqu'à Peggy, toutes les autres lettres étaient lues par leur destinataire et nombre d'entre elles recevaient réponse. Quand l'état de ses yeux se fut amélioré, elle tapa près d'une centaine de lettres par semaine, dont elle conservait soigneusement le double carbone. Ces réponses à des admirateurs inconnus étaient parfois l'occasion de surprenantes confidences.

Il fallait décidément beaucoup de courage et de travail pour barrer la route à l'avalanche du courrier. Dans le seul mois de septembre, Peggy échangea avec son éditeur une quinzaine de lettres fort sérieuses, ayant trait aux droits étrangers, à la publicité, aux à-valoir, aux dédicaces, à l'argus de la presse... sans oublier les conseils gratuits qu'elle dispensa à un collaborateur de Macmillan qui souffrait d'arthrose. John écrivait aux intimes, à la famille, mais Peggy se réservait le plaisir de correspondre avec les Brickell et les Granberry. Elle signait aussi tous les livres qui lui parvenaient par la poste. En l'espace d'un mois, elle reçut un millier de lettres et deux cents livres. Neuf fois sur dix, le retard apporté dans les réponses était mis sur le compte d'une santé défaillante. « J'ai dû garder la chambre près d'un mois, dans le noir, avec un bandeau sur les yeux », confia-t-elle à quelques centaines d'inconnus. Peu après, Louella Parsons, la grande commère d'Hollywood, informait ses millions de lecteurs que Margaret Mitchell était en train de devenir aveugle. « Jamais de la vie, et je n'en ai pas l'intention ! » riposta l'intéressée, hors d'elle.

Projetée sous les feux de la rampe, Peggy était devenue la proie des échotiers. Ceux-ci n'épargnaient rien et s'en donnaient à cœur joie. Début septembre, une autre rumeur prit naissance dans l'une des innombrables chroniques hollywoodiennes. Commotionné à la suite d'un éclatement d'obus pendant la guerre, John Marsh souffrait de troubles nerveux. Impossible de remonter jusqu'à l'auteur de cette indiscrétion. Elle fut imputée à quelqu'un qui aurait été le témoin d'une crise ou qui aurait eu vent des problèmes de John. Peggy prit Granberry à témoin de sa colère. « Je veux bien être la cible de leurs calomnies, lui écrivit-elle, mais qu'ils s'attaquent à mes proches, voilà qui est inadmissible. Ce n'est pourtant pas de leur faute si je suis l'auteur d'un best-seller. Quand on a l'outrecuidance de publier un livre, on prête le flanc à toutes les médisances, c'est entendu, mais que soient épargnés la famille et les amis. Ceux-là n'ont rien fait, ils sont innocents ! »

Il fut aussi question dans cette lettre d'un séjour à Winter Park, en Floride, où Granberry enseignait au Rollins College. Prétextant les habitudes de paresse matinale de John lorsqu'il était en vacances et, d'une manière générale, les horaires de repas, « complètement décalés et farfelus », pour ne rien dire des vocalises dans la salle de bains, Peggy déclina l'offre qui leur avait été faite d'être logés chez les Granberry.

Le mois de septembre commença sous les plus heureux auspices. Eugene, souffrant depuis quelque temps, se rétablissait. Les yeux de Peggy allaient mieux et, malgré sa brièveté, la visite à Winter Park lui fit le plus grand bien, ainsi qu'à John. Deux dactylos avaient été engagées pour seconder Margaret Baugh en leur absence.

La jeune femme en venait peu à peu à se convaincre que le plus pénible était passé. Le public, arrivé à saturation, se détournerait bientôt du roman et toute cette histoire sombrerait dans l'oubli, écrivit-elle aux Granberry, peu après son retour à Atlanta. Hélas, *Autant en emporte le vent* se maintenait à la première place de la liste des best-sellers dressée par le *New York Times*. Une enquête effectuée dans tous les États de l'Union établissait que le livre demeurait en tête des ventes dans soixante-dix librairies parmi les plus importantes. Le 25 septembre, Peggy recevait le chèque de quarante-cinq mille dollars, correspondant à la somme qui lui était due sur la cession des droits à Selznick.

Par la même occasion lui fut révélé le rôle qu'avait joué Annie Laurie Williams à la table des négociations. Alors que les avocats de Macmillan agissaient exclusivement pour le compte de l'éditeur, Peggy était, à son insu, représentée par la dame qui se trouvait assise en face d'elle ! Le jour même, elle écrivit à Latham pour exprimer son indignation. Comment avaient-ils pu se résoudre à user à son endroit de procédés qu'elle qualifiait d'inamicaux, dans la mesure où elle n'avait jamais fait mystère de son refus de confier ses intérêts à un agent ?

Outrée, Lois Cole riposta du tac au tac, sur les conseils de Latham :

« Ma chère petite, oublierais-tu que Stephens, ton propre avocat, assistait lui aussi à la réunion ? »

Un tout autre problème se présenta après qu'une lectrice eut envoyé à la romancière une poupée de chiffons à l'image de Scarlett O'Hara qu'elle avait confectionnée elle-même. Peggy en fit cadeau à la fille de Ginny Morris. Loin de mesurer les conséquences de son initiative, celle-ci adressa à son amie une sorte de mise en garde. Les poupées, les montres « et toute la gamme des colifichets » se rapportant au film représentaient une mine inépuisable de profits. Walt Disney, pour ne citer que lui, avait réalisé ainsi des bénéfices faramineux. Peggy avait-elle été assez imprudente pour ne pas s'assurer un pourcentage sur les droits d'exploitation des à-côtés ?

Cette lettre donnait beaucoup à réfléchir. Devant Peggy se révélaient soudain des perspectives financières insoupçonnées. Aussitôt informé, Stephens adressa à Macmillan une lettre très « professionnelle », dans laquelle il faisait grief à l'éditeur de sa double trahison, Annie Laurie Williams, tout d'abord, et à présent la question des droits d'exploitation de tous les dérivés. Peggy exigeait une révision du contrat. Trop tard, répliquait Selznick, ces droits nous appartiennent. Il avait raison bien sûr, puisque Peggy, en toute innocence, les lui avait abandonnés. Macmillan se sentait pris entre deux feux.

Le 6 octobre, la jeune femme reçut une longue lettre réponse de Latham. *Autant en emporte le vent* était un grand livre, assurait-il, et Macmillan avait eu à cœur de tout faire pour en assurer le succès. « Aujourd'hui, nous voici en différend au sujet du contrat de Selznick », poursuivait-il. « C'est déplorable. Putman m'a raconté comment s'était déroulée la négociation, et je doute que ma participation ait pu changer grand-chose. En effet, malgré la présence de nos représentants, chargés de veiller sur vos intérêts au cours de cette transaction, vous aviez tenu à vous faire accompagner par votre avocat, lequel a donné son agrément au contrat que vous avez signé. »

Stephens, il est vrai, avait assisté aux deux réunions. Quelques excuses peuvent atténuer son étourderie. Il n'avait pas l'expérience de la terminologie éditoriale et cinématographique, et peut-être, troublé de se trouver en si prestigieuse compagnie, avait-il quelque peu perdu le sens des réalités. Toujours est-il que cette clause particulière avait échappé à sa vigilance. Loin de lui en tenir rigueur, Peggy lui garda toute sa confiance, au point de prendre sa défense avec ardeur, face aux « gens de Selznick ».

CHAPITRE XIX

Le 29 septembre 1936, pour la première fois, il fut insinué dans la presse que Peggy avait écrit *Autant en emporte le vent* en collaboration avec John. L'article fut publié dans le *Washington Post*. Harry Slattery, sous-secrétaire d'État à l'Intérieur, s'estimait offensé par « l'utilisation scandaleuse qui était faite de son patronyme dans le roman de Margaret Mitchell ». Emmy Slattery, personnage subalterne, s'y voyait traitée de « petite racaille blanche ». Le sous-secrétaire avait envisagé de porter plainte, révélait le *Post*. Toutefois, « après un échange de lettres et une conversation au téléphone avec la jeune romancière géorgienne, Mr. Slattery avait acquis la conviction qu'aucune malveillance n'était à l'origine de cette fâcheuse coïncidence ». Peggy tombait des nues ; naturellement, elle n'avait jamais entendu parler de ce sous-secrétaire qui se donnait le ridicule de faire semblable déclaration. La suite de l'article était plus consternante encore.

« Celle que le monde entier connaît sous le nom de Margaret Mitchell met un point d'honneur à demeurer avant tout Mrs. John Marsh », était-il écrit. « Le couple n'a en rien modifié son mode de vie, en dépit de la soudaine prospérité qui lui échoit. Mrs. Marsh prépare toujours le petit déjeuner dans leur modeste appartement d'Atlanta et Mr. Marsh continue de se rendre chaque matin à son travail. Le roman est le fruit d'une intense collaboration entre les époux, longue de sept ans. Leurs concitoyens ont bien tenté de célébrer cette féconde association, mais les Marsh gardent la tête froide. Ils ne veulent rien entendre et déclinent toute invitation. »

Quelques jours plus tard, Peggy envoyait une lettre à Harry Slattery. Elle le suppliait d'intervenir auprès de la rédaction du *Post,* afin que soit officiellement rétractée l'affirmation selon laquelle elle avait écrit *Autant en emporte le vent* en commun avec son mari. « Ce mensonge m'a bouleversée », écrivait-elle. « J'ai fondu en larmes à la lecture de cette coupure de presse et, depuis lors, je n'ai cessé de pleurer. Ce livre représente pour moi tant d'efforts. Pour le mener à son terme, j'ai bien failli perdre la vue, le saviez-vous ? En fait, il s'en est fallu de peu que je n'y laisse la santé. Aurais-je fait tant de sacrifices pour m'entendre dire que je n'étais pas l'auteur d'*Autant en emporte le vent* ? Chaque phrase, chaque mot est de ma plume. Mon mari n'a rien à y voir. Tout d'abord, il est natif du Kentucky, et seul un enfant d'Atlanta, de vieille souche géorgienne, pouvait écrire un pareil livre. Ensuite, Mr. Marsh occupe un poste important dans sa société. Son métier l'accapare beaucoup. C'est à peine si ses loisirs lui permettent de jouer au golf, où donc aurait-il trouvé le temps d'écrire un manuscrit de deux mille pages ? »

Il est permis de se demander pourquoi Peggy décida de passer par l'intermédiaire du sous-secrétaire plutôt que de s'adresser directement au *Washington Post* ou, mieux encore, de laisser ce soin à Stephens, son avocat. Le journal publia des excuses, mais de rétractation, point. Le mal était fait et Peggy n'y pouvait rien. Un fond de rumeur persistant fit longtemps de John le coauteur d'*Autant en emporte le vent*.

En tout état de cause, les protestations adressées à Slattery ne rendaient pas justice à celui qui, de l'aveu de Peggy elle-même, avait exercé sur elle l'influence d'un mentor. Différentes lettres, écrites à Latham peu après la remise du manuscrit, signalent qu'elle avait tenu compte des suggestions de John touchant au début de certains chapitres. Peggy, c'est l'évidence, avait assumé tout le travail de documentation et ne s'en était remise à personne du soin de fignoler l'arrière-plan historique du roman. Rappelons toutefois que sa réflexion ne fut jamais solitaire et que les encouragements lui furent prodigués sans compter. Avant la publication du roman, la jeune femme avait confié à Lois combien John l'avait exhortée à travailler, combien il l'avait soutenue chaque fois qu'elle était sur le point de succomber à la tentation du renoncement. A Latham, toujours lui, elle avait avoué sans fard que les jugements critiques de son « cher correcteur » avaient rendu un fier service au manuscrit. Dès la parution, un changement brusque s'opéra dans l'attitude de Peggy. Il se manifesta par une sensibilité extrême, presque paranoïaque, à toutes les allusions aux diverses « contributions » de John. Les millions de lecteurs ne devaient jamais savoir à quel point elle lui en était redevable.

Le caractère diffamatoire de l'article publié dans le *Washington Post* ne fait pourtant aucun doute. Il est bien facile d'en deviner l'origine. John avait jadis été employé au bureau de l'Associated Press de Washington ; il avait conservé là-bas des amis. Un grand mystère entourait le travail de relecture auquel il s'était livré sur le manuscrit. Secret de polichinelle, en fait, puisque le Tout-Atlanta journalistique était au courant. En guise de remerciements, sur la page de garde du livre ne figurait qu'une discrète dédicace, « à J. R. M. ». Les amateurs de spéculations en vinrent à penser que Margaret Mitchell ne disait pas toute la vérité et que la participation de « J. R. M. » avait été plus importante qu'il n'y paraissait.

Ces insinuations mensongères affectèrent vivement Peggy. Il se trouvait des gens pour affirmer publiquement qu'elle était incapable d'écrire un grand roman par ses propres moyens. N'avait-elle pas elle-même confessé à Lois qu'elle ne serait jamais arrivée au bout de ses peines si John ne l'avait soutenue à chaque pas ?

Le succès brutal, démesuré, d'*Autant en emporte le vent* avait placé son auteur en face de responsabilités trop lourdes. Les recommandations de Maybelle revenaient à la mémoire de sa fille. Il n'était de salut que dans l'étude, le savoir, souverain remède à toutes les difficultés. Peggy ne se sentait pas l'étoffe d'une personnalité littéraire.

En écrivant ce livre, la jeune femme s'était trouvée aux prises avec son sujet de prédilection : le destin d'Atlanta, pendant la guerre civile, et les années de la Reconstruction. Au-delà de l'histoire géorgienne, Peggy n'avait guère songé à étendre le champ de ses connaissances. La publication du roman, elle avait tout lieu de l'espérer, lui permettrait de gagner ou de regagner la considération de sa ville natale. Ses amies cesseraient de lui faire reproche d'une vie perdue dans l'inaction ; la gent littéraire, enfin, lui accorderait quelque considération. Elle n'avait pas prévu que sa vie entière s'en trouverait ébranlée. Même l'argent devenait un facteur de déséquilibre. Il n'y avait pas si longtemps, criblée de dettes, elle aurait été bien heureuse d'apprendre que son roman lui rapporterait un millier de dollars. Elle se trouvait aujourd'hui à la tête d'une véritable fortune.

Au cours des mois de septembre et d'octobre, Macmillan lui envoya deux chèques, l'un de quarante-trois mille cinq cents dollars, l'autre de quatre-vingt-dix-neuf mille sept cents dollars, correspondant à ses droits d'auteur. Rapportées aux difficultés économiques dans lesquelles se débattait le plus grand nombre, ces sommes étaient considérables. Encore fallait-il leur ajouter les avances déjà reçues et les quarante-cinq mille dollars de Selznick.

Pour Peggy, ces rentrées d'argent ne mordaient jamais sur le réel :

elles faisaient partie du rêve sans joie qui avait absorbé sa vie depuis la publication du livre. L'auteur se pénétrait de la précarité d'un triomphe destiné à rester sans lendemain puisqu'elle ne voulait plus écrire. Il s'agissait, pour ménager l'avenir, de persévérer dans l'exploitation avisée du capital d'*Autant en emporte le vent.*

Les poursuites judiciaires devenaient l'obsession de Peggy, tandis que Stephens lui démontrait chaque jour la duplicité des industriels du vêtement ou du jouet et des fabricants de cosmétiques qui se servaient sans vergogne du titre du roman et des noms de Margaret Mitchell, de Scarlett et de Rhett, pour assurer la publicité de leurs produits. Toutes sortes d'organisations à caractère professionnel ou privé, y compris des sectes religieuses, faisaient au texte des emprunts non autorisés. Stephens se vit confier la charge de veiller sur les droits de sa sœur. Il s'en acquitta si bien que peu de contrevenants purent se glisser entre les mailles du filet. Malgré son zèle, les Marsh se trouvèrent sans cesse avec quelque procès sur les bras. Le temps des imposteurs était venu. A Mexico, en Californie, à New York, surgissaient de fausses Margaret Mitchell. Ces mystificatrices étaient friandes de déclarations à la presse. L'une d'elles tenta même d'utiliser sa fallacieuse identité pour se faire ouvrir un crédit dans une banque.

Il ne se passait plus de jour qui ne fût troublé par une rafale de coups de fil de Stephens. La méfiance avait toujours été le moindre défaut de Peggy. Avec le temps et « preuves à l'appui », elle se transforma en franche misanthropie. Le monde était peuplé de rapaces et d'escrocs qui ne songeaient qu'à s'engraisser du produit de son travail. Cette vision pessimiste n'épargnait pas Macmillan.

Il lui semblait très loin, le temps où elle croyait pouvoir se vanter « d'avoir eu la peau de Selznick ». Peggy en voulait à son éditeur de ne pas lui avoir signalé le filon que représentaient les produits dérivés, à supposer que le producteur se décide à négocier les droits d'exploitation commerciaux des « poupées Scarlett » ou des « montres-bracelets Rhett Butler ». A force d'entendre son frère et son époux lui seriner que Macmillan avait fait preuve d'une coupable négligence dans la protection de ses intérêts, la jeune femme se laissa convaincre. George Brett et Lois Cole furent harcelés de réclamations. Peggy insistait pour obtenir une modification du contrat. A bout de patience, George Brett proposa que Stephens fît le voyage de New York, afin d'étudier le dossier avec eux. Macmillan, ajoutait-il, s'engageait à « payer les frais ».

En toute candeur, Stephens tint pour établi que l'éditeur s'acquitterait de ses honoraires, lui rembourserait le prix de l'aller retour en train et réglerait sa note d'hôtel. Il écrivit donc à Brett quelques lignes un peu sèches, fixant les détails matériels de son voyage. Rebuté par cette réponse désobligeante, le président de Macmillan retira son offre. Ce malentendu donna le signal d'une inexorable détérioration des rapports entre la romancière et son éditeur. Soucieux de rétablir la bonne entente, Macmillan lui rétrocéda tous les droits pour l'étranger, à l'exception de la Grande-Bretagne. L'« affaire Selznick », quant à elle, ne devait pas être réglée de sitôt.

John et Peggy étaient maintenant persuadés que sur deux points importants, pour le moins, Macmillan s'était montré indigne de leur confiance. Mémoire courte, diront ceux qui n'ont pas oublié les efforts consentis par l'éditeur, jusque dans sa décision d'engager Annie Laurie Williams, afin que Peggy, de gré ou de force, fût convenablement représentée face aux producteurs. Macmillan avait accepté un manuscrit à l'état de brouillon, tout prometteur qu'il fût. A deux reprises, le contrat original avait été amendé en faveur de la romancière ; des acomptes lui avaient été versés sur ses droits d'auteur. Jamais écrivain n'eut moins de raison de se plaindre de la façon dont son livre avait été fabriqué, publié, puis distribué. Au cours de cette période fébrile, il n'était pas une lettre adressée à Lois dans laquelle Peggy ne s'étonnât qu'un « éditeur pût être aussi accommodant ». Une fois le succès du roman assuré, les droits vendus à Selznick, il ne fut plus question de la gentillesse de Macmillan. Celui-ci ne l'avait longtemps ménagée que dans le but d'exploiter sa naïveté première.

Le 9 octobre, Peggy écrivit à Herschel Brickell. Stephens devait arriver le mardi suivant à New York, où il aurait une réunion de travail avec George Brett et les avocats de Macmillan. « Les frais de déplacement sont à ma charge », précisait-elle.

Après avoir fait état de son impatience de voir régler au plus vite cet « embrouillamini juridique », déploré les dommages irréparables causés à sa vie privée, proclamé une fois de plus qu'elle n'était pas taillée pour la célébrité, Peggy abordait, pour la première fois, la grande question du succès d'*Autant en emporte le vent* et confessait sa stupeur.

Dans mes rares moments de liberté, je m'interroge. C'est bien simple, je n'y comprends rien. Pourquoi les gens, par millions, se sont-ils jetés sur mon livre ? Prenons le cas d'Atlanta. Les étudiants des grandes classes l'ont dévoré de la première à la dernière page, sans omettre la scène de l'accouchement... de même que les personnes âgées, Dieu les bénisse... Je compte parmi mes lecteurs tous les membres du barreau et de la magistrature... Mon bouquin fait des ravages dans la profession médicale, si j'en crois la quantité de lettres que m'envoient les toubibs, et leurs nombreux appels... Presque tous les hommes, d'ailleurs. Les psychiatres, surtout, en sont toqués. Mais nul n'est à l'abri de la contagion : commis de bureau, garçons d'ascenseur, vendeuses de grands magasins, standardistes, mécaniciens, dactylos, employés des boutiques de Décrochez-moi-ça, institutrices... la liste est sans fin. Le plus fort, c'est qu'au lieu de l'emprunter, dans une bibliothèque, par exemple, ils préfèrent acheter le livre. *Autant en emporte le vent* a reçu l'aval de l'UDC (United Daughters of the Confederacy). Pour ne pas demeurer en reste, sans doute, le SCV (Sons of Confederate Veterans) a renchéri en lui apportant son soutien sans faille. Il plaît aux débutantes et fait passer d'agréables moments à leurs grand-mères. Il les séduit toutes, Herschel, même les nonnes ! Parfaitement, les nonnes lui trouvent des qualités.

Comment expliquer un tel raz de marée ? En fin de compte, à travers maints rebondissements, ce long récit dévide l'histoire banale de gens très ordinaires. Il est écrit dans le style le plus simple, ne contient ni couleurs rares, ni pensée profonde, ne dissimule aucun message et tout symbolisme lui est étranger. Il ne sait même pas, comme tant d'autres best-sellers avant lui, flatter le goût du sensationnel. Au fond, rien, absolument rien, ne destinait mon livre à cette folle carrière. Alors, pourquoi ? Comment définir l'ascendant qu'il exerce sur tous, de cinq à quatre-vingt-dix ans ?

Avec le recul, bien sûr, ce phénomène se laisse plus facilement analyser. *Autant en emporte le vent* s'adressait à la sensibilité de chacun.

Dès la page cent, avec l'apparition de Rhett Butler, le roman s'imprègne d'une sensualité sous-jacente. L'auteur s'amuse à déjouer l'impatience de son lecteur. Toujours dérobée au pouvoir que Butler exerce à la ronde, Scarlett n'a d'yeux que pour le pâle Ashley Wilkes, incarnation d'un idéal vaincu, expert en mélancolie, peu pressé de répondre aux avances de la belle. Quelque mille pages plus loin, lasse de poursuivre en vain de ses assiduités ce chaste fantôme, la jeune femme découvre ce que tout le monde sait depuis longtemps. Elle n'a jamais cessé d'aimer Rhett Butler ; ils sont faits l'un pour l'autre. A l'instant où s'opère cette révélation, l'homme de sa vie lui échappe. Le livre se referme sur cet admirable retournement de situation : Rhett Butler fait ses valises et s'en va. Le public, à grands cris, réclamait une suite, personne ne s'en étonnera. Accablée de lettres, Margaret Mitchell était sommée de révéler l'avenir. Le couple serait-il jamais réuni ? Aurait-il jamais droit au bonheur ?

Fascinés par le décor de guerre et de vagabondage, séduits par les intrigues, les enfants lisaient surtout un passionnant roman d'aventures. Leurs grands-parents ne pouvaient qu'être touchés par le respect témoigné aux personnes âgées à travers le livre. En 1936, il y avait encore, au nord comme au sud, quantité de survivants des rudes années de la guerre et de la Reconstruction, ravis de l'occasion qui leur était donnée d'évoquer leur enfance avec tant d'émotion et de regret. La profession médicale, dont Peggy signale la fidélité, n'était sûrement pas indifférente au souci du détail apporté dans la description de certaines scènes — accidents, hôpital, accouchement... Les passionnés d'histoire, surtout, se voyaient comblés. Les sudistes dans l'âme, conservateurs impénitents, pouvaient s'estimer satisfaits : il ne manquait pas un bouton aux uniformes des Confédérés. Les femmes émancipées, comme Eleanor Roosevelt se flattait de l'être, approuvaient le non-conformisme de Scarlett, son esprit d'indépendance. Du haut de leur chaire (avec l'assentiment de Stephens), les prédicateurs exaltaient les grands mérites de Melanie. Bien des épouses déçues comprenaient l'attitude de Scarlett, condamnant la porte de sa chambre à Rhett Butler, après la naissance de leur enfant, tandis que les maris applaudissaient au départ final du héros.

La presse de l'époque glosait à n'en plus finir sur les raisons d'un tel succès. L'hypothèse communément admise comme étant la plus vraisemblable fut énoncée pour la première fois par le Dr Henry Link, dans un livre paru en 1938, dont le *Reader's Digest* proposa l'année suivante un condensé. Malgré toutes ses faiblesses, Scarlett conservait dans les circonstances les plus graves les qualités d'initiative qui lui permettaient de retourner la situation à son avantage, expliquait en substance le Dr Link. Au lieu de se livrer en aveugle aux événements, elle forçait ceux-ci. « Elle court au-devant du danger, magnifique épreuve de courage dont elle sort chaque fois transfigurée. » Broyés dans les rouages de l'État providence, les millions d'admirateurs de Scarlett exprimaient confusément leur nostalgie d'un monde révolu « où l'individu conservait au moins la liberté de prendre en charge son propre destin ». Peggy médita sur cette interprétation. Quatre ans après la parution du livre, elle écrivit au Dr Link : « Plus j'y réfléchis, plus je pense que vous êtes dans l'erreur. »

En 1937, quelles qu'en soient les raisons, *Autant en emporte le vent* restait en tête des ventes et semblait devoir s'y maintenir. Plusieurs voix discordantes s'étaient pourtant élevées. Les « détracteurs de gauche », comme les appelait Peggy, fustigeaient le traitement condescendant que le roman réservait aux Noirs, dénonçaient une certaine apologie de la « vie de plantation », et regrettaient l'absence de tout commentaire de nature politique ou sociale. Le chroniqueur littéraire du *Daily Worker*, quotidien du parti communiste, fut remercié pour avoir donné du livre un compte rendu trop favorable. Dans l'ensemble, la critique britannique fut élogieuse. Certains firent valoir que le livre tout entier reposait sur un anachronisme, en faisant évoluer son héroïne, moderne à tous égards, dans une société qui lui était antérieure d'un siècle. Interrogé, Franklin D. Roosevelt exprima un point de vue ambigu : « Aucun livre n'est tenu d'être aussi long. »

Peggy s'était assurée que le contrat passé avec Selznick la libérait de toute obligation concernant la distribution des rôles ou la publicité. Il était aussi entendu qu'elle ne serait pas sollicitée en qualité de conseillère technique et que l'adaptation se ferait sans elle, contrairement à une habitude instituée par les studios, consacrant la collaboration des auteurs de romans à caractère historique. Selznick devait pourtant aller jusqu'à offrir vingt-cinq mille dollars pour l'inciter à venir à Hollywood. Peggy était trop circonspecte et trop vindicative pour se laisser tenter. Dans la mesure où le studio avait refusé de lui accorder la clause du droit de regard, elle ne voulait surtout pas que les « négligences historiques dont Hollywood est coutumier » lui fussent imputées de quelque manière. Attitude volontariste qui ne pouvait être maintenue indéfiniment. Une fois les droits vendus à Selznick, par la force des choses, la romancière se vit impliquée dans l'aventure du film. « Quel ennui ! » écrivit-elle à Kay Brown. « Je suis de nouveau accablée de lettres. On me supplie d'intervenir afin que Clark Gable n'obtienne pas le rôle de Rhett Butler. Les gens me téléphonent ou m'accostent dans la rue. Katharine Hepburn, affirment-ils avec véhémence, serait la pire des Scarlett ! Je riposte qu'ils se trompent d'adresse. Je ne suis que l'auteur du livre, et je n'ai pas l'oreille du producteur. Sans aucun résultat. »

Peggy avait fait savoir que les problèmes de la distribution ne l'intéressaient pas. Selznick la prit au mot : ses services ne l'avisèrent de rien. A la fin de l'année cependant, elle fit appel à Kay Brown pour s'informer des progrès réalisés. Elle se déclarait enchantée d'apprendre qu'un « détachement d'éclaireurs » viendrait bientôt dans le Sud pour faire des repérages extérieurs et si possible découvrir l'oiseau rare susceptible d'interpréter l'héroïne d'*Autant en emporte le vent*. Voici un extrait de sa lettre datée du 18 novembre 1936 :

C'est une heureuse idée que d'envoyer chez nous une mission d'exploration, et judicieuse également. Même si vous ne rencontrez pas votre Scarlett, ce voyage représente un bel investissement publicitaire... Vous n'imaginez pas combien les gens d'ici apprécieront l'effort consenti par un studio, prenant une histoire à cœur au point d'envoyer en reconnaissance sur les lieux mêmes des événements le futur réalisateur et le scénariste. Il n'en faudra pas plus à Mr. Selznick pour se concilier la bienveillance de tous les amoureux de cinéma enclins à bouder les films sur la guerre de Sécession. Voilà enfin un producteur qui manifeste son intention de livrer au public une œuvre authentique dans laquelle le Sud pourra se reconnaître. Cela fera du bruit, croyez-moi ; et si vous aimez la publicité, comme je l'imagine, vous serez servie. Quant à ces visages nouveaux que Mr. Selznick souhaiterait trouver ici pour les offrir aux spectateurs, ne soyez pas inquiète, vous n'aurez que l'embarras du choix.

En conséquence, faites-moi connaître la date de votre arrivée et donnez-moi tous les détails. Où comptez-vous séjourner ? Puis-je divulguer dès à présent la nouvelle de ce voyage ? Atlanta sera-t-elle votre première étape ? Vous ne verrez pas d'inconvénient, je l'espère, à ce que j'organise une petite réunion, un cocktail, par exemple, qui vous donnerait l'occasion de rencontrer mes amis journalistes.

Miss Brown déduisit tout naturellement de cette lettre que Peggy se proposait de contribuer au succès de la mission. Aussitôt informé des favorables dispositions de la romancière, Russell Birdwell, directeur de la publicité de Selznick International, lui envoya une dépêche contenant le texte d'un communiqué destiné à la presse. Il était dit que Margaret Mitchell accueillerait l'équipe du film à son arrivée à Atlanta et donnerait un cocktail en son honneur. Les termes du communiqué alarmèrent la jeune femme. Craignant de s'être trop engagée, elle appréhendait désormais de se voir entraînée à participer contre son gré aux activités du groupe. Le mot « cocktail » tinta comme un avertissement. Peggy ne devait en aucun cas apparaître comme l'artisan d'un événement mondain qui serait prétexte à consommation d'alcool et pourrait nuire à sa réputation. Cette reculade et son corollaire, le télégramme rectificatif, représentent la première tentative concertée de forger un portrait officiel digne de la canonisation de la romancière, et de son passage à la postérité. Qu'on se le dise, Margaret Mitchell ne buvait que de l'eau. Cette dame réservée appartenait à la bonne société d'Atlanta et le siècle passé, comme une musique de fond, accompagnait sa vie discrète.

Quelques heures à peine s'écoulèrent entre la réception du télégramme de Birdwell et l'envoi de cette réponse :

QUAND VOUS SEREZ À ATLANTA, COMPTEZ SUR MOI POUR LA FRICASSÉE DE POULET ET LA VISITE DE STONE MOUNTAIN. JE VEUX BIEN VOUS METTRE EN RELATION AVEC QUI VOUS VOUDREZ, MAIS MES BONS OFFFICES S'ARRÊTERONT LÀ OÙ COMMENCERA VOTRE TRAVAIL. LA PRESSE LOCALE DIFFUSERA CET APRÈS-MIDI LA NOUVELLE DE VOTRE ARRIVÉE, SANS MENTIONNER MON NOM. JE VOUS SERAI DONC RECONNAISSANTE DE BIEN VOULOIR MODIFIER VOTRE TEXTE ET D'ÉVITER À L'AVENIR TOUTE ALLUSION À MON SUJET DANS VOS DÉCLARATIONS PUBLIQUES, SI CE N'EST POUR RAPPELER QUE JE SUIS L'AUTEUR DU ROMAN.

Le communiqué du studio, tel qu'il fut publié dans les journaux, ne se démarquait pas de l'original de Birdwell, à ce détail près qu'il n'était plus question d'un « cocktail », mais d'un « thé », toujours présenté comme une cérémonie de bienvenue offerte par Margaret Mitchell. Outrée de cette désinvolture, la jeune femme expédia une nouvelle dépêche : « Si vous persistez à répandre cette nouvelle absurde selon laquelle j'envisagerais de me mettre à la disposition de l'équipe du film, il n'y aura ni cocktail, ni thé, ni rien. J'annule mon invitation et tout sera dit. Dans mon esprit, cette petite réception était avant tout destinée à remercier les journalistes de l'accueil qu'ils avaient réservé à mon livre et du soutien sans défaillance qu'ils m'ont apporté depuis la publication. Si Messrs. Cukor et Howard ainsi que Miss Brown veulent se joindre à nous, je les recevrai avec le plus grand plaisir, mais nous en resterons là. »

Ce fut un dernier coup porté à l'orgueil de Sidney Howard. Après trois mois d'un patient labeur d'adaptation, il s'était adressé à la romancière dans l'espoir d'obtenir son aide pour la rédaction de quelques fragments de dialogue supplémentaires « dans le dialecte des gens de couleur ».

Peggy s'était empressée de mettre les points sur les i. « Ne comptez pas sur moi pour vous souffler une ligne de dialogue et pas davantage pour jeter un coup d'œil sur votre travail. Les bonnes paroles et l'argent ne me feront pas changer d'avis. Supposons que j'accepte de collaborer avec vous. Comment protester de ma bonne foi face aux spectateurs sudistes déplorant tel ou tel aspect du film ? ''Vous avez mis la main au scénario et cependant, vous avez laissé passer toutes ces bêtises ?'' me diront-ils à juste titre. J'en rougirais de honte.

Vous, c'est différent. Si quelque chose ne va pas, personne ne vous en tiendra rigueur. Après tout, vous n'êtes pas l'auteur du roman et vous vivez loin d'Atlanta. »

On ne pouvait dire plus gracieusement que l'on croyait Howard incapable d'écrire un scénario qui ne serait pas truffé d'inexactitudes. Peggy rendait ainsi le mal pour le mal. Selznick lui avait refusé le droit de relecture ; elle ripostait à ce mauvais procédé par l'affront fait à son scénariste. Savourant son goût morose des représailles, elle s'entêta jusqu'au bout.

Pas plus George Cukor que Sidney Howard n'estimèrent opportun de se déplacer à cette occasion. Le 2 décembre, Kay Brown arrivait à Atlanta en compagnie d'un opérateur et d'un preneur de son. Un vent de folie se leva sur la ville. Une annonce insérée dans les journaux priait les postulants pour les quatre principaux rôles — Scarlett, Rhett, Melanie, Ashley — de bien vouloir se présenter dans la grande salle du Biltmore Hotel. On en profiterait pour avoir un mot d'entretien avec autant de tante Pittypat et de jumeaux Tarleton qu'il s'en proposerait.

Les candidats affluèrent par centaines. Certains venaient des États voisins ; d'autres arrivaient du Nord. Ils avaient fait le voyage en train, en voiture, en auto-stop. Une foule d'articles, de livres, de films, de feuilletons relatent la quête désespérée de la Scarlett idéale. Elle devait durer deux ans. Pour maintes jeunes filles tombées entre les mains de proxénètes ou d'aigrefins, l'espoir brisé d'incarner à l'écran l'héroïne d'*Autant en emporte le vent* signifia une vie de désespoir et d'humiliation.

La distribution des rôles secondaires provoqua une égale effervescence. Avant même que les recherches n'eussent officiellement commencé, Peggy sentit sa précaire tranquillité à nouveau menacée. Quand la chasse fut réellement ouverte, elle devint la victime de harcèlements constants. « Je ne puis mettre le nez dehors sans avoir l'impression d'être un porte-drapeau confédéré sur le passage de la cavalerie Sherman », dira-t-elle. Descendait-elle de voiture ? Entrait-elle dans un magasin, un restaurant ? La nuée des aspirants fondait sur elle. Flanquée d'une petite fille déguisée en « Bonnie », cheveux roulés à l'anglaise et tenue d'équitation, une jeune mère poursuivit la romancière jusque dans la retraite d'un salon de coiffure. Soulevant le casque du séchoir qui couvrait la tête de Peggy, elle prétendit infliger à celle-ci la récitation, par la fillette, d'un célèbre hymne confédéré. Un autre jour, John conduisait Peggy chez le dentiste. Depuis la banquette arrière où ils étaient tapis, une dame et un petit garçon se dressèrent soudain. La dame exigea que l'on fît passer sur-le-champ une audition à l'enfant pour le rôle de Wade Hampton. Renseignement pris, elle n'était pas du tout la mère du gamin ; il s'agissait en fait d'un imprésario intrépide.

Même Eleanor Roosevelt, tandis que son époux, élu pour la seconde fois à la présidence, attendait la cérémonie d'investiture, se prit au jeu. Courant décembre, elle écrivit à Selznick afin que sa camériste, Lizzy McDuffy, pût tenter sa chance dans le rôle de Mammy. Miss McDuffy se rendit à Hollywood, obtint son bout d'essai et ne fut pas engagée. Sur le chemin du retour, elle fit un crochet par Atlanta pour saluer la romancière qui la reçut longuement.

L'année s'achevait. Assiégée de requêtes, Peggy opéra une manœuvre de repli. Dorénavant, fit-elle savoir, elle n'accorderait plus ni autographes ni dédicaces. Il s'ensuivit que, loin de se le tenir pour dit, ses admirateurs employèrent toutes les ruses pour parvenir à leurs fins. La jeune femme exposa leur machiavélisme dans une lettre adressée à Lois Cole.

Chaque jour, ce sont des douzaines d'entre eux que John doit rembarrer, et mon malheureux père est au supplice depuis que les importuns font le siège de son bureau, exigeant de lui qu'il se prévale de son autorité paternelle pour me contraindre à signer leurs exemplaires du roman. Steve, Carrie Lou et d'une manière générale tous les membres de ma famille sont la proie des quémandeurs. On leur met de force entre les mains des livres accompagnés d'instructions précises concernant la future dédicace. Le moindre rendez-vous d'affaires se transforme pour moi en séance de signatures ; en effet, la personne que je viens voir se présente invariablement les bras chargés d'une pile de bouquins confiés par les parents ou les amis. Que dire enfin de l'intolérable toupet des organisations caritatives, réclamant comme leur dû un exemplaire signé qui viendrait s'ajouter aux lots d'une tombola ?

La sonnerie du téléphone était toujours aussi envahissante, mais Peggy avait pris l'habitude de ne plus décrocher. « Bessie est un ange », écrivit-elle à Granberry. « Elle épuise des trésors de patience et de gentillesse pour répondre aux fâcheux. Si vous l'entendiez roucouler de sa douce voix : "Miss Scarlett parvient-elle à regagner l'affection du capitaine, c'est ce que vous voulez savoir ? Ça, madame, je saurais pas vous dire. Miss Peggy n'en sait rien non plus. Parole d'honneur, madame. Cent fois, je l'ai entendue proclamer qu'elle n'avait pas la moindre idée de ce qui arrivait après le retour de Miss Scarlett à Tara !" »

Au terme d'une journée particulièrement difficile, John suggéra à Peggy de partir pour l'Europe. Un voyage de plusieurs mois lui ferait le plus grand bien, et puisque lui-même ne pouvait solliciter de Georgia Power un congé de cette durée, Augusta se ferait sans doute une joie de l'accompagner. La jeune femme riposta qu'elle ne voulait pas entendre parler d'une séparation aussi longue. Il fallut en arriver à un compromis, trois semaines de vacances passées ensemble à Winter Park où les Granberry comptaient célébrer Noël et le jour de l'an. Le 17 décembre, ils se mirent en route. Les Granberry avaient reçu l'habituelle consigne de discrétion.

Peggy tenait le volant. Malgré la fatigue, la jeune femme ressentait des bouffées d'euphorie dont elle s'étonnait presque, tandis que la voiture dévorait péniblement les kilomètres. Enfin libres, enfin seuls. Ils voyageaient sous un nom d'emprunt, « Munnerlyn », et choisissaient leurs étapes avec circonspection, optant pour les petites localités où leur incognito ne serait pas menacé. John avait encore minci ; il semblait las. Peggy remarqua le léger tremblement de ses mains. L'année écoulée avait été rude pour lui aussi. A tous les problèmes auxquels il devait déjà faire face, en plus de son travail, s'ajoutait maintenant celui des droits étrangers dont il avait décidé de s'occuper. La lampe de son petit bureau ne s'éteignait jamais avant 2 heures du matin.

Tout bien considéré, nonobstant soucis et surmenage, Margaret Mitchell avait quelque raison d'envisager l'avenir avec optimisme. Le triomphe que le monde entier faisait à son livre apportait la consécration de son talent. En novembre, on l'avait informée qu'*Autant en emporte le vent* avait toutes les chances de se voir décerner le prix Pulitzer.

Or Peggy était la plus misérable des femmes. En cet hiver 1936, tout lui était angoisse, chagrin, blessure. Trop de contraintes, trop d'imprévus. Prise d'assaut, sa vie se dérobait. La jeune femme n'était pas assez sotte et restait trop naturelle pour s'enfler de son succès. Le contraire s'était produit. L'expérience de la célébrité avait installé un climat d'aridité, de méfiance. Peggy avait oublié ce qu'elle était, si peu de temps auparavant, et se cherchait peureusement un avenir. Un désenchantement farouche avait remplacé la bienveillance de naguère. C'était l'amertume de qui désespérait du monde. L'éducation reçue et toutes les vicissitudes l'avaient préparée à affronter l'adversité ; gloire et richesse la laissaient désemparée, seule contre tous, tout juste capable de s'accrocher à son intimité avec John, à l'ordinaire des jours, comme à des illusions en déroute qu'il fallait préserver coûte que coûte.

Les négociations avec Selznick suivaient leur cours lorsque Peggy avait reçu une lettre de Ginny Morris dans laquelle son ancienne camarade lui apprenait qu'Annie Laurie Williams (autant agiter un chiffon rouge sous le nez de la romancière) avait pris contact avec elle. Il s'agissait d'écrire un « Margaret Mitchell et moi », pour la revue *Photoplay*. C'était une superbe occasion à saisir et Ginny avait donné son accord de principe. Cette pige serait la bienvenue, car elle ne savait où trouver l'argent nécessaire pour offrir à sa fille, atteinte de troubles respiratoires, un séjour dans un environnement plus salubre. Centré sur les souvenirs du Smith College, l'article serait écrit sur un ton « d'affectueux badinage ». Cette entreprise inoffensive ne soulèverait sans doute aucune objection de la part de Peggy.

Deux mois auparavant, alors qu'elle rentrait à New York en provenance de Floride, Ginny avait fait halte à Atlanta. Peggy l'avait hébergée et promenée un peu partout. Ginny avait eu l'honneur d'être accueillie à Peachtree Street (par la suite, elle devait décrire la demeure des Mitchell comme étant un « Tara sur tramway »). Les liens d'amitié semblaient s'être spontanément renoués.

La réponse de Peggy, négative et furieuse, fut une surprise. Si anodin soit-il, tout article publié dans une revue de cinéma à grand tirage était susceptible d'éveiller la voracité des aficionados, répliquait Peggy, et c'était la dernière chose dont elle avait besoin. Puis de souligner le fait que ses amis d'Atlanta, eux, avaient eu la délicatesse de ne pas ajouter au clabaudage général des contributions du style : « Moi aussi, je l'ai bien connue. » En conclusion, elle refusait d'accorder une interview (que d'ailleurs on ne lui demandait pas) et proposait hardiment d'avancer à Ginny la somme de huit cents dollars que lui aurait rapportée l'article. Ce « compromis honteux » fut repoussé avec indignation dans une lettre où la déconvenue s'exprime à travers un spirituel persiflage.

Le jour où ta réponse m'est parvenue, je devais assister à la seule conférence que Thomas Mann prononçait en anglais. Il s'agissait de Goethe (dont il sera question dans son prochain livre [1]). Quand l'orateur en est arrivé aux pénibles conséquences de l'immense popularité qui s'abattit sur l'écrivain

---

1. *Le Docteur Faustus*, sans doute, que Thomas Mann écrivit aux États-Unis de 1942 à 1945 (N.d.T).

dès la publication de son premier drame, je suis devenue tout oreilles, tu t'en doutes. Goethe jouissait en fait d'une telle renommée que les gens défaillaient d'émotion sur son passage. Ma petite, quand tu trébucheras sur les corps de tes admirateurs tombés en pâmoison, n'oublie pas que l'auteur de *Werther* a subi cette violence avant toi !

Soit dit en passant, je ne suis pas sans ressentir quelque affinité avec les pauvres nigauds, toujours curieux de savoir « quelle sorte de quidam se cache derrière le livre ». Tout en écoutant Thomas Mann développer sa pensée, j'étais attentive à certains détails de sa personne, un col de chemise trop grand par exemple, et surtout le fait qu'il semblait imprégné d'une indéfectible odeur de naphtaline, comme l'était jadis mon professeur de français.

Si je pouvais me permettre d'exprimer mon sentiment, je dirais que la meute obtuse qui se monte le bourrichon à propos de Rhett et de Scarlett n'est pas plus dangereuse qu'un grand diable de toutou, incapable de montrer les crocs à moins que tu ne provoques son agressivité en donnant des signes de panique. Quelquefois, il suffit d'y mettre un peu du sien, et les esprits se calment. Que veut le public ? Un petit os à ronger. On ne m'ôtera pas de l'idée que Lindbergh vivrait plus tranquille s'il consentait à descendre de son piédestal et trouvait le courage de s'expliquer une fois pour toutes.

Vous ne pouvez songer à faire un voyage, dis-tu, en raison du travail de John. Soit, mais au moins quittez le centre-ville, installez-vous à la campagne. Tu reconnais toi-même que votre appartement est devenu trop étroit. Et pour en revenir à ce monstrueux courrier que tu accuses de tous les maux, pourquoi ne pas suivre l'exemple de Mary Pickford, dont les admirateurs n'ont pas désarmé depuis vingt-cinq ans ? Elle a su rassembler autour d'elle une équipe de collaborateurs efficaces sur lesquels elle sait pouvoir se décharger en toute confiance des petites corvées inséparables d'une trop grande popularité. Ne pourrais-tu, toi aussi, t'entourer de gens compétents qui formeraient une haie protectrice autour de ta vie privée ? Tous les appels téléphoniques seraient filtrés, tous les indésirables éconduits. Le cabinet de ton père est censé veiller sur tes droits, pourquoi t'importune-t-on avec le suivi des dossiers ?...

Peggy ne trouva guère à son goût cette analyse « à froid » de la situation et le fit savoir. Un mois plus tard, la brouille était oubliée. Stephens devait se rendre à New York. Peggy pria Ginny d'avoir l'obligeance de rencontrer son frère avant la réunion qu'il devait avoir avec les avocats de Selznick, en vue de l'initier aux habitudes et procédés qui avaient cours dans les milieux du cinéma. Ginny rendit de bonne grâce le petit service demandé. A son retour, Stephens ne tarissait pas d'éloges sur la gentillesse et l'intelligence de la jeune femme.

Le désarroi de Peggy était manifeste. La gloire, avec son cortège

d'exigences, avait effacé toute félicité. La solidité des liens conjugaux
n'était-elle pas menacée à son tour ? John, apparemment, ne le voyait
pas ainsi. Il n'était pas peu fier d'être l'époux de Margaret Mitchell
et la notoriété de celle-ci, dont l'éclat rejaillissait sur lui, le comblait
d'aise. Plus tard, dans le reflux de la ferveur, il s'avisa même de souffler sur les braises. Peggy tenait beaucoup à ce qu'il conservât son
emploi. Elle insistait pour ne pas modifier leur train de vie ; en particulier, il n'était pas question de déménager pour s'installer dans un
logement occasionnant des frais hors de la portée du salaire d'un cadre
supérieur de Georgia Power. Six mois après la publication du livre,
au lieu d'être un principe d'équilibre, ces vertueuses résolutions contribuaient surtout à leur compliquer l'existence.

Elle avait eu raison d'envisager le pire. Les gens, elle en faisait
l'amère expérience, vous considèrent d'un autre œil quand vous avez
fait la une des journaux. Le comportement de ses concitoyens à son
égard s'en trouverait à jamais modifié.

Depuis qu'elle était devenue Mrs. John Marsh, depuis qu'elle avait
abandonné son métier de journaliste, l'ex-insoumise s'était plu à l'idée
de fondre sa vie dans celle de son époux. Cet effacement volontaire,
dont l'un des aspects était l'importance attachée à la carrière du « soutien de famille », lui semblait une condition *sine qua non* pour mériter l'estime de la bonne société d'Atlanta. Respectez les convenances,
et l'on vous respectera. Le succès aurait pu lui restituer son assurance,
le goût de l'aventure et du risque. En définitive, la victoire fut sans
acquis, sinon financiers. Comment aurait-il pu en être autrement puisque tout vacillait autour d'elle ? Le dernier bastion, la stabilité que
Peggy avait trouvée dans son union avec John, ne semblait plus invul-
nérable.

CHAPITRE XX

John « Munnerlyn » et sa petite épouse mal fagotée arrivèrent à Winter Park quelques jours avant Noël, sous un soleil éclatant. Ils firent halte devant l'unique hôtel de l'agglomération, établissement modeste et plein d'agrément. Éblouie par la violente lumière du dehors, Peggy cligna des yeux en pénétrant dans la pénombre du vestibule. Son regard s'accoutuma, et la première chose qu'elle vit fut un sapin décoratif saupoudré de neige artificielle. L'objet lui parut à ce point cocasse qu'elle fut aussitôt prise d'un fou rire incontrôlable. Les valises furent déballées dans la bonne humeur. Peu après, John et Peggy se présentaient chez les Granberry. Pendant trois jours, ils participèrent à la cueillette des oranges, firent la lecture au benjamin des enfants, Edwin Jr., et s'entretinrent avec leurs hôtes du succès persistant d'*Autant en emporte le vent* et du roman que Granberry se proposait d'écrire.

Détendue, Peggy avait retrouvé son aisance. L'attitude des Granberry à son égard, à la fois protectrice et louangeuse, facilitait cet abandon. Les conversations étaient animées. De même que Lee Edwards, le mari d'Augusta, Edwin appréciait les plaisanteries un peu lestes dont Peggy avait tout un répertoire. Mabel était bonne cuisinière, excellente maîtresse de maison. Elle acceptait sans grogne apparente le surcroît de travail imposé par la présence des Marsh.

Au cours de ce séjour, Granberry aborda un projet qui lui tenait à cœur, un article sur Margaret Mitchell pour la revue *Collier's*. Depuis la tentative à laquelle Ginny n'avait pas donné suite, plusieurs magazines nationaux avaient accueilli des textes concernant l'auteur d'*Autant en emporte le vent*. Peu avant son départ d'Atlanta, Peggy avait accordé à Faith Baldwin une interview sans surprise à paraître dans le numéro de mars de *Pictorial Review*. Rien ne serait révélé que l'on ne sût déjà. Granberry nourrissait un dessein beaucoup plus ambitieux ; d'emblée, il leur donna l'assurance à tous deux qu'ils

seraient libres de faire toutes les corrections nécessaires. Ce droit de
regard rassurait Peggy. Avec Granberry, les risques de dérapage
seraient infimes puisqu'elle lui fournirait elle-même la matière de son
texte, contrairement à ce qui se serait produit si Ginny s'était mise
en tête de passer outre à son opposition. Certains détails, certains
aspects de sa vie qui ne regardaient personne auraient pu être livrés
au public. Son âge véritable pour commencer, ses mauvais résultats
au collège, ses fiançailles avec Clifford Henry et la mort de celui-ci,
ou pire encore... (Ginny n'avait-elle pas été sa confidente pendant
près d'un an ?) John et Peggy acquiescèrent au projet de Granberry,
après avoir obtenu de lui que rien ne transpirerait de leur éventuelle
participation à la rédaction du texte. Même *Collier's* ne devait pas
en être informé. Officiellement, Margaret Mitchell aurait relu l'article et donné son accord, un point c'est tout. Granberry consentit à
tout. Depuis un an, les différentes propositions qu'il avait soumises
à *Collier's* avaient été refusées. Puis Kenneth Littauer, le rédacteur
en chef, connaissant ses excellentes relations avec la romancière, avait
laissé entendre qu'il accepterait volontiers tout article la concernant.
Littauer pouvait bien avoir derrière la tête l'idée d'amener ultérieurement Peggy à écrire une nouvelle pour la revue.

On discuta du contenu de l'article. Il fut entendu que John et Peggy
se mettraient au travail dès la réception de l'ébauche rédigée par Granberry. Ce soir-là, l'insouciance était au rendez-vous. L'esprit léger,
Peggy accepta contre toute attente l'invitation qui leur fut faite de
se joindre le lendemain, 24 décembre, à une « réunion entre amis »,
tous professeurs au Rollins College. Les Granberry leur donnèrent
toutes les garanties de discrétion. Entraînant Edwin à l'écart, la jeune
femme lui toucha quelques mots de la santé de John. Il était sujet
à des crises bénignes, expliqua-t-elle. Si d'aventure, penchée au-dessus
de lui, elle essayait de lui faire avaler une cuillerée de potion, Granberry devait comprendre aussitôt et s'empresser de faire diversion.
Par bonheur, tout se passa pour le mieux. John et Peggy semblèrent
très satisfaits de leur soirée.

Le 25 décembre, les échos du quotidien local révélaient la présence
de Margaret Mitchell à Winter Park où elle était l'hôte du Pr Granberry et de son épouse. Ces quelques lignes réveillèrent chez Peggy
la « phobie des journalistes », contre laquelle il n'existait qu'un
remède : le sauve-qui-peut. Tandis qu'elle bouclait les valises, John
passait un coup de fil aux Granberry pour les avertir de leur départ
prématuré. Edwin se rendit à l'hôtel en toute hâte, très contrarié à

l'idée d'être accusé d'avoir pu commettre une indiscrétion. « Sans penser à mal, le pauvre Edwin a vendu la mèche », écrivit Peggy à Herschel Brickell. « Nous sommes partis comme des voleurs. Il s'agissait de prendre de vitesse les demandes d'interview et les invitations à dîner. » Ils achevèrent leurs vacances par petites étapes, suivant un itinéraire capricieux, et, de l'aveu de Peggy, « s'amusèrent comme des fous ».

A peine étaient-ils rentrés que John, affecté d'hémorroïdes, dut subir une opération. Confuse, Peggy se garda de fournir, dans les lettres qu'elle envoya aux uns et aux autres, trop d'éclaircissements sur les véritables raisons de cette intervention. De ce flou intentionnel, tout le monde déduisit que John se trouvait dans un état grave.

Son séjour à l'hôpital, où il demeura une semaine, fut dissimulé à la presse, et même à certains amis. Le malade ne reçut aucune visite, hormis celles, quotidiennes, de Peggy. L'infirmière mise dans le secret devait plus tard donner de la jeune femme une description très précise, légèrement narquoise... « Manifestant à tout propos un esprit positif, elle était plutôt garçonnière d'allure avec ses cheveux courts et ses souliers plats, les yeux bleus énormes derrière les verres de un centimètre d'épaisseur... » Notons-le au passage, c'était la première fois que Peggy portait des lunettes en public.

L'infirmière, Mrs. Gaydos, se souvient d'une autre pensionnaire de l'hôpital, une religieuse d'un âge avancé, lointaine cousine de Peggy, du nom de Melanie. « Mrs. Marsh allait souvent passer un moment auprès d'elle », témoigne Mrs. Gaydos. « Elle me confia que cette sainte femme lui avait inspiré le prénom de sa seconde héroïne. »

Granberry envoya le premier jet de son article alors que John poursuivait chez lui sa convalescence. La machine à écrire le fatiguait, aussi Granberry reçut-il une interminable réponse manuscrite. En face de toutes les insertions et corrections courtoisement « suggérées » figuraient les numéros de la page et de la ligne correspondantes.

Peggy, beaucoup plus modeste, se contenta de proposer quelques modifications dans la relation d'une anecdote amusante dont elle avait fait le récit à Granberry. A l'occasion de l'une des fugues auxquelles l'avait contrainte la frénésie de ses admirateurs aussitôt après la publication du livre, elle avait pris la route de Jonesboro. A cinq reprises, elle avait fait halte dans une station-service. Chaque fois, elle avait demandé à l'employé de lui montrer le chemin à suivre pour se rendre à Tara. Tous, sans exception, lui avaient indiqué de bonne foi la direction d'un lieu fictif. Elle révéla son identité au cinquième pompiste. L'homme, bien sûr, crut à une blague, puis changea d'avis après qu'elle eut sorti de sa boîte à gants une carte des États Confédérés. Cette dame ne pouvait être que l'auteur d'*Autant en emporte le vent*. Peggy demandait à Granberry de supprimer tous les détails pouvant faire apparaître les pompistes comme des individus cupides ou grossiers. A toutes fins utiles, il devait être spécifié que Tara, pur produit de son imagination, ne figurait sur aucune carte.

John, pour sa part, ne voyait pas la nécessité de préciser que Peggy était « sobre ». « Un adjectif trop naturellement associé à l'idée d'ivrognerie », faisait-il remarquer. Il insistait pour que fût opposé un démenti formel aux rumeurs les plus folles et les plus récentes selon lesquelles la romancière avait perdu la vue, qu'elle avait abandonné son mari et ses deux enfants, et que John était lui-même le véritable auteur du livre, etc. Définir Peggy comme « une très jeune femme inconnue du public avant la parution d'*Autant en emporte le vent* » ne correspondait pas non plus à la réalité. En premier lieu, Peggy n'était plus une *très* jeune femme ; ensuite, elle n'était inconnue que « hors des frontières de la Géorgie ». « Je vous serais reconnaissant de ne pas laisser entendre que j'aie jamais pu conseiller à ma femme de jeter son manuscrit à la corbeille », écrivait John. « Je lui aurais plutôt frotter les oreilles si elle avait cru devoir en arriver à cette extrémité. Cela, tout à fait entre nous. »

Au bout du compte, de soustractions en corrections, de suggestions en ajouts, John se substitua à Granberry pour une grande partie de l'article. Des paragraphes entièrement de sa plume furent publiés mot pour mot. Ainsi la longue diatribe contre les méfaits d'une gloire trop soudaine.

A différentes reprises, son influence se fait sentir, surtout lorsque les lecteurs de *Collier's* sont instamment priés de comprendre le souhait de la romancière d'être rendue à sa tranquillité primitive. Dans ces conditions, était-il opportun de signaler, à la fin d'un texte destiné à paraître dans une revue de grande diffusion, que loin d'être inaccessible, elle se faisait un devoir de répondre personnellement à toutes les lettres, même si la période des autographes était révolue ?

En face de certaines lettres, les formules de politesse semblaient insuffisantes, précisait John. Nombre d'entre elles, écrites sur un ton de sincérité bouleversant, trahissaient l'émotion que leurs auteurs avaient éprouvée à la lecture du roman. Sans le vouloir, Margaret Mitchell avait provoqué une prise de conscience, une crise, qui se dénouaient dans ces longues missives en forme de confession. La romancière ne pouvait se soustraire à ces inconnus dont les uns étaient désespérés, les autres reconnaissants.

Des femmes mariées assurent que le drame de Rhett et de Scarlett a dessillé leurs yeux sur les raisons du lent pourrissement de leur propre ménage. Elles savent maintenant ce qu'il leur reste à faire pour redresser la situation avant l'irréparable. Les hommes, stupéfaits de la décision finale de Rhett, abandonnant au pire moment celle qu'il chérit depuis toujours, avouent les longues insomnies taraudées par la crainte de perdre une épouse trop longtemps mal-aimée...

Le catalogue des affligés des deux sexes auxquels *Autant en emporte le vent* avait rendu l'espoir incluait des « travailleurs brisés par la Dépression », « des idéalistes brisés par le changement », « de valeureuses mères de famille anéanties par le chômage de leur mari ». L'article n'était pas plutôt paru que Peggy se vit ensevelie sous une avalanche de lettres. Quelles qu'eussent été les intentions de John en livrant tous ces détails aux lecteurs de *Collier's*, elle devait maintenant en subir les conséquences.

La déception de Littauer fut grande lorsqu'il prit connaissance de l'article. Il avait escompté un exposé plus personnel, qui aurait communiqué un peu des opinions, des sentiments, des intentions de Margaret Mitchell, sinon de ses pensées intimes. Il avait surtout espéré que les lecteurs en auraient appris davantage sur la vie de la romancière avant, pendant et après le séisme. Si le papier devait paraître comme prévu dans le numéro de mars, pour faire concurrence au *Pictorial Review* du même mois dans lequel se trouverait l'interview de Faith Baldwin, Granberry n'avait plus le temps de le réécrire. Il fut donc publié tel quel, avec l'espoir que la romancière accepterait, en retour, d'offrir à *Collier's* la nouvelle que toutes les revues lui réclamaient.

Il n'y avait aucune exagération dans les propos de John concernant les épîtres poignantes adressées à Peggy par des centaines de lecteurs en grand désarroi. Il ne mentait pas non plus en affirmant qu'elle répondait à toutes. Néanmoins, l'argument de la responsabilité de l'écrivain, invoqué pour expliquer l'acharnement de Peggy à vouloir se charger elle-même d'une obligation si contraignante, escamote d'autres motivations, peut-être inconscientes. Au sortir de l'adolescence, séduite par les écrits de Freud, Peggy avait cru pouvoir faire cause commune avec la psychanalyse. Qui sait si ces longues réponses « personnalisées » n'exprimaient pas de furtives et naïves nostalgies ? Sans doute cette tâche lui procurait-elle aussi un sentiment de satisfaction. Dans ce dernier domaine qui lui fût réservé, Peggy jouissait dans sa plénitude du pouvoir d'écrire. Elle s'attaquait aux lettres comme aux chapitres d'un livre, en état d'inspiration, quand le cœur y était. Les pensées voltigeaient, incitaient aux confidences, et les destinataires inconnus devaient parfois s'étonner de tant de narcissique abandon. Peggy, en effet, leur révélait en toute simplicité ses états d'âme et ses incertitudes. Elle proclamait sa haine du papier carbone, alors que chaque page était tapée en double, comme pour laisser la trace d'un instant comblé. Au cours des quatre années qui suivirent la sortie du roman, elle écrivit environ vingt mille lettres, avec l'assistance dévouée de Margaret Baugh, soit une centaine par semaine.

En février, à la consternation des époux, le bruit courut qu'ils avaient engagé une procédure de divorce. « Si cela était, riposta la jeune femme, qui pourrait bien être ce monsieur en pyjama que je retrouve chaque soir ? Il prétend s'appeler John Marsh et nous partageons le même lit, mais je commence à me poser des questions. »

Toute nouvelle rumeur — elle avait une jambe de bois, elle venait de quitter le domicile conjugal pour s'installer dans une suite du Piedmont Hotel, Selznick voulait lui confier le rôle de Melanie — la mettait hors de ses gonds. Une série de procès lui compliqua encore l'existence. Susan Lawrence Davis, auteur de *An Authentic History of the Ku Klux Klan, 1865-1877*, avait décidé d'engager des poursuites contre Margaret Mitchell qu'elle accusait de plagiat, et réclamait six milliards et demi de dollars de dommages-intérêts. Le dossier de procédure ne comptait pas moins de deux cent soixante et une pages dans lesquelles Peggy se voyait reprocher d'avoir fait main basse sur les « faits historiques » rapportés par Miss Davis dans son ouvrage. Calomnies grotesques qu'il fallait néanmoins prendre la peine de réfuter. Un non-lieu devait être rendu. Dans une lettre adressée à Lois, la romancière semble accepter ces tracasseries avec fatalisme.

En toute sincérité, ce fut presque un soulagement pour moi de voir arriver cette menace de procès. Depuis des mois que j'attendais une initiative semblable, je me demandais de quel côté viendrait le péril et de quel subterfuge useraient les spécialistes de l'arnaque, de l'extorsion, du chantage ou de la diffamation... Pourquoi m'ont-ils laissée en paix jusqu'à présent, voilà ce qui m'étonne.

... Le premier coup, tiré d'une pétoire, fera plus de bruit que de mal.

J'aurais pu tomber sur une canaille vraiment coriace, qui m'aurait accusée, par exemple, de l'avoir estropiée pour la vie à la suite d'un accident de la circulation, un jour où je serais demeurée bien tranquillement à la maison.

Ce fut au tour de Peggy d'engager des poursuites. Billy Rose, directeur de théâtre, avait intégré à sa revue à grand spectacle une parodie d'*Autant en emporte le vent*. La romancière déposa une plainte contre lui pour violation de droits d'auteur. Cette affaire n'était pas encore instruite que l'on apprenait l'existence d'une traduction pirate en hollandais. Stephens invoqua l'aide des avocats de Macmillan afin de faire établir une fois pour toutes la propriété exclusive de l'auteur sur les droits de traduction pour tous les pays. Cette procédure ne fit qu'envenimer les dissensions entre Peggy et son éditeur. Le litige ne devait pas être tranché avant de nombreuses années.

En plus du Canada et de la Grande-Bretagne, le roman avait été acheté par les seize pays suivants : Chili, Danemark, Finlande, France, Allemagne, Pays-Bas, Hongrie, Japon, Lettonie, Norvège, Pologne, Suède, Roumanie, Italie, Brésil, Tchécoslovaquie, dans lesquels il était en cours de traduction ou déjà traduit. En Allemagne et au Japon, on approchait des deux cent mille exemplaires vendus. La gestion des droits étrangers entraînait un accroissement considérable de la correspondance. Débordés par les événements, John et Peggy engagèrent une secrétaire à temps partiel ; elle venait en renfort chaque soir de 18 à 22 heures.

La jeune femme opposa un refus véhément à la requête de Lois qui lui demandait son accord pour permettre à Macmillan d'effectuer un nouveau tirage du roman reproduisant à la dernière page un fac-similé de sa signature. « J'ai toujours dû me faire violence pour accorder un autographe », écrivit-elle. « Chaque fois qu'un étranger m'a présenté ou envoyé un volume à signer, j'ai dû surmonter ma répugnance à livrer quelque chose d'aussi intime. Autant me demander de distribuer mes sous-vêtements ! Si je pouvais racheter tous les exemplaires dédicacés et les détruire jusqu'au dernier, je n'hésiterais pas ! »

Une récente déconvenue contribue à expliquer cette réaction épidermique. Quelque temps auparavant lui était parvenue la nouvelle que certaines personnes auxquelles elle avait fait la grâce d'offrir sa signature, quand elle n'avait pas réexpédié le livre à ses frais, avaient maintenant l'indélicatesse de revendre le précieux exemplaire, réalisant au passage un joli bénéfice. En tenant compte des services de presse de Macmillan, près de quatre mille exemplaires signés se trouvaient alors en circulation.

En dépit de toutes ces contrariétés, Peggy avait repris des forces. « Physiquement, elle est mieux », écrivit John à sa sœur. « Et son caractère s'en ressent. Elle est plus agréable à vivre. Le combat pour le respect de ses droits est loin d'être terminé. Elle s'initie peu à peu aux règles, elle apprend à rendre les coups. » Peggy s'octroyait dorénavant le droit de faire la sieste dans son « antre secret ».

Peu après leur retour de Floride, début janvier, les Marsh avaient loué, pour le tarif mensuel de trente-deux dollars cinquante, une chambre au Northwood Hotel, contigu à leur immeuble. C'était le bureau de Peggy. Le bail fut signé au nom de Margaret Baugh, par ailleurs définitivement engagée. Toutes les précautions furent prises pour essayer de maintenir la clandestinité de cette nouvelle retraite. Les propriétaires de l'établissement, ainsi que les autres pensionnaires, firent le serment de ne rien divulguer. Chaque après-midi, après que Bessie, d'un regard circulaire, se fut assurée que la voie était libre, Peggy se glissait hors de chez elle. Il n'y avait pas de téléphone dans la chambre. S'il arrivait un coup de fil important, Bessie faisait l'aller retour entre les deux immeubles. Bien souvent, sa visite inopinée interrompait le somme réparateur de la jeune femme.

Peggy avait conservé le goût des anecdotes un peu corsées, et son répertoire de plaisanteries gauloises s'enrichissait de « perles » dont elle faisait profiter Lee Edwards et d'autres vieux camarades en grivoiserie, chaque fois que l'occasion s'en présentait. Malheureusement, le temps des « javas », ainsi qu'elle baptisait ces petites soirées arrosées de bourbon, très propices au défoulement verbal, semblait révolu. Peggy avait toujours aimé lever le coude et ne s'en cachait pas. Les effets inhibiteurs du succès étaient tels qu'elle hésitait à présent à se montrer en public à moins de dix mètres d'une bouteille d'alcool. Les journalistes « étrangers » (son entière confiance dans la presse géorgienne ne se démentit jamais) seraient capables d'en faire des gorges chaudes et de propager l'image d'une Margaret Mitchell roulant sous la table tous les soirs. Rien n'était plus faux, naturellement. Il avait existé une époque où Peggy aimait à s'offrir la douceur de plusieurs remontants à la suite, sans jamais accorder à ce penchant plus qu'une liberté raisonnable.

En revanche, elle s'adonnait sans remords à sa passion pour les comédies burlesques. Voilà au moins une distraction qui méritait d'échapper à l'autocensure. Une salle de cinéma se trouvait justement à proximité de leur domicile. John et Peggy s'y rendaient à pied plusieurs fois par semaine, non sans avoir au préalable prévenu de leur arrivée le directeur obligeant et compréhensif. « Les tartes à la crème, les poissons glissés dans les décolletés des dames... je fais mon délice de ces gags », confessait la jeune femme. Elle adorait les Marx Brothers, Buster Keaton était son idole, et Medora peut témoigner qu'elle « riait plus fort que tout le monde si les Trois Stooges étaient au programme ».

Bien qu'elle refusât d'être associée à la distribution d'*Autant en emporte le vent*, Peggy tenait à voir les derniers films interprétés par tous les candidats aux principaux rôles. Les mystères de la production ne l'intéressaient nullement, cependant elle insista auprès de Lois pour que son amie Susan Myrick, journaliste au *Macon Telegraph*, fût engagée par la « tribu Selznick » en qualité de conseillère artistique. Elle veillerait à ce que l'accent des acteurs blancs ne fût pas risible, à ce que le dialecte des Noirs conservât son caractère d'authenticité, et prêterait grande attention aux détails des costumes et du maintien, en bref, elle prendrait soin de la couleur locale. Susan Myrick fut bel et bien engagée ; elle demeura au service de Selznick jusqu'à la fin du tournage.

Accompagné de son assistant, John Darrow, et du décorateur Hobart Erwin, George Cukor arriva à Atlanta début avril. Peggy menaça de « se livrer pieds et poings liés aux journalistes, afin qu'ils adjurent leurs lecteurs d'oublier Margaret Mitchell et d'aller plutôt importuner Mr. Cukor ». En fin de compte, ses rapports avec les « selznickers » furent excellents et leur visite lui apporta plus d'agréments qu'elle n'aurait imaginé. « J'ai conduit Mr. Cukor et son équipe sur les rouges chemins creusés d'ornières du comté de Clayton », écrivit-elle à Herschel Brickell. « On voyait partout flamboyer les cornouillers en pleine floraison. » Cukor souhaitait voir quelques propriétés de style traditionnel. La jeune femme fit de son mieux pour le satisfaire, sans pouvoir atténuer la déception du réalisateur qui ne voyait nulle part les grandes bâtisses blanches à colonnades, figure emblématique de l'ancien Sud dans la mythologie hollywoodienne. La romancière le supplia de « préserver la belle rusticité de Tara, qui jamais n'avait eu de colonnes ». La Géorgie présentait encore nombre de fastueuses demeures coloniales, propres à entretenir la légende d'un paradis perdu, mais bien peu se trouvaient à Jonesboro. Dans l'esprit de Peggy, le domaine familial de Scarlett n'avait jamais été qu'une modeste exploitation agricole, très semblable à celle des Fitzgerald.

Considérée sous son aspect « découverte de talents nouveaux », cette seconde mission de reconnaissance envoyée par Selznick paraît plus frénétique que la précédente. Peggy demeura cloîtrée dans sa garçonnière du Northwood, laissant John et Bessie se colleter avec la meute des postulants, tous pressés d'obtenir une recommandation de la romancière. Une candidate au rôle de Scarlett, que Peggy désignait sous le sobriquet de « Honey Chile [1] », ne parvint pas, malgré ses efforts, à obtenir un entretien avec George Cukor. Loin de se décourager, elle prit un billet de train pour La Nouvelle-Orléans, prochaine étape du réalisateur, déterminée à faire le siège du compartiment de celui-ci pour se faire entendre coûte que coûte. Cette jeune écervelée eut l'imprudence de confier son projet téméraire à Yolande Gwin, de l'*Atlanta Constitution* ; là-dessus, la journaliste prit sur elle d'avertir Cukor. John Darrow, l'assistant, fut prié de monter la garde devant la porte du wagon. Quand la belle apparut sur le quai, l'air décidé, Darrow se porta à sa rencontre. Il la saisit par le bras et tenta de lui faire rebrousser chemin, jurant qu'il était prêt à l'auditionner séance tenante.

« Il s'agit bien de vous ! s'indigna Honey Chile. Je vous ai déjà vu, je vous connais par cœur et tout le monde peut en dire autant. Je veux parler à Mr. Cukor !

— Il est déjà parti pour La Nouvelle-Orléans, mentit l'assistant. Il a pris la route ce matin. »

Honey Chile ne voulut rien entendre. Elle se démenait et semblait capable de prendre le train d'assaut sans l'aide de personne, aussi Darrow l'entraîna-t-il vers l'avant, le plus loin possible du wagon de Cukor. La locomotive s'ébranla ; tandis que la vitesse augmentait, Darrow sauta sur le premier marchepied, laissant la jeune fille, gênée comme elle l'était par ses escarpins et sa jupe entravée, sans pouvoir en faire autant. Concurrente infatigable, elle se présenta au bureau new-yorkais de Selznick International, ainsi qu'au domicile de la tante de Peggy, à Greenwich. Honey Chile ne rencontra jamais George Cukor ; pourtant la romancière ne se trompait pas en prophétisant que la recherche d'interprètes, pour le rôle de Scarlett en particulier, ferait la une de tous les journaux et déchaînerait les passions.

Le 3 mai 1937, Harold Latham était de retour à Atlanta, où il comptait passer quelques jours « pour faire, affirmait-il, le recensement

---

1. La « Brune brûlante » peut être considéré comme un équivalent plutôt modéré (N.d.T.).

de toutes les nouvelles de Margaret Mitchell. » Un violent orage éclata pendant la nuit ; il avait cessé depuis peu et le soleil tissait une bienveillante lumière au-dessus des rues humides de pluie. Latham était enchanté de se retrouver une fois de plus dans le fief de Peggy. Près d'un an après sa sortie, le roman restait en tête des ventes, avec un million trois cent soixante-dix mille exemplaires écoulés aux États-Unis. L'éditeur avait quelque raison de penser que le Prix Pulitzer viendrait couronner l'immense succès critique et populaire. Or cette distinction devait être décernée le lendemain, et la venue de Latham ne coïncidait pas par hasard avec l'événement, même si Peggy ne se doutait de rien ou feignait de ne rien comprendre aux allusions des uns et des autres. N'avait-elle pas, dans toutes ses lettres, refusé d'envisager que son livre pût mériter pareil honneur ?

Latham avait prévu de dîner de bonne heure à son hôtel, puis de faire un saut chez les Mitchell afin de saluer Eugene dont la santé n'était pas brillante. Ensuite, il devait se rendre à l'église pour assister à une répétition de la chorale à laquelle appartenait Bessie. Grand amateur de negro spirituals, Latham se félicitait de cette aubaine. A 20 h 30, ce soir-là, flanqué d'un photographe maison, Lamar Ball, rédacteur en chef de l'*Atlanta Constitution*, sonnait à la porte des Mitchell. Il avait cherché Peggy dans toute la ville, annonça-t-il ; il voulait être le premier à recueillir sa déclaration.

« Quelle déclaration ? s'étonna la jeune femme.

— Comment, vous ne savez pas ? Nous venons de recevoir le communiqué de l'Associated Press. Vous avez reçu le prix Pulitzer ! »

L'effet de surprise était un peu émoussé, après toutes les conjectures auxquelles on s'était livré. A présent que le doute n'était cependant plus permis, Peggy refusait d'y croire. Dans son trouble, elle accepta de faire une entorse à la règle qu'elle s'était imposée depuis plusieurs mois et voulut bien prendre la pose pour le photographe. « Je ne sais ce qui m'impressionnait le plus, dira-t-elle plus tard, d'avoir reçu le prix ou la visite d'un rédacteur en chef qui n'avait pas hésité, pour le privilège d'une interview en exclusivité, à quitter son journal à l'heure du coup de feu. » A Brickell, elle écrira : « Nous étions déjà en retard pour la répétition, pourtant je n'osais les mettre à la porte. Le vieux renard (c'est de Ball qu'il s'agit) aurait demandé où nous allions et se serait fait un malin plaisir de nous escorter. Son acolyte aurait mitraillé l'assistance, le chœur, et les photos auraient été publiées le lendemain, accompagnées d'une légende narquoise : "Voyez où Margaret Mitchell célèbre sa victoire..." »

John, Peggy, Stephens, Carrie Lou et Latham s'esquivèrent enfin. La lauréate demeura toute la soirée en proie à l'inquiétude, persuadée que Ball les avait suivis et se tenait tapi dans le fond de l'église. « Les membres de la congrégation étaient heureux de nous accueillir, mais pas au point de tomber à la renverse », précisait Peggy dans la lettre adressée à Brickell. « Dans la mesure où la patronne de Bessie avait exprimé le désir d'assister à la répétition, il leur semblait normal que l'éditeur de madame, de passage à Atlanta, fût là aussi. Ils se donnèrent à fond. A un certain moment, une soliste plus très jeune éleva jusqu'au ciel sa voix perçante. Latham était en extase. »

A son retour chez elle, vers 1 heure du matin, la jeune femme trouva un télégramme de félicitations du président du comité, Frank D. Fackenthal. La nouvelle serait rendue officielle le lendemain matin, un mardi. Peggy aurait dû s'attendre à quelque remue-ménage. Elle parut stupéfaite lorsqu'un cataclysme de lumières et de bruits s'abattit sur sa porte dès 8 heures, comme Bessie commençait sa journée. « Ce fut une pagaille monstre. Les éclairs des flashes me cinglaient les yeux et les journalistes surgissaient des interstices du plancher », dira-t-elle. La jeune femme n'avait jamais caché sa répugnance à prendre la parole en public. Encouragée par John, Medora et Latham, elle fut cependant assez brave pour s'acquitter de cette tâche et consentit à exprimer sa joie et sa reconnaissance devant les micros.

Toute la matinée, Latham s'employa activement à organiser pour le soir même une réception en l'honneur de la lauréate. Fleurs et télégrammes affluaient des quatre coins du pays. La famille et les amis avaient envahi la maison. L'héroïne refusait encore d'admettre la réalité de l'événement lorsqu'elle arriva à la fête « où le champagne coulait à flots », portant sous le bras un petit escabeau, pour éviter, expliqua-t-elle, d'avoir les jambes ballantes lorsqu'elle serait assise.

Peggy écrivit à George Brett et lui confia le sentiment d'incrédulité qui ne l'avait pas quittée de la soirée. Toutefois, poursuivait-elle, chaque fois que ses yeux s'abaissaient sur son corsage où s'épanouissait l'orchidée qu'il lui avait envoyée, elle se sentait rassérénée, sachant qu'il fallait au moins avoir remporté le prix Pulitzer pour exhiber une telle fleur à sa boutonnière.

Le 8 mai lui parvint le chèque de mille dollars dont s'assortissait la distinction. Dans une lettre à Brickell, on trouve cette phrase railleuse : « Enfin, je tenais la preuve tangible qu'il n'y avait pas eu erreur sur la personne ! »

CHAPITRE XXI

Le 8 avril 1938, *Autant en emporte le vent* quittait la liste des best-sellers. Deux millions d'exemplaires avaient été vendus aux États-Unis, près de la moitié à l'étranger. Rien de tout cela ne montait à la tête de Peggy qui se considérait toujours comme une dilettante favorisée par la chance. Si le « courrier des lecteurs » occupait une grande partie de son temps, elle commençait à respirer et se sentait revivre.

Profitant de ce léger répit sur fond de bonne humeur, elle décida de satisfaire des envies de décoration intérieure. Un peintre fut engagé pour arracher le vieux papier à motifs fleuris et badigeonner les murs de couleurs tendres, vert amande et rose pêche. Une nouvelle housse, de nuance également printanière, vint rajeunir le canapé et, comble de magnificence, la jeune femme s'offrit un somptueux tapis d'Aubusson dans un camaïeu de verts mats.

John, quant à lui, continuait à mener de front sa carrière de rédacteur publicitaire et, le soir venu, la gestion des droits de Peggy pour l'étranger. Il devint vite évident qu'il ne soutiendrait pas longtemps un tel effort. A l'automne, il avait perdu toute vitalité ; il fondait à vue d'œil, il s'essoufflait pour un rien.

Convaincue qu'il avait surtout besoin de vacances, Peggy décida que le plus sage était d'aller passer Noël à Winter Park, en compagnie des Granberry. Ensuite, suivant les petites routes de Géorgie, ils poussèrent jusqu'à Blowing Rock, où ils retrouvèrent le romancier Clifford Dowdey et son épouse Helen, dont ils avaient fait la connaissance par l'intermédiaire des Granberry. Puis ils gagnèrent Wilmington et séjournèrent quelque temps chez la mère de John avant de continuer leur route en direction de Washington DC. En vain s'efforcèrent-ils de convaincre le département d'État de leur prêter main-forte dans leur lutte contre les traducteurs pirates.

Le voyage fut ainsi coupé de nombreuses haltes, et Peggy saisissait toutes les occasions pour grignoter la pile de romans qu'elle avait pris le soin d'emporter, rattrapant ainsi un long retard de lecture. Dans ses bagages se trouvaient deux livres de John O'Hara, *Appointment in Samarra, Butterfield 8 ; deux de James Cain, The Postman Always Rings Twice* et *Serenade* [1] ; *Imperial City* [1] d'Elmer Rice, et quelques autres. Elle fit part de ses impressions dans une lettre à Brickell.

Lassitude, morosité, tels sont les sentiments dominants exprimés par tous les personnages. Comment ne pas être frappé par cette vacuité, cet ennui qu'ils portent en eux comme le malheur ? Quand l'énergie dislocante du jazz animait les écrivains, les héros des deux sexes changeaient de partenaire comme de chemise, trucidaient et filoutaient à qui mieux mieux, emportés par la passion ou dévorés de remords. Le crime et l'adultère se portent toujours aussi bien, simplement ils sont devenus insipides. On trompe, on assassine sans bien savoir pourquoi... Je ne connais rien de plus absurde que ces péchés commis sans plaisir et qui n'entraînent pas de repentir.

La tentation lui vint de raconter l'histoire édifiante d'une jeune fille « capable de toutes les turpitudes, et qui s'en mord les doigts », confie-t-elle à Brickell. « Il n'est jamais question dans ces livres de la réaction, honte et peur mêlées, que toute femme normale éprouve lorsqu'elle se voit perdue de réputation et redoute d'avoir à subir les conséquences de sa faute. La voix de la conscience s'est tue. Mon désir d'écrire un roman qui prendrait le contre-pied du laxisme général me rejette définitivement, je le crains, dans le camp de l'hypocrisie victorienne. J'en assume la responsabilité. Après tout, *Autant en emporte le vent* ne m'a-t-il pas été inspiré par ma forte éducation victorienne ? »

Ces velléités moralisatrices devaient rester sans lendemain. A moins que le film ne suscitât une nouvelle flambée d'agitation autour de la romancière, les Marsh pouvaient envisager un retour progressif à la vie normale, à condition d'intégrer à cette normalité les procès, les démêlés avec le fisc, un courrier de ministre et la nouvelle situation sociale que leur conféraient fortune et célébrité. Un second livre risquait de compromettre ce processus rassurant. La cause fut vite entendue : l'héroïne aux mille sottises, aux mille remords, ne devait jamais prendre vie.

Sans doute aurait-elle refusé de l'admettre, pourtant la jeune femme était aussi désireuse que toute midinette de connaître les derniers potins

---

1. *Le Facteur sonne toujours deux fois* et *Sérénade.*

concernant les difficultés de Selznick à monter sa production. Quand la curiosité devenait trop forte, elle allait aux nouvelles en écrivant à Kay Brown. Enfin, les événements semblèrent se précipiter. Selznick, qu'elle n'avait jamais rencontré, lui écrivit personnellement ; le tournage, annonçait-il, commencerait fin septembre. Peggy fut flattée que l'on prît la peine de l'avertir. Elle se fit une obligation d'aller voir *Jezebel*[2], dans lequel Bette Davis tenait le rôle principal. En dépit de tout le battage publicitaire fait autour de la ressemblance entre cette histoire et celle d'*Autant en emporte le vent*, Peggy ne trouva guère de points communs, si ce n'est les costumes et quelques bribes de dialogue évoquant la proximité de la guerre. A la question de savoir si elle considérait le scénario comme un éventuel plagiat de son œuvre, elle répondit qu'elle ne voyait pas la nécessité de porter plainte contre qui que ce soit, étant entendu qu'elle ne se sentait aucun droit de propriété sur les « vertugadins et les sudistes au sang fougueux ».

Le 23 juin, Selznick révélait que son choix s'était définitivement porté sur Clark Gable et Norma Shearer. Commentaires de Peggy dans la presse : « Gable devrait faire un malheur ; quant à Shearer (qu'elle ne supportait pas), on peut lui reconnaître quelques qualités. » Estimant que les journalistes recommençaient à lui manifester trop d'intérêt, la jeune femme téléphona au fidèle Brickell. L'étau se resserrait autour d'elle ; à nouveau, le salut était dans la fuite. Pouvait-il l'accueillir chez lui ? Une invitation à Ridgefield lui parvint par retour du courrier. Elle y demeura une semaine, sans même prendre la peine de faire un saut à New York pour saluer Kay Brown ou Lois Cole, laquelle était enceinte. Herschel et Norma Brickell attendirent son retour à Atlanta pour lui annoncer la nouvelle navrante de leur séparation.

Le 1er août, en lisant les journaux, Peggy apprit que Norma Shearer s'était désistée (« sous la pression fervente de ses admirateurs »).

---

2. Titre français, *L'Insoumise*. Tiré d'une pièce sans grand intérêt d'Owen Davis à l'adaptation de laquelle participa John Huston, ce film semble bien être un cadeau (dont le coût devait atteindre près de un million de dollars) offert par Jack Warner à son actrice fétiche afin de compenser la frustration de celle-ci après qu'il eut refusé de la « prêter » à Selznick pour interpréter Scarlett. Bette Davis comprit l'enjeu de l'entreprise. Fort bien dirigée par William Wyler, elle remporta son second oscar. *L'Insoumise* fut aussi pour le jeune Henry Fonda, qui devait incarner Lincoln l'année suivante, l'occasion de déployer son immense talent (N.d.T.).

Elle en fut soulagée. Quelques jours plus tard, le contrat de Gable
était signé. Le premier tour de manivelle serait donné début février
au plus tard. Sur les recommandations de Peggy, l'historien Wilbur
Kurtz avait été engagé en même temps que Sue Myrick, à titre de
conseiller. Par leur truchement, la romancière était instruite de
toutes les tribulations de Selznick. Dans une lettre datée du mois de
février 1938, Kurtz l'avait informée que Sidney Howard, le scénariste, venait de rendre sa copie. Dans son journal, à la page du 2
février, l'historien donnait de l'événement une version moins encou-
rageante.

Penchés sur les planches à dessin, nous étions en train de revoir les détails
des esquisses. Howard fit son entrée. « Cette fois, j'en ai par-dessus la tête,
je n'écrirai plus un mot », déclara-t-il. « Ce n'est pas un scénario, plutôt
une plate transcription du bouquin. Le moyen de faire autrement ? J'ai reco-
pié les scènes et les dialogues de Margaret Mitchell, ainsi qu'on m'en a donné
l'ordre. » Il avait cet air d'amertume et de colère que prennent les gens pour
dénigrer leurs propres efforts et le médiocre résultat auquel ils pensent être
parvenus. Toutes les personnes présentes se récrièrent. « A un de ces jours ! »
lança-t-il simplement avant de tourner les talons.

En fait, le scénariste n'en avait pas encore terminé. A la demande
de Selznick, il accepta de remanier plusieurs scènes. Le 12 octobre,
il abandonnait pour de bon, laissant un travail que le producteur estimait toujours inachevé. La mort dans l'âme, celui-ci décida de solliciter l'aide de la romancière. Kay Brown fut chargée de transmettre
une invitation. Selznick envisageait une croisière en direction de la
Suède ou des Bermudes, selon que les prévisions météorologiques favo-
riseraient l'une ou l'autre destination, qui leur permettrait de travailler
sur le scénario dans les conditions les plus agréables. Outre Kay Brown,
seule son épouse Irene serait du voyage. Peggy refusa tout net. Le
producteur revint à la charge ; si la perspective d'un grand voyage
rebutait Margaret Mitchell, il était disposé à se rendre dans le Sud,
à Charleston, ou dans toute autre ville à sa convenance. Alléguant
les problèmes de son père, la jeune femme déclina cette nouvelle offre.
Selznick lui fit alors savoir, toujours par l'intermédiaire de Kay Brown,
qu'il avait l'intention de pratiquer des coupures dans le scénario de
Sidney Howard ; il aurait donc besoin de quelques scènes de liaison
pour assurer la continuité, et personne ne lui semblait plus qualifié
pour entreprendre ce travail que l'auteur du roman. Cette modeste

contribution serait tenue secrète, assurait-il. La proposition s'accompagnait d'une généreuse incitation financière.

Peggy s'obstina, effrayée à l'idée de mettre le doigt dans un engrenage. A présent convaincu qu'il allait devoir se passer de son aide, Selznick fit appel à des écrivains célèbres, tels qu'Olivier H. P. Garrett ou F. S. Fitzgerald, ce dernier pour la plus grande fierté de Peggy. Engagé le 6 janvier avec un salaire hebdomadaire de mille deux cent cinquante dollars, Fitzgerald fut remercié à la fin du mois. Il travailla sur quelques scènes, présenta critiques et suggestions, retoucha plusieurs dialogues. Il ne resta rien de sa collaboration dans la version définitive.

Selznick entreprit donc de réviser lui-même le scénario. Entre Kurtz, Myrick, Kay Brown et Peggy, lettres et messages tourbillonnaient comme les feuilles dans un cyclone. Maints croquis de costumes et d'accessoires, y compris le foulard de tête de Mammy, furent soumis à la romancière. Elle consentit à répondre à quelques rares questions. Il était indigne pour un gentleman de circuler en voiture découverte en compagnie de Belle Watling ; certainement, Rhett ne s'y risquerait pas. Jamais il ne se montrait grossier ou incorrect envers la tenancière. Contrairement à Scarlett, celle-ci ne pouvait se permettre de converser librement avec le cocher, en raison de sa réputation de demoiselle de mauvaise vie. Les petits Blancs haïssaient les Noirs qui en retour n'avaient pour eux que du mépris. Tout en restant courtois, le cocher conduisant Belle laisserait paraître le dédain que lui inspirait une femme blanche de si médiocre vertu. En aucun cas Rhett Butler ne descendrait de la voiture de Belle devant le domicile de tante Pittypat. Ce serait faire injure à toutes les femmes de la maison, au nombre desquelles Melanie et Scarlett. Un tel impair lui vaudrait d'être battu froid par toute la bonne société. Peggy s'enhardit à faire une timide suggestion relative au scénario (elle ne fut pas retenue) : si l'on tenait à filmer Rhett et Belle Watling en extérieur, devant la maison close par exemple, la jeune femme pouvait à la rigueur faire un bout de chemin avec son client depuis la porte jusqu'à l'endroit où le cheval était attaché.

A la vérité, Peggy avait bien d'autres soucis et l'automne de 1938 fut l'occasion de pénibles moments. Tout d'abord son père, dont la santé se dégradait, exigeait maintenant des soins constants. Ensuite, elle était talonnée par les journalistes qui rêvaient tous de révéler en exclusivité le nom de l'interprète du rôle de Scarlett. La romancière leur répétait en vain qu'elle n'était pas mieux renseignée que le premier d'entre eux. Sue Myrick, chargée de donner « des cours de diction sudiste » aux acteurs, lui révélait lesquelles de ces dames étaient admises à passer des essais, mais les candidates se succédaient à un rythme décourageant. Début décembre toutefois, trois d'entre elles restaient en lice, toutes actrices chevronnées, bien connues du public, Paulette Godard, Jean Arthur, Joan Bennett. Il semblait que Selznick eût dépensé en pure perte beaucoup d'argent et d'énergie pour tenter de découvrir le visage inconnu que réclamaient les admirateurs de Scarlett.

En revanche, Peggy était loin de se douter que le producteur fût financièrement aux abois. Las de bailler des fonds sans résultat, John Hay Whitney, son principal commanditaire, menaçait de lui retirer son soutien s'il ne prenait pas la décision de mettre le film en route. Selznick était un risque-tout, aussi se laissa-t-il séduire par l'idée de génie que lui souffla William Cameron Menzies, chef décorateur. Le 10 décembre au soir, l'incendie d'Atlanta fut reconstitué sur le terrain qui s'étendait derrière les bâtiments du studio. Sept caméras Technicolor filmèrent en plans moyens et généraux les doublures de Rhett et de Scarlett se détachant sur la fournaise. Construite à l'écart, une haute plate-forme dominait l'amoncellement de vieux décors[3] sur lesquels on avait plaqué de fausses façades et des profils chantournés pour imiter les bâtiments de l'époque. A 20 h 30, depuis ce poste d'observation, Selznick donna l'ordre de mettre le feu. Atlanta s'embrasa sous l'objectif des caméras, les doublures s'élancèrent sur un chariot et prirent la fuite dans une apothéose de pourpre et d'or. Le tournage d'*Autant en emporte le vent* venait de commencer, avec un scénario incomplet et le premier rôle féminin non encore distribué.

Le vent s'était levé, attisant les flammes et rabattant le souffle brûlant vers la plate-forme. Les pompiers venus en nombre avaient rangé leurs voitures sur le côté. Selznick observait la scène, fasciné, le visage ruisselant. Il ôta ses lunettes afin d'en essuyer les verres. Quand il les chaussa de nouveau, il vit venir vers lui, gravissant les marches d'accès à la plate-forme, un groupe de gens parmi lesquels son frère Myron, grand agent de Hollywood, ainsi qu'une femme vêtue de noir, coiffée d'une capeline noire qu'elle maintenait d'une main. Elle tour-

---

3. Immeubles, bars, églises, tout un capharnaüm était entreposé là, dont certains éléments dataient du temps du muet. On n'apprend pas sans quelque émotion que, lors de cette fameuse nuit, s'évanouit en fumée la grande cage du héros de *King Kong*, un film de 1933 à la production duquel Selznick avait participé (N.d.T.).

nait la tête vers l'incendie, aussi Selznick ne voyait-il pas son visage. Myron s'approcha.

« Salut, mon vieux. Je te présente Scarlett O'Hara. » David dévisagea l'inconnue et reçut un coup au cœur. Scarlett, en effet, se trouvait devant lui. Elle ôta sa capeline, libérant une sombre chevelure dans laquelle le vent s'engouffra. Elle regarda Selznick, un regard qui ne cédait pas. Elle avait les yeux verts, le visage grave et délicat. Vivien Leigh était anglaise, actrice de théâtre et de cinéma. Après avoir lu le roman de Margaret Mitchell, sachant qu'un film se préparait, elle était venue aux États-Unis avec la ferme intention d'être choisie pour incarner l'héroïne.

Selznick se souvenait-il alors que Kay Brown, aussi impressionnée qu'il pouvait l'être à présent lorsqu'elle avait rencontré Vivien Leigh à New York, lui avait fait parvenir en février 1937 une copie de *Fire Over England*[4], que l'actrice avait tourné à Londres, sous la direction de William K. Howard ? Persuadé que le physique et le jeu d'une Anglaise ne sauraient correspondre à ce qu'il attendait de Scarlett, le producteur n'avait pas pris la peine de regarder le film.

Cukor supervisa les essais. Deux scènes étaient prévues ; la première, plutôt cocasse, avec Mammy serrant les lacets du corset ; la seconde avec Ashley. Scarlett jouait en face de lui le grand jeu de l'émotion et de la sensualité. Selznick se fit projeter les rushes au plus vite et s'émerveilla. Cette actrice en apparence si sophistiquée était de l'espèce la plus ardente. Une ferveur belliqueuse l'animait. Sa présence conférait à chaque plan un surcroît de force et de séduction. Il lui restait à franchir l'obstacle de l'accent. Sue Myrick s'enferma pendant trois jours avec sa nouvelle élève, puis on tourna d'autres essais. Cette fois, dans l'esprit de tous les privilégiés admis à juger du résultat, Scarlett avait trouvé son interprète.

Un jeu d'épreuves fut envoyé à Peggy, ainsi que plusieurs photos de Vivien Leigh. Le petit film resta dans sa boîte, mais les portraits de l'actrice furent examinés avec beaucoup d'intérêt. La question posée par Selznick : « Y avait-il quelque ressemblance entre Scarlett, telle que son auteur se l'imaginait, et Vivien Leigh ? » demeura sans réponse. Toutefois, Peggy fit part à Lois du trouble qu'elle avait ressenti en découvrant les photos : « C'est moi, à peu de chose près, moi, entre vingt et vingt-cinq ans... »

---

4. Titre français : *L'Invincible Armada* (N.d.T.).

Le 26 janvier, le tournage proprement dit commençait, avec acteurs et décors. Peggy en suivit avec passion les étapes successives. Moins de trois semaines plus tard, George Cukor et David O. Selznick rendaient publique une déclaration commune :

Considérant les nombreux désaccords surgis entre nous au sujet de différentes séquences d'*Autant en emporte le vent*, il nous est apparu que la meilleure solution était de chercher au plus vite un autre réalisateur.

Peggy apprit la nouvelle en lisant la chronique de Louella Parson ; elle fut consternée. Sa réaction immédiate fut d'envoyer un télégramme à Sue Myrick, afin d'obtenir un complément d'information. Deux jours plus tard, Sue était en mesure de satisfaire sa curiosité.

Hélas, il faut se rendre à l'évidence, ce n'est pas un canular, George nous a vraiment quittés. Hier, comme je lui demandais quelle était la véritable raison de son départ, il a bien voulu me parler en confidence. C'est une bonne équipe, dit-il ; il se sent un peu responsable du présent gâchis, aussi tient-il à ce que nous sachions ce qu'il en est. Cukor se considère comme un bon artisan. Il aime le travail bien fait, et si les conditions ne sont pas réunies pour lui permettre de donner le meilleur de lui-même, rien ne va plus. Comme avec ce film, justement. Il lui suffisait de regarder les rushes, jour après jour, pour comprendre qu'il était en train de perdre la partie. Son talent n'est pas en cause, il le sait ; quant aux acteurs, ils sont tous excellents. Si quelque chose ne va pas, d'après lui, c'est bien le scénario.

Or depuis le départ de Sidney Howard, le scénario est devenu la grande affaire de Selznick lui-même. Il donne des instructions précises à Olivier Garrett, et celui-ci, ne disposant que d'une infime marge de manœuvre, se débrouille comme il peut. Cukor n'a cessé de prendre de menues libertés avec le découpage Selznick-Garrett pour en revenir à celui de Howard, qu'il estime bien supérieur.

A la fin, Cukor aurait exigé qu'on le laisse travailler à sa guise, avec un bon scénario. Selznick, en effet, avait pris l'habitude de venir sur le plateau, de toute évidence pour le surveiller. Le réalisateur fit savoir qu'il trouvait cette ingérence intolérable. Le producteur répliqua qu'il était le seul juge de la qualité du scénario. Cukor le mit au pied du mur : il avait conscience de bien faire son travail et refusait de ternir sa réputation en signant un film bâclé. De deux choses l'une, ou l'on revenait au scénario Howard, ou Selznick se trouvait un autre souffre-douleur.

On n'attaque pas de front un obstiné comme David O. Selznick. A l'instant même, Cukor était démis de ses fonctions.

Peggy apprit ensuite que le producteur avait soumis une liste de metteurs en scène à Clark Gable[5]. Celui-ci, soulagé d'être débarrassé de Cukor qu'il soupçonnait de privilégier le travail avec les actrices, opta pour Fleming, qui l'avait dirigé l'année précédente dans *Test Pilot*[6]. Fleming lut la dernière mouture du scénario et la trouva nulle. Selznick n'avait d'autre choix désormais que de faire appel à un nouveau scénariste ou, mieux encore, de convaincre Sidney Howard qu'il lui était indispensable.

Pris dans la complexité de cette intrigue, ni Myrick ni Kurtz n'avaient eu le temps d'instruire Peggy des derniers rebondissements. Le 11 mars, la jeune femme écrivit au « conseiller historique ». Qu'en était-il de la réécriture du scénario ? demandait-elle. Il semblait que Robert Benchley fût maintenant sur les rangs. « Au point où nous en sommes, pourquoi pas William Faulkner, Groucho Marx ou Erskine Caldwell ? » persiflait Peggy.

Selznick ne devait faire appel à aucun d'entre eux. Il avait déjà engagé Ben Hecht, scénariste prolifique et souvent inspiré, réalisateur occasionnel. Celui-ci travailla jour et nuit pendant deux semaines avant d'être transporté à l'hôpital, à demi mort de fatigue. Sa contribution se limita à peu de chose ; il eut surtout le mérite d'exhumer une idée de Sidney Howard à laquelle on avait renoncé depuis longtemps. Il s'agissait d'intercaler des titres entre les principales séquences du film.

Dans sa lettre du 12 mars, Sue Myrick dévoilait à Peggy les noms des deux remplaçants, John Van Druten, auteur dramatique, et John Balderston, qui avait déjà écrit pour Selznick le scénario de *The Prisoner of Zenda*[7]. « Nous avions un manuscrit d'une soixantaine de pages jaunes, intitulé ''Scénario définitif'', mais voici que chaque jour apporte son lot de pages roses portant la mention ''scènes de substitution'', que nous insérons en lieu et place des pages jaunes arrachées. Nous travaillons désormais sur un manuscrit bicolore, en attendant d'avoir entre les mains toute la palette de l'arc-en-ciel. »

Les prises de vues devaient reprendre le 3 mars, dix-sept jours après la mise à l'écart de Cukor. Fleming tournait les séquences au hasard,

---

5. Robert Z. Leonard, Jack Conway, King Vidor, Victor Fleming... tous sous contrat avec la MGM (N.d.T.).

6. Titre français : *Pilote d'essai* (N.d.T.).

7. Titre français : *Le Prisonnier de Zenda*, production Selznick International-United Artists, réalisation John Cromwell, avec Ronald Colman (N.d.T.).

sans se préoccuper d'une continuité dramatique trop aléatoire puisque chaque scène déjà réalisée pouvait être éliminée de par la volonté du prince et remplacée par une autre.

« SIDNEY HOWARD EST DE RETOUR ! » Ainsi commençait, sur un ton triomphal, la lettre que Sue Myrick envoya à Peggy le 9 avril. « Combien de scénaristes Selznick a-t-il fait défiler, je ne saurais le dire... douze, vingt... pour en revenir à la case départ ! »

Un mois et demi plus tard, Howard rendait un scénario revu et corrigé. « Je connais David », confia-t-il à Myrick lorsqu'il vint lui faire ses adieux pour la seconde fois. « Il va de nouveau casser ma baraque, et je ne serais guère étonné qu'il fît appel à moi pour recoller les morceaux ! »

Il se trompait. Le temps pressait, Fleming s'impatientait et Selznick se déclara satisfait du nouveau scénario. Le film fut tourné à peu de chose près tel que l'avait écrit Howard. La suite fut contée à Peggy en des termes dithyrambiques, tant par Kurtz que par Sue Myrick. « Les extérieurs à Atlanta sont époustouflants ; on se croirait dans *Birth of a Nation*[8] », écrivit celle-ci. « Sidney Howard a su tirer les meilleurs effets de la scène de l'hôpital, lorsque Scarlett et le Dr Meade se querellent au milieu des blessés. »

Il était alors impossible de feuilleter une revue sans tomber sur un article proposant de nouvelles révélations concernant Peggy, Selznick ou les acteurs du film auxquels on imputait les pires extravagances. Devant ce déferlement publicitaire, Ginny Morris estima le moment venu de ressusciter son projet pour *Photoplay*, abandonné deux années auparavant. Cette fois, elle se garda de demander la permission de l'intéressée. Toutefois, le 13 mars, elle écrivit à Peggy afin de lui annoncer la parution prochaine de son article. Il ne s'agissait pas d'un « portrait intime », précisait-elle, et nulle indiscrétion n'était à redouter. La réponse de la romancière lui ôta ses dernières illusions. On lui demandait instamment, on la sommait d'interrompre la publication de cet article en échange d'un chèque d'un montant équivalent à la somme que *Photoplay* s'était engagé à verser. « Mon enfance et ma jeunesse ne regardent que moi », écrivait Peggy. « Si le texte paraît, c'en est fini de notre amitié. »

« Scandaleuse tentative pour acheter la liberté de la presse », commenta Ginny à la réception de cette mise en demeure. En ce qui la

8. *Naissance d'une nation,* le chef-d'œuvre de David W. Griffith, réalisé en 1915 (N.d.T.).

concernait, ce « funèbre document » signifiait bel et bien la mort de leur amitié. Elle ne tint aucun compte des menaces implicites ; l'article fut publié à la date prévue.

« Inoffensif », il n'en divulguait pas moins quelques petits secrets : l'année du passage de Margaret Mitchell au Smith College, 1918 ; le fait qu'elle eût été mariée deux fois (le plus grand nombre continuait de l'ignorer), son admiration pour George Cukor, lequel avait fait le voyage d'Atlanta afin de la consulter ; les « sommes colossales » que lui avait rapportées *Autant en emporte le vent* et dont le fisc avait prélevé la moitié à titre d'impôt sur le revenu. Un mensonge se glissait entre ces assertions plus ou moins vraies. Peggy avait d'autant moins « dévoré le scénario éléphantesque » qu'elle s'était pratiquement fait un point d'honneur de nier son existence en lui refusant sa collaboration. Ginny, enfin, reprenait à son compte une des innombrables interprétations du succès du roman, à savoir le dépoussiérage du passé auquel s'était livré l'auteur en attribuant à ses personnages des états d'âme contemporains.

Furieuse, Peggy écrivit à *Photoplay* pour exiger la rétractation de « certaines affirmations erronées ». La revue se contenta de publier sa lettre. Pas plus l'article que la réponse de Margaret Mitchell ne provoquèrent une flambée du courrier des lecteurs.

Le 27 juin 1939, Selznick télégraphiait à John Hay Whitney, son commanditaire : « Sonnez clairons, résonnez trompettes, ce jour, à midi, Scarlett sera au bout de ses peines ! Gable terminera dans la soirée ou demain matin ; nous tournerons jusqu'à vendredi avec les petits rôles et les figurants... »

En fait, si le film au sens restreint était terminé, les plans de raccord et les scènes de bataille, le montage, les effets sonores, l'orchestration, l'étalonnage du Technicolor étaient encore à faire. Une séquence fut même imaginée de toutes pièces, à la suite d'une avant-première confidentielle au Warner Theatre de Santa Barbara. Les cartes recueillies dans le hall du cinéma à la fin de la projection, et sur lesquelles les spectateurs étaient invités à livrer leurs commentaires, laissaient toutes présager un succès fabuleux. « Le plus grand film de tous les temps », pouvait-on lire, ou encore : « On n'a rien fait de mieux depuis *Birth of a Nation*. » La longueur du film [9] malgré tout suscitait quelques restrictions. Selznick ne voulait pas entendre parler de coupures supplémentaires ; il restait la possibilité, jadis fugi-

9. Il durera trois heures quarante dans sa version définitive (N.d.T.).

tivement envisagée, de présenter le film en deux parties séparées par un intermède. Le service des effets spéciaux fut mis à contribution. Les archives fournirent de précieux documents à partir desquels fut réalisé un montage spectaculaire qui évoquait le sombre engrenage de la guerre. Les soldats défilaient au pas cadencé, dans un nuage rouge soulevé par les caissons d'artillerie dont les roues broyaient les routes géorgiennes. Le nom de SHERMAN, énorme, s'inscrivait en surimpression.

La musique, composée par Max Steiner, n'était pas encore enregistrée ; puis viendrait l'ultime étape, le tirage des copies. Au risque de ne pouvoir respecter cette échéance, Selznick annonça qu'une première de gala aurait lieu à Atlanta, le 15 décembre 1939[10]. Peggy allait de nouveau se trouver en première ligne.

10. La date initialement prévue était le 15 novembre, 75ᵉ anniversaire de l'incendie d'Atlanta. Un fol espoir, reconnaissait le producteur dans une lettre adressée en juillet au maire de la ville (N.d.T.).

CHAPITRE XXII

Dès le mois d'octobre, quand il fut annoncé que le grand événement aurait lieu à Atlanta, Peggy pressentit une vague de publicité sans précédent, violente comme une lame de fond, et craignit d'être submergée. « Le niveau monte sans cesse », écrivit-elle à Lois Cole. « Qui sait où cela s'arrêtera ? Déjà, nous devons lutter pour ne pas être engloutis. »

On habilla d'une colonnade la façade du Loew's Grand Theatre pour lui donner un air de ressemblance avec Tara (celui du film, très différent, nous le savons, de la modeste plantation imaginée par Margaret Mitchell). Le 15 décembre serait un jour férié dans tout l'État, ainsi en avait décidé Eurith D. Rivers, gouverneur de la Géorgie. Le maire d'Atlanta, William B. Hartsfield, annonça pour sa part trois jours de réjouissance, invitant ses concitoyennes à sortir de leurs malles les garde-robes de leurs aïeules — corset, jupes à paniers et pantalons ruchés. Quant aux hommes, ils furent priés d'endosser l'uniforme confédéré et de se laisser pousser barbiche, moustaches et favoris. Il était prévu un grand défilé sur le parcours duquel, postées à tous les carrefours, des fanfares feraient retentir l'hymne du Sud pendant la guerre de Sécession, le fameux *Dixie*. Trois quarts de siècle après le désastre de la bataille d'Atlanta, les Géorgiens manifestaient leur volonté de donner à la première d'*Autant en emporte le vent* l'éclat et la magnificence d'une véritable revanche.

Les principaux acteurs blancs de la distribution [1] devaient être présents, les Noirs ayant été exemptés de cette obligation. Irene Selznick serait naturellement de la fête, ainsi que Carole Lombard, Mrs. Gable dans le privé. Vivien Leigh serait escortée par Lawrence

---

1. A l'exception de Leslie Howard (Ashley Wilkes), acteur britannique qui avait déjà regagné Londres. Depuis le 2 septembre, loin, très loin de Hollywood, l'Angleterre était en guerre contre l'Allemagne (N.d.T.).

Olivier, qu'elle épouserait l'année suivante. Petite attention de Selznick, même Claudette Colbert avait été conviée, en sa qualité d'« actrice préférée de Margaret Mitchell ». La veille de la représentation, un grand bal costumé rassemblerait les hôtes d'honneur, au nombre duquel les gouverneurs des cinq États membres de l'ancienne Confédération, et toutes les notabilités de la ville. Sollicitée pour être la présidente de la soirée, Peggy déclina ce privilège, invoquant la mauvaise santé de son père qui ne pouvait pas se passer des soins de sa fille pendant deux soirées consécutives. Voire ! Sachant que le bal était placé sous le haut patronage de la Junior League, on est tenté d'interpréter cette excuse comme un mauvais prétexte. N'était-ce pas plutôt le moyen le plus sûr qu'avait trouvé Peggy, quitte à se priver d'un grand plaisir, d'assouvir sa rancune contre les cerbères qui lui avaient interdit l'entrée de la bonne société, bien des années auparavant ?

Le Grand Theatre contenait deux mille trente et une places. Au lendemain de la publication du communiqué officiel fixant le lieu et la date de la première, Peggy fut assaillie de réclamations. De tous côtés on exigeait des billets de faveur. « S'il ne s'était agi que d'Atlanta, mais il n'y avait pas un sudiste qui ne fût pendu à mes basques, et le mal menaçait de s'étendre à toute la chrétienté ! » dira-t-elle. A sa demande, quatre sièges seulement lui avaient été attribués : pour elle-même, John, Stephens et Carrie Lou. Chez Macmillan, en particulier, on se bousculait pour s'approprier les invitations chichement octroyées par Selznick. Dans la semaine précédant le grand soir, Peggy reçut à dîner Sue Myrick et Wilbur Kurtz, de retour du « front hollywoodien ». Étrange réunion, crépitante d'excitation, endeuillée par la disparition accidentelle de Sidney Howard, survenue peu de temps auparavant.

Depuis quelques mois, la jeune femme souffrait d'adhérences abdominales. Une intervention chirurgicale était d'ores et déjà prévue pour le mois de janvier. A cette menace s'ajoutait la constante dégradation de l'état d'Eugene. En somme, le roman de Peggy avait été adapté à l'écran et la première du film allait sans doute être l'un des grands événements de l'histoire du cinéma. Le fait qu'Atlanta eût été choisie pour refléter cette apothéose aurait dû combler la jeune femme. Mais plus se rapprochait l'échéance, plus Peggy redoutait de ne pouvoir assister à son propre triomphe. Ces inquiétudes, confiées à Kay Brown, furent transmises à Selznick et provoquèrent une émotion considérable. La jeune femme promit de faire un effort.

Le producteur avait organisé son opération de lancement avec la même vigilance maniaque, le même souci de perfection qui avaient exaspéré ses collaborateurs pendant la préparation et le tournage du film. En témoigne ce télégramme envoyé à Howard Dietz, chef de la publicité :

VEILLEZ SURTOUT À CE QUE LE PAPIER SUR LEQUEL SERA IMPRIMÉ LE PROGRAMME SOIT DE L'ESPÈCE LA PLUS SILENCIEUSE. JE NE TIENS PAS À CE QUE LES DIALOGUES DU FILM SOIENT COUVERTS PAR DES FROISSEMENTS DE FEUILLES.

Aucun détail ne fut négligé. C'est ainsi qu'un photographe fut envoyé à Atlanta afin de prendre quelques décors, intérieurs et extérieurs, qui serviraient d'arrière-plans aux portraits des acteurs. La plupart des photos publiées dans la presse furent constituées de semblables montages.

Tous ceux qui de près ou de loin se voyaient, dans l'esprit des quémandeurs, associés à Selznick International étaient harcelés sans trêve. Howard Dietz se souvient d'une grand-mère qui le talonnait dans l'espoir d'obtenir un billet.

« Vous ne pouvez pas refuser, s'obstinait-elle. Je suis présidente de la section locale des DAR[2] ! »

Exaspéré, Dietz pivota et se planta devant elle :

« Chère madame, toute la question est là. Vous êtes en retard d'une guerre ! »

Un avion particulier avait été mis à la disposition de Clark Gable et de Carole Lombard. Vivien Leigh ainsi que Olivia de Havilland voyagèrent en compagnie de Selznick et de son épouse. A l'aéroport, où plusieurs milliers d'admirateurs étaient venus les accueillir, une fanfare de quarante musiciens en uniforme flambant neuf attaqua le *Dixie* à l'instant même où Scarlett O'Hara posa le pied sur le tapis rouge. « C'est charmant... ils jouent le thème du film ! » s'exclama Vivien Leigh, au grand désarroi du chef de la publicité.

Ils allaient l'entendre pendant trois jours. *Dixie* les accompagna à travers la ville en liesse, pavoisée aux couleurs américaines et confédérées. Le trajet jusqu'au Georgian Terrace Hotel s'effectua en voi-

---

2. *Daughters of the America Revolution*, association nationale groupant les descendantes des patriotes de la guerre d'Indépendance, fondée à Washington le 11 octobre 1890 (N.d.T.).

ture découverte, sous un déluge de confettis et d'acclamations parmi lesquelles fusaient çà et là des slogans sudistes.

Le mercredi 13 décembre, en fin d'après-midi, Margaret Mitchell convia tout le monde à une petite réception à son domicile. Elle fut très favorablement impressionnée par le charme de Vivien Leigh et par son « érudition » concernant l'histoire du Sud. Le lendemain matin, la foule se portait de nouveau à l'aéroport pour souhaiter la bienvenue à Carole Lombard et Gable, ce dernier ayant insisté pour bénéficier de tout l'effet que ne manquerait pas de produire une arrivée décalée.

Le soir même, l'auditorium municipal accueillait les six mille invités de la Junior League, tous costumés comme le sont les acteurs dans la grande scène du bal d'*Autant en emporte le vent*. On dansa sur la musique de Kay Kyser. Clark Gable fit valser la fille du maire et s'évanouir, à son seul contact, une petite débutante trop sensible. Fidèle à sa décision, la romancière ne montra pas le bout de son nez.

Elle fit sa première apparition publique le lendemain, en fin de matinée, à l'occasion d'une réception organisée en l'honneur des Éditions Macmillan. Peggy eut l'agréable surprise d'y rencontrer Julia Peterkin et Marjorie Kinnan Rawlings, toutes deux lauréates du prix Pulitzer. John devait la retrouver plus tard au Piedmont Driving Club où l'Atlanta Women's Press Club offrait un cocktail pour rendre hommage à l'auteur d'*Autant en emporte le vent*. Cette réunion dont les journaux ne s'étaient pas fait l'écho revêtait un caractère très confidentiel, à tel point qu'un quiproquo se produisit au sujet de l'heure à laquelle Peggy devait se trouver sur les lieux. A 17 h 30, quand les sirènes de la police annoncèrent l'arrivée imminente de Selznick et de sa suite, la romancière n'était toujours pas là pour accueillir ses hôtes. Gable et le producteur échangèrent un regard inquiet. Où était donc Margaret Mitchell ? Allait-elle leur faire faux bond une fois de plus ? A 18 h 15, elle se montrait enfin au bras de John. Tout le monde poussa un soupir de soulagement, en premier lieu les dames du Women's Press Club.

Peggy et Clark Gable se rencontraient pour la première fois. Stupéfait de se trouver en face d'une si petite personne, presque attendri, l'acteur entraîna la jeune femme à l'écart et lui proposa de s'asseoir afin de lui éviter d'avoir à se rompre le cou pour le regarder dans les yeux. Les photographes convergèrent bien vite sur ce coin tranquille. Gable ne fut pas sans remarquer l'air angoissé de Peggy, rougissante sous l'audacieux couvre-chef, un grand nœud de velours en équilibre instable. Il lui décocha son terrible sourire, sauta sur ses pieds et d'autorité l'entraîna dans un salon adjacent dont il ferma la porte, au nez et à la barbe des curieux. « Il est irrésistible », dira-t-elle plus tard ; et lui : « Quelle femme remarquable ! » Cela étant, l'aparté ne devait pas se prolonger plus de cinq minutes. Il y a donc fort à parier qu'au-delà des civilités d'usage, Margaret Mitchell et Rhett Butler n'avaient pas trouvé grand-chose à se dire.

Une foule immense, estimée à près de cent mille personnes, s'était massée aux abords du Loew's Grand Theatre. Prise dans l'éblouissement des projecteurs, la blanche façade « coloniale » semblait plus que jamais un décor de théâtre. Les invités arrivèrent, puis ce fut la multitude des élus, propriétaires du précieux billet d'entrée...

Les spectateurs avaient bien conscience de participer à un événement de portée nationale. Aucun n'ignorait le budget faramineux du film, l'un des plus chers jamais produits à Hollywood, et tous avaient présent à l'esprit l'effort interminable que l'écriture du roman avait exigé de Margaret Mitchell. Ils savaient aussi que la découverte d'une actrice capable d'incarner Scarlett n'avait pas demandé moins de deux ans et que l'aventure, en ce qui les concernait, allait durer près de quatre heures. « Avant toute chose, pouvait-on lire le lendemain dans les colonnes du *Time*, ces gens connaissaient par cœur toutes les péripéties, cocasses ou douloureuses, de l'histoire d'amour entre Rhett et Scarlett, victoire et défaite de cette dernière, et nul n'aurait toléré que le film dénaturât ou modifiât cette évolution. »

On chercherait en vain, dans la volumineuse correspondance qui échappa à la destruction des papiers personnels de Peggy, la moindre confidence sur les sentiments qu'elle éprouva ce soir-là, tandis qu'assise en compagnie de John à l'arrière de la limousine fournie par Selznick elle s'apprêtait à voir les images qui transposeraient à jamais son œuvre dans l'esprit des lecteurs. Elle ne fit pas mystère, en revanche, de l'admiration que lui inspirait un véhicule si luxueux dont elle ne profita guère, puisque le cinéma se trouvait à deux pas de leur domicile. Très sagement, Howard Dietz, grand ordonnateur de la cérémonie, avait programmé l'ordre des arrivées de telle façon que Margaret Mitchell clôturât le cortège. Depuis des heures, malgré le froid, des milliers de gens battaient la semelle sous la houle des chapeaux et des drapeaux. Ils étaient venus, bien sûr, pour voir Clark Gable, Vivien Leigh et les autres, mais voici qu'allait paraître la personnalité la plus attendue, leur idole. Elle franchirait les portes du

Loew's Grand Theatre et bientôt, sur l'immense écran, les fantômes du passé se mettraient à vivre.

La portière s'ouvrit. Peggy rassembla les plis de son ample jupe de tulle rose afin de dissimuler autant que possible ses pieds chaussés de ballerines. Elle sortit de la voiture et se figea, enveloppée de bruit et de lumière. La foule des badauds, la meute vociférante, gesticulante des journalistes, les colonnes de « Tara », tout était cristallisé dans une aveuglante blancheur. Les projecteurs fouillaient le ciel, leurs pinceaux décrivaient d'immenses arabesques sur les façades des immeubles environnants. Le maire vint à son secours et lui prit la main. Il la conduisit, le long de quelques mètres de tapis rouge, jusqu'à une petite estrade. D'un coup d'œil par-dessus son épaule, la jeune femme s'assura que John lui emboîtait le pas. Un micro avait été disposé sur l'estrade. Peggy demeura muette sous le tonnerre des applaudissements. Elle agita la main, puis se détourna et, passant sous les fausses colonnes, s'engagea dans le vestibule où quatre vétérans de la bataille d'Atlanta montaient la garde (le benjamin venait d'avoir quatre-vingt-treize ans), un peu émus et flageolants dans leurs vieux uniformes gris. Peggy échangea une poignée de main avec chacun d'entre eux. Escortée de Howard Dietz, elle entra dans la salle. Elle fut la dernière à gagner sa place.

L'obscurité se fit peu après. Par la suite, la romancière confessa son appréhension. Elle s'était sentie « quelque peu déconcertée », reconnut-elle, en voyant s'inscrire sur l'écran le sous-titre de Ben Hecht : « Le Sud était jadis une terre de gentilhommes et de champs de coton... »

L'association de l'ancien Sud et des bonnes manières lui avait toujours fait l'effet d'un regrettable poncif romanesque. Déconvenue passagère. Vivien Leigh n'était pas apparue depuis un instant qu'elle emportait l'adhésion de tous, et d'abord celle de Peggy. « Pas de doute, elle est bien *ma* Scarlett », chuchota-t-elle à l'oreille de Medora.

La séance fut tumultueuse. Le public se livrait sans réserve aux plus bruyantes démonstrations. Si le coup d'éclat de Scarlett, abattant un déserteur yankee dans l'escalier de Tara, fut salué par des cris de joie, la salle sanglota à l'unisson des familles demeurées à Atlanta lorsque celles-ci découvraient avec horreur le nom d'un être cher sur la longue liste des disparus de Gettysburg. Cet accablement fut l'affaire d'un instant. Déjà, une fanfare militaire ramenait le courage dans le camp des vaincus aux accents de *Dixie*, chant d'allégresse et de jubilation s'il en fut.

A différentes reprises, Peggy donna libre cours à de tonitruantes explosions de joie. Elle apprécia beaucoup la niaiserie horripilante de la jeune soubrette Prissy (Butterfly McQueen), et Mammy (Hattie McDaniel), soulevant sa jupe afin de montrer un bout de cotillon rouge à Rhett Butler, lui arracha de grands éclats de rire. Au cours du bref entretien qu'elle accorda ensuite à Medora pour le compte rendu qui devait paraître dans le *Journal* du lendemain, elle exprima le regret que Hattie McDaniel, « une actrice remarquable », n'eût pas fait le voyage d'Atlanta. « Y a-t-il rien d'aussi poignant que la montée au calvaire de Mammy et de Melanie, gravissant l'escalier côte à côte après la mort de la fillette ? » estimait-elle.

Bien peu de spectateurs avaient conservé les yeux secs quand la lumière revint. Le maire vint chercher Peggy et la guida sur la scène où s'était rassemblée toute l'équipe du film. La salle entière, debout, clamait son enthousiasme. La romancière se retrouva devant un micro dans lequel Howard Dietz hurla : « *Ladies and gentlemen*, voici Margaret Mitchell, d'Atlanta ! » avant de l'abaisser de quelque vingt bons centimètres pour le mettre au niveau de l'oratrice. L'espace de longues minutes, ce fut un délire, des trépignements frénétiques. Peggy demeura strictement immobile dans sa corolle de tulle rose, maintien timide et grand nœud rose dans les cheveux, belle et sage comme une enfant. Moment inouï. Les fées du silence ramenèrent un peu de calme. Elle put se faire entendre.

« Ce fut une expérience grandiose que je ne recommencerais pas ! » murmura-t-elle dans le micro. Quelques rires fusèrent. « Ma chère Scarlett vous a séduits, c'est le principal, reprit-elle. Que Mr. Selznick soit remercié, ainsi que tous ses collaborateurs, pour le film superbe que nous venons de voir. Il n'était pas si facile d'adapter *Autant en emporte le vent*. »

Le film n'eut jamais à souffrir des reproches que certains critiques exigeants avaient adressés au roman (trop long, trop romanesque, mal écrit, mal fichu, historiquement chaotique...). Depuis trois ans, depuis la parution du livre, tout le monde s'accordait à trouver géniale l'idée qu'avait eue l'auteur d'amalgamer deux thèmes éternels qui garantissaient le succès en donnant satisfaction à tout le monde. Au Sud, on considérait le roman comme un monument à la gloire du courage des Confédérés ; ailleurs, on se perdait avec volupté dans les dérives d'une passion funeste. « Au fond, en offrant à son public deux films sous le même emballage somptueux, remarquait le *Time*, Mr. Selznick était assuré de faire coup double. »

Libérée de toute « psychose d'échec » vis-à-vis d'une œuvre qui ne la concernait pas directement, Peggy ne douta pas un instant du destin exceptionnel que connaîtrait le film. La sortie du Loew's Grand Theatre fut lente et triomphale. Il fallait s'arrêter à chaque pas, serrer des mains, recevoir des félicitations baignées de larmes... « Pourvu que l'hystérie ne recommence pas ! » souffla-t-elle à Medora.

D'autres premières eurent lieu à Los Angeles, New York et Chicago. *Autant en emporte le vent* fut mis à l'affiche de nombreuses salles. Les places devaient être louées très longtemps à l'avance et, compte tenu de la longueur du film et de son prestige, le prix du billet était deux fois plus élevé que pour une séance ordinaire. Malgré ces handicaps, *Autant en emporte le vent* fit un triomphe au box-office. A New York, les trafiquants réalisaient de tels bénéfices sur la revente des billets qu'il devenait presque plus économique, comparativement, d'aller voir une pièce à Broadway. Malgré l'hostilité persistante de Peggy à son égard, Annie Laurie Williams avait mis tout son art dans la défense des intérêts d'une cliente si singulière. Sans sa persévérance, la romancière n'aurait pas eu la fierté de voir son nom apparaître en gros caractères sur l'écran, au-dessus du titre, suivant la formule : « *David O. Selznick Presents Margaret Mitchell's* Gone With the Wind[3]. »

---

3. Voici le générique complet du film. Ne figurent ni le nom de George Cukor, dont la version définitive retient pourtant plusieurs séquences tournées avant son éviction, ni celui de Sam Wood, qui remplaça Victor Fleming pendant la « défaillance » de celui-ci et l'assista jusqu'au bout (N.d.T.).

Gone With the Wind
États-Unis, 1939
Technicolor — Durée : 235 minutes
Production : David O. Selznick et MGM
Réalisation : Victor Fleming
Scénario : Sidney Howard
Conception de la production (« *production designer* », le titre fut créé pour lui à cette occasion) : Willian Cameron Menzies
Direction de la photo : Ernest Haller, Ray Rennahan, Lee Garmes
Décors : Lyle Wheeler
Montage : Hal Kern, James Newcom
Musique : Max Steiner
Costumes : Walter Plunkett
Distribution : MGM
Interprétation
Clark Gable (Rhett Butler)
Vivien Leigh (Scarlett O'Hara)

Cette phrase barrait les grands placards publicitaires disposés le long des routes, aux portes des villes ou sur les murs aveugles des immeubles. Les mêmes affiches, de format plus réduit, illustraient l'arrière des autobus : honneur suprême, le « *Margaret Mitchell's* Gone With the Wind » scintilla en lettres de néon acidulées au-dessus de New York Time's Square. Dans la première semaine du mois de janvier, la romancière et le film adapté de son livre firent la couverture de onze revues d'audience nationale. La livraison quotidienne des sacs postaux avait recommencé à Peachtree Street ; le téléphone sonnait sans répit.

Peggy et John étaient allés passer les vacances de Noël à Tucson, Arizona, chez Helen et Clifford Dowdey. La présence de Herschel Brickell ajouta au charme du séjour. « N'avons-nous pas passé d'agréables vacances ? » lui écrivit Peggy dès son retour à Atlanta. Question touchante. Brickell, en effet, la jeune femme ne l'ignorait pas, se remettait mal de son divorce, et les Dowdey venaient d'éprouver de sérieux revers de fortune. A grand renfort d'anecdotes sur « sa » première de gala, Peggy avait tenté de dérider ses amis. Aucun d'eux n'avait encore vu le film. A leur profit, elle s'était livrée à une critique en règle de l'œuvre, jugeant, disséquant ou raillant ceci ou cela.

Leigh ne se contentait pas d'être ravissante et d'avoir un talent fou... elle *était* Scarlett, tout simplement ; Gable méritait la mention passable, sans plus ; quant à Leslie Howard, il faisait peine à voir dans le rôle d'Ashley Wilkes. Hattie McDaniel campait une merveilleuse Mammy, « peut-être un rien caricaturale, à la réflexion... » ; Miss Pittypat était irrémédiablement loupée. Du reste, à l'exception de Carroll Nye, excellent Frank Kennedy, tous les seconds rôles laissaient un peu à désirer. Rien ne justifiait le luxe et l'opulence de Twelve Oaks et les grands airs de Tara étaient inopportuns. Après avoir revu le film cependant, John et Peggy s'étaient accordés pour trouver bien rendue l'atmosphère de l'ancien Sud et plutôt bouleversante l'interprétation que Thomas Mitchell donnait de Gerald O'Hara.

Leslie Howard (Ashley)
Olivia de Havilland (Melanie)
et :
Thomas Mitchell (Gerald O'Hara), Barbara O'Neil (Mrs. O'Hara), Victor Jory, Laura Hope Crews, Hattie McDaniel, Ona Munson, Harry Davenport, Ann Rutherford, Evelyn Keyes, Carroll Nye, Paul Hurst, Isabel Jewell, Cliff Edwards, Ward Bond, Butterfly McQueen, Rand Brooks, Eddie Anderson, Oscar Polk, Jane Darwell, William Bakewell, Violet Kemble-Cooper, Eric Linden, Roscoe Ates, George Meeker.

Tous deux se trouvaient en mauvaise forme lorsqu'ils avaient pris la route de l'Arizona. Si Peggy ne souffrait guère, elle attendait de l'opération (prévue pour le 13 janvier) un soulagement complet. Quant à John, très anémié, il semblait frappé de langueur. L'un et l'autre appréhendait de rentrer à Atlanta où l'effervescence ne s'apaiserait pas de sitôt. En outre, une triste nouvelle les attendait, l'arrêt du *Georgian*, un quotidien dont ils connaissaient tous les collaborateurs.

Pour sa part, Peggy n'avait pas trop à se plaindre de l'année écoulée, la plus fertile en événements depuis la sortie du livre. Début juin, elle s'était rendue au Smith College afin de recevoir sa licence ès lettres à titre honorifique, récompense longtemps attendue. Ayant laissé entendre à Peggy que son établissement était prêt à lui décerner cette distinction, Edwin Granberry avait essuyé un refus. Celle-ci n'attendait rien de Rollins ; en revanche, nombre d'anciennes élèves de Smith, moins prestigieuses que Margaret Mitchell, s'étaient vu conférer l'honneur d'un diplôme. Elle fit alors savoir qu'une proposition identique, émanant de son ancien collège, serait acceptée sur-le-champ.

La cérémonie de collation fut simple et digne. Ginny brillait par son absence. En revanche, Red Baxter et d'autres pensionnaires de Ten Hen avaient tenu à saluer leur compagne de naguère. Lois Cole était là aussi, autant par amitié qu'en sa qualité d'« ancienne » de Smith. Elles regagnèrent New York par la route. Le Massachusetts verdoyait, le Connecticut déroulait ses belles collines couronnées de bosquets. Peggy s'abandonnait à une relative félicité. Vingt ans avaient passé, laps de temps nécessaire pour que la médiocre élève de première année fît la preuve de son talent aux yeux de ses camarades.

Le 15 décembre au soir, après la projection d'*Autant en emporte le vent*, Peggy était montée sur la scène du Loew's Grand Theatre. Face aux débordements d'enthousiasme, elle avait connu l'apogée de sa gloire. L'admiration, la reconnaissance d'Atlanta lui étaient définitivement acquises. Peggy écrivit à une amie, installée en Californie depuis quelque temps : « Je n'oublierai jamais cette foule... pas plus Lindbergh que le président Roosevelt n'ont rassemblé autant de monde. Quel orgueil d'être l'enfant chérie d'une ville si fière de son passé ! J'étais à deux doigts de fondre en larmes. »

Dans une lettre adressée à Helen et Clifford Dowdey, on trouve ce commentaire de John : « Le film est-il bon, est-il mauvais ? Il a fait sensation, c'est tout ce que l'on peut dire. »

CHAPITRE XXIII

Au mois de janvier 1940, Peggy subissait l'opération longtemps différée. Trois semaines plus tard, elle rentrait chez elle, encore convalescente, si mal en point qu'elle n'envisagea guère d'être rétablie avant plusieurs mois. John était encore moins vaillant, s'il se pouvait. Un nouvel accès de fièvre de Malte était à craindre. Hospitalisé, le malade subit de nombreux examens qui ne permirent pas aux médecins d'affiner leur diagnostic. On le renvoya chez lui. Il se traîna pendant deux mois, la poitrine faible et les jambes en coton. L'arrivée des beaux jours lui rendit un peu de courage ; il écrivit à sa mère :

Voilà, c'est chose faite, nous avons engagé un comptable ! Il était à peine entré en fonction que je me sentais délivré d'un grand poids. Non que la gestion des droits étrangers de Margaret Mitchell représentât une tâche si écrasante. Dans mon cas, elle s'ajoutait à toutes les autres et je demandais grâce. A présent que cette corvée revient à quelqu'un d'autre, la main me démange. Est-ce que je ne mériterais pas une bonne gifle pour avoir si longtemps différé cette solution toute simple, et très abordable sur le plan financier ?

Bien sûr, si l'on considère l'énormité du fait, notre petit tandem Mitchell & Marsh nanti d'un comptable en bonne et due forme, il y a de quoi hurler de rire ! Encore une des loufoqueries engendrées par l'invraisemblable situation dans laquelle nous vivons depuis quelques années et que je ne puis me résoudre à considérer comme allant de soi. Cela dit, nous ne sommes plus à une excentricité près, et celle-ci est la bienvenue puisqu'elle me dispense de travailler jusqu'à 2 heures du matin, sept jours sur sept.

Il se confirma que John souffrait de la fièvre de Malte. Georgia Power lui accorda un généreux congé de maladie, long de plusieurs mois. « Vaines et folles chimères que les voyages sans doute, mais qu'il doit être agréable d'y succomber », se plaignit Peggy dans une lettre aux Granberry. A défaut de grands déplacements, l'été de 1940 leur offrit pourtant l'occasion de savourer une tranquillité seulement troublée par les problèmes de santé des uns et des autres. La comptabilité était désormais bien tenue et Margaret Baugh, demeurée à leur service, les déchargeait d'une grande partie de la correspondance et d'une manière générale prenait soin de toute la paperasserie empoisonnante. Bessie veillait aux tâches domestiques avec sa diligence habituelle. Très préoccupée de l'affaiblissement de son père, Peggy ne lui ménageait pas son temps, tout en sachant pouvoir compter sur le dévouement et l'efficacité de Carrie Lou. Par ailleurs, le flux devenu plus raisonnable du courrier accusait le déclin sensible de sa popularité. En somme, tout rentrait dans l'ordre et la jeune femme avait en principe les mains libres pour réaliser certains projets qui lui tenaient à cœur.

« Hélas, rien ne se passe comme je l'avais imaginé », écrivit-elle à Granberry. Peggy ne pouvait sortir de chez elle sans être abordée tous les dix pas. Était-il exact, demandaient les curieux, que Selznick envisageait de tourner la suite d'*Autant en emporte le vent*[1] ? Cet avatar, que Peggy nommait par dérision *Back With the Breeze* (Autant en rapporte la brise), devait faire l'apologie de la vertu, affirmait-elle, en accordant à tous les personnages, y compris Belle Watling, la rédemption de leurs péchés. D'autre part, survenant après un long séjour qu'elle avait elle-même effectué à l'hôpital, ses visites quotidiennes à la clinique dans laquelle John subissait des examens alimentaient les rumeurs les plus pessimistes concernant son état de santé.

« Ils pensent tous que j'ai la leucémie ou Dieu sait quoi... Combien de lettres n'a-t-il pas fallu écrire pour démentir l'affreuse nouvelle » ? confia-t-elle à Granberry. Elle dut aussi se rasseoir devant sa machine afin de nier noir sur blanc l'existence d'une prime de cinquante mille dollars que lui aurait versée Selznick. Cette mise au point fut envoyée à tous les amis dont l'opinion ne lui était pas indifférente.

A présent qu'il n'y avait plus à espérer de rentrées d'argent importantes, la jeune femme éprouvait de nouvelles angoisses financières que rien ne justifiait. Le livre, en effet, ainsi que le résumé illustré de photos tirées du film s'écoulaient toujours à un rythme soutenu, même en Europe où la guerre n'abolissait pas le besoin de rêver. A

1. Le producteur y songea sérieusement. A défaut d'une suite, il n'aurait pas dédaigné de faire un film intitulé *La Fille de Scarlett O'Hara*, avec Vivien Leigh dans le rôle-titre. Appelée à la rescousse, Margaret Mitchell repoussa avec horreur la proposition qui lui était faite d'écrire un court roman, ou même une nouvelle, pouvant servir de canevas au scénario (N.d.T.).

ce pactole s'ajoutaient les revenus de l'exploitation commerciale de tous les accessoires dont Selznick s'était résigné à partager les bénéfices. John avait investi à bon escient et leur train de vie, sans être étriqué, restait modeste. L'unique caprice dispendieux de Peggy, un manteau de fourrure, lui avait été dérobé pendant les dernières vacances à Winter Park. Il ne fut jamais remplacé. En septembre 1939 pourtant, ils avaient emménagé au 1268, Piedmont Avenue, dans un immeuble de prestige, face aux belles frondaisons du Driving Club. Plus vaste que le précédent, l'appartement comportait une pièce supplémentaire dans laquelle on installa le bureau que se partagèrent Margaret Baugh et le comptable à temps partiel. La chambre clandestine du Northwood fut abandonnée ; même sans cette mesure d'économie, John aurait pu, sur son seul salaire, s'offrir ce nouveau loyer mensuel de cent cinq dollars. Peggy n'en demeurait pas moins soucieuse. Quand on lui demandait les raisons de son appréhension, elle répondait en toute sincérité que plusieurs cas de traductions pirates, un mari souffrant, un père alité et la mauvaise étoile dont elle était affligée ne lui laissaient guère le loisir de voir la vie en rose.

Au mois de juin 1940, *Autant en emporte le vent* était retiré des écrans. Ses distributeurs prévoyaient de le laisser en sommeil jusqu'à Noël, date à laquelle il serait remis en circulation dans des conditions d'exploitation normales qui mettraient le prix du billet à la portée de toutes les bourses. En février, le film avait recueilli dix oscars [2] et plusieurs prix spéciaux.

Autant en emporte le vent pouvait donc se reposer quelque temps sur ses lauriers. L'attente entretiendrait la fièvre du public populaire et la reprise, fin décembre, promettait d'être fracassante.

Le 25 octobre, au petit matin, John et Peggy prenaient la route dans une Mercury toute neuve. Ils se proposaient d'aller passer quelques jours à Richmond, Virginie, chez leurs amis Clifford et Helen Dowdey. Peggy se faisait un plaisir de rencontrer James Branch Cabell, ainsi que Rebecca Yancey Williams, auteur de *The Vanishing Virgi-*

2. En voici la liste : meilleur film, meilleure interprétation féminine (Vivien Leigh), meilleur second rôle féminin (Hattie McDaniel), réalisateur (Victor Fleming), scénario (Sidney Howard), montage (Hal Kern), photographie (Ernest Haller, Ray Rennahan, Lee Garmes), directeur artistique (Lyle Wheler), effets spéciaux (Jack Cosgrove), mention spéciale pour la couleur à William Cameron Menzies. Selznick reçut pour sa part le prix fondé en mémoire d'Irving Thalbert pour récompenser un producteur de qualité exceptionnelle. Clark Gable fut le grand exclu du palmarès. Cette année-là, l'oscar de la meilleure interprétation masculine revint à Robert Donat pour *Goodbye, Mr. Chips*, un film de Sam Wood (N.d.T.).

nian, tous deux établis à Richmond. Or Cabell, un ami de Herschel Brickell, n'était autre que le neveu de la grande Ellen Glasgow pour laquelle Peggy professait la plus vive admiration et qu'elle espérait rencontrer. Cabell voulut bien servir d'intermédiaire et, non sans mal, ménagea l'entrevue souhaitée. Sa tante était alors une vieille dame si délicate qu'il ne pouvait être question pour elle de recevoir plus d'un visiteur à la fois. Peggy se rendit seule à son domicile.

Le tête-à-tête eut lieu dans la chambre d'Ellen Glasgow. La jeune femme fut saisie par le courage de l'écrivain qui, malgré son âge et sa santé déficiente, travaillait sur un nouveau roman, *In This Our Life*[3]. « Sa dignité bienveillante inspire le respect, dira-t-elle, et sa grâce réside dans la douceur. »

L'année suivante, répondant au télégramme de félicitations que lui adressa Peggy après qu'elle eut reçu le prix Pulitzer, Miss Glasgow devait évoquer « le souvenir charmant que [lui avait] laissé [leur] trop bref entretien ». La petite heure passée au chevet d'une romancière qu'elle tenait en si haute estime restera pour Margaret Mitchell un des grands privilèges que lui aura valu le fait d'être l'auteur d'*Autant en emporte le vent*. « Pour le reste, précisait John à sa sœur, elle était redevable au livre de lui avoir fait connaître de nouveaux amis. »

Ils rentrèrent à Atlanta pour les préparatifs de la « seconde première » du film, prévue le 15 décembre, un an jour pour jour après le grand événement de 1939.

Cette expression ridicule, accolant deux termes antinomiques, était une trouvaille de Selznick. Elle devait auréoler de prestige le passage du film du statut d'exclusivité luxueuse, avec places réservées et tarif gonflé, à celui d'une reprise ordinaire. La campagne publicitaire fut placée sous la haute surveillance du producteur lui-même. Ses collaborateurs reçurent la consigne formelle de « tenir Margaret Mitchell à l'écart de tout le cirque ». Échaudé par la réserve que Peggy avait jugé bon d'affecter l'année précédente, Selznick fut agréablement surpris de l'accueil chaleureux qu'elle réserva à son projet de « remettre ça » à Atlanta. Sans doute le tassement des ventes du livre n'était-il pas étranger à ce revirement. En octobre, les Américains n'avaient plus acheté que mille six cents exemplaires de l'édition originale à trois dollars. « *Autant en emporte le vent* ne sera plus jamais un grand succès en librairie, mais le bis imaginé par Selznick, même s'il n'est qu'un simple écho du gala de décembre dernier, devrait pourtant lui

3. Inédit en France (N.d.T.).

redonner un petit coup de pouce », écrivit John à Clifford et Helen Dowdey.

Les bénéfices de la soirée devaient être versés au British War Relief. Il semblait naturel que Vivien Leigh fût mise à l'honneur. La présence d'une seule actrice, eût-elle reçu l'oscar de l'interprétation, ne pouvait satisfaire Selznick, aussi envisagea-t-il d'associer Hattie McDaniel à l'opération. Il était question pour les deux actrices de rejouer devant les spectateurs du Loew's Grand Theatre la fameuse scène du laçage du corset. « C'est du théâtre ! » se récria Peggy dans une lettre à Lois. « Il empiète sur mes droits. Je lui aurais fait un procès sans hésiter si je n'avais pas craint de pénaliser les pauvres dames du British Relief d'Atlanta. »

Elle avait tort de s'inquiéter. Prétextant un autre engagement, Hattie MacDaniel refusa de se rendre dans la capitale d'un État ségrégationniste où elle serait contrainte de loger dans un misérable gîte du quartier réservé. Née à Wichita, Kansas, Miss McDaniel avait grandi à Denver, dans le Colorado ; elle s'était soumise de très bonne grâce aux leçons de Sue Myrick, destinées à lui inculquer l'accent et les manières d'une mammy du Sud profond. La récompense décernée par les membres de l'Academy of Motion Picture Art and Science était un petit événement en soi : avant elle, aucun acteur noir n'avait jamais reçu d'oscar.

Le 15 décembre 1940, le cœur n'y était plus vraiment, la fête avait perdu son faste. Moins dense et moins émue, la foule avait épuisé l'élan initial. Vivien Leigh, dont l'appartement londonien venait d'être détruit par les bombes allemandes, ne songeait qu'à son prochain départ pour l'Angleterre, fixé au 27 décembre. Ainsi en avait décidé Lawrence Olivier (qu'elle venait d'épouser), impatient de se battre pour son pays. Comble de malchance, une tornade perturba la célébration. Les bourrasques de pluie étaient si violentes que l'avion transportant Selznick et sa suite fut retardé. Peggy se retrouva seule pour accueillir la presse.

Cette fois, le bouleversement prétendument redouté ne s'était pas produit. Peggy en éprouvait la plus amère des déceptions. Ce désenchantement transparaît dans la lettre qu'elle écrivit peu après à son ami Brickell : « Le public me boude. Je vois au moins deux raisons à cette désaffection : la guerre, tout d'abord, puis les élections de novembre. »

Ne dirait-on pas qu'elle en veut aux tristes événements d'Europe d'avoir détourné l'attention de l'Amérique ? Ne tient-elle pas non plus rigueur à Franklin D. Roosevelt de lui avoir ravi la vedette, alors qu'il venait de se faire élire pour un troisième mandat exceptionnel, au terme d'une campagne interventionniste ? Peggy avait-elle réellement cru à la pérennité du phénomène auquel *Autant en emporte le vent* avait donné lieu ? Si cela était, on pourrait craindre qu'elle n'eût succombé sous l'équivoque fardeau de la gloire.

CHAPITRE XXIV

Pas plus que Scarlett, Peggy n'était capable de supporter bien long-temps une conversation dont elle ne constituait pas, d'une manière ou d'une autre, le sujet principal. De quoi avait-on parlé pendant qua-tre ans, du printemps 1936 au printemps 1940, sinon de Margaret Mit-chell, ou du roman, ou du film, ou de tous les flibustiers qu'il avait fallu mettre hors d'état de nuire à coups de procès ? Fallait-il renon-cer au mirage, accepter d'être tout le monde et personne, et tourner la page, commencer autre chose ? Or Peggy n'avait aucun projet, et ce vide était accablant. Tristes jours du crépuscule, quand le courage vient à manquer. En juillet 1941, George Brett lui demanda si elle accepterait d'être parmi les vingt-cinq écrivains priés de donner une brève définition du « style américain » pour une enquête effectuée par le National Endowment of the Arts. La réponse de Peggy fut un long questionnaire en vue de savoir qui se cachait derrière cette fon-dation et de se faire communiquer la liste des autres écrivains pres-sentis, car il n'était pas question pour elle de se retrouver en compagnie d'une bande de « scribouillards et de gauchistes ». Pressée de pren-dre une décision, elle confessa la véritable raison de ses atermoiements. Depuis que cette proposition lui avait été faite, elle avait en vain tenté de rassembler ses esprits et, pour tout dire, les idées ne se bouscu-laient pas. « Je découvre avec stupeur à quel point je me suis rouillée au cours de ces années d'inactivité intellectuelle. Depuis quatre ans, je n'écris plus ni n'envisage de le faire. Tout conspire, tout concourt à faire de moi une idiote. » Elle refusa donc sa participation.

Intelligence inemployée, imagination au rancart... le bel édifice de la pensée se lézardait. Que dire de son dynamisme, qu'elle aurait pu dépenser de mille manières ? Pourquoi pas les œuvres sociales (une collecte de fonds, par exemple, à laquelle Peggy songera plus tard), ou la conservation d'archives historiques, ou même le journalisme, qui ne demande pas tant d'efforts. Une autre que Peggy aurait pu, sans trop de déchirements et conformément aux souhaits qu'elle avait toujours formulés, accepter de n'être que Mrs. John Marsh, et supporter la tranquille insignifiance de cet état. La jeune femme avait changé. L'ambition, le talent enfin « découvert » dans le miroir tendu par ses admirateurs procuraient trop de plaisir pour être balayés d'un revers de main. A la longue, si rien ne venait le confirmer, ce nouvel engouement narcissique deviendrait bien encombrant. Que faire à présent que les murailles inventées pour éloigner le changement, naguère synonyme de catastrophe, s'étaient défaites comme du sable ?

Peggy n'avait jamais dissimulé les réticences que lui inspirait le New Deal. Non qu'elle se reconnût dans la vindicte affichée par nombre de politiciens sudistes reprochant à Roosevelt sa démagogie à l'égard des Noirs. Elle livre le fond de sa pensée dans la réponse faite à un jeune homme qui lui écrivit pour exprimer son inquiétude à l'idée d'être bientôt mobilisé : « Depuis l'instauration du New Deal, on inculque aux jeunes l'inébranlable conviction qu'ils sont le sel de la terre. A force d'être dorlotés, choyés, ils en viennent à penser que tout leur est dû, sans qu'il leur soit besoin de lever le petit doigt... » Celle qui moralise ainsi a sans doute oublié certains épisodes dévergondés de son existence dont le Peachtree Yacht Club avait été le théâtre. Hostile au New Deal, la jeune femme n'en approuvait pas moins la ferme volonté de Roosevelt d'entraîner les États-Unis dans la guerre.

L'année 1941 fut surtout pour Peggy l'occasion de se poser comme le gendarme de ses propres intérêts, en se jetant à corps perdu dans la bataille pour la poursuite des traductions pirates et la récupération des sommes qui lui étaient dues. Les Pays-Bas étaient occupés ; l'agent, l'éditeur avaient tous deux disparu de la circulation. Imperturbable, Peggy s'efforça d'obtenir gain de cause en faisant appel d'un premier jugement en leur faveur stipulant que les droits de reproduction n'étaient pas réservés pour les Pays-Bas. L'arrêt finalement rendu fit jurisprudence en matière de copyright et contribua au renforcement de la législation garantissant les droits des auteurs américains à l'étranger. En 1941 toutefois, l'acharnement de la romancière fit mauvais effet. Même Latham lui conseilla alors de se désister. Peggy ne voulut rien savoir. La guerre, estimait-elle, ne constituait pas une raison suffisante pour couper les ponts avec ses éditeurs, tout au moins dans les pays qui ne subissaient pas directement l'occupation nazie. Pour chacun d'eux, dans la mesure des informations reçues, les comptes étaient tenus à jour. A la fin de la décennie, non sans fierté, elle fut en mesure d'annoncer que les Européens, à quelques exceptions près, avaient respecté leurs engagements à son égard et s'étaient acquittés de leurs dettes. Parcimonieuse jusqu'à un certain point, Peggy n'était pas avare. Ses amis ou relations dans le besoin savaient pouvoir compter sur elle, à charge pour eux de rembourser, car la moindre somme avancée était consignée dans un registre, de même qu'étaient conservés les photostats de tous les chèques.

Quand elle ne menait pas un combat solitaire pour la défense de ses droits, Peggy veillait sur son père ou s'occupait de sa correspondance personnelle. Les relations épistolaires s'espaçaient avec certains amis, accaparés par leurs propres difficultés. Les Dowdey continuaient de tirer le diable par la queue et le petit Edwin Jr., le fils des Granberry, avait bien failli perdre la vue dans un accident. Les Brickell, réconciliés, avaient abandonné leur procédure de divorce. Pour avoir pris le parti de Herschel pendant la période de mésentente, John et Peggy connaissaient à présent les effets du mécontentement de son épouse. Norma les battait froid. Entretenue des incartades notoires de son mari, la jalousie n'était peut-être pas étrangère à l'attitude de Mrs. Brickell. Il ne fait aucun doute, selon différents témoignages, que Peggy était « sous le charme » de Herschel, auquel elle ne cessera d'adresser ses lettres les plus intimes ; malgré tout, rien ne permet d'affirmer qu'ils éprouvèrent jamais l'un pour l'autre un sentiment plus doux que l'amitié.

Séances de signatures organisées par les écrivains géorgiens, cocktails de l'Atlanta Historical Society, la vie de Peggy était pauvre en événements. A force de crier sur tous les tons qu'elle aspirait à rentrer dans l'ombre pour couler des jours paisibles, la romancière avait semé la perplexité dans l'esprit de ses anciens amis. C'était à peine si l'on osait encore inviter le couple à dîner, de peur de troubler sa quiétude ou, pire encore, d'encourir l'accusation de snobisme en voulant recevoir Margaret Mitchell à sa table.

Ceux qui se flattaient de l'avoir bien connue avaient tous plusieurs anecdotes à raconter et ne s'en privaient pas. Les heureux propriétaires d'un exemplaire dédicacé du roman exposaient celui-ci en bonne place dans leur salon ou leur bibliothèque. Tout le monde la connaissait ; il ne se trouvait pas un seul citoyen d'Atlanta pour lui mesurer son estime ; cependant il ne serait venu à l'idée de personne de faire un saut chez elle ou de lui passer un coup de fil, pour le plaisir de deviser un moment. Consciente des mesures de « respectueuse exclusion » dont elle était la victime, Peggy fit quelques efforts. Elle offrit un cocktail à l'occasion de la première d'un film qui était l'adaptation de *Who Killed Aunt Maggie ?*, roman policier dont Medora était l'auteur. Pour la première fois depuis longtemps, elle se rendit en compagnie de John au congrès annuel de la Georgia Press Association. Quelques jeunes gens, admirateurs inconditionnels d'*Autant en emporte le vent*, s'étaient constitués en chapelle. Stupéfaits d'être accueillis chez la romancière, ils ne tarissaient pas sur la verve avec laquelle elle présidait leurs petites réunions. Ces couches superposées d'égards et d'admiration auraient suffi à embaumer vive Margaret Mitchell. On la considérait comme une retraitée de la gloire, la figure légendaire de ces « années *Autant en emporte le vent* », ainsi qu'on les appelait, dans lesquelles l'Amérique s'était reconnue juste avant le grand tournant vers la guerre.

Le 9 août 1941 devait avoir lieu aux arsenaux de la Navy à Kearny, New Jersey, le lancement du croiseur *Atlanta*. Le lieutenant de vaisseau E. John Long pria Peggy de lui faire l'honneur d'être la marraine de son navire. Elle accepta sur-le-champ et, suivant son habitude, gratifia l'infortuné officier d'un long questionnaire dont la dernière partie concernait la tenue qu'il était convenable de porter dans ces circonstances exceptionnelles. Si une remise de fleurs était prévue, elle souhaitait que le bouquet ne fût pas trop important. « Je suis de taille modeste... on m'a déjà présenté des gerbes tellement imposantes que je disparaissais presque derrière elles. Je voudrais éviter de me trouver dans cette situation embarrassante. »

La marraine devait-elle offrir un présent au navire qu'elle allait baptiser ? demandait encore Peggy. Dans ce cas, un service à café en porcelaine de Wedgwood, délicatement décoré de scènes du vieil Atlanta, serait-il approprié ou ferait-il froncer les sourcils à des officiers de marine peu habitués à ces mignardises ?

Sur ce point, le lieutenant E. John Long répondit avec tact que la Navy n'attendait d'autre cadeau que Margaret Mitchell elle-même; l'équipage de l'*Atlanta* et ses officiers s'estimeraient comblés par sa seule présence. Dans l'espoir que Peggy pourrait s'inspirer de ce modèle pour résoudre ses problèmes d'élégance, il eut la bonne idée de lui envoyer une photo montrant Eleanor Roosevelt en train de lancer une bouteille de champagne contre la coque d'un navire.

Peggy se faisait une gloire d'avoir été choisie pour baptiser un croiseur. Sa licence *honoris causa* ne lui avait pas procuré plus de fierté ; aussi, très soucieuse de se montrer à la hauteur de l'événement, redoutait-elle le moindre faux pas. La cérémonie dut être repoussée, en raison des mouvements de grève qui perturbaient les chantiers. La date fut enfin fixée au samedi 6 septembre. Le jeudi 4, Peggy faisait à New York l'arrivée la plus discrète. Avec des précautions de passager clandestin, elle se faufilait hors du Waldorf Astoria et sautait dans un taxi pour aller rendre visite à ses amis Dowdey, installés depuis peu dans l'East Eighty Second Street. Le lendemain, chaperonnée par Macmillan, la romancière accueillait les journalistes pour une conférence de presse dans sa suite du Waldorf. Vêtue de bleu pâle, elle avait piqué sur son épaule la grande orchidée blanche envoyée par George Brett, tout en observant « qu'il aurait pu trouver, depuis le temps, une fleur plus adaptée à mon style ».

Éclats de rire.
UN JOURNALISTE. — Miss Mitchell, avez-vous déjà baptisé un cuirassé ?
M.M. — On donne aux cuirassés le nom d'un État, tandis que les croiseurs reçoivent un nom de ville, mais non, je n'ai jamais baptisé de navire de guerre. C'est pour moi une expérience nouvelle et périlleuse. Vous me verrez sans doute lancer la bouteille et la seconde d'après faire le plongeon. Les photographes s'en donneront à cœur joie. Mes amis d'Atlanta ont dressé la liste de toutes les catastrophes concevables. Je jetterai la bouteille avec tant de force qu'elle fera un trou dans la coque. On m'accusera de sabotage et je serai arrêtée. Je jouais au base-ball, dans le temps. Jusqu'à l'âge de quatorze ans, je fus une bonne lanceuse. En revanche, je n'ai jamais su frapper correctement la balle. Ce qu'il pourrait arriver de mieux peut-être, ce serait que je loupe ma cible.
Nouveaux éclats de rire.
UN JOURNALISTE. — On vous voit sur certaines photos portant l'uniforme de la Croix-Rouge. Participez-vous aux activités de la section d'Atlanta ?
M.M. — Bien sûr. Comme je suis la plus petite, je sers volontiers de cobaye pour les démonstrations. Les réunions se tiennent dans l'une des salles d'un club très mondain. Je n'oublierai jamais la stupeur des employés de couleur, le jour où dans le cadre d'un cours sur les mesures à prendre en cas d'incendie je tenais le rôle de la victime traînée sur le sol.

A ces mots, elle se leva, contourna la table et, pour la plus grande joie de l'assistance, s'allongea sur le tapis. Les journalistes des derniers rangs se hissèrent sur leur chaise pour ne rien perdre du spectacle.

M.M. — Vous entrez dans un immeuble sinistré. Si des personnes sont évanouies, la première chose, c'est de leur lier les mains, comme ceci (*croisées*), et de les faire basculer sur le dos. Vous évacuez les lieux à quatre pattes, en traînant les corps entre vos genoux. (*Elle se relève et retourne s'asseoir.*) L'air est moins vicié au ras du sol.

Applaudissements.

UN JOURNALISTE. — Qu'est-ce qui a le plus changé dans votre vie, aussitôt après la parution d'*Autant en emporte le vent* ?

M.M. — Ma porte était prise d'assaut, le téléphone carillonnait à toute volée.

UN JOURNALISTE. — Où en êtes-vous à présent ?

M.M. — Le travail relatif au livre me prend encore beaucoup de temps. Il a été publié dans dix-neuf pays, y compris la Grande-Bretagne et le Canada, où les problèmes de traduction, bien sûr, ne se posent pas. Nous avons donc affaire à dix-neuf législations différentes en matière de droits d'auteur. Les contrats varient d'un pays à l'autre, pour ne rien dire des usages non écrits. La besogne ne manque pas.

UN JOURNALISTE. — Avez-vous un agent ?

M.M. — A l'étranger, mais je n'ai pas d'agent aux États-Unis. Mon mari s'occupe de mes affaires. Mon père et mon frère sont juristes.

UN JOURNALISTE. — Pourquoi avez-vous fait un second procès à l'éditeur hollandais ?

M.M. — A l'avenir, je l'espère, les droits des auteurs américains à travers le monde seront mieux protégés.

UN JOURNALISTE. — A ce jour, combien d'exemplaires de votre roman ont-ils été vendus aux États-Unis ?

M.M. — Deux millions huit cent soixante-huit mille exemplaires.

UN JOURNALISTE. — Envisagez-vous de vous remettre à écrire ?

M.M. — Qu'on m'en laisse le temps et qu'on me donne une rame de papier !

UN JOURNALISTE. — Quelqu'un, je ne sais plus qui, disait qu'écrire, c'était surtout l'art de savoir garder son postérieur vissé sur sa chaise. Qu'en pensez-vous ?

M.M. — (*Elle rit.*) Bonne définition, quoique incomplète. Pour ma part, je connais quantité d'occupations plus exaltantes. L'inspiration, il est vrai, ne m'a jamais visitée.

UN JOURNALISTE. — Quand vous évoquez la période correspondant à la préparation du film, quel souvenir vous vient spontanément à l'esprit ?

M.M. — Je pense aux jeunes filles qui rêvaient d'incarner Scarlett et venaient frapper à ma porte après s'être enfuies de chez elles. « Je ne peux rien pour vous », leur disais-je. Les pauvres petites me suppliaient alors d'intervenir auprès de la direction de leur école afin de leur éviter un renvoi, et auprès de leur mère pour qu'on n'ébruite pas cette fugue ridicule.

UN JOURNALISTE. — La première du film eut lieu à Atlanta en décembre 1939. Ce dut être pour vous un événement considérable ?

M.M. — Inoubliable, certainement, y compris dans ses aspects les plus

déplaisants. Le problème des billets d'entrée, par exemple. On m'en avait
remis deux, quelques heures avant le lever de rideau. Quel désordre ! Trois
cent mille personnes voulaient pénétrer dans une salle qui contient un peu
plus de deux mille places. Certaines dames se vantaient naguère d'avoir assisté
à l'inauguration du monument à la mémoire de Jefferson Davis en 1884.
A condition d'avoir été au nombre des spectatrices du Loew's Grand Theatre, le 15 décembre 1939, leurs filles et petites-filles peuvent aujourd'hui répli-
quer : « Et moi, j'étais à la première d'*Autant en emporte le vent* ! »
   UN JOURNALISTE. — Si vous écrivez un second livre, s'agira-t-il à nouveau du Sud ?
   M.M. — Cher monsieur, je serais bien en peine de parler d'autre chose.

   Le lendemain matin, à 10 h 20, toute fringante dans la blancheur
empesée d'un costume marin, coiffée d'un chapeau qui ne demandait qu'à prendre le large au premier coup de vent, Peggy se trouvait
sur le quai des arsenaux de Kearny, au milieu d'une brillante assemblée d'officiers. Le soleil l'aveuglait, aussi fit-elle trois essais malheureux avant de frapper la coque. « Si cette bouteille était une balle de
base-ball, je me serais retrouvée sur la touche », confia-t-elle à l'amiral
Bowen, son voisin, tandis que s'élevaient enfin les acclamations.
Jusqu'au soir, la guerre fut au centre des conversations. Contrairement à son héroïne, Peggy n'était pas du tout rebutée par un sujet
si terrible que les femmes tout autant que les hommes « devaient être
capables de regarder en face ». Elle annonça hautement qu'à son avis
les États-Unis n'avaient le choix qu'entre l'intervention ou le déshonneur. Si elle n'apporta jamais sa caution à la politique intérieure de
Roosevelt, Peggy n'en admirait pas moins l'habileté avec laquelle il
avait su retourner une opinion publique très isolationniste. Elle aurait
pu faire sienne la proclamation du jeune Stuart Tarleton, dans les
premières pages du roman : « Il faut se battre, si nous ne voulons
pas être marqués du sceau de la lâcheté aux yeux du monde. » Les
Japonais, « cette vermine infâme », ne lui inspiraient aucune
confiance, aussi ne fût-elle pas surprise à l'annonce du bombarde-
ment de la base de Pearl Harbor, le 7 décembre. Quelques jours avant
Noël, la marraine fut de retour aux chantiers de Brooklyn pour l'arme-
ment du croiseur. Un déjeuner fut servi à son bord et Peggy fut invitée à passer en revue tous les matelots originaires de Géorgie que l'on
avait fait s'aligner devant elle. Peu après, elle écrivait au capitaine
pour lui demander si elle pouvait apporter son écot à la caisse sociale
de l'équipage. Il lui fut répondu que l'*Atlanta* était entré en activité
et cinglait vers le Pacifique.

Au mois de novembre 1942, le croiseur était coulé au large de Gua-
dalcanal. Il n'y eut pas de survivants. Peggy fut accablée de chagrin.
Ce malheur la saisissait comme un drame personnel. A nouveau les
cauchemars hantèrent ses nuits ; à nouveau son esprit se mit à jouer
avec les plus violentes prémonitions concernant sa propre fin.

CHAPITRE XXV

Avec l'entrée en guerre des États-Unis, la vie de Peggy retrouva un dynamisme, une signification qu'elle n'avait pas eus depuis la remise du manuscrit à Macmillan, tant d'années auparavant. La perspective de sacrifices et de privations n'était pas faite pour l'effrayer, pas plus que John. La Mercury à peine rodée demeura dans le garage pour respecter les consignes d'économie d'énergie. Tous deux s'enrôlèrent dans la police municipale ; ils supportèrent vaillamment le rationnement imposé sur certaines denrées de première nécessité — sucre, beurre, viande —, estimant que c'était bien peu de chose, comparé aux souffrances endurées par les Britanniques.

Peggy lisait avec passion tout ce qui se rapportait à la guerre. Non contente de suivre l'évolution du conflit au jour le jour dans la presse locale, elle se constitua une bibliothèque. Chaque mois, elle souscrivait un bon de guerre pour une somme importante. Puis elle prit l'initiative d'une campagne acharnée en vue de réunir les fonds destinés au financement d'un nouveau croiseur qui remplacerait l'*USS Atlanta*. Elle vendait ses bons par tous les temps, quitte à battre le pavé cinq heures d'affilée, exposée aux rafales de vent. Courage et persévérance furent récompensés. En l'espace de six semaines, Peggy devait rassembler soixante-cinq millions de dollars, résultat bien supérieur à l'objectif fixé, prouesse dont bien peu d'Américaines auraient été capables et qui permettait la construction de deux torpilleurs, en plus du croiseur.

On pouvait se demander si l'ardeur militante de Maybelle n'avait pas pris possession de sa fille tandis que, plantée devant un micro sous les préaus des écoles, dans les cours d'usine ou sur les places publiques, celle-ci haranguait jeunes et moins jeunes, riches et pauvres, faisant appel à leur porte-monnaie avec une éloquence si persuasive. La prétendue pudeur qui l'embarrassait pour s'exprimer en public lorsqu'il s'agissait du livre ou du film s'était évanouie comme par enchantement.

Aux lettres envoyées naguère par les admirateurs d'*Autant en emporte le vent* s'étaient substituées celles de dizaines d'appelés, originaires d'Atlanta ou d'autres villes du Sud, avec lesquels Peggy entretenait une correspondance affectueuse, comme en témoigne, parmi tant d'autres, cette missive adressée à Leodel Coleman de Statesboro, Géorgie. Après avoir énuméré les changements intervenus à l'arrière, les « privations et autres petites misères dont souffrent les gens », Peggy expliquait : « L'effort de guerre a modifié nos conditions de vie, il est important que vous, soldats américains, en soyez avertis. Mais le front est loin. Si personne ne prend la peine de vous décrire la façon dont le pays accepte et subit le contrecoup des événements, jusque dans les plus petits aspects de l'existence, comment saurez-vous jamais ? »

La porte des Marsh était toujours ouverte pour les conscrits, fussent-ils de très lointaines connaissances. Pendant toute la durée de la guerre s'installa dans les relations sociales une complicité, une familiarité bon enfant qui convenaient à Peggy. De toute évidence, la jeune femme s'épanouissait dans cette ambiance chaleureuse comme elle ne l'avait jamais fait sous les feux de la gloire. Elle se sentait parfaitement à son aise entourée de jeunes soldats, tous sensibles à la grâce naturelle, au robuste humour qu'elle déployait à leur intention. C'était comme si lui étaient rendues l'impétuosité, la séduction de sa prime jeunesse, tout ce que l'abandon de son métier de journaliste et l'usure provoquée par le roman lui avaient ravi. De passage à Atlanta avec son épouse, Clifford Dowdey ne fut pas sans remarquer la métamorphose de Peggy et s'en amusa. « Bravo ! Une débutante est de retour parmi nous », lui écrivit-il peu après.

A la fin du mois de mai, sitôt après son épuisante collecte de fonds, Peggy entra à l'hôpital Johns Hopkins de Baltimore afin de subir une nouvelle opération. Il s'agissait cette fois de pratiquer l'ablation du disque situé entre les deux dernières vertèbres lombaires. Elle pourrait dire adieu aux lumbagos ainsi qu'à ses gros souliers, lui promit le chirurgien, un sudiste de vieille souche. La patiente avait en lui une confiance absolue et se voyait déjà chaussée d'escarpins.

Le 19 avril 1943, de retour chez elle, Peggy était autorisée à rester assise sur son lit, harnachée de courroies servant à maintenir l'armature qui lui prenait tout le torse. « Le bas s'est amélioré, cela ne fait aucun doute », écrivit-elle à Helen Dowdey. « En fait, le problème s'est déplacé vers le haut. J'ai tout l'air d'une barrique. Comme dit John, avec quelques médailles en plus, je pourrais faire concurrence à Goering. »

Deux frères, journalistes de profession, se battaient en Europe au cours de l'année 1944. Peggy écrivit à l'un d'eux qu'elle éprouvait quelques difficultés à les imaginer sous l'uniforme, ayant conservé un souvenir très précis du déguisement pittoresque qu'ils avaient choisi pour le « gala des mal ficelés [1] », organisé à l'occasion de la dernière convention du Press Institute. Ils étaient apparus nu-pieds, vêtus comme des chiffonniers, une canne à pêche sur l'épaule, un cruchon de tord-boyaux sous le bras, la parfaite panoplie des indigènes de Dog Patch [2].

Je m'étais amusée comme une petite folle à cette soirée. Aujourd'hui, je ne puis résister au plaisir d'évoquer un incident, aussi grotesque qu'hilarant. J'étais venue frapper à la porte de votre chambre afin de voir si vous étiez prêts. Vous avez surgi comme des diables et m'avez donné la chasse le long du couloir. Imaginez le tableau, vous, vociférant dans vos fringues de péquenots, agitant cruches et cannes à pêche ; moi, poussant des cris d'orfraie, détalant aussi vite que le permettait ma jupe à cerceau, la main sur la tête pour éviter l'envol de mon chapeau à plumes. Je me suis trouvée nez à nez avec deux touristes yankees qui s'étaient trompés d'étage et, de saisissement, demeuraient cloués sur place. En voilà qui sont rentrés chez eux convaincus que le Sud n'était pas en dessous de sa réputation.

Il s'était vite répandu que Margaret Mitchell correspondait avec les soldats envoyés au front. Bill Mauldin, célèbre caricaturiste indépendant, en fit même le sujet de l'un de ses dessins. A la faveur de la clarté intermittente dispensée par les tirs d'artillerie tout proches, un fantassin épuisé griffonnait un billet dont les premiers mots n'étaient autre que : « Chère, très chère Miss Mitchell. » « Je ne sais s'il faut vous en remercier, mais votre dessin a fait de moi la coqueluche du contingent », lui écrivit Peggy.

Élevé dans l'enceinte de Piemont Park, un bâtiment préfabriqué abritait la cantine de la Croix-Rouge. Raccommoder les uniformes, recoudre les galons et les boutons, rattraper les mailles des vieux gants de laine... le travail ne manquait pas et Peggy s'y rendait souvent. Toujours en verve, elle cultivait la sympathie de ses admirateurs à l'aide d'anecdotes dont elle faisait provision, telle celle-ci :

1. En anglais, « *tacky party* », réunion mondaine où les invités, par dérision, sont conviés à se présenter affublés de hardes (N.d.T.).
2. Dog Patch : village natal de Lil Abner, héros de la bande dessinée d'Al Capp (N.d.T.).

Un soldat cantonné près de Boston s'était entiché d'une jeune fille de cette ville. On l'envoya dans le Mississippi. A peine arrivé dans sa nouvelle garnison, il reçut une lettre de la belle. Enceinte de ses œuvres, elle ne doutait pas un seul instant qu'il ne voulût se comporter en galant homme, aussi le priait-elle d'envoyer sans délai l'argent nécessaire à l'achat d'un aller Boston-Mississippi, afin qu'elle puisse le rejoindre.

Dix jours plus tard, notre soldat se décidait à répondre. Au terme d'une enquête approfondie menée auprès de la population locale, il était arrivé à la conclusion qu'un petit bâtard s'en sortirait mieux à Boston qu'une Yankee dans le Mississippi. Aussi lui conseillait-il fermement de rester où elle était.

Grâce aux renseignements fournis par son réseau de correspondants, Peggy savait qu'*Autant en emporte le vent* continuait d'avoir des lecteurs en Europe, même s'il ne pouvait être question de se faire communiquer les moindres chiffres de vente. Nombre d'éditeurs avec lesquels elle se trouvait en affaires avaient été contraints de mettre la clé sous la porte. Au début, le roman n'avait pas été mis à l'index dans la France occupée. En fait, la censure allemande espérait que les descriptions des brutalités commises par l'armée fédérale jetteraient le discrédit sur les États-Unis, considérés comme la « patrie de la démocratie ». L'effet escompté ne se produisit pas, bien au contraire. Dans leur majorité, les lecteurs s'identifiaient avec les vaincus dont l'esprit de résistance forçait leur admiration. L'interdiction du livre provoqua une flambée du prix sur le marché noir où l'exemplaire s'enlevait à six dollars. On prétend même que certains malheureux furent passés par les armes pour avoir été trouvés en possession d'un pareil brûlot.

La guerre révéla chez Peggy, avec un éclat particulier, ce don de courage et de fermeté qui s'était déjà manifesté en différentes occasions de sa vie. Elle avait embrassé avec élan une cause digne à ses yeux des plus grands sacrifices et que tout Américain devait se sentir prêt à servir. Parfois, plusieurs lettres signées Margaret Mitchell étaient découvertes dans le havresac de l'un de ses « chers filleuls » tués à l'ennemi. Quand lui parvenait la triste nouvelle, Peggy faisait encadrer la missive. En février 1944, elle fut invitée au baptême du nouveau croiseur *Atlanta*. John, bien sûr, l'accompagnait ; il profita de cette occasion pour rendre visite à sa famille. Les Dowdey, alors au bord de la rupture, ne furent pas oubliés. Clifford avait une liaison. Helen voulait obtenir le divorce ; à cette fin, elle était décidée à faire le voyage de Reno. Cette situation incita les Marsh à rencontrer

Mrs. Dowdey en l'absence de son mari. Ils dînèrent tous les trois dans la suite du Waldorf. Peggy tenta en vain de convaincre son amie de l'absurdité de la démarche qu'elle se proposait d'engager. Si elle envisageait quelque jour de se remarier, cette possibilité pourrait lui être légalement contestée. Les enfants nés de cette seconde union se verraient donc privés de tout droit de succession. Mrs. Dowdey ne fut guère sensible à ces arguments.

L'été approchait. La guerre, du moins pouvait-on l'espérer, s'acheminait vers sa fin. La joie de Peggy aurait été plus grande si elle n'avait eu à déplorer la soudaine aggravation de l'état de son père. Eugene, écrivit-elle à Helen Dowdey, « était un malade irascible, aussi facile à vivre qu'un chat sauvage en pleine crise d'adolescence ».

Il s'éteignit le 17 juin 1944. Une angoisse très révélatrice se mêlait au chagrin de Peggy. Depuis trop longtemps, elle avait invoqué l'alibi de la mauvaise santé paternelle pour justifier son refus d'entreprendre tout nouveau travail d'imagination. En 1941, n'avait-elle pas laissé entendre aux Dowdey que, n'eussent été ses responsabilités envers son père qui réclamait des soins constants, elle commencerait un second livre ? Trois ans plus tard, elle n'écrivait pas autre chose à Douglas S. Freeman, auteur d'une monumentale biographie de Robert E. Lee qui lui avait valu le prix Pulitzer. En son for intérieur, sans doute n'en pensait-elle pas un mot. Propositions et suggestions extérieures ne manquaient pas cependant. Quantité de revues, déjà éconduites, revinrent à la charge, dans l'espoir qu'elle se déciderait à leur envoyer une nouvelle. La réponse fut toujours négative. Selznick manifesta le désir d'acheter les droits d'adaptation d'*Autant en emporte le vent* pour le théâtre ; il tenta plus d'une fois de rouvrir les négociations sur ce point. Son offre était fort généreuse, pourtant John et Stephens la déclinèrent sous prétexte qu'il suffisait d'attendre un peu pour obtenir des conditions encore plus avantageuses. De son côté, Macmillan aurait été trop heureux de publier l'œuvre suivante de Margaret Mitchell, aussi chargeait-il régulièrement Latham et Lois Cole de sonder Peggy sur ses projets. Ils ne furent jamais en mesure de discerner chez elle la claire intention de reprendre le collier.

En apparence, tout au moins, l'humeur incohérente de la jeune femme arrivait à concilier les encouragements qu'elle prodiguait aux autres écrivains et sa propre stérilité. Après la publication de *A Tree Grows in Brooklyn*[3], elle envoya à Betty Smith, qu'elle ne connais-

3. Titre français : *Le Lys de Brooklyn* (N.d.T.).

sait pas, une lettre amicale dans laquelle on relève cette petite phrase :
« Puissiez-vous ne pas succomber à la fatalité des événements et trouver le temps de continuer à écrire, c'est tout le bonheur que je vous
souhaite. »

Peut-être, en écrivant ces lignes, Margaret Mitchell avait-elle conscience de s'être laissé prendre elle-même dans l'engrenage du succès.
La mort d'Eugene la libérait de ses obligations filiales. Elle en profita
pour se rasseoir devant sa machine, mais ce fut pour s'occuper avec
une énergie accrue de la gestion de ses droits d'auteur. Le 14 octobre
1944, elle confiait à un sous-secrétaire du département d'État ses inquiétudes relatives à son éditeur français [4], soupçonné de collaboration
avec l'occupant. Dans ces conditions, la poursuite de ses relations
d'affaires avec lui était-elle compatible avec son patriotisme ?

Quelques jours plus tard, elle engagea le fer avec le rédacteur en
chef du *New York World Telegram*, coupable d'avoir publié deux
témoignages affirmant qu'*Autant en emporte le vent* avait été présenté aux studios alors qu'il était encore à l'état d'épreuves et vendu
pour la somme de cinquante mille dollars. Voici un extrait de la lettre de Peggy :

Les épreuves n'ont jamais été envoyées à qui que ce soit, et je n'ai pas
le souvenir d'avoir fait la moindre déclaration concernant les clauses financières du contrat.

Pour en revenir aux épreuves, j'en ai moi-même achevé la lecture au mois
de mars 1936. A ce moment-là, dans l'hypothèse où un acheteur éventuel
en aurait eu connaissance, aucune offre ne m'avait encore été faite. Le
30 juillet de la même année, ainsi qu'en fait foi la date figurant sur mon
contrat, les droits d'adaptation cinématographiques étaient cédés à Mr. Selznick. Avant même la parution, les commandes des libraires atteignaient plusieurs dizaines de milliers d'exemplaires ; j'avais donc l'assurance que mon
roman ne passerait pas inaperçu. Il était déjà un best-seller lorsque je signai
le contrat avec le studio.

A l'avenir, si vous abordez à nouveau dans vos colonnes la question de
la vente des droits d'adaptation des œuvres littéraires, je vous serais reconnaissante de ne pas citer l'exemple d'*Autant en emporte le vent*, à moins
de vous décider à rétablir la vérité. Contrairement à vos insinuations, je n'ai
pas à déplorer d'avoir été la victime d'une escroquerie, puisque jamais Hollywood n'avait consenti à payer aussi cher les droits d'adaptation d'un premier roman.

---

4. Il s'agit des Éditions Gallimard (N.d.T.).

Avec le recul des années, cette lettre étrange n'autorise qu'une interprétation. La guerre avait aussi profité à l'industrie du cinéma ; les budgets des films montaient en flèche. Peggy éprouvait quelque gêne à reconnaître qu'elle avait manqué d'audace et de clairvoyance au point de s'être dessaisie pour une somme si modeste des droits d'*Autant en emporte le vent*. Sur la question des épreuves, dans le meilleur des cas, elle pèche par oubli. Dans les premiers jours d'avril 1936, Annie Laurie Williams avait fait parvenir les placards du roman à Kay Brown. Doris Warner, Samuel Goldwyn, Louis B. Mayer, Darryl Zanuck avaient tous reçu leurs épreuves. Jack Warner ne devait-il pas faire son offre initiale en avril, alors que le premier tirage n'était pas encore sous presse ? On trouva d'ailleurs dans les archives de Macmillan le double d'un bon de commande adressé à l'imprimeur, portant sur un jeu de douze épreuves.

Pourquoi Peggy éprouvait-elle le besoin d'entretenir ainsi la légende du roman, et la sienne par la même occasion ? La réponse à cette question, pour consternante qu'elle soit, ne fait aucun doute. Margaret Mitchell appartenait déjà au passé. En recueillant les débris du mythe, Peggy assurait à ses propres yeux un semblant de continuité entre la période créatrice de son existence et son actuel dénuement. Tous les prétextes étaient bons pour fuir le silence et ranimer la flamme, ainsi le petit jeu qui consistait à écrire à ses amis journalistes pour les informer, toujours sur le ton de la plaisanterie, d'une rumeur flatteuse ou du dernier ragot. En Grande-Bretagne, *Autant en emporte le vent* était demeuré à l'affiche pendant toute la durée de la guerre et les files d'attente s'allongeaient encore devant les salles. Hitler avait organisé une projection privée du film à laquelle il avait convié ses « quatre meilleurs copains ».

Selon Margaret Baugh, Noël 1944 marque un tournant dans le comportement de Peggy. A dater de cette période, la morosité fut à l'ordre du jour. La jeune femme en arrivait à négliger son apparence, et son sens de l'humour s'émoussait. Jusqu'aux lettres qu'elle continuait d'envoyer à ses admirateurs qui sombraient dans la banalité.

Avant Noël, Peggy avait montré, même dans l'intimité, « une certaine disposition à la bonne humeur ». Elle s'assombrit peu à peu, note Margaret Baugh, et parut se laisser aller à l'amertume. La fidèle secrétaire prétend n'avoir vu Peggy pleurer qu'une seule fois. La jeune femme se trouvait dans la cuisine, en train de laver une paire de bas. L'un d'eux lui échappa ; aspiré dans le tourbillon de l'eau, il s'en fut par la bonde. Cette minuscule contrariété déclencha un processus dont Peggy seule aurait pu décrire le cheminement. Un désespoir terrible lui serra la gorge. Une barrière s'abattit : appuyée des deux mains au rebord de l'évier, elle fut secouée de sanglots. Figée dans une muette immobilité sur le seuil de la pièce, Margaret Baugh, impuissante, laissa passer la crise.

Le 7 mai 1945, au quartier général d'Eisenhower à Reims, le Reich signait une capitulation définitive et sans condition. Les hostilités entre les États-Unis et le Japon devaient se poursuivre jusqu'au 10 août, date de la capitulation nippone, mais dès le début de l'été commença le rapatriement des premiers soldats du contingent. A Atlanta comme ailleurs, cet événement célébré dans la joie était endeuillé par la pensée de tous ceux qui ne reviendraient pas. Ces fantômes se penchaient sur la conscience de Peggy. A ses amis les plus proches, elle relatait ses cauchemars, peuplés d'images violentes. Ses insomnies fréquentes tissaient d'effroyables visions. Elle adressa à Granberry une prière de sinistre augure. Il ne devait jamais détruire les lettres qu'elle lui envoyait, sous aucun prétexte. Peggy ajoutait : « Je mourrai dans un accident de voiture, j'en ai le pressentiment. »

CHAPITRE XXVI

Son père n'était plus, la guerre avait pris fin. La disparition des deux principaux obstacles à son « réveil intellectuel » plaça Peggy devant le fait accompli. Elle n'écrirait pas d'autre livre. Elle n'en avait désormais ni le courage ni le talent.

Neuf ans s'étaient écoulés depuis la parution de son roman. Pendant cet intervalle, elle n'avait ébauché qu'un seul projet sérieux, laissé à l'état de notes. John et Margaret Baugh avaient été invités à donner leur opinion. Peggy se proposait d'écrire une version romanesque de sa propre aventure, prétexte à fabuler autour des causes et des conséquences de sa gloire foudroyante. En 1945, affirme Margaret Baugh, c'était depuis longtemps une idée enterrée. Ainsi la créatrice de Scarlett s'était-elle laissé prendre au piège que son héroïne avait su éviter. Margaret Mitchell suffoquait, prisonnière de son propre univers.

La paix revenue, les ventes d'*Autant en emporte le vent* connurent un essor prodigieux, tant aux États-Unis qu'à l'étranger. Aux mois d'octobre et de novembre, le roman refit même son apparition au bas de la liste des best-sellers. En Europe, surtout, il faisait fureur. Malgré la présence bihebdomadaire du comptable, John s'appliquait toujours à démêler la grande complexité des droits étrangers. En 1941, les Marsh avaient eu recours à une agence. Cette brève association avait pris fin sur une brouille, Stephens accusant les personnes chargées de leurs intérêts de ne pas apporter assez de diligence à la résolution du « casse-tête hollandais ». En réalité, personne dans la famille ne souhaitait l'intervention d'un tiers. John se fit fort de reprendre contact avec les éditeurs étrangers qui avaient survécu à la tourmente et de s'y retrouver dans le maquis des nouvelles législations en vigueur. « Toujours aucune nouvelle de la Pologne », écrivit Peggy à Lois Cole. « Silence plus alarmant du fait que ma première maison d'édition dans ce pays était dirigée par des israélites. La Lettonie, passée aux mains des Soviétiques, ne répond pas davantage. Mes éditeurs finlandais ne sont pas plus loquaces. Des gens charmants, autant qu'il m'en souvienne. L'Armée Rouge était aux portes d'Helsinki que le patron de la maison, un vieux monsieur dont les fils se trouvaient au front, avait tenu à me payer rubis sur l'ongle. »

Une gestion sérieuse des « affaires étrangères », pour reprendre l'expression de Peggy, représentait donc un travail considérable. Informée par ses correspondants de guerre et ses admirateurs du succès qu'avait remporté *Autant en emporte le vent* outre-Atlantique en dépit de tous les événements, Peggy prétendait traquer les éditeurs afin d'obtenir, dans la mesure du possible, une mise à jour des comptes et l'acquittement de ses droits, tout en sachant qu'elle pouvait faire une croix sur les bénéfices énormes réalisés par les revendeurs des marchés clandestins. La plupart des éditeurs retrouvés par John et sommés de faire le nécessaire s'exécutèrent. Tous, en effet, étaient soucieux de conserver les droits de reproduction d'une œuvre qui avait encore de si beaux jours devant elle.

Depuis juin 1945, affaibli par une fièvre intermittente, John n'en continuait pas moins avec un acharnement méritoire à donner entière satisfaction à Georgia Power tout en harcelant les éditeurs européens. Une fois de plus, les médecins désemparés en furent pour leurs frais de pronostics et diagnostics. En novembre, aucune amélioration n'était perceptible. Peggy fait part de son inquiétude dans une lettre à un ami. « Cette lassitude qu'il traîne sans pouvoir la secouer ne me dit rien qui vaille... Les traitements prescrits le maintiennent à flot, sans plus, mais que faire ? La "streptomycin" (*sic*) sera bientôt commercialisée ; on dit que cet antibiotique peut faire des miracles. »

De son côté, John écrivait à Helen Dowdey : « On a beau faire, le travail s'accumule et vous prend toujours de vitesse. » Il fut pourtant décidé de s'accorder une semaine de vacances à la fin de l'année. Le choix se porta sur Sea Island, un îlot situé à quelques encablures de la côte géorgienne. Le 24 décembre dans la matinée, leur train arrivait en gare de Jesup. A partir de là, ils devaient poursuivre par leurs propres moyens jusqu'à Brunswick où ils prendraient le ferry pour Sea Island. Il était entendu qu'une fourgonnette conduite par un chauffeur les attendrait à la descente du train. Ils se retrouvèrent sur un quai désert, battu par une pluie torrentielle. Il n'y avait en vue ni porteur ni véhicule. Peggy, son manteau tendu au-dessus de sa tête, courut se mettre à l'abri tout en criant à John de laisser les bagages et de la suivre aussi vite qu'il le pourrait. Sans tenir compte de cette sage

recommandation, il se chargea tant bien que mal des sacs et des valises, coinça les uns, prit les autres à bout de bras, et commença son
cheminement difficile en direction du bâtiment de la gare. A mi-
chemin, un élancement terrible lui traversa le bras, juste sous l'épaule.
L'espace d'un instant, pétrifié sous les trombes d'eau, il crut défail-
lir. La douleur s'estompa, ne laissant qu'une grande faiblesse, un tremblement de tous les membres. Il se remit en route. Peggy le vit pâle
comme un linge et le pressa de questions. John se fit rassurant, affirmant qu'il se sentait déjà beaucoup mieux. La voiture se présenta
sur ces entrefaites. Ils n'étaient pas plutôt arrivés au Cloister Hotel
de Sea Island que John se mettait au lit. Une heure plus tard, il était
terrassé par une crise cardiaque. Il n'y avait pas un seul médecin dans
toute l'île. Gagnée par l'affolement, Peggy n'en prit pas moins la seule
décision raisonnable : le malade fut installé à l'arrière de la fourgonnette et conduit à l'hôpital de Brunswick. Le lendemain, jour de Noël,
John fut bien près de perdre la vie. Puis le miracle se produisit, une
lente résurrection. Les médecins redoutaient les conséquences d'un
déplacement prématuré, aussi Peggy attendit-elle trois semaines l'autorisation de pouvoir transférer son mari au Piedmont Hospital
d'Atlanta. Un mois et demi plus tard, John rentrait chez lui étendu
sur une civière, contre l'avis du corps médical qui aurait voulu le garder. Peggy fit valoir qu'il serait mieux soigné à domicile que dans
un hôpital où les malades, « pratiquement livrés à eux-mêmes, devaient
patienter trois quarts d'heure en attendant qu'une infirmière se décide
à répondre à leur appel ». John demeura couché de tout son long
pendant plusieurs mois, incapable de se redresser.

Peggy engagea en qualité de garde-malade un jeune Noir qui préparait son diplôme d'infirmier. Dans l'appartement transformé en
dispensaire, on vivait au rythme du convalescent. Peggy veillait sur
lui et lui prodiguait tous les soins en l'absence de l'infirmier. Bessie
accepta de bon cœur de faire des heures supplémentaires pour « assurer la relève ». En juillet, John avait retrouvé assez de force pour supporter la position assise vingt minutes d'affilée, le dos bien calé contre
plusieurs oreillers. « C'est merveilleux, il a l'impression de renaître
à la vie », écrivit Peggy à Helen Dowdey. « Quant à moi, je commence à respirer. » L'avenir demeurait incertain, elle en était consciente. « La double journée de travail, c'est fini pour lui », confia-t-elle
à Lois Cole. « John devra faire un choix entre Georgia Power et l'inépuisable dossier Margaret Mitchell. Pour dire les choses comme elles
sont, je m'estimerai bienheureuse s'il est un jour en état d'assumer

à nouveau la moindre responsabilité. » De son point de vue, l'incapacité de John n'aurait pu se produire à pire moment. Les poursuites engagées contre les fraudeurs yougoslaves et belges étaient entrées
dans leur phase décisive ; l'éditeur espagnol détournait allégrement
des fonds qui lui étaient dus (et qu'elle récupérera par la suite) ; il
fallait se hâter de faire payer les Français avant la dévaluation de leur
monnaie, et trois nouveaux contrats devaient être négociés à brève
échéance. Enfin, malgré l'arrêt de la cour d'appel rendu en sa faveur
contre les Hollandais, la guerre avait suspendu les opérations de rem-
boursement. Ceux-ci furent effectués dans le courant de l'année 1946.
Peggy en conçut une grande fierté. Dans son esprit, sa victoire était
celle de tous les écrivains américains, « directement ou indirectement
concernés par l'heureuse issue du conflit ».

Peggy, c'est l'évidence, avait l'étoffe d'une baroudeuse. Si une cause
éveillait son instinct combatif, elle partait en guerre et rien ne l'arrêtait. Cette ardeur était volontiers mise au service des intérêts d'autrui.
Bessie en fit l'expérience à son profit, de même que la pauvre Carrie,
blanchisseuse de la famille depuis vingt ans, qui se mourait d'un cancer
au mois de mars 1945, lorsque John rentra chez lui après son séjour
au Piedmont Hospital. Les Holbrooks avaient de la fierté ; dans ces
circonstances pénibles, il leur répugnait d'en être réduits, bien invo-
lontairement, à placer l'une des leurs dans l'un des hospices réservés
aux Noirs. Soucieux également du bien-être de la malheureuse, ils
firent appel à « Miss Peggy » afin qu'elle usât de son influence pour
faire admettre Carrie dans un établissement payant où elle achève-
raient paisiblement ses jours.

Après avoir fait le tour des hôpitaux de la ville et s'être heurtée
à un refus unanime, Peggy plaida la cause de Carrie auprès des religieuses de la congrégation Our Lady of Perpetual Help. Elle les supplia de déroger à la règle selon laquelle n'étaient admis que des patients
sans famille et sans ressources. Sans doute ne fut-on pas insensible
à la promesse d'une donation, toujours est-il que Carrie se vit offrir
un lit. Trois jours plus tard, elle était morte.

Sur son élan, Peggy devait s'atteler à résoudre un modeste aspect
de la ségrégation dont étaient victimes ses concitoyens de couleur.
Elle mena une campagne énergique pour la construction d'un hôpital payant dans lequel les Noirs qui en avaient les moyens et refusaient la sordide gratuité des asiles pourraient recevoir des soins de
qualité. Dès que John fut en état de quitter la chambre, elle se mit
en quête de bailleurs de fonds. Elle joua de tout son prestige pour

faire accepter le projet par les conseils d'administration de la Fulton-DeKalb Hospital Authority et de la Fulton County Medical Society auxquels elle versa la première souscription d'un montant de mille dollars.

Cet été-là, les ennuis domestiques se multiplièrent. Souffrante, Bessie dut se faire remplacer par sa fille, Deon, qui s'acquitta fort bien du ménage et de la cuisine jusqu'au jour où elle fut hospitalisée pour subir une mastectomie. Le jeune infirmier avait abandonné son emploi. Peggy se trouva seule avec John toujours alité. Elle n'avait d'autre choix que celui de le ramener à l'hôpital où il demeurerait dans l'attente du retour de Bessie, prévu pour le mois de septembre. Un nouvel infirmier fut alors engagé pour surveiller sa convalescence qui se poursuivit avec une lenteur désespérante. En décembre, John était tout juste capable de passer ses journées assis dans un fauteuil. Une heureuse idée vint à Peggy.

Ils avaient toujours été plus ou moins cinéphiles. Peggy loua un projecteur seize millimètres ; chargé du ravitaillement en films, le concierge venait chaque jour avec de nouvelles bobines sous le bras. Les Marsh avaient une préférence pour le cinéma d'avant-guerre. En l'espace de quelques mois, l'œuvre de Chaplin leur devint familière. Ils prirent aussi grand plaisir à voir *The Last Mile, Scarface, Hell's Angels* [1]. « Chaque soir retentit entre nos murs le crépitement des mitrailleuses, lit-on dans une lettre adressée à Helen Dowdey, quand nous ne vibrons pas au rythme des tams-tams de *South of Pago Pago* [2]. »

Peggy ne sortait presque plus, si ce n'était pour se rendre à l'épicerie, et le cercle de ses intimes se réduisait à Medora Perkerson et Sam Tupper, ce dernier presque toujours invité aux « séances de ciné-club ».

Le regain d'intérêt que le roman avait connu en Europe pendant la guerre se confirma et s'amplifia alors que les nations dévastées se relevaient de leurs ruines. Aux États-Unis, sa réapparition sur la liste des best-sellers provoqua en 1946 un nouvel afflux de « touristes du dimanche » venus tout exprès à Atlanta pour humer l'atmosphère de Scarlett, ainsi qu'une remontée spectaculaire du courrier. Peggy écrivit

---

1. *The Last Mile*, 1932, réalisation, Sam Biskof. *Scarface*, 1932, réalisation, Howard Hawks ; même titre français. *Hell's Angels*, 1930, réalisation, Lewis Milestone, James Whale, Howard Hughes ; titre français : *Les Anges de l'enfer* (célèbre pour ses séquences aériennes et la première apparition de Jean Harlow) (N.d.T).

2. *South of Pago Pago*, 1940, réalisation, Alfred E. Green (N.d.T).

à Edwin Granberry pour lui faire part d'un grand bouleversement dans ses habitudes. C'en était fini pour elle de se laisser entraîner à présider des repas offerts en l'honneur d'une escouade de pompiers en visite. Elle en avait par-dessus la tête de faire gracieusement l'hôtesse d'accueil pour les notables des chambres de commerce et, d'une manière générale, elle ne voulait plus être un objet de curiosité, « à mi-chemin de Stone Mountain et du cyclorama ». Terminées les tea-parties avec la fondatrice de l'Association des jeunes espoirs de Opp, Alabama. Peggy entendait désormais garder libres son esprit et son emploi du temps. Cette décision s'accompagna d'une première mesure d'isolement : son numéro de téléphone fut retiré de l'annuaire et placé sur liste rouge.

Cette « révolution » tard venue fut sans doute imposée par les circonstances et le surcroît de responsabilités dû à la défection de John. Peggy assuma avec enthousiasme et célérité les tâches de recouvrement des droits étrangers et de protection du copyright. Avec elle, il n'était pas de petits profits et chaque sou devait entrer dans la caisse. « Les escrocs ne me laissent pas de répit et toutes les manœuvres leur sont bonnes », tel était son credo. « Il n'est pas jusqu'à certains hôtels ou pensions qui n'aient eu l'audace de prétendre que tante Pittypat avait vécu dans telle ou telle partie du bâtiment », se plaignit-elle à George Brett. « Je les ai mis en demeure de se rétracter. » Un professeur de la Western Reserve University de Cleveland avait tenté de faire enregistrer ses droits sur un plan détaillé de la ville d'Atlanta en 1861, indiquant le théâtre de certaines péripéties du roman ainsi que l'emplacement des maisons habitées par les personnages. Il fut à son tour « mis en demeure » de cesser cette plaisanterie. « Je me suis donné un mal considérable afin de brouiller la topographie des lieux, ceci pour éviter de mettre quiconque dans l'embarras et me préserver d'éventuelles poursuites », lui écrivit-elle. Un seul exemple devait suffire à le confondre. Se doutait-il, ce cher professeur, que la demeure dans laquelle il prétendait situer le commerce de Belle Watling avait abrité une respectable famille ?

Ils appréhendaient depuis longtemps que John dût abandonner tout espoir de pouvoir un jour reprendre son travail chez Georgia Power. En septembre, les médecins confirmèrent leur crainte. A cette date, le convalescent était tout juste capable de traverser la rue, aidé de son épouse, pour se rendre au Piedmont Driving Club où chaque jour ils consacraient une partie de l'après-midi à déguster un cocktail à petites gorgées. Le soir venu, Peggy avait pris l'habitude de passer un coup de fil au Club et de se faire livrer à domicile champagne et collation. « Une folie », convenait-elle, ajoutant aussitôt qu'elle en valait la peine puisque c'était là un des rares plaisirs qu'ils pouvaient savourer ensemble.

Une décennie s'était écoulée depuis l'émergence du « phénomène » *Autant en emporte le vent*. Peggy avait quarante-six ans. Medora, plus vieille de quelques années, semblait sa cadette et travaillait toujours à plein temps au *Journal*. Quant à Lois Cole, plus sémillante que jamais, on lui aurait volontiers donné dix ans de moins. Peggy, pendant ce temps, contemplait son reflet dans le miroir et ne trouvait là aucun sujet de satisfaction. Plus grave encore, ce déclin physique s'accompagnait d'une conscience aiguë de la fuite du temps et du poids des ans. Peggy se sentait vieillir à vue d'œil. La pensée de sa mort prochaine ne la quittait pas, c'était presque devenu une obsession. Elle se manifeste à différentes reprises dans les lettres que reçurent alors les Dowdey et les Granberry. Stephens se faisait arrêter par des inconnus dans les rues d'Atlanta. Quel malheur était-il arrivé à Peggy, lui demandait-on, pour qu'elle montrât un visage si triste et si soucieux ?

Rien n'avait changé dans sa vie, ou si peu de chose. Son enfance, ses deux mariages, ses activités depuis lors, tout cela tenait dans un mouchoir de poche. Quelques centaines de mètres séparaient la maison où elle était née de son dernier domicile. Enrôlée très tôt dans une existence vouée au culte du passé, Peggy en était arrivée à considérer son propre destin comme un moment immobile, une page d'histoire qu'il fallait préserver à tout prix dans son environnement immuable, peuplé de quelques figurants, toujours les mêmes. En 1946, de cette illusion ne restait qu'une scène que la grâce avait désertée. Le charme singulier de Peggy avait longtemps résidé dans un juste rapport entre la séduction sudiste, l'effronterie du garçon manqué et la fermeté de caractère. Réduite à elle-même, cette dernière qualité engendrait une insatisfaction perpétuelle, un profond désarroi.

CHAPITRE XXVII

Connaître la gloire, c'est mourir un peu, disait Anne Morrow Lindbergh. La formule ne s'est que trop vérifiée en ce qui concerne Peggy. Terrifiée à l'idée qu'une célébrité à laquelle elle n'avait pas visé pût mettre sa vie sans dessus dessous, la jeune femme avait cru trouver la parade en jugulant son évolution intellectuelle, en glaçant ses émotions. A partir de la sortie du roman, tout en elle s'était peu à peu figé, tari, sclérosé. Rien ne permet d'affirmer que Peggy aurait publié un second livre, ou seulement continué d'écrire, si le succès d'*Autant en emporte le vent* avait été moins grand. Du moins l'anonymat lui aurait-il évité ce repli impulsif sur elle-même qui censurait toute possibilité d'épanouissement ou de simple bien-être. Les lettres envoyées au fil des ans à ses amis — les Granberry, les Dowdey, Herschel Brickell, Lois Dwight Cole ou Ginny Morris — sont imprégnées de tristesse. Il en est de même pour celles de John à Frances, sa sœur. Les motifs que l'un et l'autre avaient de se sentir euphoriques étaient rarissimes, et toujours saugrenus ou dérisoires. On avait pris un peu de bon temps au frais de la Georgia Press Association ; on se félicitait d'avoir épinglé un nouvel escroc ou reçu l'approbation enthousiaste d'un vieux lecteur sudiste. En maintes occasions s'exprime l'attachement puissant de Peggy pour la Géorgie et pour sa ville natale. S'il n'avait rien perdu de son intensité, ce sentiment inculqué dès son plus jeune âge avait cessé d'être une force agissante, capable d'irriguer la vie de Peggy. Antérieur à l'arrivée de Roosevelt, antérieur au New Deal, antérieur au roman, à John, à Red Upshaw, il se survivait à lui-même.

Même l'admiration vouée à Atlanta, dont l'histoire la fascinait, n'était plus tout à fait une donnée naturelle, un choix spontané de l'esprit, depuis l'affront infligé par les dames de la Junior League un certain jour de 1921. Peggy aimait cette ville, qui fut longtemps le seul foyer dont elle tirait son énergie, mais des rêves de conquête et de revanche avaient quelque peu dénaturé ce beau sentiment. A l'exception de Medora, puis de Sam Tupper auxquels la liait une amitié née dans les riches années du journalisme, ses meilleurs amis n'étaient pas géorgiens. Tout en montrant un attachement fidèle pour Augusta et Lee Edwards, une vive tendresse pour Stephens, elle n'éprouvait guère le besoin de passer une soirée en leur compagnie. De même, plutôt que d'encourager ses nouvelles relations à venir passer quelque temps à Atlanta, elle préférait leur rendre visite. Malgré sa loyauté vis-à-vis de son père, elle s'arrangea le plus souvent pour être en vacances à l'occasion des fêtes de fin d'année.

Les lettres de John révèlent une frustration constante. Il n'éprouvait au fond aucune disposition pour une existence sédentaire et laborieuse, pas plus qu'il ne se sentait redevable envers Georgia Power. Convaincu que la vie de château dont il rêvait aurait nui à l'image de Margaret Mitchell, il s'infligea une existence d'efforts, sacrifia ses ambitions et ruina sa santé. Dès l'année 1936, il était évident qu'il ne pourrait aller plus loin dans la hiérarchie de Georgia Power. Une grande compagnie de chemin de fer lui avait offert un poste important dans son service de relations publiques, avec la perspective d'une carrière prestigieuse au niveau national. A cette époque-là, bien sûr, le succès d'*Autant en emporte le vent* tenait déjà du prodige. John avait tiré un trait sur sa réussite personnelle.

Le courrier des lecteurs s'était de nouveau amenuisé. Le film n'avait jamais quitté l'affiche, le livre était toujours disponible en librairie, toutefois un curieux malentendu s'était installé. Les ouvrages sur la Seconde Guerre mondiale et ses conséquences se bousculaient sur les listes de best-sellers. Maints critiques ne manquèrent pas d'attribuer le formidable regain de popularité d'*Autant en emporte le vent* dans les années quarante aux résonances que les thèmes du roman — guerre, résistance, reconstruction — pouvaient éveiller dans l'esprit du public. Cependant, l'idée s'était répandue parmi la nouvelle génération des lecteurs que l'œuvre avait été écrite au siècle dernier. Avec la sortie du livre en édition de poche, les ventes s'envolèrent sans que cette nouvelle vague de ferveur menaçât le moins du monde l'intimité de l'auteur.

A l'automne de 1948 pourtant, après une décennie de silence, un grand absent fit à nouveau parler de lui dans l'entourage de Peggy. Elle apprit ainsi que Red Upshaw avait passé la guerre dans la marine marchande — expérience désastreuse. L'alcool et la déchéance avaient eu raison de lui. A l'occasion de plusieurs séjours effectués dans différentes villes du Sud, il avait écrit à des relations communes et s'était enquis de Peggy. Que devenait-elle ? Pourquoi son nom avait-il disparu des pages de l'annuaire d'Atlanta ? Il donnait ses coordonnées, aussi ses amis lui répondirent-ils, précisant que John et Peggy n'avaient pas quitté Atlanta. La lettre leur revint, barrée de la mention : « Inconnu à cette adresse ».

Un certain dimanche de novembre 1948, gris, froid et sinistre à souhait, Peggy décida d'abroger le testament qu'elle avait rédigé en 1936 et d'en faire un nouveau. Celui-ci se présente sous la forme d'un document manuscrit de cinq pages, écrit dans un style familier. Les légataires sont désignés par leur diminutif. Quelques jours auparavant, elle avait prié son frère de passer la voir afin de l'entretenir de ce projet. Ils avaient longuement discuté de leur situation financière respective. Stephens lui révéla que la totalité des honoraires qu'elle lui avait versés en échange de ses services avait été investie dans le cabinet familial auquel leur oncle était associé. Sa fortune personnelle ne devait donc rien à la générosité de sa sœur. Peggy, dira-t-il par la suite, avait insisté pour que tous ses papiers, sa correspondance, ses carnets, ses manuscrits, fussent détruits si elle venait à mourir. Toutefois, il n'est nullement fait mention de cette volonté dans son testament.

En premier lieu, elle se souciait de Bessie. Celle-ci logeait dans une maison sur laquelle Peggy elle-même détenait une hypothèque. Huit cents dollars devaient encore être remboursés. Il était spécifié qu'à la mort de la testatrice, le compte débiteur serait annulé. Bessie deviendrait automatiquement propriétaire de son domicile. Peggy revient sur ce point à deux reprises. Cela dit, le testament ne témoigne d'aucune prodigalité. Margaret Baugh, la mieux pourvue, se voit nantie d'une petite rente perpétuelle. Bessie, Deon, les neveux de Peggy, ses filleuls, les neveux et nièces de John, le fils d'Augusta Dearborn reçoivent des legs dont les montants s'échelonnent de cent à mille dollars. La Société historique d'Atlanta n'est pas oubliée, pas plus que la bibliothèque Margaret-Mitchell de Fayetteville. Pour le reste, les biens de Peggy sont répartis entre son frère et son époux, deux tiers des parts revenant à de dernier. John se voyait attribuer l'intégralité des droits d'*Autant en emporte le vent*, le mobilier de l'appartement, les possessions personnelles de Peggy. Le document est paraphé par trois témoins, au bas de la dernière page, sous la signature de la testatrice.

Ces dispositions ne sont-elles pas singulières, de la part d'une personne qui se flattait d'être fille et sœur de juristes ? N'est-ce pas faire la preuve d'une étrange légèreté que de céder tous les droits d'*Autant en emporte le vent* à un homme de santé si fragile que ses jours semblaient comptés, sans même préciser qui serait appelé à recueillir la succession en cas de décès du principal légataire ? A l'époque, John ne s'était pas encore soucié de son propre testament. La mort simultanée des deux époux aurait donc laissé la voie libre aux manigances d'un imposteur qui aurait pu prétendre être l'enfant de Margaret Mitchell (fruit de son premier mariage), acculant ainsi les héritiers légitimes, Stephens ou les fils de celui-ci, à toutes sortes de complications pour faire prévaloir leurs droits.

Au mois de janvier 1949, une triste lettre arriva dans le courrier de Peggy. Après avoir ouvert l'enveloppe et lu la coupure de presse qu'elle contenait, Margaret Baugh se demanda longtemps s'il ne fallait pas, toutes affaires cessantes, alerter John. Ce dernier paraissait ce jour-là si mal en point qu'elle décida de n'en rien faire. A contre-cœur, elle présenta la lettre à sa destinataire, en l'avertissant qu'il était question de son premier mari. La main de Peggy tremblait tandis qu'elle lisait le texte de l'entrefilet.

« Vous tiendrez bon ? » demanda Margaret Baugh à mi-voix.

Peggy ne répondit pas. L'espace d'un moment, elle demeura sans bouger, l'air absent. Elle posa la lettre.

« Avez-vous lu ? » demanda-t-elle.

La secrétaire acquiesça d'un signe de tête.

« Quelle mort atroce », dit Peggy dans un souffle.

Elle quitta la pièce, gagna sa chambre et ne reparut pas de toute la journée.

Incertaine de ce qu'il fallait faire de la coupure, Margaret Baugh résolut de la coller sur une feuille et de la ranger dans le dernier compartiment du classeur qui avait recueilli tant d'articles de presse au cours des treize dernières années, à la lettre U, pour Berrien Kinnard Upshaw.

13 janvier 1949 — Galveston, Texas.

Décédé mercredi dernier, à la suite d'une chute depuis le cinquième étage d'un hôtel du centre, Berrien Kinnard Upshaw se trouvait sans doute dans un état de santé critique au moment de l'accident. Cette hypothèse fut avancée mercredi soir par une représentante de l'Armée du salut qui s'était entretenue avec lui peu de temps auparavant.

« La veille, déclare Mrs. Una M. Dean, adjudant-chef, un marin de quarante-sept ans, répondant au nom d'Upshaw, avait été accueilli dans notre foyer. Victime d'une crise alors qu'il se trouvait chez nous, il en était sorti sans pouvoir tout à fait retrouver ses esprits, incapable de décliner son identité. »

Le corps fut découvert dans la ruelle située derrière l'hôtel par Steve Connell, employé au greffe du tribunal de commerce.

Un verdict de suicide fut rendu par le juge James L. McKenna. Upshaw se serait jeté du haut de l'escalier d'incendie du cinquième étage. Il aurait succombé sur le coup.

Selon le préposé à la réception, la victime avait loué à cet étage une chambre qu'elle partageait avec trois autres marins.

Interrogés, ceux-ci affirmèrent que leur compagnon s'était réveillé mercredi aux alentours de 6 heures du matin. Il avait alors quitté la chambre sans adresser la parole à aucun d'eux. Ils ne devaient plus le revoir vivant.

En arrivant sur les lieux, les inspecteurs William Whitburn et James Fox, chargés de l'enquête, ont trouvé ouverte une fenêtre du couloir donnant accès à l'escalier d'incendie.

Mrs. Dean ignore depuis combien de temps la victime se trouvait à Galveston. Dans la journée de mardi, Upshaw s'était présenté au foyer de l'Armée du salut. Il voulait un repas chaud et un lit. La « crise » mentionnée par Mrs. Dean s'était produite alors qu'il attendait son repas.

Le corps sera transféré à Raleigh, Caroline du Nord, par les soins de Malloy & Son, entrepreneur de pompes funèbres.

Ce petit article paru dans le *Galveston Daily News* oubliait de préciser que Berrien Kinnard Upshaw avait été le premier mari de Margaret Mitchell, auteur d'un roman légendaire.

L'univers de John et de Peggy n'excédait plus désormais les limites de leur quartier. Le cinéma demeurait leur principale distraction. Début mai, *Autant en emporte de vent* fut mis à l'affiche ; le 5, un peu anxieux, ils se rendirent à la séance du soir. Le lendemain, dans un petit mot envoyé au directeur de l'établissement, Peggy se réjouissait que le film eût fait salle comble. « Il n'y avait pas un fauteuil de libre, même dans les premiers rangs. » On remarquait dans le public un grand nombre de spectateurs qui avaient déjà vu le film et « précédaient, par le rire ou les larmes, les images correspondantes ».

En juillet, Peggy fut faite citoyenne d'honneur de la ville française de Vimoutiers, en reconnaissance du concours qu'elle avait apporté à cette vieille cité normande pour lui permettre de bénéficier de l'aide américaine après la guerre. Cette distinction, à laquelle elle fut sensible, éveilla son intérêt apitoyé pour le sort de l'Europe. Prise de conscience lourde de questions inquiètes dont elle s'ouvrit au Dr Wallace McClure, fonctionnaire du département d'État qui en était venu, au fil des ans, à tenir auprès d'elle le rôle de conseiller spécial toutes les fois que se présentait un problème de copyright un peu délicat.

Les mêmes noms traversent et retraversent mes insomnies, écrivait Peggy. Noms d'éditeurs ou d'agents, de critiques littéraires, voire de simples lecteurs dont j'ai conservé les lettres... Que sont devenus ces inconnus, bulgares, roumains, hongrois, polonais, yougoslaves, tchèques, réduits au silence depuis que l'Union soviétique s'est approprié leurs pays ? Aux États-Unis comme partout dans le monde, les communistes ont mené campagne contre mon livre.

A Prague, mon éditeur vient d'être « nationalisé ». On lui a laissé la vie sauve et la liberté, mais pour combien de temps ? Le soir, je remplis des cartons de vivres, de médicaments, de vêtements. Atteindront-ils jamais leurs destinataires ?

Je dispose, concernant certains aspects de la situation dans tel ou tel pays, de renseignements confidentiels. Si vous pensez que je puis vous être utile, n'hésitez pas à faire appel à moi.

Le 28 juillet, elle refusa d'accéder à la requête du gouverneur James M. Cox qui lui réclamait un exemplaire signé d'*Autant en emporte le vent* afin de l'exposer dans les locaux de l'*Atlanta Journal*. Le gouverneur ne comprit jamais très clairement pourquoi, au lieu du livre demandé, Margaret Mitchell lui faisait parvenir l'édition yougoslave de son roman. Une lettre d'explication, plutôt confuse, accompagnait cet envoi inattendu.

En Yougoslavie, ainsi que dans tous les pays communistes, la presse s'est livrée contre mon œuvre à des attaques d'une violence inouïe. Pour mon plus grand plaisir et ma fierté, ces articles dénoncent dans mon texte ce qu'ils appellent une apologie de l'individualisme forcené, sous couvert de courage et d'esprit d'initiative. Ces tartuffes font observer que même un enfant ne se laisserait pas prendre au piège de ces prétendues qualités dont on lui apprend à l'école qu'elles aboutissent à la négation de la toute-puissance de l'ÉTAT. Pour un communiste orthodoxe, le véritable traître est donc celui qui, coupable d'un attachement suspect pour la terre de ses ancêtres, défendra celle-ci au péril de sa vie.

Une chaleur torride fit de l'été 1949 un des plus pénibles depuis longtemps. En fin de journée, fuyant la touffeur de l'appartement, John et Peggy allaient souvent prendre le frais sur la véranda du Driving Club, d'où l'on avait vue sur la piscine. Le 11 août, ils avaient prévu d'aller dîner là-bas en compagnie de Richard Harwell, un jeune historien de leurs amis. Peggy était ce jour-là d'humeur chagrine, ayant traîné depuis le matin un accablement qu'elle devait autant au mauvais moral qu'à la canicule. Elle pria John d'appeler Harwell et d'ajourner leur rendez-vous. L'ami, bien sûr, ne voyait pas d'inconvénient à ce report. Les Marsh mangèrent sur le pouce dans la cuisine, puis John proposa d'aller voir *A Canterbury Tale*[1], un film anglais programmé au Peachtree Arts Theatre. Ils devaient se hâter, s'ils ne voulaient pas être en retard pour le début de la prochaine séance. Peggy n'avait plus le temps de se changer, aussi conserva-t-elle sa robe d'intérieur de style champêtre, cotonnade vive et volants, qui lui donnait un peu l'allure d'une écolière savoyarde. La descente de l'escalier était toujours laborieuse ; il fallait soutenir John à chaque marche. Ils prirent la voiture pour franchir la faible distance. Peggy conduisait, le visage toujours aussi morose. A 19 h 45, elle se rangeait sur le côté gauche de la rue. Le cinéma se trouvait juste en face, à l'angle que forment Peachtree Street, une artère très passante, et Thirteenth Street. Le carrefour était dangereux ; il n'y avait ni feux de circulation ni passage piétonnier.

Peggy aurait pu se garer dans une rue latérale, elle aurait pu se rendre au parking de Thirteenth Street, tout proche. Sans doute avait-elle jugé préférable de prendre la première place disponible. La séance commençait dans quelques minutes...

Elle descendit la première et contourna la Mercury pour aider John à s'extraire de son fauteuil. Elle glissa son bras sous le sien. Selon la déposition que John fit par la suite, ils attendirent, pour s'engager sur la chaussée, que « Peachtree Street fût libre, à l'exception de deux voitures qui se trouvaient déjà à la hauteur du carrefour de Thirteenth Street ».

Ils s'avancèrent à pas comptés. Ils venaient juste de franchir la ligne médiane lorsqu'un troisième véhicule surgit sur la droite. Lancé à toute vitesse, il occupait le milieu de Peachtree Street. La collision était inévitable, à moins de se mettre vivement hors de la trajectoire du bolide. A l'instant même, Peggy mesura le danger. L'espace d'une seconde, alors qu'une décision immédiate s'imposait, la panique l'emporta. Au lieu d'entraîner John en direction du trottoir opposé, elle le lâcha,

1. 1944, réalisation : Michael Powell et Emeric Pressburger ; inédit en France (N.d.T.).

fit volte-face et, laissant le malheureux pétrifié à l'endroit où il ne pouvait manquer d'être renversé, elle rebroussa chemin. A toutes jambes, elle s'élança vers la Mercury.

De part et d'autre, les passants s'étaient figés, horrifiés, dans l'attente de la catastrophe. Certains ne purent réprimer un cri. Le chauffeur aurait-il pu prévoir qu'un piéton en train de traverser une rue, engagé à mi-parcours, reviendrait sur ses pas sous l'effet de l'affolement ? Il fit basculer son volant, imprima au véhicule un violent écart sur la gauche et bloqua ses freins. La voiture patina sur dix mètres. Peggy se trouvait encore loin du trottoir. Elle fut happée sous les roues, puis emportée. Enfin, dans un hurlement, la voiture s'immobilisa. Peggy gisait inconsciente, au milieu d'une flaque de sang.

Un employé du cinéma appela une ambulance. Quelqu'un prit John par le bras et le conduisit auprès de Peggy. Il s'agenouilla sur la chaussée sans un mot, protégeant sa femme de la curiosité des badauds, interdisant à quiconque de la toucher avant l'arrivée des secours. Personne ne se doutait encore de l'identité de la malheureuse. Le chauffeur du bolide se tenait à l'écart, encadré par deux hommes. Un fourgon de la police devait l'emmener peu après. Douze minutes plus tard, une ambulance du Grady Hospital était là. Par hasard, l'interne de service n'était autre que le Dr Edwin Lochridge, fils de Lethea Turman Lochridge, un jeune homme que Peggy connaissait depuis son enfance. John monta dans l'ambulance avec elle. Sitôt à l'hôpital, après la radiographie et les soins d'urgence, elle fut transportée dans une chambre du troisième étage. Elle souffrait d'une fracture du crâne, continue depuis le cerveau jusqu'au sommet de la colonne vertébrale, d'une commotion cérébrale, de plusieurs lésions internes et d'une fracture du bassin. Les médecins envisagèrent une intervention destinée à réduire la fracture du crâne pour soulager le cerveau, puis renoncèrent, craignant que la patiente ne fût pas en état de supporter le choc opératoire. Le troisième jour, elle donna quelques signes de réveil, bredouilla des mots sans suite. L'infirmière lui fit avaler un peu de jus d'orange. « Que c'est amer ! » marmonna Peggy. Quelqu'un d'autre prétendit l'avoir entendue se plaindre de douleurs « sur tout le corps ». Stephens et John ne la quittaient pas. Plusieurs membres de la famille, Augusta et Lee Edwards, Margaret Baugh, faisaient des allées et venues entre le couloir et la chambre.

La nouvelle se répandit. Margaret Mitchell, victime d'un grave accident, se trouvait entre la vie et la mort. L'hôpital fut submergé sous les appels téléphoniques, assailli par les visiteurs qui tous exigeaient qu'on leur permît au moins d'apercevoir leur héroïne. Medora mobilisa tous ses amis pour venir en aide aux standardistes débordés. Au cours des cinq jours de veille ininterrompue, l'établissement reçut plusieurs milliers d'appels, dont celui du président Harry S. Truman. A travers le pays, la presse publia de violentes plaidoiries en faveur d'un renforcement des mesures de sécurité régissant la circulation en milieu urbain et d'une sévérité accrue envers les automobilistes en infraction. Hugh D. Gravitt conduisait la voiture qui avait renversé Peggy. Coutumier des feux rouges brûlés et des excès de vitesse, ce chauffeur de taxi de vingt-neuf ans avait toujours bénéficié d'un verdict de clémence. Cette nouvelle affaire allait lui coûter beaucoup plus cher. Non seulement sa victime était la plus illustre citoyenne d'Atlanta, mais il se trouvait alors au volant de son véhicule personnel. Inculpé de conduite en état d'ivresse (il avait avalé une bière, en tout et pour tout, quatre heures auparavant), il fut libéré après le versement d'une caution de cinq mille quatre cent cinquante dollars. De la vie ou de la mort de Margaret Mitchell dépendait que fussent engagées contre lui des poursuites pour homicide involontaire.

Au matin du cinquième jour, l'état de Peggy parut stabilisé. Pour les médecins, ce n'était plus qu'une question d'heures. John et Stephens abandonnèrent tout espoir. Après quatre jours de veille dans l'attente insensée d'un miracle, il fallait trouver le courage d'accomplir certaines formalités.

Pour des raisons de commodités financières et fiscales, plusieurs comptes avaient été établis au nom de Margaret Mitchell. Du vivant de son épouse, John pouvait, en vertu d'une procuration, retirer les fonds et les verser sur l'un ou l'autre de leurs comptes communs. Ces transactions devaient être effectuées maintenant ou jamais, au risque de voir les capitaux immobilisés à la mort de Peggy pendant le délai d'homologation du testament. John quitta l'hôpital en compagnie de Margaret Baugh.

Stephens, pendant ce temps, courait aux bureaux de l'*Atlanta Journal* pour avoir un entretien avec Medora. La nécrologie était déjà prête, il le savait. Il voulait s'assurer qu'aucune allusion n'était faite au mariage de sa sœur avec Red Upshaw. La pendule du *Journal* venait de sonner les douze coups de midi. Stephens se trouvait dans le bureau d'Angus Perkerson. Le téléphone sonna. Frank Daniel décrocha et fut ainsi le premier informé. Peggy était morte à 11 h 50 précises, en présence de trois médecins. Quelques instants plus tard, le haut-parleur diffusait la nouvelle et demandait à tous les employés d'observer une minute de silence. Nombreux furent ceux qui ne purent étouffer leurs sanglots. Dans les rues, l'émotion était considérable. Les gens pleuraient tout en marchant. Alertés par leur radio, les automobilistes se rangeaient le long des trottoirs, trop secoués pour continuer à rouler. Margaret Mitchell, d'Atlanta, n'était plus. Autant dire qu'ils venaient de perdre l'une des leurs.

L'hôpital avait appelé le domicile des Marsh. Bessie s'y trouvait seule. John rentra un quart d'heure plus tard, si abattu qu'elle décida d'attendre, pour le mettre au courant, qu'il eût mangé quelque chose. Stephens arriva à ce moment. Comme Peggy avait l'habitude de le faire, Bessie passa un bras protecteur sous celui de John tandis que son beau-frère lui révélait ce qu'il en était.

« C'est trop injuste », murmura John.

Et ce fut tout.

La foule désireuse d'assister au service était si nombreuse que l'on dut se résoudre à distribuer des billets d'entrée. Le cortège funèbre parcourut la ville, suivant le trajet qu'avait emprunté l'éclatant défilé, le soir de la première d'*Autant en emporte le vent*. Peggy fut enterrée aux côtés de Maybelle et d'Eugene, dans un périmètre du cimetière occupé par des dizaines de tombes de soldats Confédérés. Juchés sur les épaules de leurs parents, les enfants regardaient de tous leurs yeux alors que le cercueil descendu dans la fosse recevait les premières pelletées d'argile rouge. Un cordon de policiers contenait à grand-peine l'emportement de la presse autant que les mouvements d'une foule partagée entre le chagrin et la curiosité.

John avait supporté l'épreuve avec beaucoup de stoïcisme. Après les obsèques cependant, ses forces déclinèrent au point qu'il dut garder le lit pendant plusieurs jours. Il donnait l'impression d'être tourmenté par un lancinant souci. N'y tenant plus, il fit appeler Margaret Baugh à son chevet.

« Il y a quelque temps, dit-il, j'ai fait à Peggy le serment de brûler tous ses papiers si elle venait à s'éteindre avant moi. Mon état ne me permet pas d'être fidèle à ma promesse. Pourriez-vous vous en charger ? »

La secrétaire gardait un silence consterné.

« Si tel était vraiment le souhait de Peggy..., balbutia-t-elle enfin.

— Cela porte sur tous les manuscrits, les notes et la correspondance ayant trait au roman, reprit John. Premiers brouillons, versions successives, épreuves, tout doit disparaître, à l'exception des pages que voici. »

Il tendit une feuille à Margaret Baugh. Les pages qui devaient être épargnées, annotées et corrigées de la main de Peggy, provenaient du manuscrit originel. Elles seraient placées dans une enveloppe scellée, précisa John, et celle-ci déposée dans le coffre d'une banque. L'enveloppe serait ouverte au cas où s'élèverait une contestation sur le point de savoir si Peggy était vraiment l'auteur d'*Autant en emporte le vent*.

La secrétaire reçut ensuite l'ordre de brûler la plus grande partie de la correspondance de Peggy, sans rien omettre, précisa John. Il lui remit une longue liste de noms, parmi lesquels ceux de Medora, Augusta, Lethea, Marjorie Kinnan Rawlings, Faith Baldwin, Clifford Dowdey, Edwin Granberry, Stark Young, Herschel Brickell, Lois Dwight Cole, Harold Latham et George Brett.

Ainsi que le fit remarquer Margaret Baugh, si ce dernier autodafé concernait les originaux des lettres reçues, dont les auteurs avaient peut-être conservé un double, on ne pouvait détruire que les copies carbone des lettres envoyées. Une circulaire signée par John ou par Stephens serait donc envoyée aux uns et aux autres pour les prier de se débarrasser de toute la correspondance qui se trouvait encore en leur possession, conformément au vœu de Peggy.

Aidée du concierge, Margaret Baugh descendit à la cave, deux volées de marches plus bas, les volumineux cartons contenant le matériel promis aux flammes. Le cœur serré, elle attendit que la chaudière eût dévoré jusqu'au dernier lambeau de papier. Le concierge, un vieil homme de couleur, avait lui aussi les larmes aux yeux. John avait parlé d'une promesse solennelle ; la fidèle secrétaire avait ajouté foi à ses paroles. Quand tout fut réduit en cendres, le doute s'insinua en elle. Il ne devait jamais la quitter.

POSTFACE

A Walker Terrace, devant la demeure de John Marsh, les troènes s'épanouissaient avec l'exubérance de haies qui n'ont jamais connu le sécateur. Toujours réticente à quitter le centre d'Atlanta, Peggy n'avait guère mis de conviction dans ses recherches de la charmante maison individuelle dans laquelle John se serait vraiment senti chez lui. Une fois la succession liquidée, Margaret Baugh s'était mise en devoir de satisfaire ce désir.

Peu avant Noël 1949, elle avait supervisé l'installation de John dans la ville de Walker Terrace. Le bâtiment disposait d'un petit logement annexe dans lequel Bessie Jordan avait établi ses pénates afin que « Mister John » ne fût jamais seul. Trois ans et demi avaient passé depuis la mort de Peggy. John n'avait jamais trouvé le temps de s'ennuyer, tout en menant une existence paisible. Il continuait à s'occuper des droits étrangers, bien que la gestion du « patrimoine Margaret Mitchell » fût presque entièrement l'affaire de Stephens. La villa recevait la visite de nombreux amis et, si John désirait se promener dans les environs d'Atlanta, Margaret Baugh se faisait un plaisir de lui servir de chauffeur.

L'opéra était devenu son divertissement de prédilection. Chaque printemps, il attendait avec impatience l'ouverture de la saison. A la fin du mois d'avril 1952, il assista en compagnie de Bill Corley à une représentation de *Carmen*, avec Dorothy Kirsten dans le rôle-titre. En sortant du théâtre, ébloui par la performance de Miss Kirsten, il devait confier à son jeune ami : « Voilà une femme comme je les aime ! »

Le lundi suivant, 5 mai, John ressentit une grande lassitude, les visiteurs s'étaient succédé pendant les deux jours précédents ; il s'était couché tard. Après lui avoir servi le repas du soir, Bessie lui trouva mauvaise mine et lui conseilla d'aller au lit sans tarder. John prit un livre, il s'installa dans son fauteuil favori. Il n'était pas loin de

11 heures lorsque Bessie entendit ses appels. Elle ne fit qu'un bond et le trouva sous le coup d'un malaise cardiaque. Tant bien que mal elle l'aida à gagner sa chambre avant d'appeler le médecin et l'ambulance. Ils arrivèrent trop tard.

Autant en emporte le vent était donc orphelin de père et de mère.

A la mort de John, les droits du roman revinrent à Stephens. Un journaliste lui demanda quelque temps plus tard son opinion sur le véritable sujet du livre écrit par sa sœur. « Il ne faut pas se fier aux apparences », répondit-il. « La guerre et ses répercussions, la lutte pour la survie, l'accélération de l'histoire, tout cela constitue la toile de fond. De quoi s'agit-il en fait ? De la transmission, de mère en fille, d'un trait de caractère bien particulier, que l'on pourrait appeler une fatale faiblesse pour les garçons qui ne leur conviennent pas. Encore adolescente, la mère de Scarlett s'éprend du moins fréquentable de ses cousins. Celui-ci trouvera la mort dans une rixe de saloon. La petite se marie, elle fera le modèle des épouses. Sous sa férule, la plantation familiale se développe et prospère. Le dernier mot qu'elle prononcera sur son lit de mort sera le prénom du chenapan.

« Scarlett est affligée du même travers. Elle s'entiche d'un joli garçon, déjà engagé par ailleurs. Elle souffre mille morts et remue ciel et terre pour se rapprocher de lui. Il faudra une guerre, et toutes les misères du monde, pour que l'homme se trouve enfin libre. Alors qu'elle le tient dans le creux de sa main, Scarlett découvre que cette prétendue passion n'a jamais été qu'une toquade de jeunesse.

« Voilà le fin mot de l'affaire. Ma sœur a écrit un roman psychologique. »

Il est bien difficile aux millions de lecteurs d'*Autant en emporte le vent* de partager ce point de vue. Il est bien normal qu'ils soient tentés de contester à Stephens le droit de se présenter comme l'héritier moral de Margaret Mitchell. Cette œuvre si représentative de la culture américaine est devenue partie intégrante de notre patrimoine. Atlanta et ses alentours jouiront à jamais du privilège d'avoir servi de décors aux tribulations de Scarlett, et le titre restera longtemps le symbole d'une communauté que Margaret Mitchell voulait indestructible et qui releva le défi d'une guerre perdue.

Un coffre de la Citizen & Southern National Bank renferme l'enveloppe scellée, contenant les quelques feuillets du premier manuscrit destinés à établir, si besoin était, que Margaret Mitchell est bien l'auteur d'*Autant en emporte le vent*.

Stephens prétend n'avoir jamais examiné le contenu du coffre dans lequel John a effectué le dépôt. Il ajoute n'avoir nulle intention de rompre le sceau de l'enveloppe, à moins d'être réduit à cette extrémité par le service des impôts. Personne n'a jamais formulé cette exigence. Les précieux spécimens reposent en paix. On conçoit aisément que les deux hommes aient voulu prendre cette précaution en prévision de contestations ultérieures. Stephens, pour sa part, fut contraint d'affronter maints procès engagés par des fripons de toutes espèces, trop pressés d'exploiter à leur profit ce merveilleux filon. Toutefois, dans le souci d'affirmer l'authenticité du travail de Peggy, n'aurait-il pas été plus simple et plus judicieux de confier la totalité du manuscrit à une université, une bibliothèque, où il serait demeuré à la disposition du public ?

Stephens Mitchell se retranche derrière la volonté de sa sœur qui exigeait la destruction de tous ses papiers après sa mort et semblait déterminée à ne laisser subsister aucun vestige personnel. Toujours selon Stephens, elle aurait même émis le souhait que la maison de Peachtree Street fût abattue le jour où la famille irait s'installer ailleurs. L'idée que des étrangers puissent prendre possession de ces lieux chargés de souvenirs lui était insupportable. Ce désir fut d'ailleurs exaucé dans les années cinquante, peu après le décès de Carrie Lou, la première épouse de Stephens. Il ne resta rien du 1401, Peachtree Street.

Autant en emporte le vent est-il un chef-d'œuvre ? La question n'a pas fini d'alimenter les polémiques. Force est de reconnaître, un demi-siècle plus tard, que le roman de Margaret Mitchell n'a rien perdu de sa force, quand les œuvres de ses contemporains, pour nombre d'entre elles, ont sombré dans l'oubli. Depuis 1936, le sud de la guerre civile et de la Reconstruction s'identifie, dans l'esprit des Américains, à la vision épique qu'elle en a donnée.

A cette date [1], six millions d'exemplaires en édition reliée ont été vendus aux États-Unis, un million en Grande-Bretagne et neuf millions, toutes traductions confondues, dans le reste du monde. Chaque année, il continue de s'écouler, globalement, cent mille exemplaires reliés, tandis que les Américains, à eux seuls, achètent deux cent cinquante mille exemplaires en collection de poche.

On ne saurait bien sûr se fier aux chiffres de vente pour juger de la qualité d'un livre. Mais qu'en est-il des images indélébiles, gravées dans notre souvenir ? Peut-on évoquer la guerre de Sécession sans

---

1. 1983, année de la parution aux États-Unis du livre d'Anne Edwards (N.d.T)

feuilleter, de mémoire, les pages d'*Autant en emporte le vent* ? Scarlett, assise sous la gigantesque ramure d'un vieux chêne, recevant l'hommage de ses soupirants à l'occasion du barbecue ; le soir du bal, Scarlett dans ses voiles de veuve, la valse du défi aux bras de Rhett Butler ; les centaines de blessés allongés côte à côte sous un soleil impitoyable, près des voies de chemin de fer ; l'incendie d'Atlanta, le retour à Tara, véritable chemin de croix ; Scarlett, grattant la terre de ses ongles, si affamée qu'elle fait son régal d'une betterave ; Big Sam et Shantytown ; Mama, exhibant son jupon rouge ; l'accouchement nocturne de Melanie et l'affolement de la jeune Prissy ; sans oublier, comment le pourrait-on, la question angoissée de Scarlett, sur le point d'être abandonnée : « Que vais-je devenir ? », et la réponse inoubliable de Rhett Butler : « Franchement, ma chère, je m'en fiche comme d'une guigne[2] ! »

« Si j'avais pu prévoir comment les choses allaient se passer après la publication du livre, certainement je me serais abstenue », écrivit Peggy à Granberry. Félicitons-nous de ce manque de clairvoyance. Pourtant, consciente du triste tournant qu'allait prendre sa vie, elle n'en aurait pas moins mené l'œuvre à son terme, j'en ai la conviction, si elle avait pu prévoir également que le premier et dernier roman de Margaret Mitchell, « née sous une mauvaise étoile », deviendrait un classique de la littérature américaine.

---

2. De la traduction de Pierre-François Caillé. Le texte anglais (*My dear, I don't give a damn !*) est un peu plus brutal. Le dernier mot valut d'ailleurs à Selznick quelques démêlés avec la commission de précensure. Le producteur, qui tenait à sa réplique et s'abritait derrière la fidélité au roman, dut batailler plusieurs mois avant d'obtenir gain de cause (N.d.T).

TABLE

Margaret Mitchell, écrivain

Cet ouvrage a été composé
par Compo 2000
et imprimé par
la S.E.P.C. à Saint-Amand-Montrond (Cher)
pour le compte des éditions Belfond.

Achevé d'imprimer en août 1991.